U0642934

中国创业孵化
发展报告 2017

科学技术部火炬高技术产业开发中心
首都科技发展战略研究院 编

科学技术文献出版社
SCIENTIFIC AND TECHNICAL DOCUMENTATION PRESS
·北京·

图书在版编目（CIP）数据

中国创业孵化发展报告. 2017 / 科学技术部火炬高技术产业开发中心，首都科技发展战略研究院 编. —北京：科学技术文献出版社，2017.9

ISBN 978-7-5189-3243-6

Ⅰ. ①中… Ⅱ. ①科… ②首… Ⅲ. ①创业—研究报告—中国—2017 Ⅳ. ① F249.214

中国版本图书馆 CIP 数据核字（2017）第 205138 号

中国创业孵化发展报告2017

策划编辑：李 蕊 责任编辑：张 红 李 晴 杨瑞萍 责任校对：文 浩 责任出版：张志平

出 版 者	科学技术文献出版社	
地 址	北京市复兴路15号 邮编 100038	
编 务 部	（010）58882938，58882087（传真）	
发 行 部	（010）58882868，58882874（传真）	
邮 购 部	（010）58882873	
官 方 网 址	www.stdp.com.cn	
发 行 者	科学技术文献出版社发行 全国各地新华书店经销	
印 刷 者	北京时尚印佳彩色印刷有限公司	
版 次	2017年9月第1版 2017年9月第1次印刷	
开 本	889×1194 1/16	
字 数	415千	
印 张	18.5	
书 号	ISBN 978-7-5189-3243-6	
定 价	72.00元	

编 委 会

主　　　任	张志宏　关成华
副 主 任	安道昌　陈　晴　程凌华
主　　编	颜振军　孙启新
编写组成员	刘　杨　于　乔　赵　峥　隋志强　李　享
	王　勇　白　英　袁祥飞　赵　亮　陈　瑾
	梁　媛　刘华辰　胡　欢　王正一

前　言

1987 年，中国第一家科技企业孵化器在武汉东湖成立，从此中国孵化器事业开始探索发展、不断迭代，伴随着改革开放和科技创业的浪潮，一路见证了经济转型、社会发展和科技腾飞，为培育创新创业文化、促进体制机制改革、推动经济社会进步发挥了独特作用。

2017 年，中国经济结构深度调整，各项改革全面深化，创业孵化事业也迎来而立之年。为全面展现中国创业孵化事业发展面貌，从 2017 年开始，科学技术部火炬高技术产业开发中心和首都科技发展战略研究院依据年度统计数据，将联合编辑出版《中国创业孵化发展报告》。

《中国创业孵化发展报告 2017》旨在提供全国和各地区科技企业孵化器和众创空间客观、翔实的数据及简洁的分析解读，全方位地揭示全国及各地区创业孵化发展状况，便于相关决策部门、创业孵化从业者和研究人员较为全面地掌握孵化器及众创空间的发展格局，了解中国创业孵化载体建设各方面的基本状况。

本报告以 2016 年全国科技企业孵化器和众创空间的调查统计数据为基础进行分析，所有数据来自科学技术部火炬高技术产业开发中心。报告主要采用描述性统计分析方法，数据分析软件为 SPSS 和 Excel 等。报告分析采取孵化器与众创空间的全样本数据，避免了抽样误差等问题，从而能够更加准确地呈现中国创业孵化载体发展的整体现状。

第一章为导论。主要介绍 2016 年全国科技企业孵化器和众创空间的整体发展情况。

第二章为孵化器的发展。主要从总体情况、孵化绩效情况、孵化器运营情况三大板块，详细介绍中国 2016 年科技企业孵化器的发展状况。其中，总体情况细分为孵化器数量、孵化面积、在孵企业情况和毕业企业情况 4 个部分；孵化绩效情况细分为在孵企业经营情况、技术创新情况、创造的就业机会、获得投融资情况 4 个部分；孵化器运营情况细分为孵化器性质、获得的投资情况、孵化基金情况、获得财税支持情况、收支情况、管理人员情况、开展孵化服务情况 7 个部分。

第三章为众创空间的发展。主要从总体情况、孵化绩效情况、众创空间运营情况三大板块，详细介绍中国 2016 年的众创空间发展状况。其中，总体情况细分为众创空间数量、场地、服务团队/企业数量 3 个部分；孵化绩效情况细分为新注册企业情况、创业项目入驻周期、创业团队/企业类型、获得投融资情况、财政支持情况、创造的就业机会、技术创新情况 7 个部分；众创空间运营情况细分为成立情况、众创空间性质、运营收入和成本情况、服务人员情况、提供服务情况、融资和上市/挂牌情况 6 个部分。

第四章为各地区创业孵化发展情况。主要采用与第二章和第三章类似的分析框架，对北京、天津、河北等全国 31 个省（市、区）和新疆生产建设兵团的创业孵化发展现状进行单独分析，全方面地展示了各地区科技企业孵化器和众创空间 2016 年的发展情况。需要说明的是，由于部分省区的数据量过小，因此只做了简要分析。

最后是两份附录，一是 2016 年创业孵化行业大事记；二是 2015—2016 年国家主要创新创业政策。

目　　录

第一章 导 论

近年来，全球新一轮科技革命和产业变革孕育兴起，新技术、新产品、新业态、新模式蓬勃发展。在此背景下，党中央、国务院顺势而为，将创新创业放在了国民经济社会建设的核心位置。2012 年，党的十八大报告明确提出实施创新驱动发展战略，强调科技创新是提高社会生产力和综合国力的战略支撑，必须摆在国家发展全局的核心位置。2014 年，李克强总理在达沃斯论坛提出"大众创业、万众创新"战略，明确了创新创业是未来推动中国经济稳定前行的"双引擎"之一。2017 年，国务院再次强化创新驱动战略，部署"双创"发展，于 7 月 21 日发布了《国务院关于强化实施创新驱动发展战略进一步推进大众创业万众创新深入发展的意见》（国发〔2017〕37 号），明确指出要进一步系统性优化创新创业生态环境，强化政策供给，突破发展瓶颈，充分释放全社会创新创业潜能。

经过多年的发展，中国创业孵化建设在全社会形成了雄厚基础和高度共识，孵化器已成为国家落实创新驱动发展战略和"大众创业、万众创新"战略的有力抓手，在培养经济发展新动能，转方式、调结构和社会协调发展方面发挥越来越重要的作用。

一、2016 年科技企业孵化器发展情况

截至 2016 年年底，全国科技企业孵化器总数已达 3255 家，位居世界第一。在孵科技型中小企业 13.3 万家，总收入实现 4782.36 亿元。当年解决就业 212.3 万人，其中应届大学毕业生 21.1 万人。拥有有效知识产权 22.3 万项，其中有效发明专利 5.2 万项。累计帮助 3.3 万家企业获得 1480.3 亿元的风险投资，累计培育毕业企业 8.9 万家，毕业后上市和挂牌企业达到 1871 家，占创业板上市企业的 1/6，占新三板挂牌企业的 1/10，这些上市和挂牌企业的总市值已达到 2.7 万亿元。总体而言，全国科技企业孵化器在服务上覆盖科技创业企业全要素需求，在政策上得到各级政府的大力支持，在发展上得到社会各界广泛认知和创业者普遍认可。

（一）孵化器厚积创业资源，提供更加优质的创新创业服务

深耕创业孵化 30 年，孵化器集聚和积累了丰富的创新创业要素资源。2016 年，全国孵化器自身拥有孵化资金已达 688 亿元，当年得到各级、各部门科技计划经费支持 61 亿元，各类技术平台投

入 70 亿元，聚集超过 163 万名大专以上学历的创新创业人才，为创业者提供服务的专业孵化人员超过 5 万人，孵化场地超过 1 亿平方米。

孵化器提供更加优质的创新创业服务。2016 年，全国孵化器共聘请创业导师 3.2 万人，导师对接和服务在孵企业 8.1 万家，占在孵企业总数的 61%。全年开展了 38 期孵化器从业人员初、中、高级培训，参训人数达到 4743 人，累计参训人数已占到从业人员总数的 28%。孵化器还与 2.3 万家各类中介服务机构签约，共同服务创业者，全年对在孵企业开展创业教育活动 6.7 万场，参训达 232.5 万人次。

（二）孵化器建设蓬勃发展，经营规模迅速扩大

近年来，由于政策支持力度大、创业环境好，各地孵化器获得了突飞猛进的发展。2016 年，全国共有孵化器 3255 家，同比增长 28.5%，国家级孵化器增至 860 家。所有孵化器中以民营企业性质孵化器最多，占到总量的 48% 左右。孵化器使用面积 107.28 km^2，在孵企业用房面积最大，占比达到 67%。

2016 年，全国孵化器投资总额 2013.9 亿元，资金主要来自企业投资和财政投入。孵化器孵化基金总额 687.8 亿元，比 2015 年增长 88.1%。孵化器总收入 308 亿元，其中综合服务收入达 116.8 亿元，占总收入的比重为 37.9%，首次超过房租物业收入的比重（31.6%），投资收入的比重也达到 9.3%。运营成本 260.5 亿元，以场地费用、管理费用居多。

（三）孵化器整合创新要素，激发"创新驱动"的原生动力

高端人才争相汇集。2016 年，全国孵化器吸引 5864 名高校及科研院所创业者、1.4 万大企业离职创业者、3.7 万名连续创业者在其中创新创业，共服务近 1 万家留学人员企业和 2.3 万家大学生企业，吸纳 163 万名科技人员、2.1 万名留学归国人员和 3.7 万名博士在其中就业。培育和引入 1790 名各级"千人计划"人才。

技术创新成果大量涌现。2016 年，孵化器在孵企业研发支出 414.8 亿元，总收入 4782.4 亿元，企业研发经费投入强度约 8.7%。2016 年，孵化器在孵企业共申请专利 13.9 万项，累计拥有有效知识产权 22.3 万项。当年在孵企业承担国家科技计划项目 10 321 项，获得省级以上奖励 22.7 万项，9032 家在孵企业获得国家高新技术企业资格。

新兴产业萌芽策源之地。2016 年，新增在孵企业 4.8 万家，全部在孵的科技型中小企业达到 13.3 万家，覆盖了电子信息、先进制造、生物医药与医疗器械、新材料、新能源与节能、文化创意、现代农业、环境保护、现代交通、航空航天、地球、空间与海洋、核应用技术等高新技术领域。在孵企业获得财政资助 186.4 亿元，获得风险投资 385.8 亿元，在孵企业实现总收入 4782.4 亿元，营业收入超过 5000 万的企业达 2183 家。

高科技上市企业的孵化暖房。截至 2016 年年底，从孵化器毕业的科技企业已达到 8.9 万家，毕

业后上市和挂牌企业达到 1871 家，涌现出了软通动力、启明星辰、科大讯飞、分众传媒、美图秀秀、迅雷网络、贝达药业、天合光能、途牛旅游网、以岭药业等知名科技上市企业。其中，创业板 100 家，占创业板上市企业的 1/6，新三板 1117 家，占新三板挂牌企业的 1/10。全国孵化器以 1400 亿元的投入产生出 2.7 万亿元的市值（仅统计毕业后上市企业价值），以及难以估量的其他 8.7 万家毕业企业的经济价值。

（四）孵化器加强国际合作，融入全球创新创业网络

中国孵化器逐渐参与到国际孵化器建设组织工作中。上海市创业中心发起成立亚洲孵化器协会，成为常设常务秘书处单位，并两次担任亚洲孵化器协会主席。西安国际企业孵化器联合亚太地区的近 30 家孵化器及孵化服务机构，发起成立了 APEC 共同孵化网络。北京、上海、西安、广州、武汉的 5 家国际企业孵化器（IBI）连续承担了联合国、APEC 等国际机构组织的培训班，对 70 余个国家的超过 1000 名孵化器管理人员进行了培训。

孵化器融入全球创新创业网络。清控科创、瀚海集团、太库科技、武汉东湖等多家民营机构共在美国、韩国、俄罗斯、日本、加拿大、德国、比利时、芬兰、澳大利亚、以色列等国家布局了几十家海外孵化器，成为海内外优质项目对接的重要桥梁。Plug & Play Tech Center、Y Combinator、500startups 等硅谷著名孵化器，以及欧洲、以色列、韩国等国家的知名孵化机构来华独资或与国内主体合作创办孵化器，带来国外孵化器发展新理念、新模式，为双边孵化、项目合作、技术转移、人才交流等方面提供有力支撑。

二、2016 年众创空间发展情况

截至 2016 年年底，全国共有 4298 家的众创空间，与 3255 家的科技企业孵化器和 400 余家企业加速器共同形成接递有序的创新创业孵化链条。2016 年全年服务的创业团队和初创企业近 40 万家，带动就业超过 200 万人，实现了创新、创业、就业的有机结合与良性循环。

（一）众创空间解决早期孵化难题，形成完整的创业孵化服务链条

众创空间的出现进一步向前延伸创新创业的服务触角，增强和完善了科技创业孵化链条的前端环节。从 2013 年开始，科学技术部火炬高技术产业开发中心开始进行创业孵化链条试点工作，分 3 批确定了 41 家科技创业孵化链条建设工作示范单位，覆盖全国 21 个省、自治区、直辖市、计划单列市。截至 2016 年，41 家链条示范单位内入驻的团队及企业数量达 16 380 家，占全国在孵企业总数的 16%。其中，众创空间内创业团队 3882 家，孵化器在孵企业 8923 家，加速器内高成长性企业 3575 家。2436 家众创空间内的创业团队成功转化为孵化器在孵企业，转化率 62.75%；1148 家孵化器毕业的高成长性企业进入加速器，占比 12.87%，实现了"众创空间—孵化器—加速器" 3 部分

的有效衔接。

（二）众创空间形成"投资＋孵化"发展模式，吸引大量资本参与

"投资＋孵化"已成为众创空间发展的重要模式。近 400 家众创空间由投资机构直接建立，2881 家众创空间帮助 1.5 万个服务的团队和企业获得投资，投资总额约 539.6 亿元，其中民间社会资本投资 444.6 亿元，众创空间自身投资约 78.8 亿元。另外，众创空间还帮助 2.2 万家在孵企业获得 27 亿元的政府资助。

截至 2016 年年底，共有 808 家众创空间获得社会资本投资，上海众创空间"苏河汇"成为国内首家登陆新三板的众创空间；氪空间、创新工场、纳什空间、因果树、优客工场等众创空间累计获得投资已达 55 亿元；"黑马会"以创业培训和投资为主要业务，年利润过亿元；北京"创新工场""宏福孵化器""公司宝""科技寺""赢家伟业"，广东"新基地"等众创空间陆续在新三板成功挂牌。另外，全国有 53% 的众创空间获得了财政补贴，补贴额为 22.8 亿元。

（三）众创空间促进创新与创业的有机结合，推动实体经济转型升级

截至 2016 年年底，国内国有企业、高校及科研院所成立的众创空间共 1142 家，占众创空间总数的 26.6%，带动了中国电子、普天集团、大唐电信等多家央企积极参与"双创"，在全国建立了多家孵化器和众创空间。全国众创空间为 4.9 万家常驻的企业和团队提供了技术支持服务，截至 2016 年年底，常驻的企业和团队共拥有有效知识产权达 7.9 万项，其中发明专利约 1.8 万项。

经科技部备案的 17 家专业化众创空间推动创新与创业结合的效果逐步显现。例如，海尔集团建立的海立方线上平台、创客学院、创客工厂等 5 个平台，成立了 183 个小微生态圈，诞生了 470 个创业项目，聚集了 30 多亿元的创投基金，1330 家风险投资机构，24 家小微企业成功引入风投，12 家小微企业估值过亿元。

（四）众创空间有效降低创业孵化门槛，吸引各类机构参与"双创"工作

众创空间通过市场化机制、专业化服务和资本化途径构建了低成本、便利化、全要素、开放式的新型创业服务平台。目前，众创空间已实现全国所有地区的全覆盖，绝大部分地区充分利用现有场地建设众创空间，提供低成本、便利化、开放式的创业服务，并在长三角（18.0%）、京津冀（13.2%）、珠三角（11.8%）和成渝地区（8.4%）形成众创空间集聚发展。截至 2016 年年底，全国的众创空间中，民营企业建立的众创空间 2829 家，占总数的 65.9%，国有企业建立的众创空间 578 家，占 13.5%，事业性质的占 11.5%，其他为社团、民办非企业、外资及合资等性质，市场力量已成为创业服务的主力军。另外，由科技企业孵化器衍生成立的众创空间 1407 家，占总数的 32.7%；高新区内建立众创空间 1182 家，占总数的 27.5%；由高校及科研院所成立的众创空间 564 家，占总数的 13.1%。

（五）众创空间推动全社会的创新创业氛围，引领中国创业文化发展

全国的众创空间内有 8.3 万名专、兼职创业导师为创业者提供服务，2016 年举办创新创业活动累计达到 10.9 万次，开展创业教育培训 7.8 万场，开展国际交流活动 5700 余场，频繁的创业活动营造了社会上浓厚的创新创业氛围。全国的众创空间内吸引到 6.3 万余名大学生、5426 名留学生、2.8 万名科研人员、10 159 名原大企业高管和 20 520 名连续创业者在其中创新创业。

第二章 孵化器的发展

本章主要从总体情况、孵化绩效情况、孵化器运营情况三大板块，详细介绍中国 2016 年科技企业孵化器的发展情况。其中，总体情况细分为孵化器数量、孵化面积、在孵企业情况和毕业企业情况 4 个部分；孵化绩效情况细分为在孵企业经营情况、技术创新情况、创造的就业机会、获得投融资情况 4 个部分；孵化器运营情况细分为孵化器性质、获得的投资情况、孵化基金情况、获得财税支持情况、收支情况、管理人员情况、开展孵化服务情况 7 个部分。

一、总体情况

（一）孵化器数量

2016 年，全国上报有效年报数据的孵化器为 3255 家，相比 2015 年增长了 28.5%（表 2-1）。其中，国家级孵化器 860（863[①]）家，占比 26.4%，非国家级孵化器 2395 家，占比 73.6%，当年新成立的孵化器数量为 198 家。与 2015 年相比，国家级孵化器的总数增加但占比略有下降。

表 2-1 全国及各地区孵化器数量情况　　　　　　　　　　　　　单位：家

地区	2015 年			2016 年		
	孵化器总数	国家级孵化器	非国家级孵化器	孵化器总数	国家级孵化器	非国家级孵化器
合计	2533	733	1800	3255	860	2395
北京	111	42	69	101	49	52
天津	131	36	95	108	37	71
河北	54	15	39	102	19	83
山西	17	10	7	25	11	14
内蒙古	27	7	20	36	9	27
辽宁	79	27	52	73	28	45
吉林	36	19	17	87	21	66

---

① 2016 年 3 家国家级科技企业孵化器未填报统计数据。

地区	2015 年			2016 年		
	孵化器总数	国家级孵化器	非国家级孵化器	孵化器总数	国家级孵化器	非国家级孵化器
黑龙江	121	13	108	129	16	113
上海	143	35	108	156	43	113
江苏	505	136	369	548	158	390
浙江	109	52	57	160	59	101
安徽	97	17	80	109	20	89
福建	113	10	103	117	11	106
江西	22	13	9	33	16	17
山东	150	65	85	216	74	142
河南	101	24	77	126	30	96
湖北	55	36	19	67	41	26
湖南	31	13	18	47	16	31
广东	326	61	265	576	83	493
广西	42	8	34	45	8	37
海南	4	1	3	4	1	3
重庆	33	12	21	51	14	37
四川	90	22	68	108	26	82
贵州	22	3	19	28	4	24
云南	14	11	3	20	11	9
西藏	1	1	0	1	1	0
陕西	38	24	14	66	27	39
甘肃	34	5	29	70	7	63
青海	4	4	0	5	5	0
宁夏	12	2	10	14	3	11
新疆	9	7	2	17	8	9
新疆生产建设兵团	2	2	0	10	4	6

2016 年，孵化器数量最多的前 5 个地区分别为广东、江苏、山东、浙江和上海（图 2 - 1，图 2 - 2）。广东省的孵化器数量从 2015 年的 326 家增长到 576 家，增长了 77%，超过江苏省位居第一；浙江省的孵化器数量从 109 家增长到 160 家，增长了约 50%，超过上海市，成为第 4 名；前 5 个地区孵化器总量的占比超过 50%。

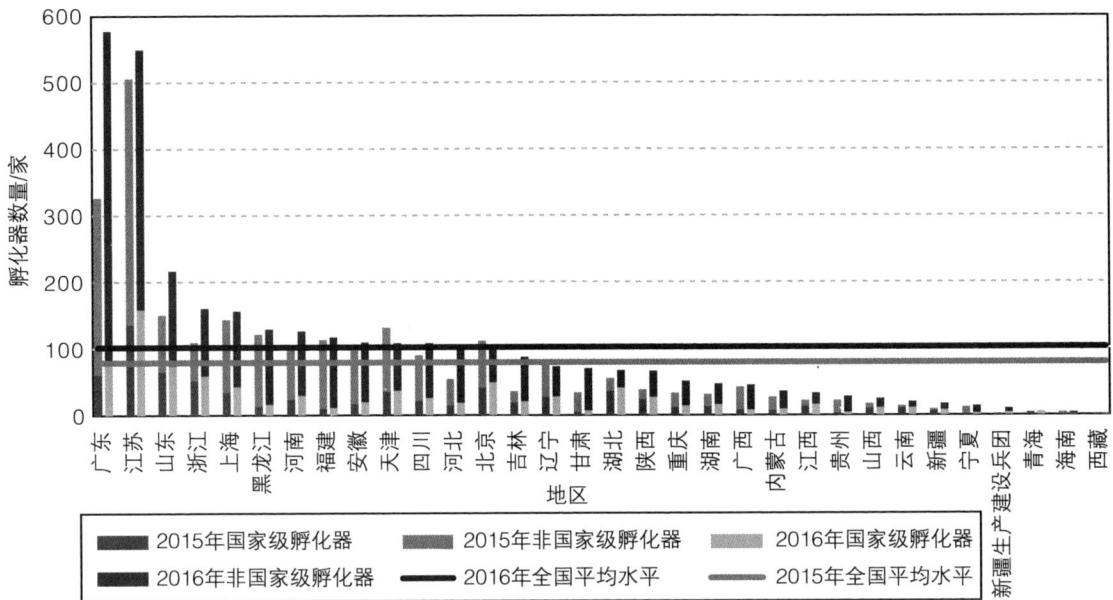

图2-1　各地区孵化器数量

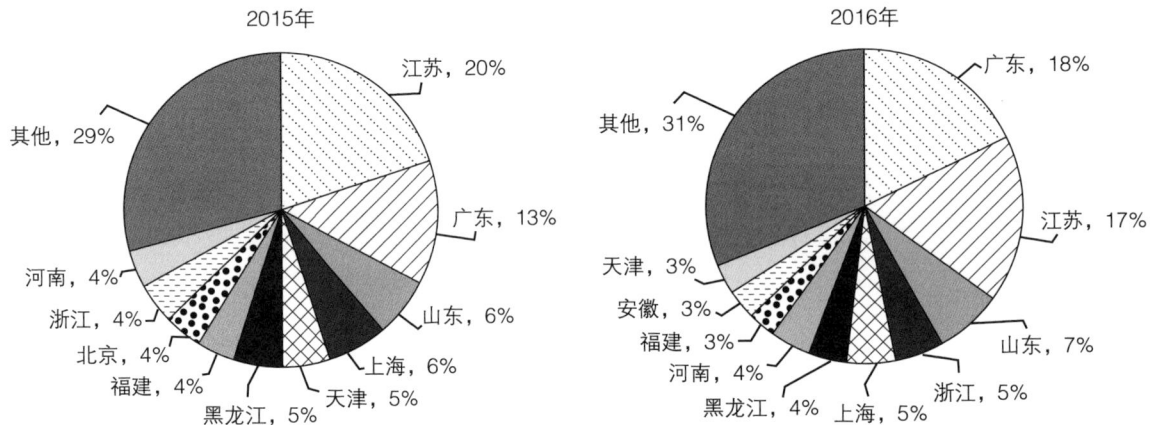

图2-2　各地区孵化器数量占比情况

（二）孵化面积

2016 年，全国孵化器使用总面积为 107.28 km²，与 2015 年相比，增长了 23.6%（表 2-2）。其中，67% 的面积用途为在孵企业用房，8% 的面积为办公用房，11% 的面积为公共服务用房，和 2015 年相比变化不大。

表2-2　全国孵化器孵化面积情况
单位：km²

年份	孵化器使用总面积	其中				国家级孵化器总面积	非国家级孵化器总面积
		办公用房	在孵企业用房	公共服务用房	其他		
2015	86.80	7.68	55.92	9.94	13.26	34.35	52.45
2016	107.28	8.08	71.97	12.30	14.93	38.57	68.71

国家级孵化器总孵化面积为 38.57 km²，较 2015 年增长 12.3%，占比 36.0%，比 2015 年下降 3.6 个百分点；非国家级孵化器总孵化面积为 68.71 km²，比 2015 年增长 31%，占比达到 64.0%。

相较于 2015 年，2016 年孵化器总孵化面积减少的地区有天津、黑龙江、辽宁、北京、宁夏和海南，共计 6 个地区，占比 18.75%。其他地区的孵化器总孵化面积较 2015 年均有不同程度的增加，其中，新疆生产建设兵团、甘肃、陕西等地区的孵化器总孵化面积增幅超过 100%（图 2-3）。

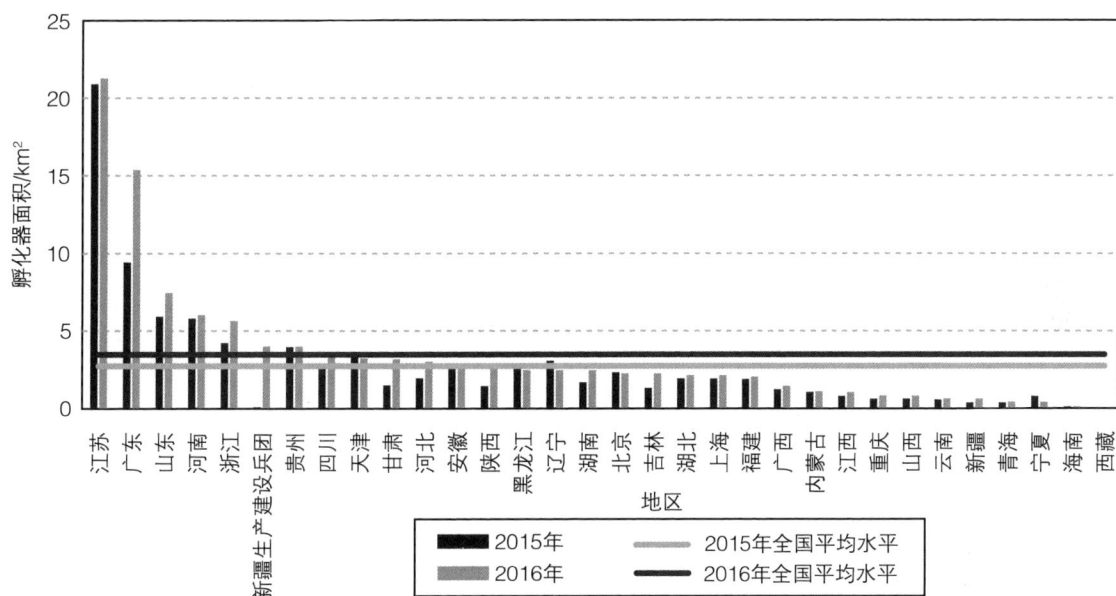

图 2-3 各地区孵化器面积

2016 年，孵化器面积较大的前 5 个地区分别为江苏、广东、山东、河南和浙江，和 2015 年一致，5 个地区的孵化器总孵化面积占到全国总孵化面积的 51%（图 2-4）。其中，广东省较 2015 年总孵化器面积增长了 63%，占比达到 14%，缩小了与江苏省之间的差距。江苏省的总孵化面积较 2015 年略有上升，但由于全国总面积上升，所以江苏占比下降到 20%。

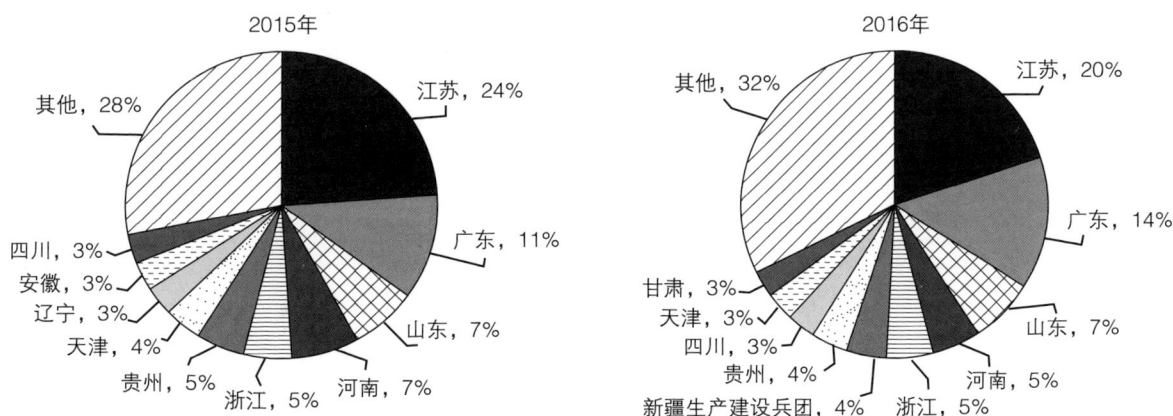

图 2-4 各地区孵化器面积占比

（三）在孵企业情况

2016 年，全国孵化器内共有在孵企业 133 314 家，与 2015 年相比增长了 30.5%（表 2-3）。其中，当年新增在孵企业 48 091 家，比 2015 年增长了 50.8%，占比 36.1%，比 2015 年提高了 5.6 个百分点。

表 2-3　全国和各地区孵化器在孵企业数量　　　　　　　　　　　　单位：家

地区	2015 年				2016 年			
	在孵企业总数	国家级孵化器内	非国家级孵化器内	当年新增在孵企业数	在孵企业总数	国家级孵化器内	非国家级孵化器内	当年新增在孵企业数
合计	102 170	62 764	39 406	31 886	133 314	73 242	60 072	48 091
北京	4026	3095	931	1228	5316	3849	1467	1900
天津	5632	2895	2737	1232	5080	2831	2249	1402
河北	1873	1307	566	450	3078	1671	1407	1215
山西	929	688	241	372	1190	756	434	427
内蒙古	1015	659	356	360	1297	746	551	496
辽宁	3008	2050	958	805	3290	2216	1074	1103
吉林	1614	1399	215	289	2474	1531	943	921
黑龙江	3096	1091	2005	1302	3467	1375	2092	1435
上海	5605	2639	2966	1779	6639	3211	3428	2162
江苏	21 697	11 903	9794	5198	24 154	13 855	10 299	6495
浙江	6292	4860	1432	1956	8534	5279	3255	3019
安徽	3055	1520	1535	819	4114	1906	2208	1326
福建	2338	1075	1263	895	2671	1106	1565	1014
江西	1299	1008	291	339	1839	1381	458	640
山东	7545	5555	1990	2890	10 640	6403	4237	3997
河南	5118	2873	2245	1870	6733	3436	3297	2520
湖北	3257	2849	408	1105	4438	3314	1124	1576
湖南	1831	1368	463	424	3231	1694	1537	1155
广东	9596	4885	4711	3738	16 535	6535	10 000	7466
广西	1234	757	477	552	1665	820	845	696
海南	220	97	123	105	414	125	289	221
重庆	1491	959	532	538	1834	928	906	857
四川	4544	2372	2172	1841	5423	2565	2858	2340
贵州	816	396	420	341	905	450	455	348

地区	2015 年				2016 年			
	在孵企业总数	国家级孵化器内	非国家级孵化器内	当年新增在孵企业数	在孵企业总数	国家级孵化器内	非国家级孵化器内	当年新增在孵企业数
云南	1197	1125	72	369	1196	1001	195	456
西藏	20	20	0	1	12	12	0	0
陕西	2135	1884	251	537	3037	2182	855	1085
甘肃	588	440	148	250	1992	637	1355	972
青海	266	266	0	55	318	318	0	82
宁夏	196	141	55	58	376	192	184	168
新疆	539	490	49	163	1046	656	390	438
新疆生产建设兵团	98	98	0	25	376	261	115	159

2016 年，国家级孵化器中的在孵企业数为 73 242 家，与 2015 年相比增长 16.7%，占比 54.9%；非国家级孵化器中的在孵企业数为 60 072 家，与 2015 年相比增长 52.4%，占比 45.1%，比 2015 年增加了 6.6 个百分点。国家级孵化器中的在孵企业数量高于非国家级孵化器中的在孵企业数量，而 2016 年非国家级孵化器中的在孵企业数量增幅较大，两者之间的差距逐渐缩小。

2016 年，孵化器内在孵企业总数排名靠前的 5 个地区分别为江苏、广东、山东、浙江和河南（图 2-5，图 2-6）。和 2015 年相比，河南超过上海和天津进入前五。其中，江苏省 2016 年在孵企业数量为 24 154 家，与 2015 年相比增长了 11.3%，占全国在孵企业总数的 18%，下降了 4 个百分点；广东省 2016 年的在孵企业数量是 2015 年的 1.7 倍，占比增长到 12.4%。前 5 个地区的在孵企业总数占到全国在孵企业总数的一半。

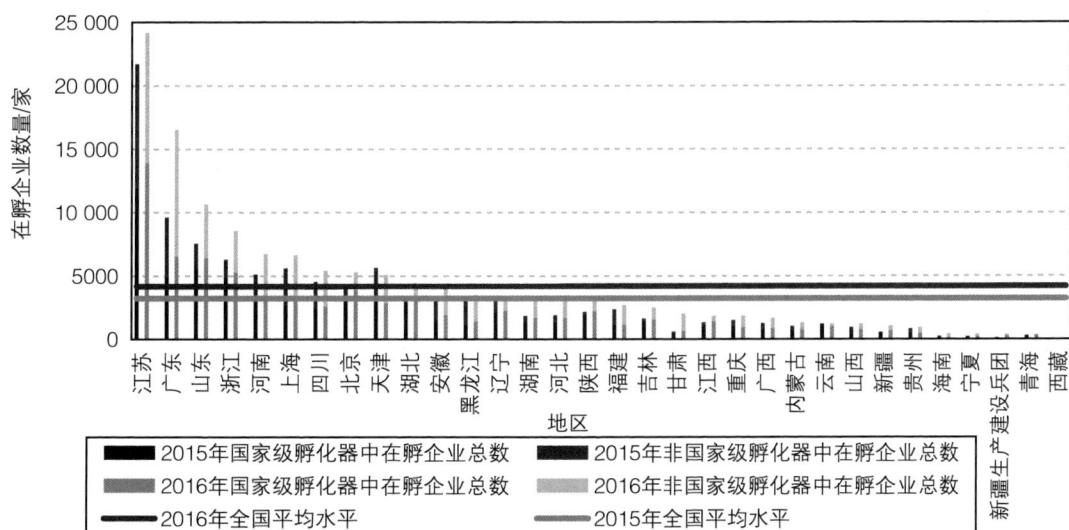

图 2-5　各地区孵化器内在孵企业数量

2015年

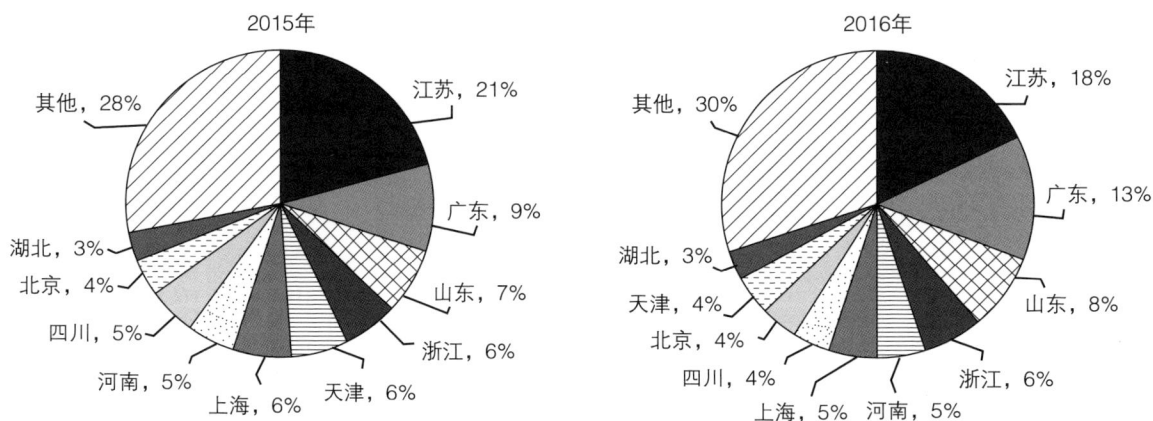

2016年

图 2-6　各地区孵化器内在孵企业数量占比

（四）毕业企业情况

2016 年，全国上报有效数据的孵化器内累计毕业企业 89 658 家，较 2015 年增长 19.8%（表 2-4）。其中，当年毕业 15 002 家，比 2015 年增长 29.4%；当年上市（挂牌）企业数量 983 家，比 2015 年增长 112%；当年被兼并和收购企业 633 家；当年营业收入超过 5000 万元的企业 2183 家。

表 2-4　全国毕业企业情况　　　　　　　　　　　　　　　　　　单位：家

指标	2015 年	2016 年
累计毕业企业	74 853	89 658
毕业企业累计上市（挂牌）企业	1434	2512
当年毕业企业	11 594	15 002
当年上市（挂牌）企业	463	983
当年被兼并和收购企业	564	633
当年营业收入超过 5000 万元的企业	1750	2183

2016 年，全国孵化器内企业的平均毕业率为 39.6%，与 2015 年相比略有下降（图 2-7）。毕业率较高的前 5 个地区分别为西藏、北京、辽宁、湖北和福建，毕业率均高于 45%。和 2015 年相比，广西跌出前五，福建进入前五，其他和 2015 年一致。其中，西藏的毕业率最高，达到 80.3%，比 2015 年增长近 16 个百分点，遥遥领先于其他地区。毕业率增幅最大的是青海，由 2015 年的 21.5% 增长到 2016 年的 43.0%，高于全国平均值。

2016 年，孵化器内累计毕业企业数量较多的前 5 个地区分别为江苏、广东、北京、山东和浙江，和 2015 年一致（图 2-8，图 2-9）。其中，江苏省累计毕业企业达 14 000 多家，增幅近 20%，排名第一。广东、浙江、山东等省份累计毕业企业的涨幅均超过 25%，广东省累计毕业企业的占比达 12%，缩小了和江苏省之间的差距。累计毕业企业数量较多的 5 个地区总占比达 52%。

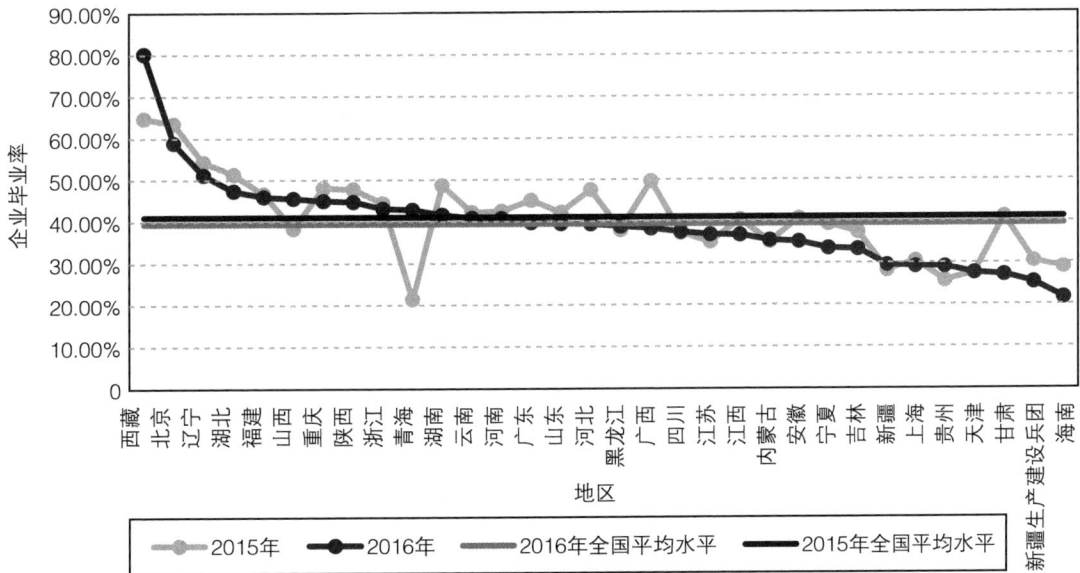

图2-7　各地区孵化器内企业毕业率①

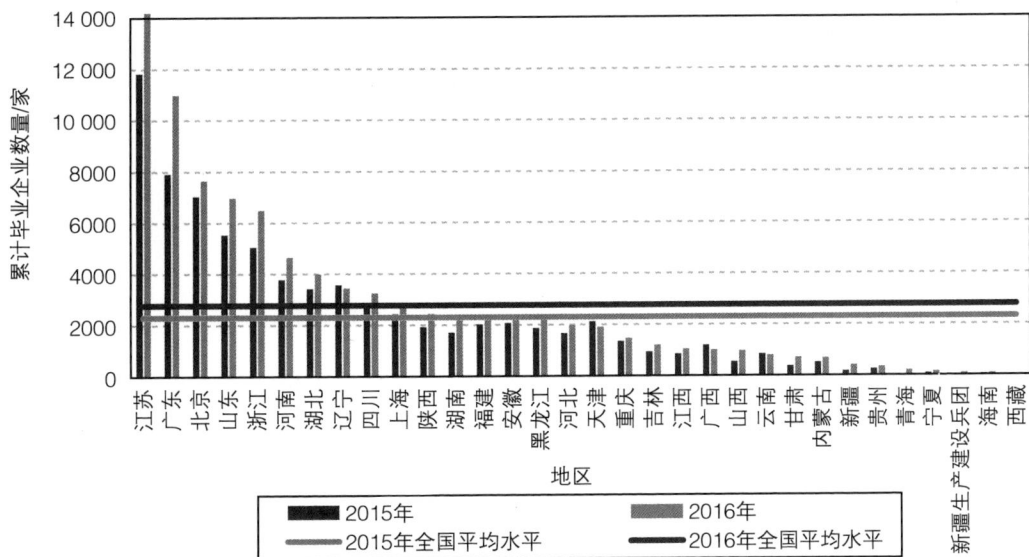

图2-8　各地区孵化器内累计毕业企业数量

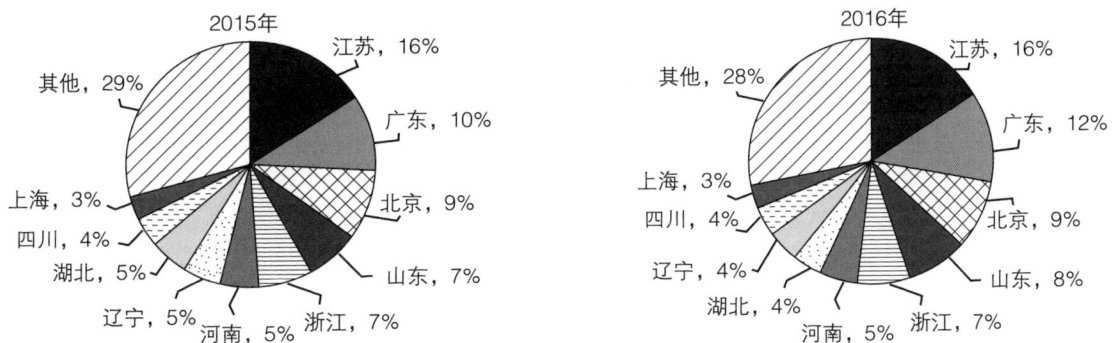

图2-9　各地区孵化器累计毕业企业数量占比

① 毕业率＝累计毕业企业／（累计毕业企业＋在孵企业总数）×100%

二、孵化绩效情况

（一）在孵企业经营情况

2016 年，全国孵化器内在孵企业总量为 133 314 家。其中，留学人员企业 9493 家，与 2015 年相比，增长了 18.5%，占比 7.1%；大学生科技企业 22 184 家，增长 46%，占比 16.6%；高新技术企业 9032 家，增长了 38.4%，占比 6.8%；2016 年新增的在孵企业数量为 48 091 家，与 2015 年相比，增长了 51%，占比 36.1%（图 2-10）。

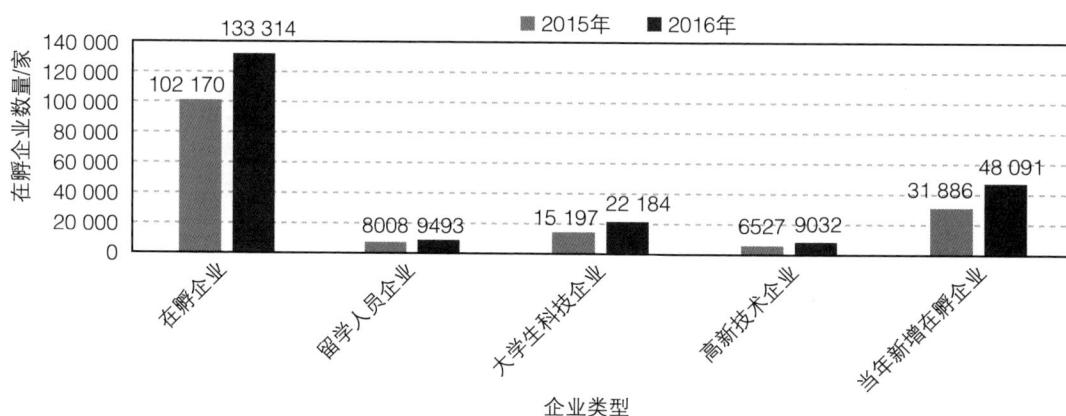

图 2-10 孵化器内不同类型的在孵企业数量

2016 年，全国在孵企业总收入 4782.36 亿元，较 2015 年略有下降。其中，国家级孵化器在孵企业总收入 2670.57 亿元，占比 55.8%，非国家级孵化器在孵企业总收入 2111.79 亿元，占比 44.2%（表 2-5）。

表 2-5 孵化器内在孵企业总收入 　　　　　　　　　　　　单位：亿元

年份	在孵企业总收入	其中	
		国家级孵化器	非国家级孵化器
2015	4810.37	2483.49	2326.88
2016	4782.36	2670.57	2111.79

从各地区情况来看，江苏省仍位居第一，在孵企业总收入为 956 亿元，与 2015 年相比下降 15%。广东省在孵企业总收入为 730 亿元，是 2015 年的 1.78 倍，位居第二，增长迅速（图 2-11）。

在孵企业总收入较高的 5 个地区分别为江苏、广东、北京、山东和浙江，其在孵企业总收入占全国在孵企业总收入的 54%（图 2-12）。与 2015 年相比，山东省在孵企业总收入从第 2 名下降到第 4 名；上海市在孵企业的总收入也有所下降，跌出前 5 名。

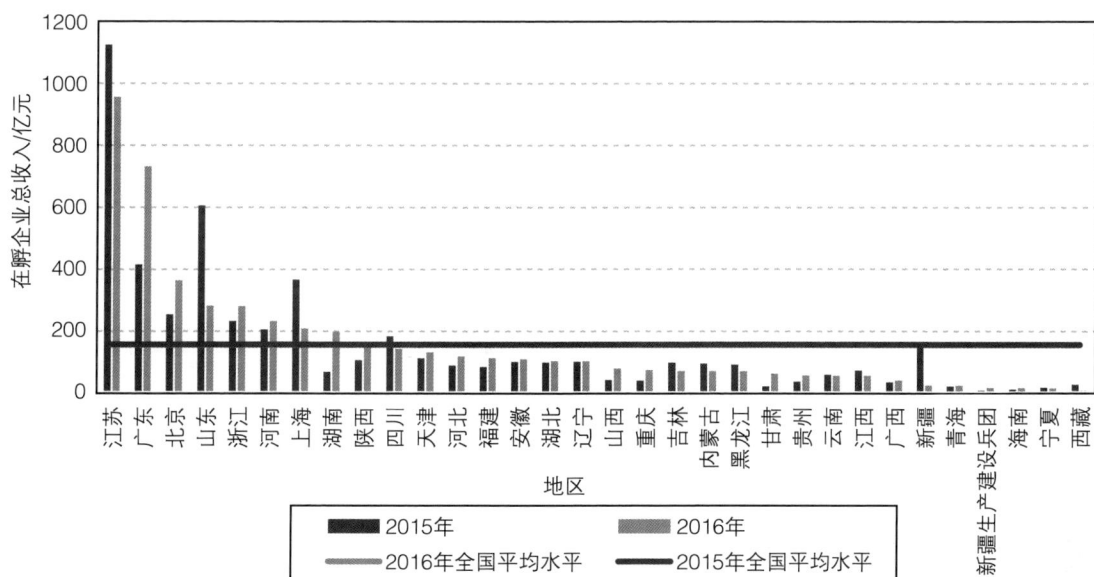

图 2 - 11　各地区在孵企业总收入

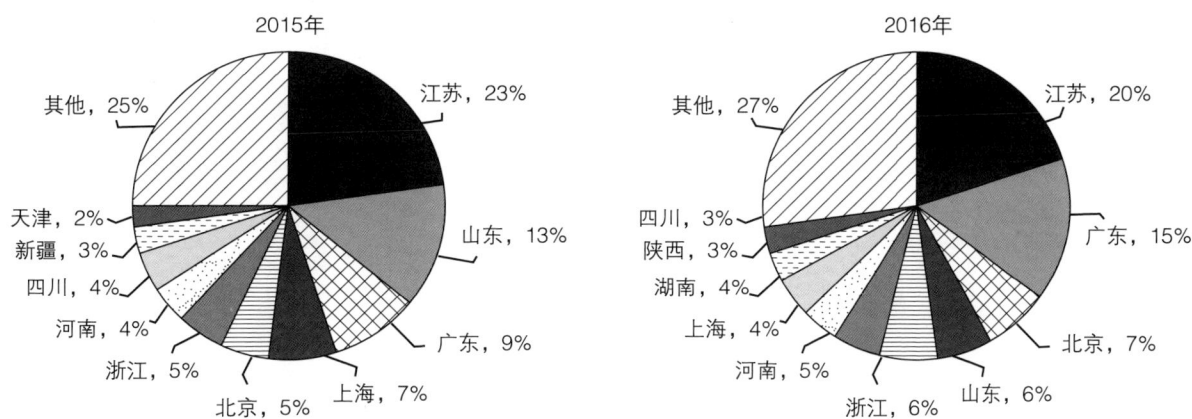

图 2 - 12　各地区在孵企业总收入占比

（二）在孵企业技术创新情况

2016 年，全国在孵企业的 R&D 总支出为 414.7 亿元。在孵企业 R&D 支出较多的 5 个地区分别为江苏、广东、浙江、上海和北京（图 2 - 13，图 2 - 14）。其中，江苏省的在孵企业 R&D 支出为 82.8 亿元，占全国在孵企业 R&D 支出的 20%。前 5 个地区在孵企业的 R&D 总支出占比超过全国的一半，占比 59%。

2016 年，全国在孵企业知识产权申请数为 139 953 件，较 2015 年增长 30.0%（表 2 - 6）。拥有的有效知识产权数为 222 973 件。其中，发明专利 51 953 件，比 2015 年增长 33.2%，占比 23.3%；软件著作权 63 818 件，比 2015 年增长 30.6%，占比 28.6%；集成电路布图 2376 件，数量不足 2015 年的一半，占比 1.1%；植物新品种 698 件，占比 0.3%。

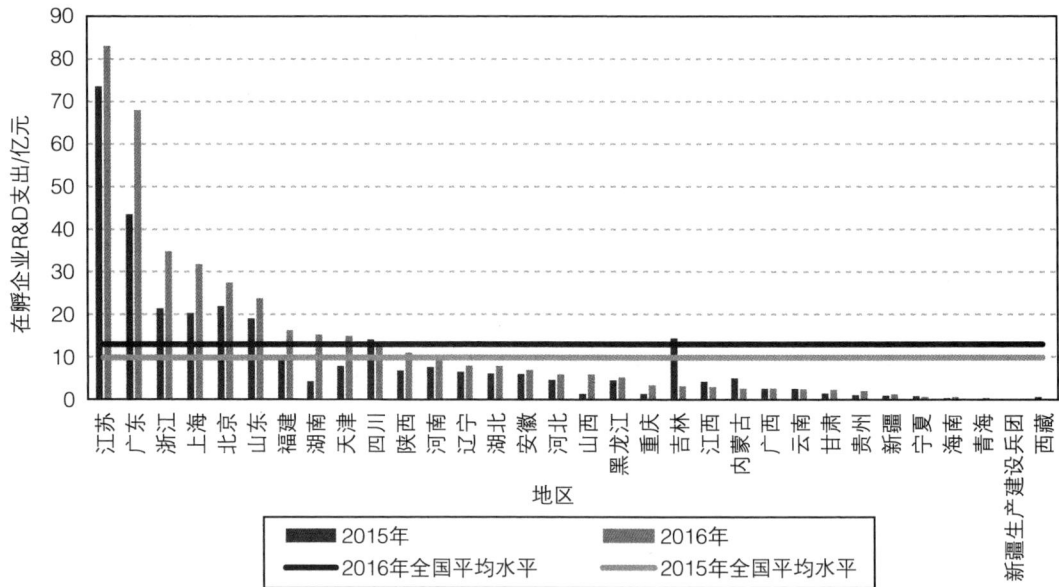

图 2-13　各地区在孵企业 R&D 支出

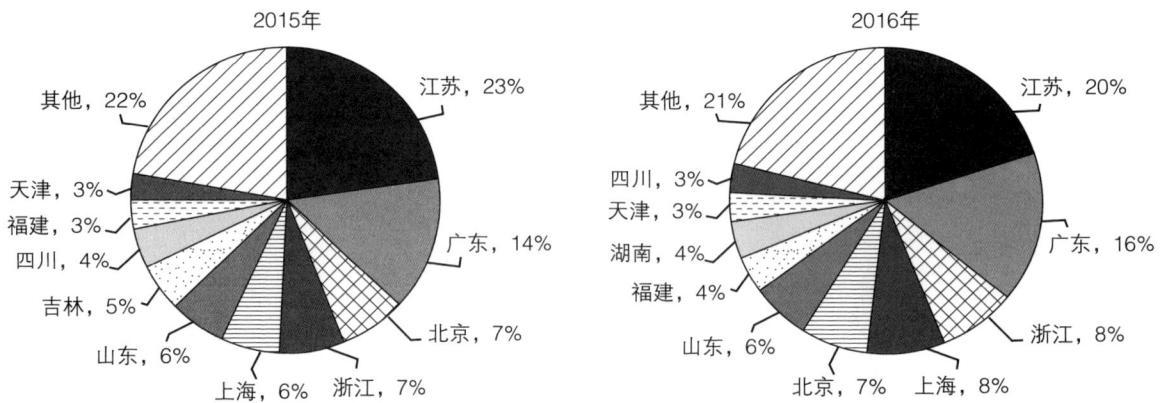

图 2-14　各地区在孵企业 R&D 支出占比

表 2-6　在孵企业获得知识产权情况　　　　　　　　　　　　　　　　　　　单位：件

年份	当年知识产权申请数	拥有有效知识产权数				
		总数	发明专利	软件著作权	集成电路布图	植物新品种
2015	107 667	155 369	39 003	48 882	5834	1467
2016	139 953	222 973	51 953	63 818	2376	698

　　整体而言，大多数地区在孵企业 2016 年的知识产权申请数高于 2015 年，大多数地区在孵企业 2016 年拥有的有效知识产权数也高于 2015 年，且知识产权申请数和拥有的有效知识产权数之间有一定的相关性。广东省、山东省、湖北省的知识产权申请数涨幅均超过 20%。江苏省、广东省、山东省的有效知识产权数增幅超过 20%（图 2-15）。

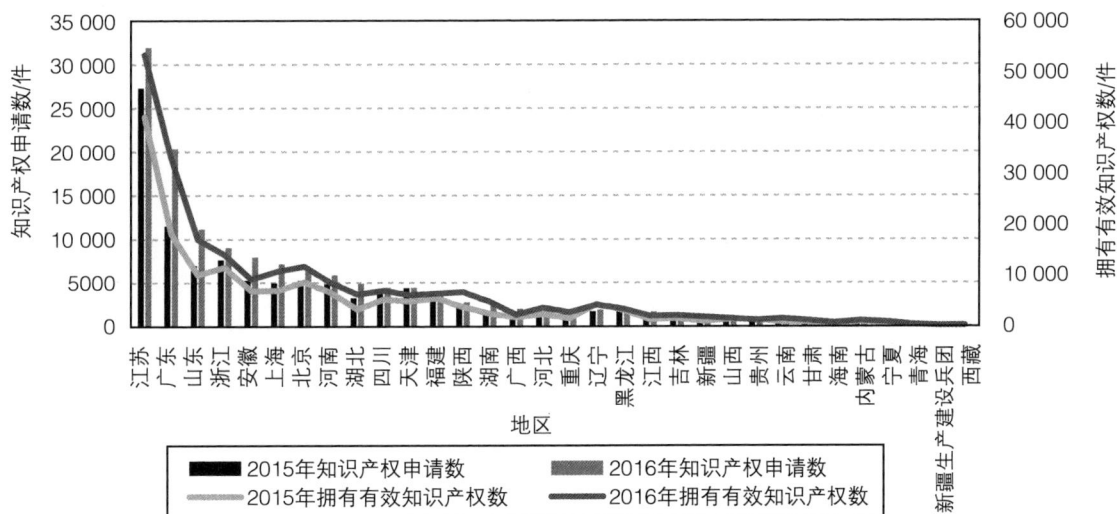

图 2-15 各地区在孵企业知识产权申请数和拥有有效知识产权数

2016 年，全国在孵企业知识产权申请数量总数为 14.0 万件，较 2015 年增长 30%。申请数量较多的地区分别为江苏、广东、山东、浙江和安徽，和 2015 年基本一致（图 2-16）。其中，广东省较 2015 年增幅达到 77%，缩小了与江苏省之间的差距，占比也增加到 15%。江苏省以 3.2 万件知识产权申请量保持第一，占比 23%，较 2015 年略有下降。前 5 个地区的总占比达到 58%。和 2015年相比，海南知识产权申请量增长较快。

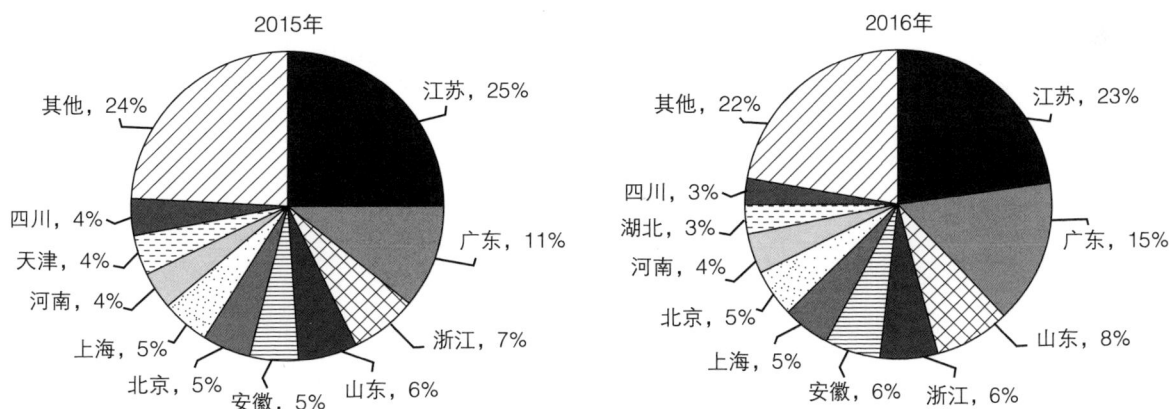

图 2-16 各地区在孵企业知识产权申请数占比

2016 年，全国在孵企业拥有的有效知识产权数为 22.3 万件，较 2015 年增长 43.5%。拥有有效知识产权数较多的地区分别为江苏、广东、山东、浙江和北京，和 2015 年相比基本一致（图 2-17）。其中，江苏省拥有有效知识产权数 5.3 万余件，增幅 29.8%，占比 24%，较 2015 年略有下降。广东省 2016 年数据和 2015 年相比，增幅达到 82.2%，拉近了与江苏省的距离，占比增长到 15%。排名前 5 位的地区总占比达到 58%。

2015年

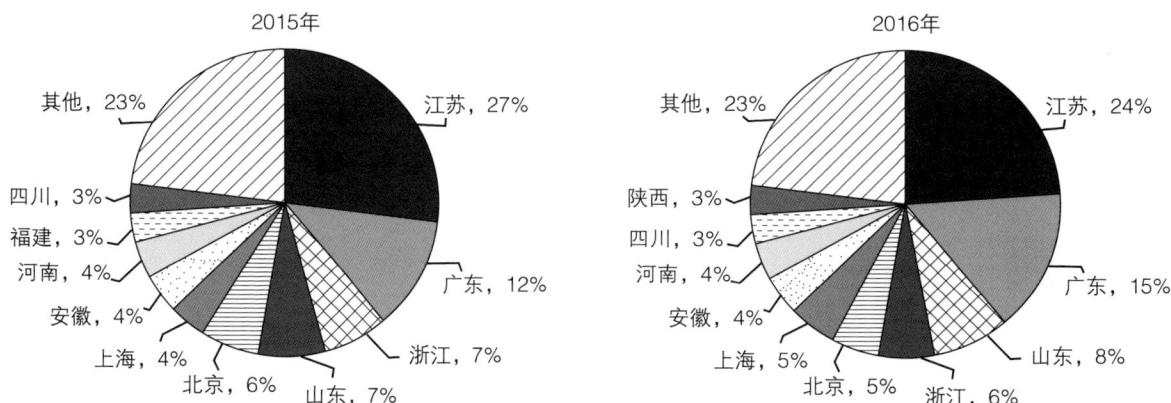

2016年

图2-17　各地区在孵企业拥有有效知识产权数占比

（三）在孵企业创造的就业机会

2016 年，全国孵化器内在孵企业从业人员 212 万余人，比 2015 年增加了 27.7%。其中，国家级孵化器内在孵企业的从业人员数为近 120 万人，占比 56.4%；非国家级孵化器内在孵企业的从业人员数为 92 万余人，较 2015 年增长了 51.3%，占比 43.6%，比 2015 年上升了近 7 个百分点（表 2-7）。非国家级孵化器内在孵企业的从业人员数增幅较大，国家级、非国家级孵化器内在孵企业的从业人员数之间的差距逐步缩小。

表2-7　全国在孵企业从业人员情况　　　　　　　　　　　　　　单位：人

年份	在孵企业从业人员	国家级孵化器内在孵企业从业人员	非国家级孵化器内在孵企业从业人员
2015	1 662 492	1 051 411	611 081
2016	2 122 701	1 198 157	924 544

2016 年，全国在孵企业从业人员中，大专以上人员将近 164 万人，比 2015 年增加 28.8%，占比 77%，与 2015 年基本一致；吸纳应届大学毕业生 21 万余人，是 2015 年的 1.24 倍；留学人员 2 万余人，和 2015 年基本一致，增长较少；各级"千人计划"人员 1790 人，比 2015 年增加了 578 人（表 2-8）。

表2-8　在孵企业从业人员数　　　　　　　　　　　　　　　　单位：人

年份	大专以上人员	留学人员	"千人计划"人员	吸纳应届大学毕业生
2015	1 271 712	21 098	1212	170 462
2016	1 638 237	21 319	1790	210 950

2016 年，在孵企业从业人员数前 5 位的地区分别为江苏、广东、河南、山东和浙江，和 2015 年一致（图 2-18，图 2-19）。其中，江苏省在孵企业从业人员 40 万人，比 2015 年增长了 11%，位居第一，是第 2 名广东省的 1.6 倍，占全国在孵企业从业人员的 19%，占比较 2015 年略有下降。

18

广东省从 2015 年的 15.6 万从业人员增长到 2016 年的 24.7 万，增长了 58.3%，缩小了与江苏省的差距。前 5 个地区的在孵企业从业人员总数占全国在孵企业从业人员总数的一半。

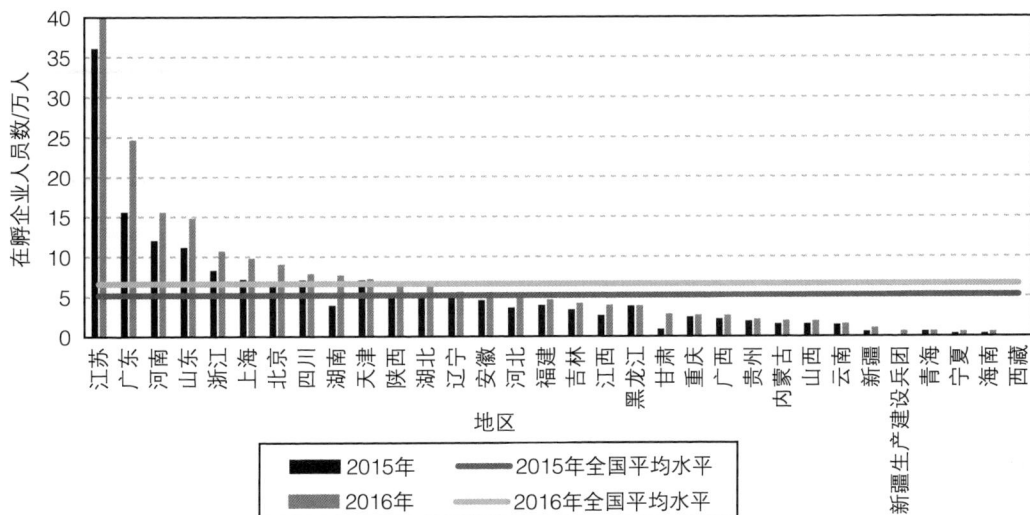

图 2 - 18　各地区孵化器内在孵企业从业人员数

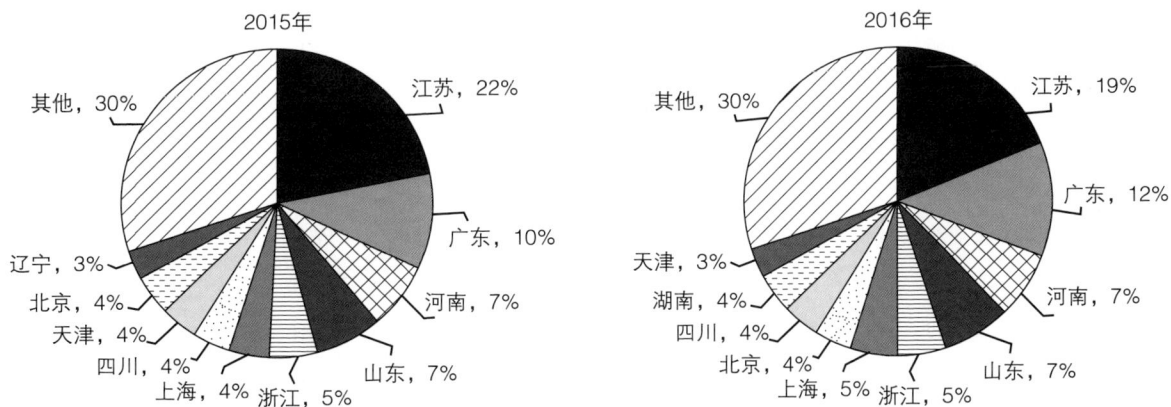

图 2 - 19　各地区孵化器内在孵企业从业人员数占比

2016 年，海南省在孵企业从业人员中大专以上人员占比最高，为 91.9%，较 2015 年增长了 6.5 个百分点；上海市大专以上人员占比仅为 73.6%，较 2015 年下降了 12 个百分点。海南、北京、天津、新疆、浙江、辽宁、山东、湖北、内蒙古的在孵企业从业人员中大专以上人员占比超过 80%。其中，新疆从 2015 年的 74.3% 增长到 2016 年的 84.0%，增长了近 6 个百分点，位居第四（图 2 - 20）。

（四）在孵企业获得投融资情况

2016 年，获得孵化基金投资的在孵企业数量为 11 619 家，比 2015 年增长了 22.9%。其中，国家级孵化器内当年获得孵化基金投资的在孵企业数量为 5155 家，占比 44.4%，较 2015 年略有下降（表 2 - 9）。非国家级孵化器内获得孵化基金投资的在孵企业数量较多。

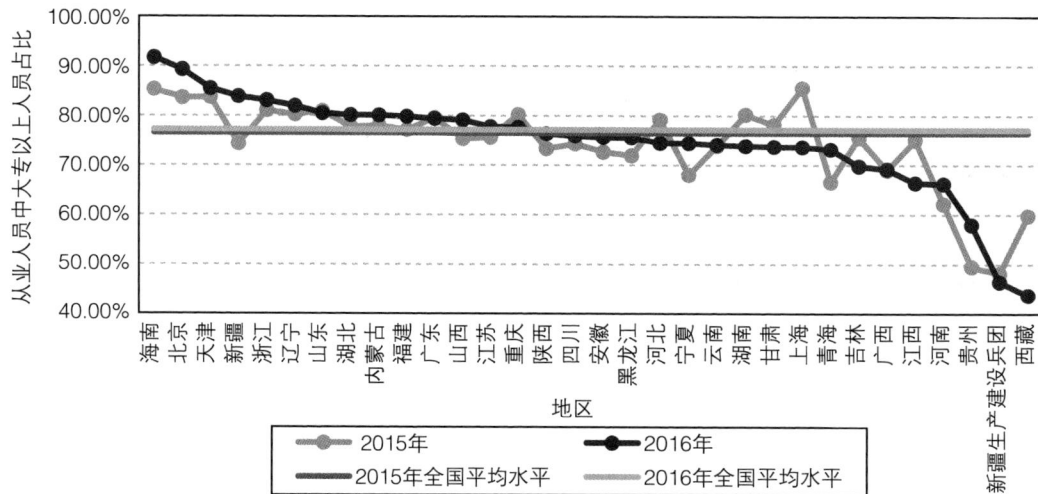

图2-20　各地区孵化器内在孵企业从业人员中大专以上人员占比

表2-9　全国在孵企业投融资情况

指标	2015 年	2016 年
当年获得孵化基金投资的在孵企业数量/家	9455	11 619
国家级孵化器内当年获得孵化基金投资的在孵企业数量/家	4691	5155
在孵企业累计获得风险投资额/亿元	847	1480
国家级孵化器内在孵企业累计获得的风险投资额/亿元	642	957
在孵企业当年获得风险投资额/亿元	259	386
国家级孵化器内在孵企业当年获得的风险投资额/亿元	172	237
累计获得投融资的企业数量/家	26 636	33 230
国家级孵化器内累计获得投融资的企业数量/家	19 610	24 042
当年获得投融资的企业数量/家	6038	7485
国家级孵化器当年获得投融资的企业数量/家	3996	4861

2016 年，在孵企业累计获得风险投资额 1480 亿元，其中国家级孵化器内在孵企业累计获得风险投资额 957 亿元，占比约 64.7%。在孵企业当年获得风险投资额 386 亿元，其中国家级孵化器内在孵企业当年获得风险投资额 237 亿元，占比 61.4%。国家级孵化器内的在孵企业获得的风险投资额远高于非国家级孵化器内的在孵企业。

2016 年，累计获得投融资的企业数量有 33 230 家，其中在国家级孵化器内的有 24 042 家，占比 72.4%。当年获得投融资的企业共有 7485 家，其中在国家级孵化器内的有 4861 家，占比 64.9%。获得投融资的在孵企业大多都在国家级孵化器内。

相较于 2015 年，2016 年当年获得孵化基金投资的在孵企业数量增长的地区共有 24 个。其中，浙江、江西、吉林等地区增幅超过 20%（图 2-21）。

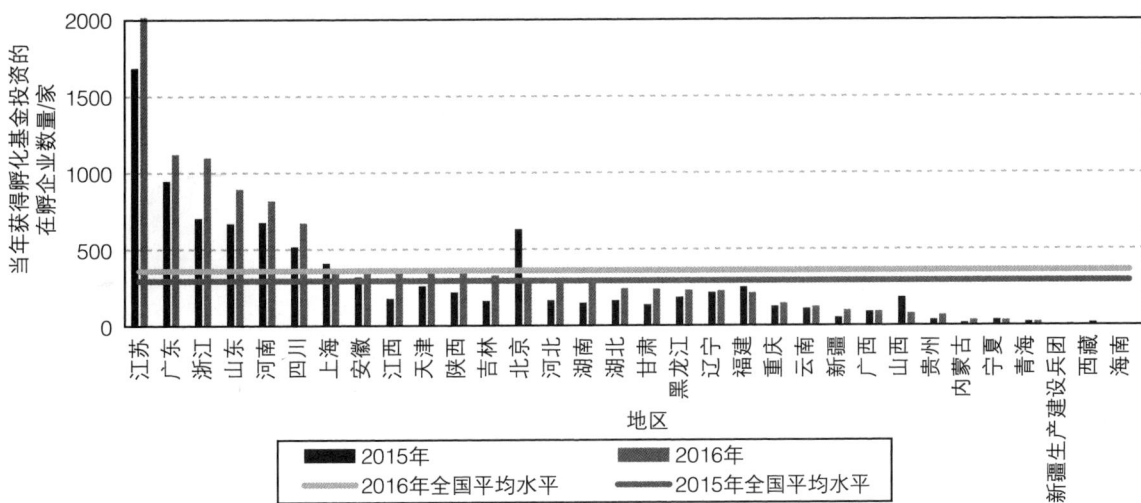

图 2 – 21　各地区当年获得孵化基金投资的在孵企业数量

2016 年，当年获得孵化基金投资的在孵企业总量为 11 619 家，相较 2015 年增长 22.9%。数量较多的地区分别为江苏、广东、浙江、山东和河南，和 2015 年相比基本一致，5 个地区的总占比超过全国的一半（图 2 – 22）。其中，江苏省 2016 年获得孵化基金投资的在孵企业数量为 2015 家，占比 17.3%，保持首位。

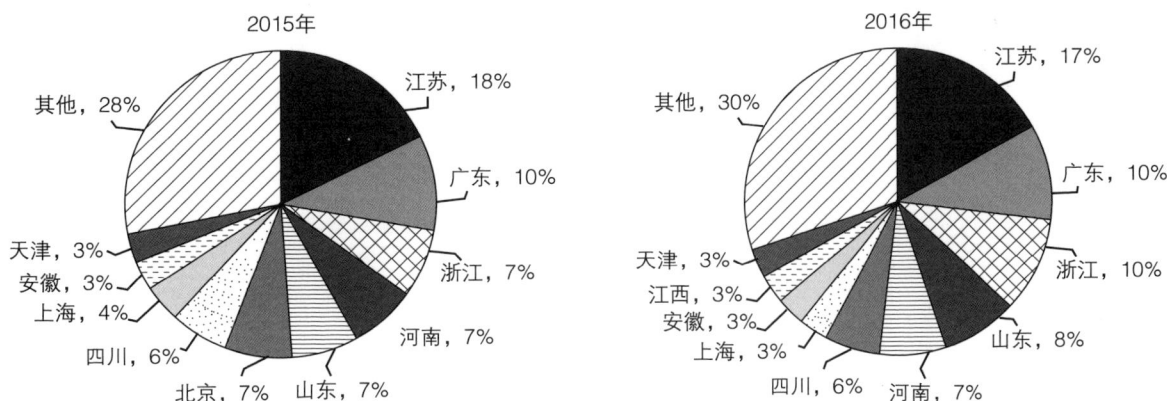

图 2 – 22　各地区当年获得孵化基金投资的在孵企业占比

2016 年，在孵企业累计获得风险投资额排名靠前的地区分别为上海、北京、江苏、广东和浙江，和 2015 年相比，上海超过北京位居第一（图 2 – 23）。上海市在孵企业累计获得风险投资额 394.7 亿元，是 2015 年的 3 倍多，涨幅巨大，占比达到 27%。上海市、北京市在孵企业累计获得的风险投资额占到全国的近一半。前 5 个地区的总占比达到 73%，风险投资额的地域不平衡越发明显。

2016 年，孵化器内累计获得投融资的企业数量排名前 5 位的地区分别为江苏、广东、北京、上海和山东（图 2 – 24）。江苏省累计获得投融资的企业数量达 5117 家，较 2015 年增长 18.4%，保持第一；和 2015 年相比，广东省增幅达 43.0%，位列第二。和 2015 年相比，新疆累计获得投融资企业数量增长了近 100 家，宁夏增长了近 60 家，增幅较大。

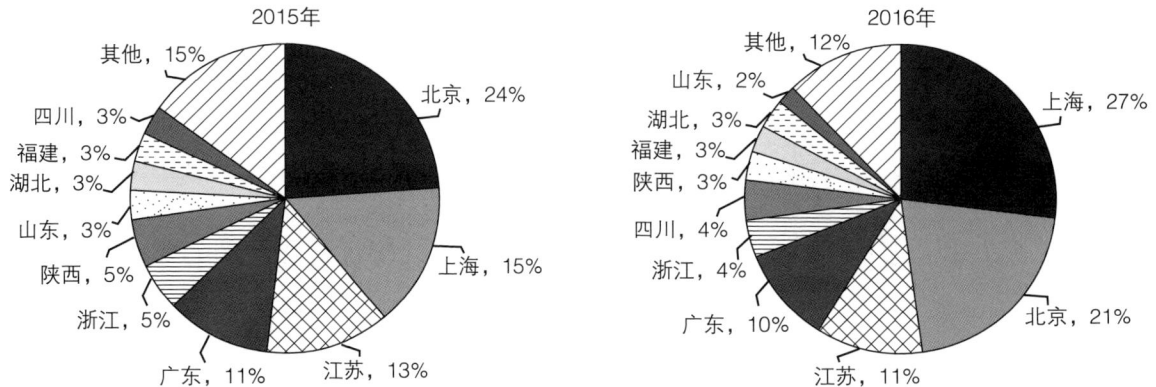

图 2-23　各地区在孵企业累计获得的风险投资额占比

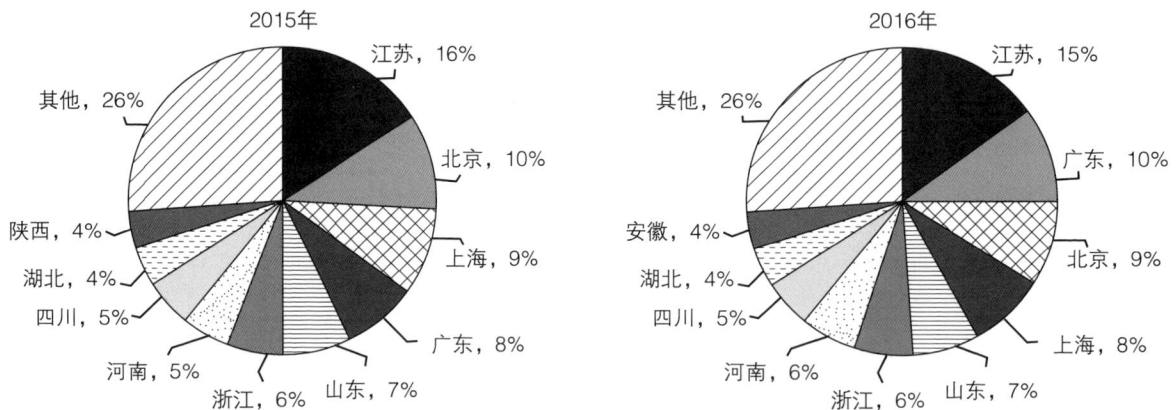

图 2-24　各地区在孵企业累计获得投融资的企业数量占比

三、孵化器运营情况

（一）孵化器性质

2016 年，全国共有孵化器 3255 家，其中 925 家孵化器在国家高新区内，占比 28.4%。国家级孵化器共有 860 家，其中 385 家在国家高新区内，占比 44.8%；非国家级孵化器共有 2395 家，其中 540 家在国家高新区内，占比 22.5%（图 2-25）。国家高新区内，国家级孵化器占比 42.0%，非国家级孵化器占比 58.0%（图 2-26）。非国家级孵化器的占比较 2015 年提高了 4 个百分点。

2016 年，全国孵化器按性质分，民营企业数量最多，比 2015 年增长了 50% 多，占比接近 50%。其次是国有企业，数量比 2015 年增长了 22%，占比为 28%。民办非企业、差额拨款事业性质的孵化器数量较少，占比均低于 5%。和 2015 年相比，性质为民营企业的孵化器占比有较大幅度的增长，其他性质的孵化器数量占比基本和 2015 年一致（图 2-27）。

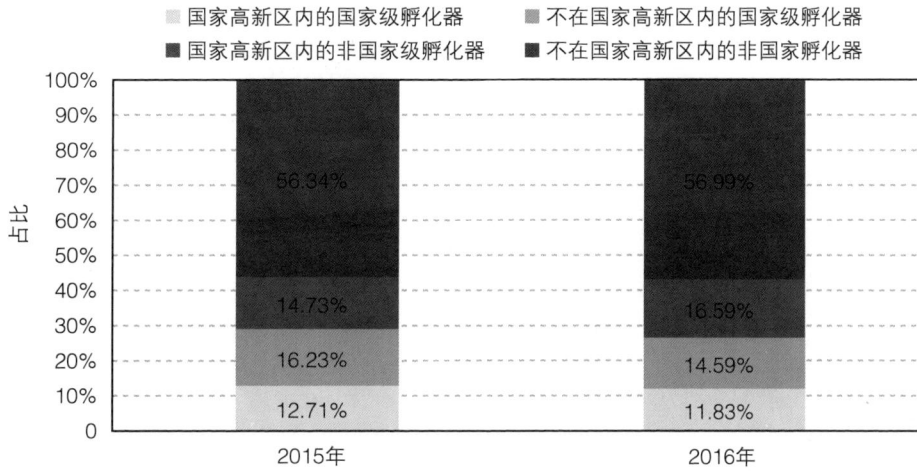

图 2-25 不同性质的孵化器数量占比

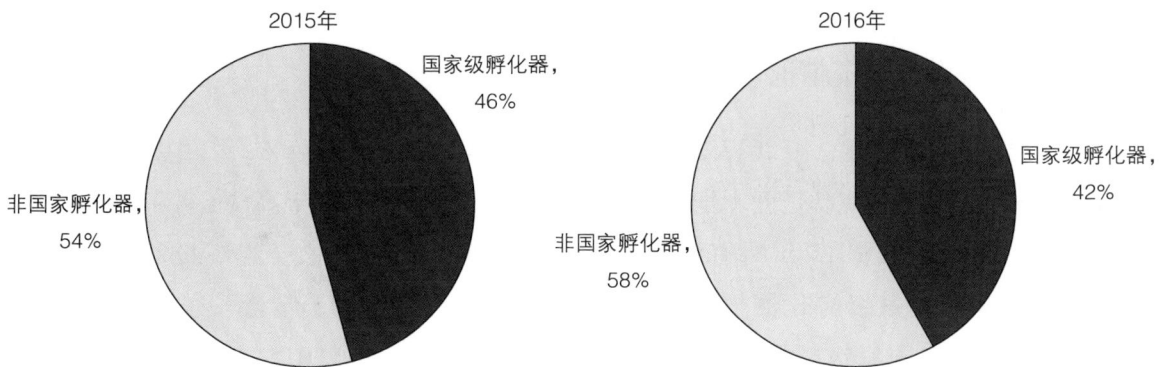

图 2-26 国家高新区内不同性质的孵化器数量占比

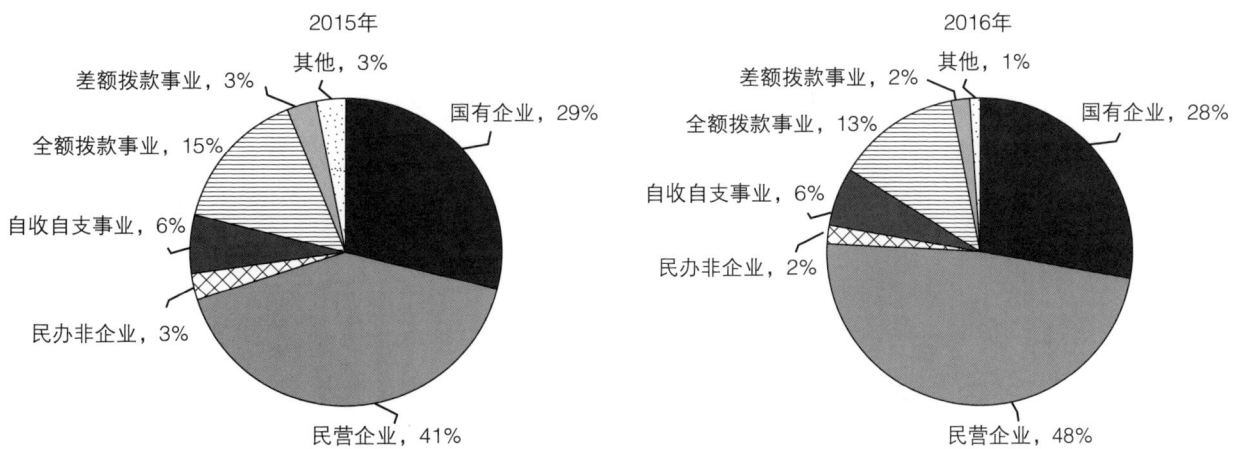

图 2-27 全国孵化器按性质分类占比

2016 年，国家级孵化器中，国有企业数量最多，为 343 家，占比 40%，和 2015 年一致。其次是民营企业，占比 29%，和 2015 年相比，增长了 3 个百分点。同样地，民办非企业、差额拨款事业性质的孵化器数量较少，占比均低于 5%（图 2-28）。

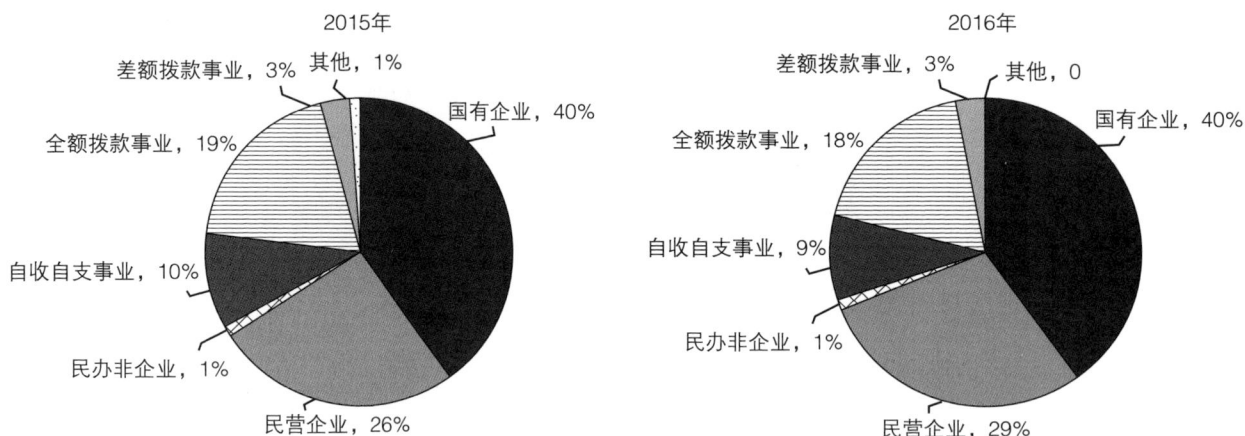

图 2-28　国家级孵化器按性质分类占比

（二）孵化器获得的投资情况

2016 年，全国孵化器投资总额 2013.9 亿元，相比 2015 年增长了 8.5%。其中，企业投资金额最多，相比 2015 年多投入近 200 亿元，增长了 18.7%，占比也比 2015 年高出 6 个百分点。其次是政府财政投入，投入总额较 2015 年略有下降，占比也下降为 37%。社会组织投资及其他投资较少，总占比仅为 4%。国家级孵化器投资总额为 925.8 亿元，较 2015 年增长了 30.7%，增幅较大，占比达到 46%；非国家级孵化器投资总额为 1088.1 亿元，较 2015 年降低了 5.3%，占比54%（表 2-10，图 2-29）。

表 2-10　全国孵化器获得投资构成　　　　　　　　　　　　　　　　单位：亿元

年份	投资总额	其中				国家级孵化器投资总额	非国家级孵化器投资总额
		政府财政投入	企业投资	社会组织投资	其他投资		
2015	1857.0	757.2	995.1	17.5	87.2	708.4	1148.6
2016	2013.9	736.7	1180.8	24.7	71.7	925.8	1088.1

2016 年，孵化器投资总额比 2015 年增加的地区共计 22 个，占比 68.8%（图 2-30）。其中，北京较 2015 年增加了 250%，涨幅最大。

2016 年，孵化器投资总额最高的前 5 个地区分别为江苏、广东、山东、河南和浙江，投资总额均超过 100 亿元（图 2-31）。其中，江苏省以 384.1 亿元蝉联第一，占全国投资总额的 19%；北京市 2016 年的投资总额为 99.2 亿元，较 2015 年增长超过 250%，位列第六；前 5 个地区的投资总额占比达到 53%，超过全国的一半。

2015年

社会组织投资，1%　其他投资，5%

政府财政投入，41%

企业投资，53%

2016年

社会组织投资，1%　其他投资，3%

政府财政投入，37%

企业投资，59%

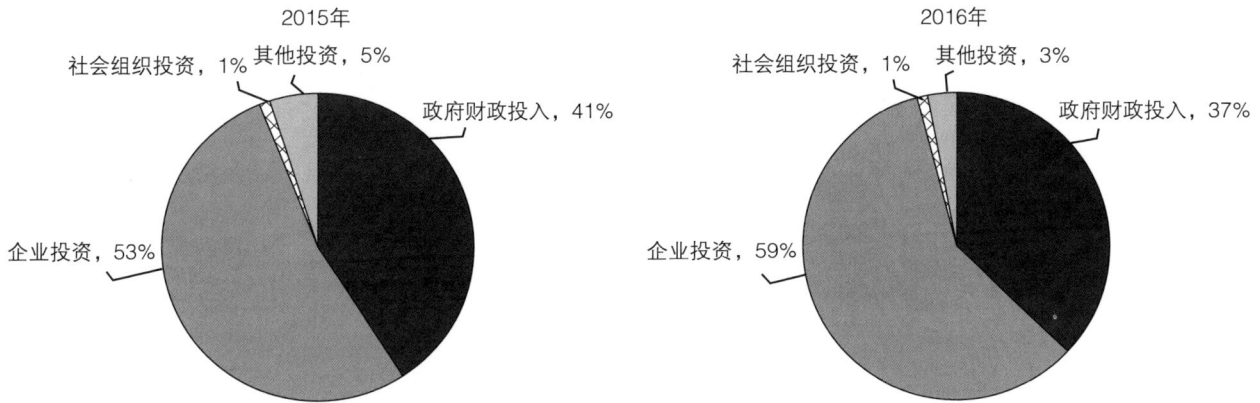

图2-29　全国孵化器不同来源投资额占比

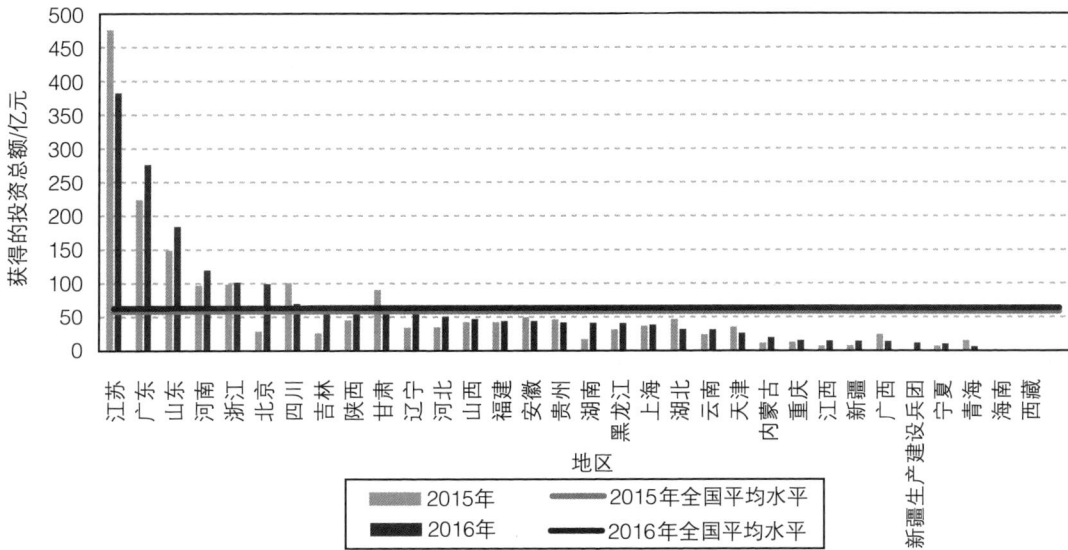

图2-30　各地区孵化器获得的投资总额

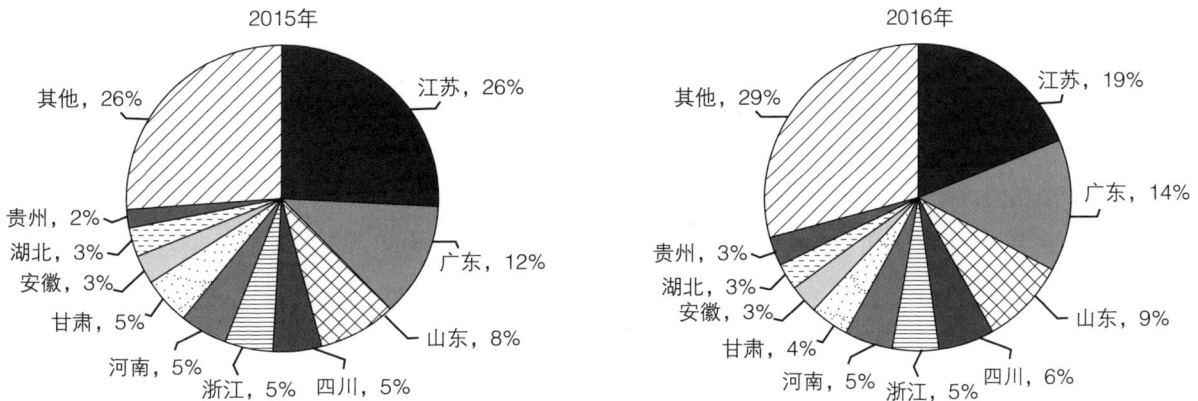

2015年

其他，26%

江苏，26%

贵州，2%

湖北，3%

安徽，3%

甘肃，5%

河南，5%

浙江，5%　四川，5%

广东，12%

山东，8%

2016年

其他，29%

江苏，19%

贵州，3%

湖北，3%

安徽，3%

甘肃，4%

河南，5%

浙江，5%　四川，6%

广东，14%

山东，9%

图2-31　各地区孵化器投资总额占比

（三）孵化器孵化基金情况

2016 年，全国孵化器孵化基金总额 687.8 亿元，比 2015 年增长了 88.1%。其中，国家级孵化器孵化基金总额 324.3 亿元，比 2015 年增长 72.9%，占比为 47.2%，较 2015 年略有下降；非国家级孵化器孵化基金总额 363.4 亿元，比 2015 年增长 104%，占比达到 52.8%（表 2 – 11）。

表 2 – 11　全国孵化器孵化基金总额　　　　　　　　　　　　　　　　　　　单位：亿元

年份	孵化器孵化基金总额	国家级孵化器孵化基金总额	非国家级孵化器孵化基金总额
2015	365.6	187.5	178.1
2016	687.8	324.3	363.4

2016 年，孵化器孵化基金总额比 2015 年降低的地区有黑龙江、湖北、江西和广西，占比仅有 12.5%，其余地区的孵化器孵化基金总额较 2015 年均有上升（图 2 – 32）。其中，北京、重庆、浙江、陕西、安徽等地区的孵化器孵化基金总额均超过 2015 年的 2 倍。

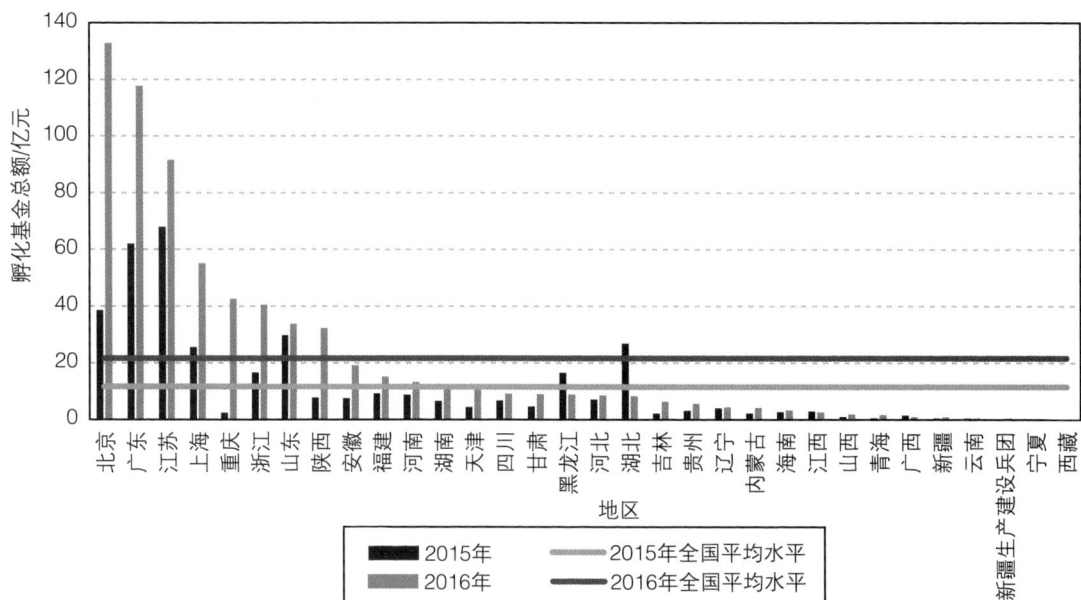

图 2 – 32　各地区孵化器孵化基金总额

孵化器孵化基金总额排名前 5 位的地区分别为北京、广东、江苏、上海和重庆（图 2 – 33）。与 2015 年相比，北京市孵化基金总额增幅达到 246%，位居第一，占比 18%；广东省孵化基金总额增长超过 90%，超过江苏省；重庆市的孵化基金总额在 2016 年也有大幅增长，为 42.4 亿元，占全国孵化基金总额的比例约 6%。

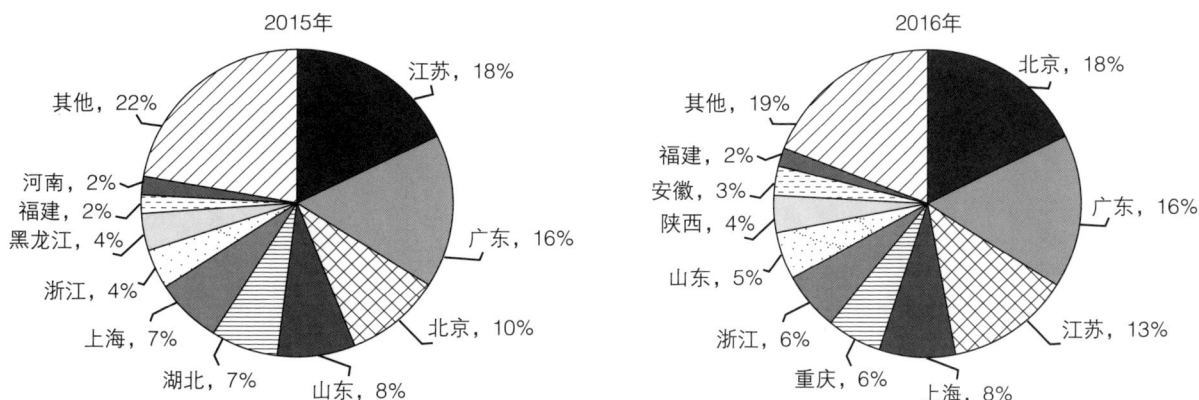

图 2-33　各地区孵化器孵化基金总额占比

（四）孵化器获得财税支持情况

2016 年，全国孵化器获得各级财政资助额为 61.14 亿元。获得各级财政资助额排名前 5 位的地区分别是广东、江苏、上海、山东和浙江。其中超过平均值的地区共有 10 个（图 2-34）。

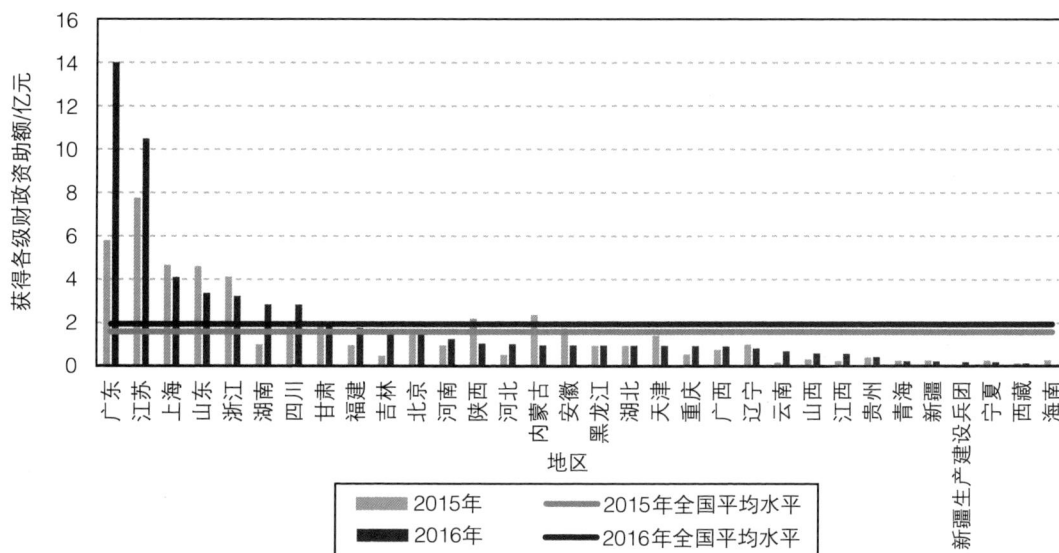

图 2-34　各地区孵化器获得各级财政资助额

2016 年，全国孵化器获得国家科技计划经费资助额为 5.29 亿元。获得国家科技计划经费资助额较多的地区分别为江苏、广东、安徽、四川和福建，江苏省以 1.16 亿元蝉联第一（图 2-35）。

（五）孵化器收支情况

2016 年，全国孵化器总收入 308 亿元，比 2015 年下降了 2.7%。其中，综合服务收入 116.8 亿元，占比较 2015 年略有下降，为 38%；物业收入 97.2 亿元，占比 32%；其他收入增长到 65.5 亿

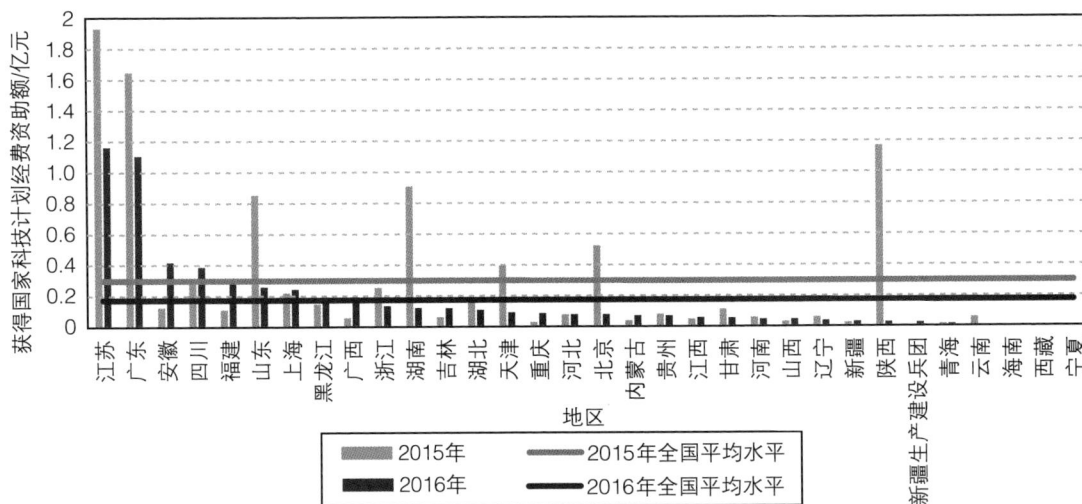

图 2-35　各地区孵化器获得国家科技计划经费资助额

元，比 2015 年增长了 77%，占比达到 21%。国家级孵化器总收入 123.7 亿元，占比 40.2%；非国家级孵化器总收入 184.3 亿元，占比 59.8%，和 2015 年相比变化不大（表 2-12，图 2-36）。

表 2-12　全国孵化器收入情况　　　　　　　　　　　　　　　　　　　　单位：亿元

年份	孵化器总收入	其中				国家级孵化器总收入	非国家级孵化器总收入
		综合服务收入	物业收入	投资收入	其他收入		
2015	316.8	111.7	106.2	26.8	72.1	121.7	195.1
2016	308.0	116.8	97.2	28.5	65.5	123.7	184.3

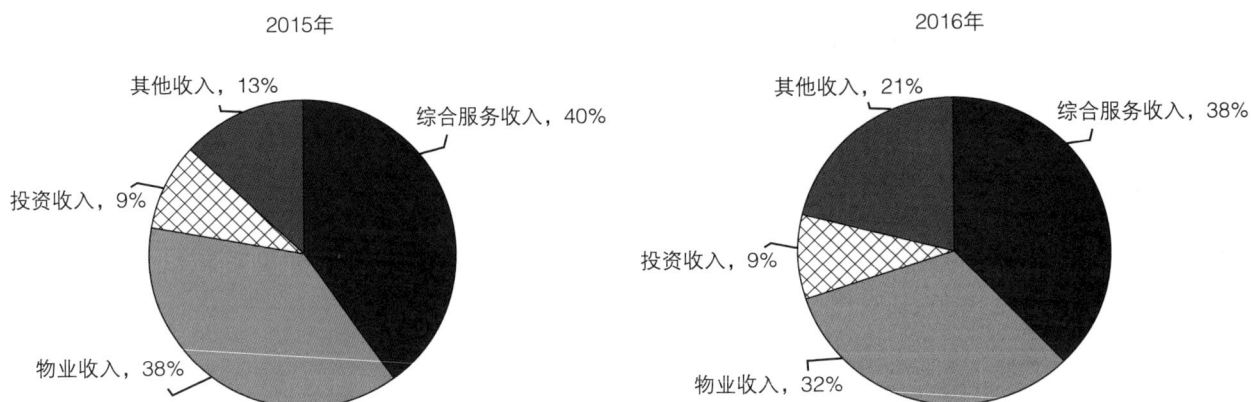

图 2-36　孵化器收入来源占比

2016 年，孵化器总收入比 2015 年增加的地区有广东、浙江、贵州、吉林、陕西、四川、河北、江西、河南、湖南、湖北、内蒙古、山西、重庆、新疆、广西、宁夏、青海、新疆生产建设兵团和海南，共计 20 个地区，占比 62.5%（图 2-37）。其中，广东省较 2015 年增加了 15.6 亿元，增长了 36%，涨幅较大。

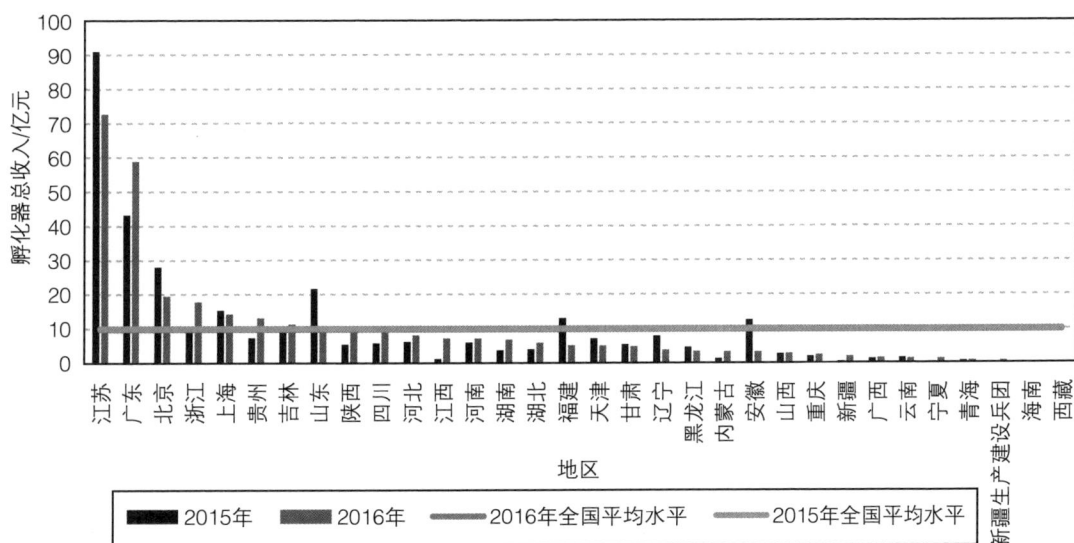

图 2 - 37　各地区孵化器总收入

2016 年，孵化器总收入排名前 5 位的地区分别为江苏、广东、北京、浙江和上海（图 2 - 38）。与 2015 年相比，浙江省以 17.7 亿元的总收入进入前 5 位。江苏省孵化器总收入较 2015 年减少 20%，广东省孵化器总收入较 2015 年增长 36%，两省差距不断缩小。孵化器总收入较多的 5 个地区总收入占比达 59%。

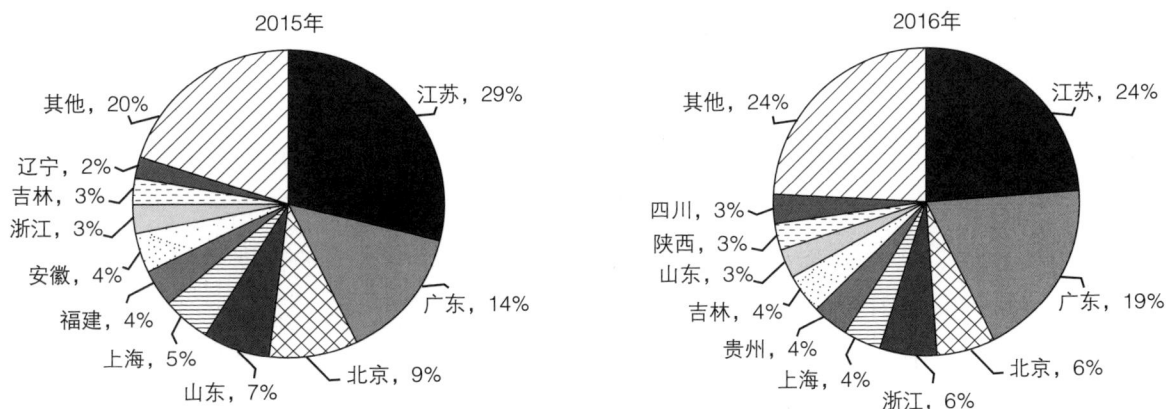

图 2 - 38　各地区孵化器收入占比

2016 年，全国孵化器的运营总成本为 260.5 亿元。其中，人员费用 43.5 亿元，占比 16.7%，场地费用 87.4 亿元，占比 33.6%，管理费用 62.8 亿元，占比 24.1%，其他费用 43.1 亿元，占比 16.5%，纳税额 23.8 亿元，占比 9.1%（表 2 - 13）。运营成本中，场地费用成本最高，其次是管理费用，纳税额为最低。

表 2 - 13　2016 年孵化器运营成本　　　　　　　　　　　　　　单位：亿元

孵化器运营总成本	其中				
	人员费用	场地费用	管理费用	其他费用	纳税额
260.5	43.5	87.4	62.8	43.1	23.8

2016 年，孵化器运营成本较高的地区分别为广东、贵州、江苏、北京和上海（图 2 - 39）。其中，广东省、贵州省和江苏省孵化器的运营成本均超过 39 亿元，是第 4 名北京市的 2 倍多。

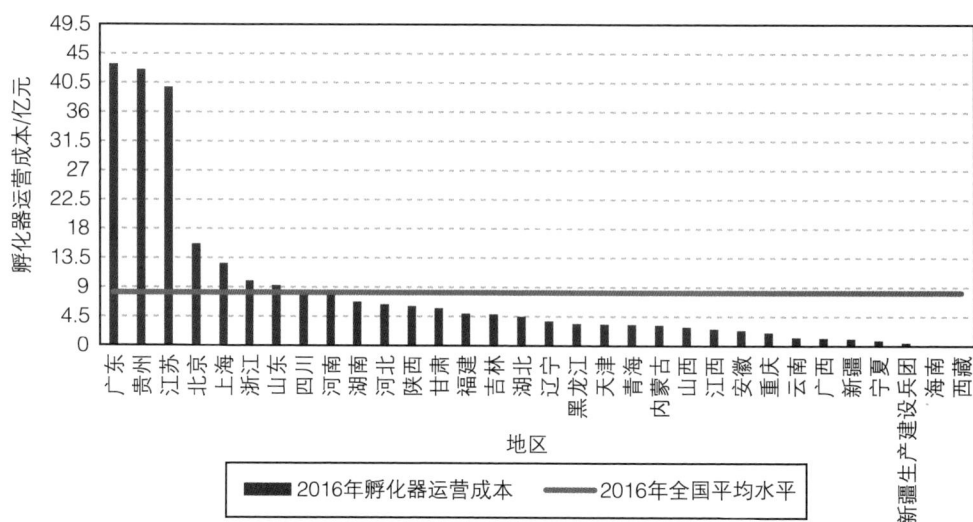

图 2 - 39　2016 年各地区孵化器运营成本

（六）孵化器管理人员情况

2016 年，全国孵化器管理机构从业人员共计 53 838 人，与 2015 年相比增长了 27.8%。其中，大专以上人员数为 47 496 人，占比 88%，较 2015 年下降 4.4 个百分点；接受专业培训的人数为 23 140 人，占比 43%，较 2015 年略微下降。国家级孵化器管理机构从业人员数为 16 862 人，比 2015 年增长了 15.4%，占比 31.3%，较 2015 年下降了 3.4 个百分点；非国家级孵化器管理机构从业人员数为 36 976 人，比 2015 年增长 34.4%，占比 68.7%（图 2 - 40）。

分地区来看，2016 年，管理机构从业人员数较多的 5 个地区分别为江苏、广东、山东、浙江和北京（图 2 - 41）。其中，广东省与 2015 年相比从业人员数增长了 63%，拉近了与江苏省的差距。

2016 年，全国孵化器管理机构从业人员中，大专以上人员占比为 88%。其中，新疆生产建设兵团大专以上人员占比最高，为 97%，有 19 个地区大专以上人员的占比超过 90%，有 3 个地区大专以上人员的占比低于 80%，分别为宁夏、贵州和青海。多数地区大专以上人员总数与 2015 年相比有所上升，但是大专以上人员占比却有不同程度的下降（图 2 - 42）。

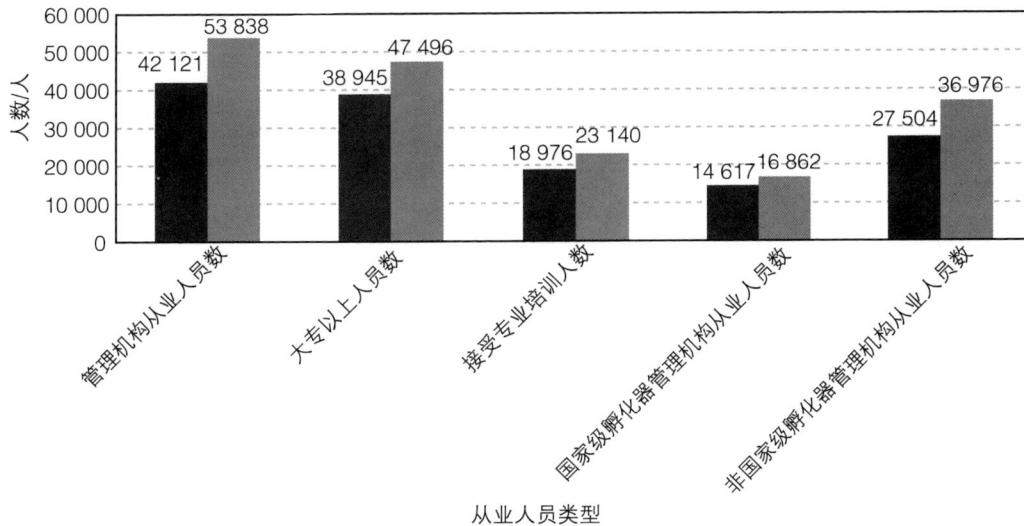

图 2-40　孵化器管理机构从业人员数

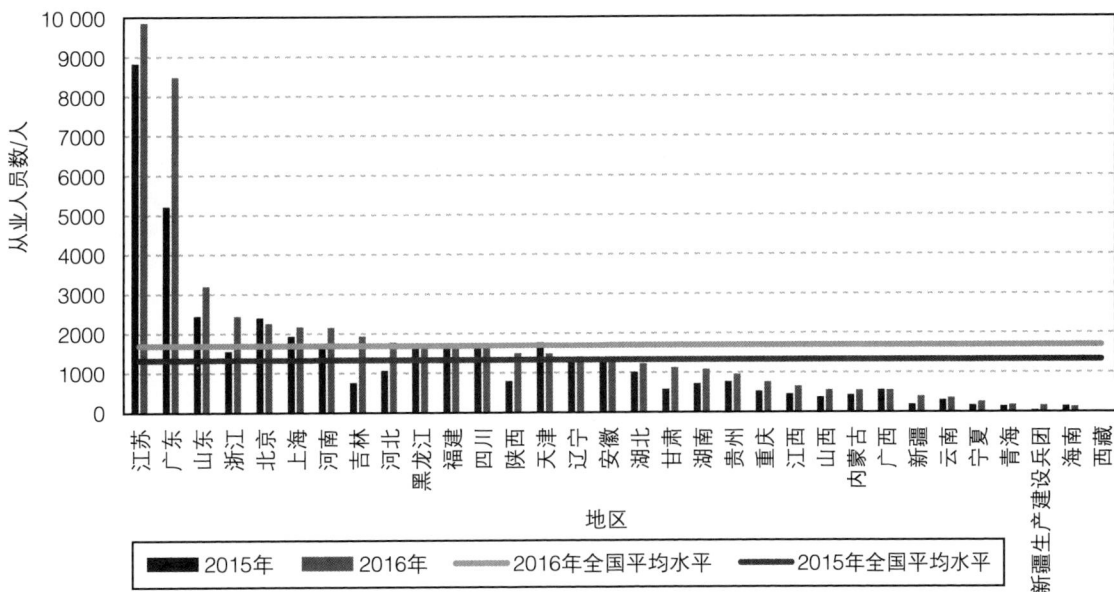

图 2-41　各地区孵化器管理机构从业人员数

2016 年，全国管理机构从业人员中，受过专业培训的人员占比为 43%。其中，受过专业培训的人员占比较高的 5 个地区分别为海南、内蒙古、云南、宁夏和江西，2015 年占比较高的重庆、陕西等地区跌出前 5 位，特别是重庆，2015 年受过专业培训的人员占比为 71%，而 2016 年仅为 41%，跌幅较大（图 2-43）。

（七）孵化器开展孵化服务情况

2016 年，对在孵企业共培训 232 万余人次，较 2015 年增长 38.8%。开展创业教育培训活动 6.7 万次，较 2015 年增长 53.6%（表 2-14）。

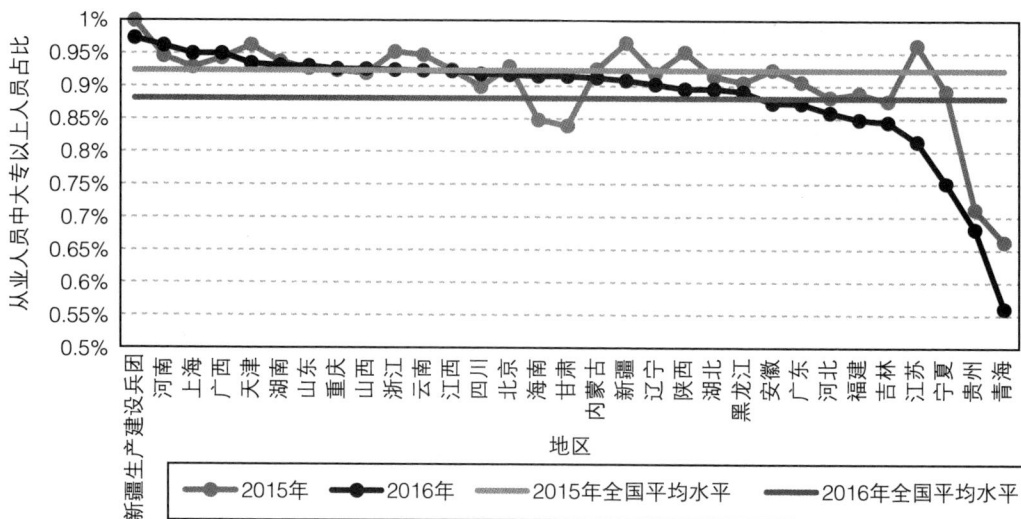

图2-42　各地区孵化器管理机构从业人员中大专以上人员占比①

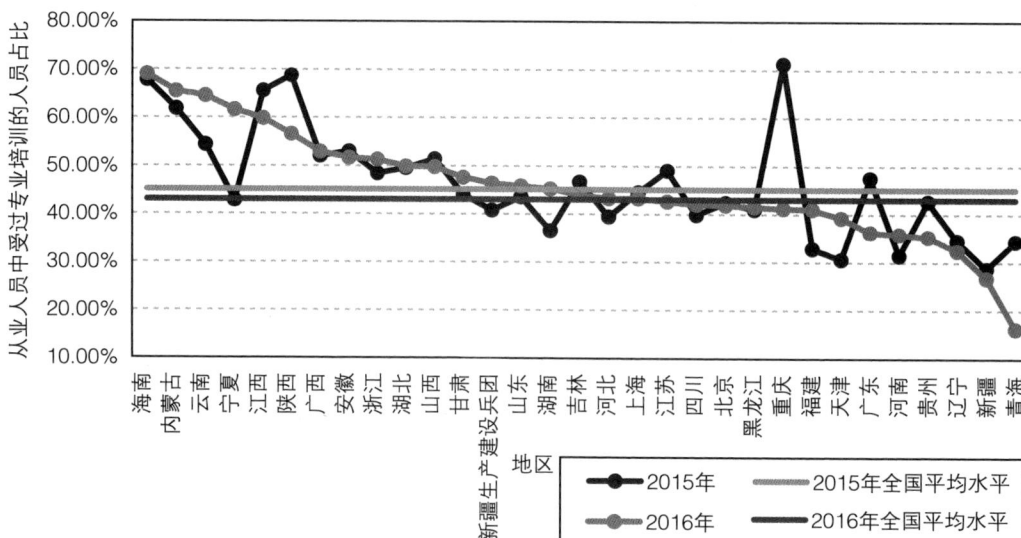

图2-43　各地区孵化器管理机构从业人员中受过专业培训的人员占比②

表2-14　全国孵化器开展孵化服务情况

年份	对在孵企业培训人次/人次	开展创业教育培训活动场次/次
2015	1 674 553	43 806
2016	2 325 130	67 299

　　2016年，对在孵企业培训人次较多的地区分别为广东、上海、山东、江苏和四川。其中，上海对在孵企业培训人次增幅超过200%，增长迅速，进入前5名。开展创业教育培训活动场次较多的

---

　　① 由于西藏仅有1家孵化器，故不列入比较。
　　② 同上。

地区分别为广东、江苏、上海、山东和甘肃，开展的创业教育培训活动场次均超过 4000 次。其中，甘肃省的培训活动场次是 2015 年的近 10 倍，进入前 5 名（图 2－44）。

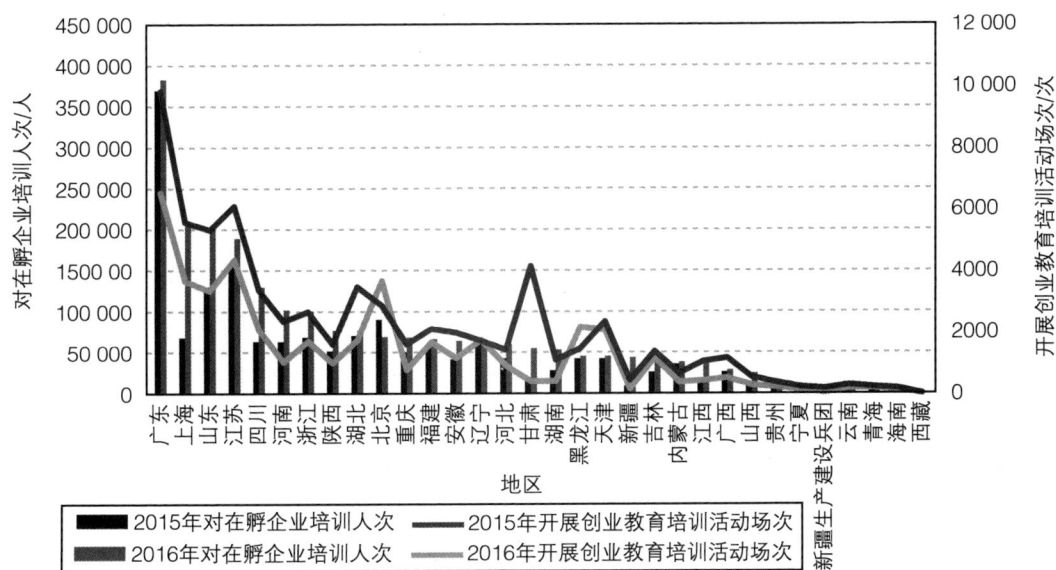

图 2－44　对在孵企业培训人次及开展创业教育培训活动场次

2016 年，孵化器签约中介机构数量 23 370 个，较 2015 年增长 77.0%。孵化器对公共技术服务平台投资额 69.8 亿元，比 2015 年降低 40.6%。公共技术服务平台总收入 24.8 亿元，收入投资比明显升高（表 2－15）。

表 2－15　孵化器运行管理情况

年份	孵化器签约中介机构数量/个	孵化器对公共技术服务平台投资额/亿元	公共技术服务平台总收入/亿元
2015	13 206	117.6	27.3
2016	23 370	69.8	24.8

第三章 众创空间的发展

本章主要从总体情况、孵化绩效情况、众创空间运营情况三大板块，详细介绍中国 2016 年的众创空间发展状况。其中，总体情况细分为众创空间数量、场地、服务团队/企业数量 3 个部分；孵化绩效情况细分为新注册企业情况、创业项目入驻周期、创业团队/企业类型、获得投融资情况、财政支持情况、创造的就业机会、技术创新情况 7 个部分；众创空间运营情况细分为成立情况、众创空间性质、运营收入和成本情况、服务人员情况、提供服务情况、融资和上市/挂牌情况 6 个部分。

一、总体情况

（一）众创空间数量

2016 年是众创空间在中国迅速发展的一年，截至 2016 年年底，中国共有 4298① 家众创空间。其中，广东以 507 家雄踞榜首，与江苏、山东、河北、重庆、浙江、福建、甘肃、陕西、天津共列全国前 10 位，合计占到全国众创空间总数的 66.78%；数量较少的地区有青海、海南、宁夏、广西和新疆，5 个地区合计占到全国总数的 1.77%；西藏地区暂无众创空间（图 3 - 1，图 3 - 2）。

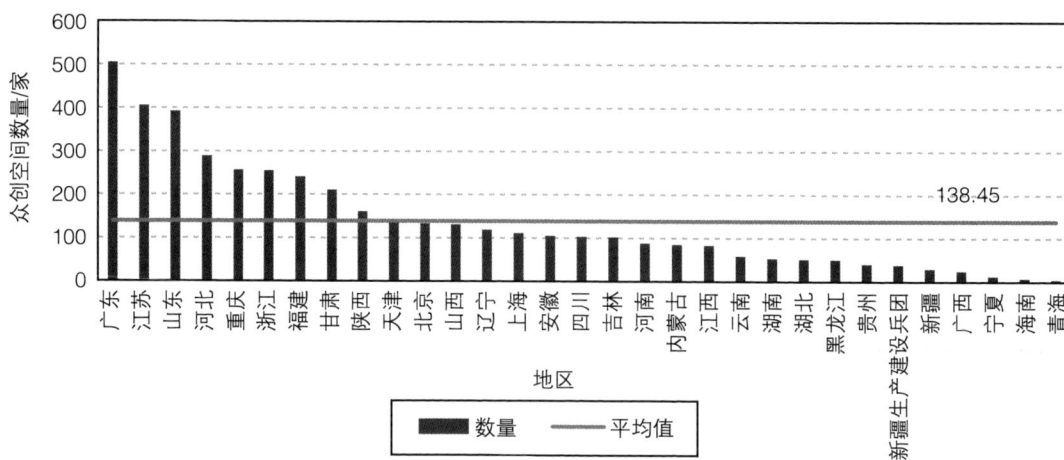

图 3 - 1　2016 年各地区众创空间数量

---

① 有 6 家众创空间未上报数据，故本章分析基数为 4292 家。

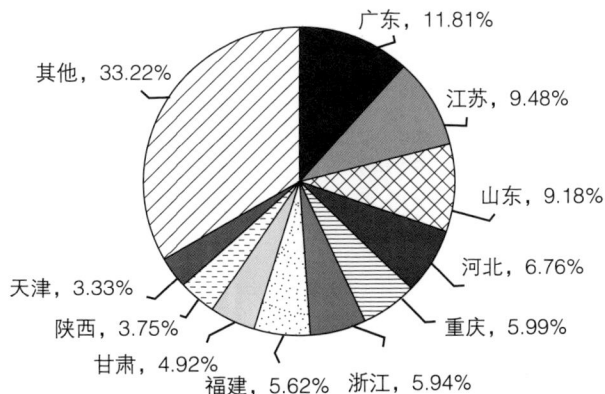

图 3-2　2016 年各地区众创空间数量占全国总数的比例

从地域分布来看，东部地区因其创新资源丰富、发展基础扎实，更容易孕育形成大量众创空间，所以相比内陆地区，东部地区成为众创空间的高度聚集区域。东部 10 省市的众创空间总数可以占到全国总数的 6 成；在众创空间数量最多的前 10 个地区中，有 7 个位于东部地区（图 3-3）。

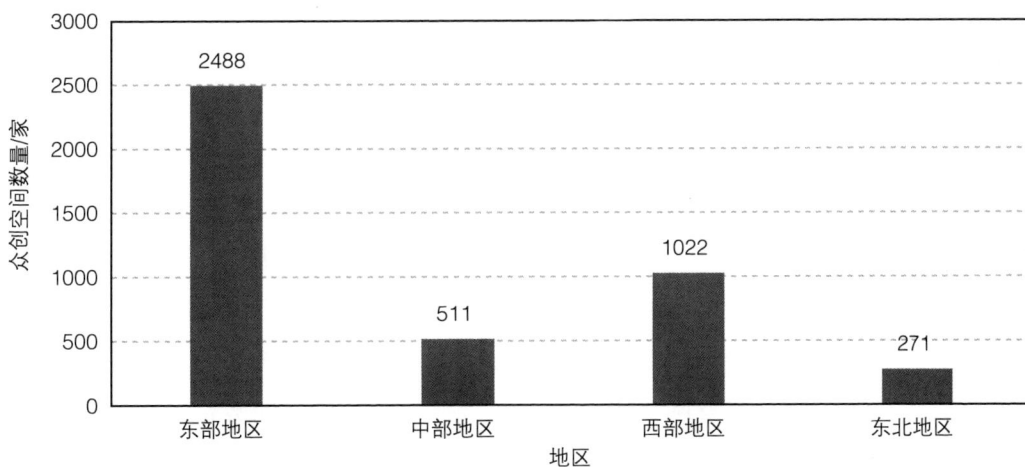

图 3-3　2016 年各地区众创空间数量①

（二）场地

按照场地的使用功能划分，可以看出，众创空间超过一半的面积用于常驻团队和企业使用，公共服务使用面积和其他使用面积其次，管理办公使用面积最小，不足总面积的 1/10（图 3-4）。由此可见，众创空间为创业团队和企业提供了充足的办公空间，这对于创业团队和企业的迅速成长是必不可少的条件之一。

按照空间所有权来看，众创空间的自有空间面积和租赁空间面积平分秋色，各占 50% 左右（图 3-5）。

① 东部地区：北京、天津、河北、上海、江苏、浙江、福建、山东、广东、海南；中部地区：山西、安徽、江西、河南、湖北、湖南；西部地区：内蒙古、广西、重庆、四川、贵州、云南、陕西、甘肃、青海、宁夏、新疆、新疆生产建设兵团；东北地区：辽宁、吉林、黑龙江。

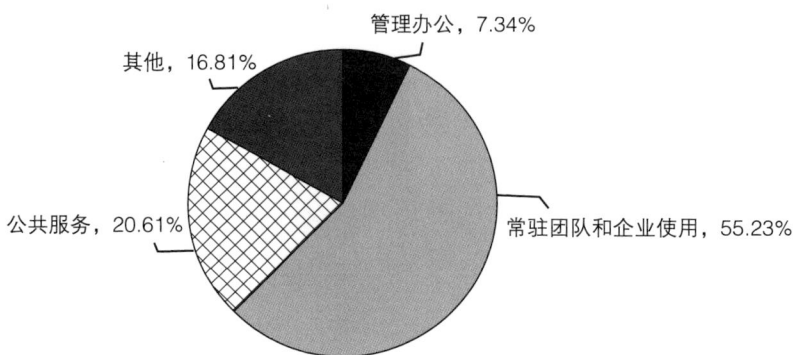

图 3-4　不同使用功能的场地空间面积占比

管理办公，7.34%
其他，16.81%
公共服务，20.61%
常驻团队和企业使用，55.23%

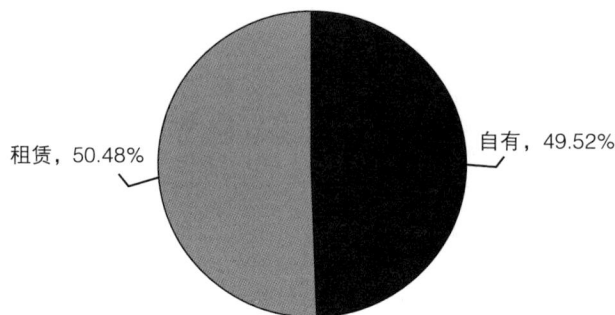

图 3-5　自有与租赁空间面积占比

租赁，50.48%
自有，49.52%

2016 年，众创空间在全国范围内共提供工位 77.52 万个。其中，广东、北京、山东、江苏、吉林、重庆、河北、福建、浙江、上海 10 省市共提供了全国 65.76% 的工位数（图 3-6）。各省提供工位数的多少一方面与本省的众创空间数量有关，如众创空间数量最多的广东省其提供的工位数也最多；另一方面，也与本省的众创空间规模有关，如吉林省的众创空间数量虽然排全国第 17 位，但因其平均面积规模全国第一，故提供的工位数位居全国第五。

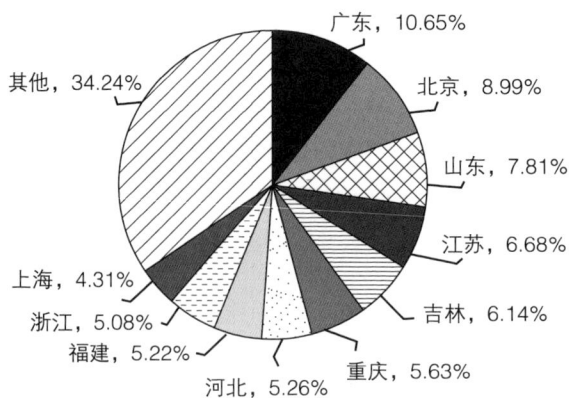

图 3-6　2016 年各地区众创空间提供工位数占比

其他，34.24%
广东，10.65%
北京，8.99%
山东，7.81%
江苏，6.68%
吉林，6.14%
重庆，5.63%
河北，5.26%
福建，5.22%
浙江，5.08%
上海，4.31%

（三）服务团队/企业数量

2016 年，全国众创空间共计服务创业团队 15.42 万个，各地区平均服务 4975 个。广东、北京在服务创业团队数量上一马当先，当年分别服务 16 530 个和 16 402 个，仅这 2 个地区的服务数量就占到全国服务总数的 21.36%。其他服务创业团队数量较多的地区还有山东、江苏、福建、浙江、上海、河北、甘肃、重庆等（图 3 – 7）。

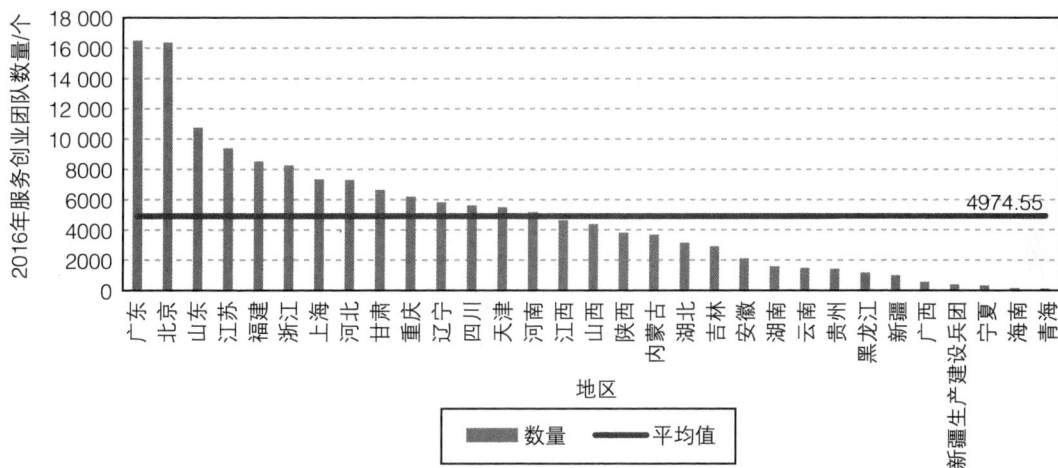

图 3 – 7　2016 年各地区众创空间服务创业团队数量

接近 2/3 的众创空间在 2016 年服务过 10～100 个创业团队，接近 1/3 的众创空间服务过 10 个及以下的创业团队，服务创业团队数量超过 100 家的众创空间很少，仅占全部众创空间数量的 4.89%（图 3 – 8）。

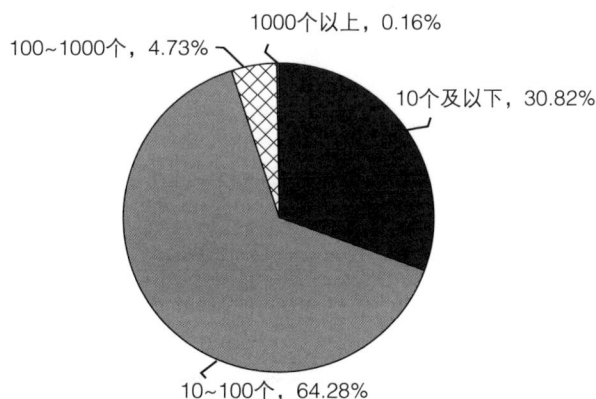

图 3 – 8　不同服务创业团队规模的众创空间分布

在所有受到服务的创业团队中，常驻创业团队和非常驻创业团队各占一半左右（图 3 – 9）。

全国 4292 家众创空间累计服务创业团队 29.32 万个，各地区平均累计服务创业团队 9458 个。北京以累计服务 67 208 个创业团队遥遥领先于其他地区，占到全国累计服务总数的 22.92%。其他累计服务创业团队较多的地区还有广东、山东、江苏、河北等（图 3 – 10）。

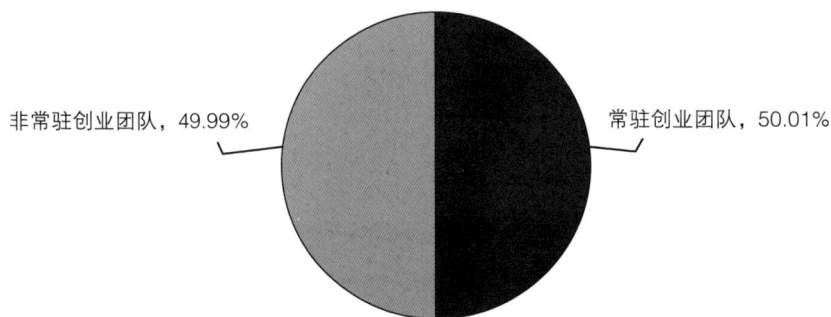

图 3 – 9　受到服务的创业团队中常驻与非常驻创业团队占比

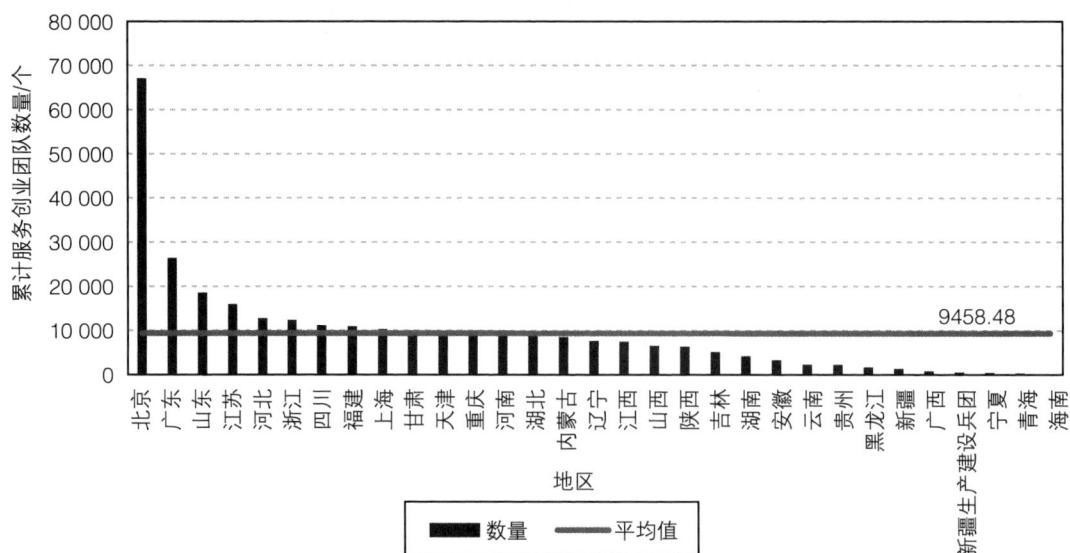

图 3 – 10　累计服务创业团队数量

2016 年，全国众创空间共计服务初创企业 11.95 万家，各地区平均服务 3855 家。北京、广东在服务初创企业数量上仍然稳居前 2 位，分别服务 14 309 家和 14 277 家初创企业，合计占到全国服务总数的 23.92%。其他服务初创企业较多的地区还有山东、江苏、上海、浙江、辽宁、重庆、河北、内蒙古等（图 3 – 11）。

从服务初创企业规模来看，43.20% 的众创空间在 2016 年服务了 10 家及以下的初创企业，53.08% 的众创空间服务了 10~100 家，只有少数不到 4% 的众创空间服务了 100 家以上的初创企业（图 3 – 12）。

在接受服务的初创企业中，常驻企业约占 53.13%，略高于非常驻企业的 46.87%（图 3 – 13）。

全国 4292 家众创空间累计服务初创企业 20.39 万家，各地区平均累计服务初创企业 6576 家。与服务创业团队的情况类似，北京以累计服务 41 034 家初创企业位列全国第一，占到服务总数的 20.13%。其他累计服务初创企业较多的地区还有广东、山东、江苏、浙江等（图 3 – 14）。

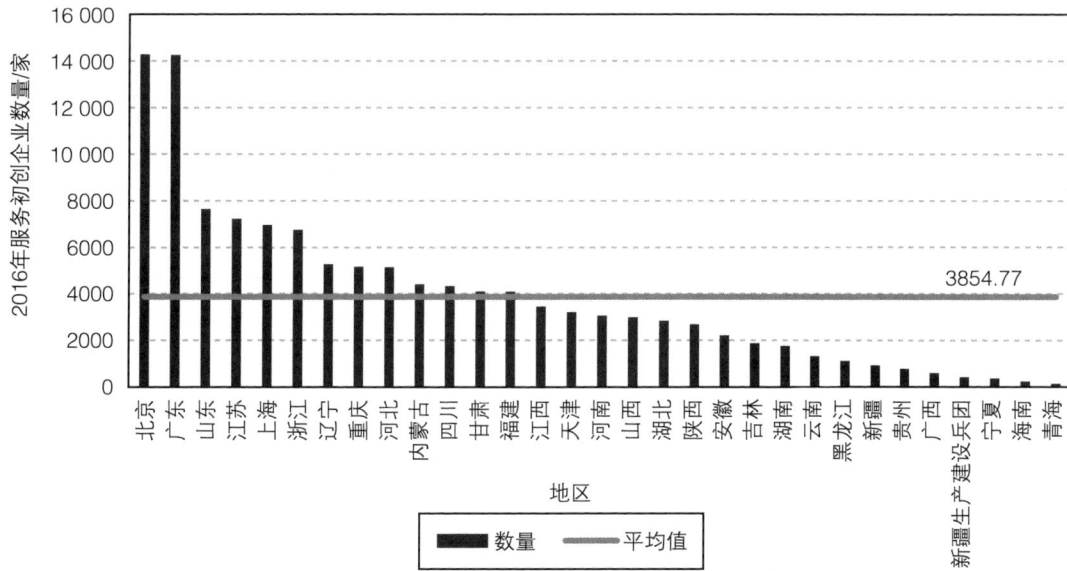

图 3-11　2016 年各地区众创空间服务初创企业数量

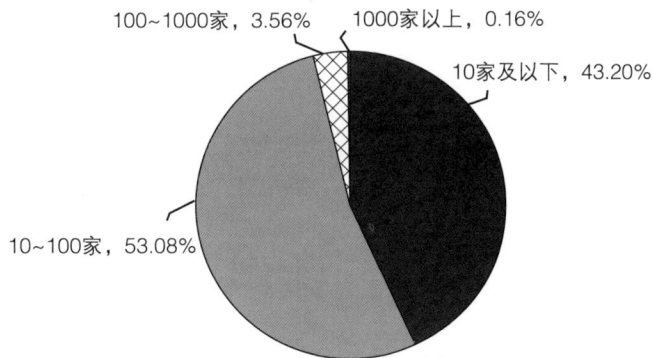

图 3-12　不同服务初创企业规模的众创空间分布

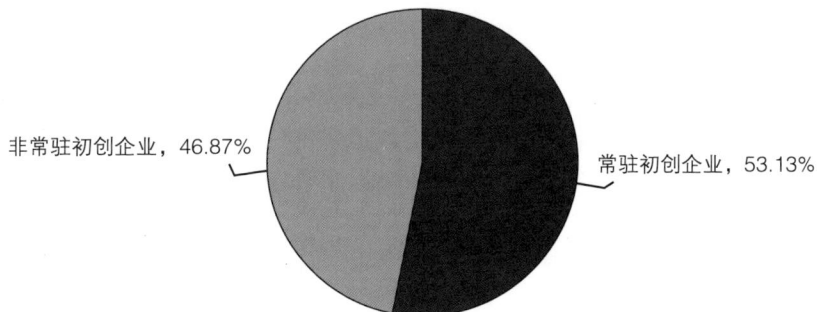

图 3-13　受到服务的初创企业中常驻与非常驻初创企业占比

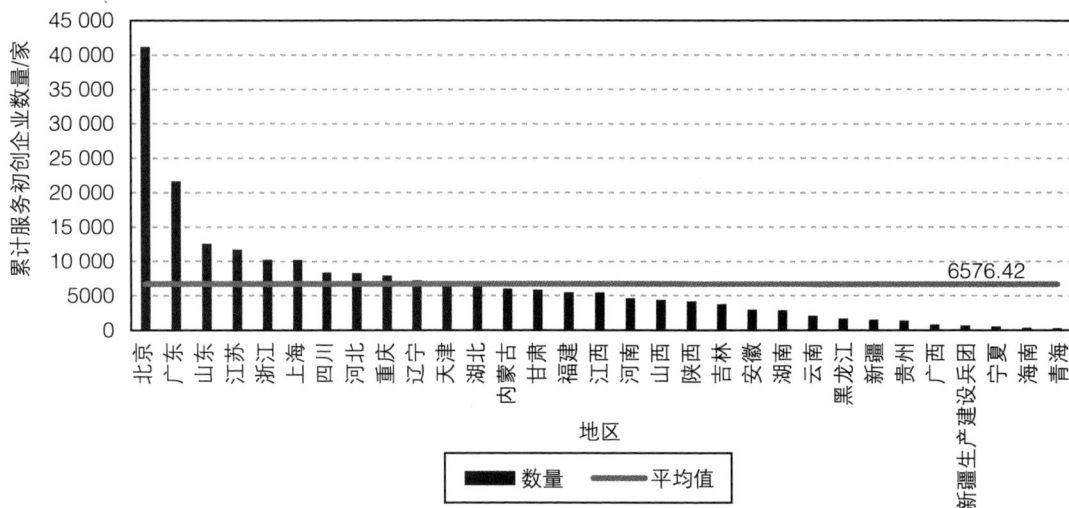

图 3-14　累计服务初创企业数量

二、孵化绩效情况

（一）新注册企业情况

众创空间成功孵化了一大批新注册企业，2016 年，全国共有 7.15 万家新注册企业是在众创空间的帮助下成立的。共有 4 个地区帮助了超过 5000 家的新注册企业，分别是：浙江 8144 家、北京 6964 家、广东 6040 家、山东 5352 家，合计占到全国新注册企业总数的 37.06%（图 3-15）。

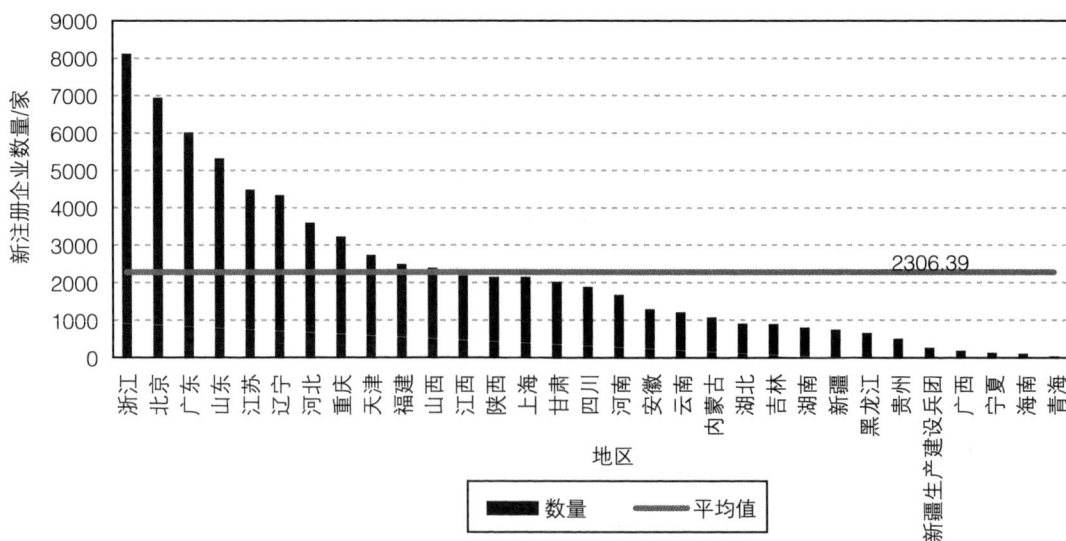

图 3-15　2016 年新注册企业数量

（二）创业项目入驻周期

从创业项目平均入驻周期来看，大约 65.19% 的众创空间创业项目平均入驻周期少于 1 年，这对于在有限的资源条件下孵化更多创业团队具有重要作用。创业项目平均入驻周期在 7～12 个月的众创空间数量最多，约占众创空间总数的 43.79%；创业项目平均入驻周期超过 2 年的众创空间仅占总数的 8.98%（图 3-16）。

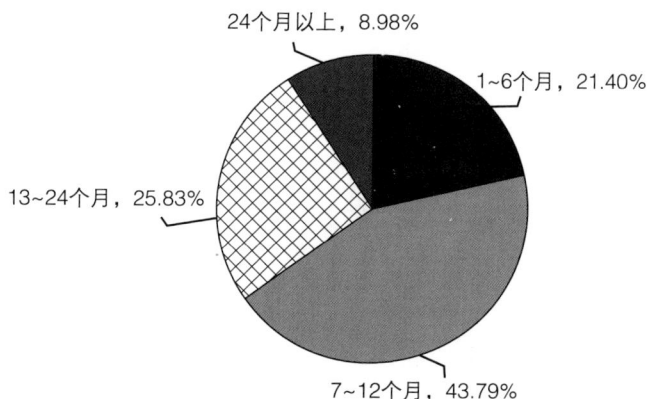

图 3-16　众创空间创业项目平均入驻周期分布

（三）创业团队/企业类型

按照创业团队/企业的主创人员类型分类，可以发现，2016 年大学生创业在 6 类创业团队/企业中数量最多，这与国家近几年为鼓励大学生自主创业出台的一系列优惠政策，以及高校日益专业且频繁的创新创业培训活动都有着千丝万缕的关系。科技人员创业、连续创业、大企业高管离职创业、留学生归国创业和海外项目数量依次递减，合计数量与大学生创业数量基本持平（图 3-17）。

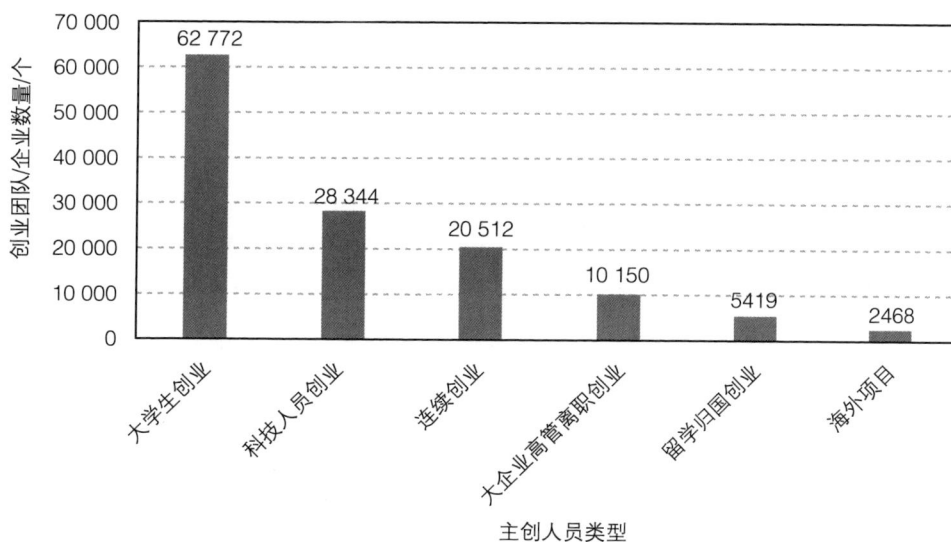

图 3-17　2016 年不同主创人员类型的创业团队/企业数量

（四）创业团队/企业获得投融资情况

2016 年，全国共有 14 986 个团队/企业在众创空间的帮助下获得了投融资。广东、北京、浙江、江苏、山东分别帮助 1848、1487、1182、1083、1005 个团队/企业获得了投融资，合计占到全国获得投融资团队/企业总数的 44.07%（图 3 - 18）。

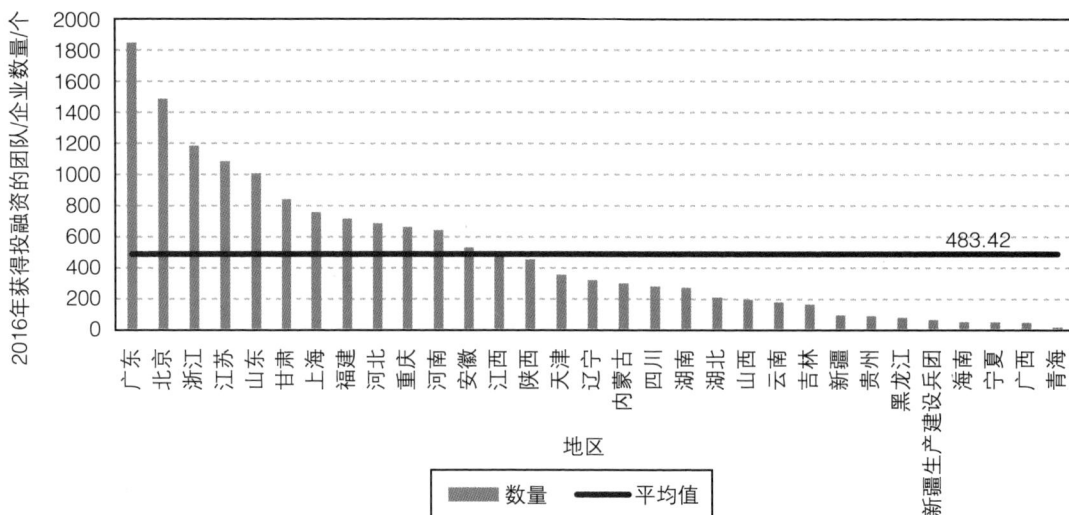

图 3 - 18　2016 年获得投融资的团队/企业的数量

全国 4292 家众创空间累计帮助 28 946 个团队/企业获得投融资，浙江、北京、广东、江苏、山东累计帮助团队/企业最多，合计占到全国总数的 54.36%（图 3 - 19）。

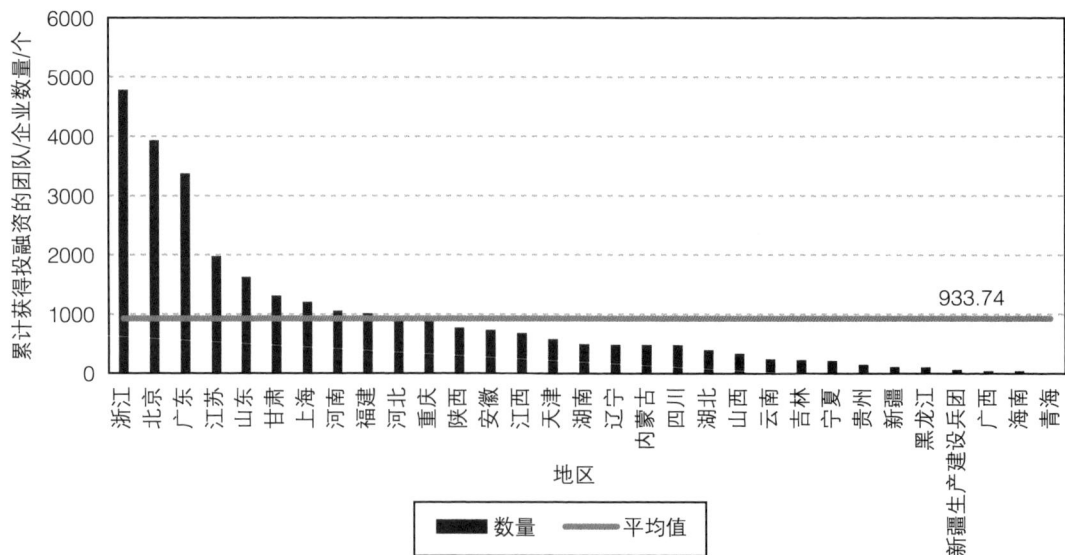

图 3 - 19　累计获得投融资的团队/企业的数量

2016 年，全国众创空间帮助所服务团队/企业获得投资共计 539.51 亿元。其中，北京市众创空间帮助团队/企业获得投资 171.33 亿元，占全国总额的 31.76%，比第 2 名上海多出 101.41 亿元，是全国各地区众创空间平均帮助团队/企业获得投资额的约 9.84 倍（图 3-20）。

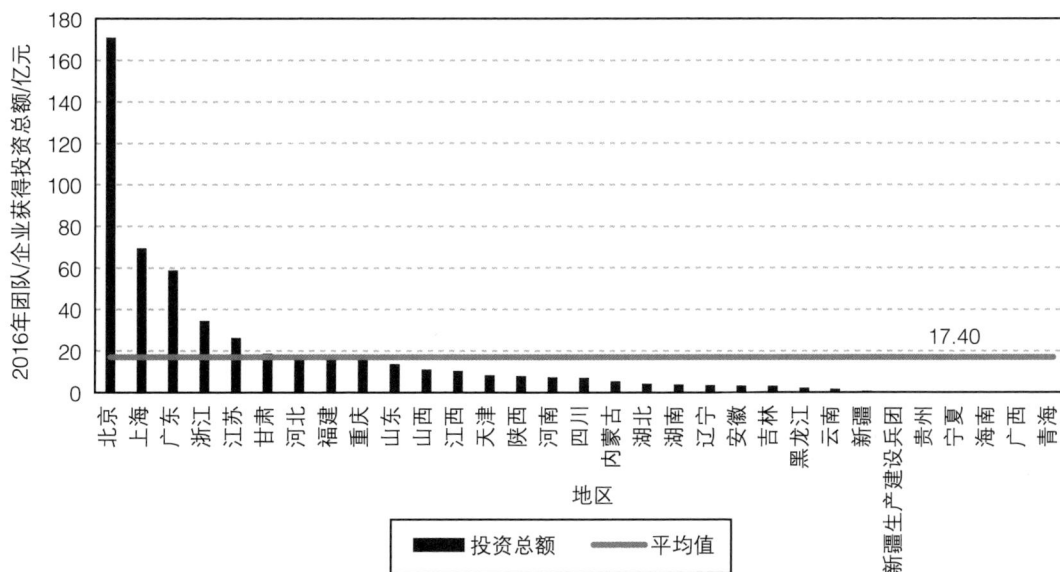

图 3-20　2016 年团队/企业获得投资总额

根据团队/企业获得投资的不同来源，可以发现，社会投资是团队/企业获得投资最主要的来源，数额占到投资总额的 82.40%。

全国众创空间累计帮助团队/企业获得投资额 1017.67 亿元。其中，超过百亿元的地区有 3 个，分别是：北京 401.15 亿元、广东 113.62 亿元、上海 108.93 亿元，3 个地区合计占全国众创空间累计帮助团队/企业获得投资总额的 61.29%（图 3-21）。

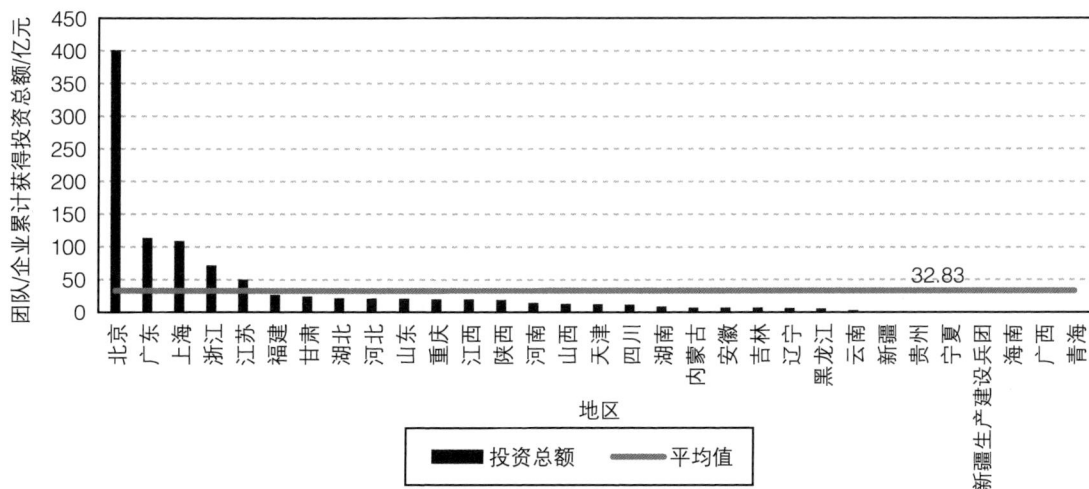

图 3-21　团队/企业累计获得投资总额

（五）创业团队/企业财政支持情况

2016 年，全国众创空间共计帮助服务对象享受财政资金支持金额 27.02 亿元，平均每家众创空间帮助服务对象享受财政资金支持金额 62.95 万元，有力地促进了所服务创业团队/企业的快速发展。江苏、湖北、浙江、广东、河南、山东、北京、重庆、内蒙古、贵州等地区在财政资金支持金额方面对服务对象的帮助居全国前列（图 3 - 22）。

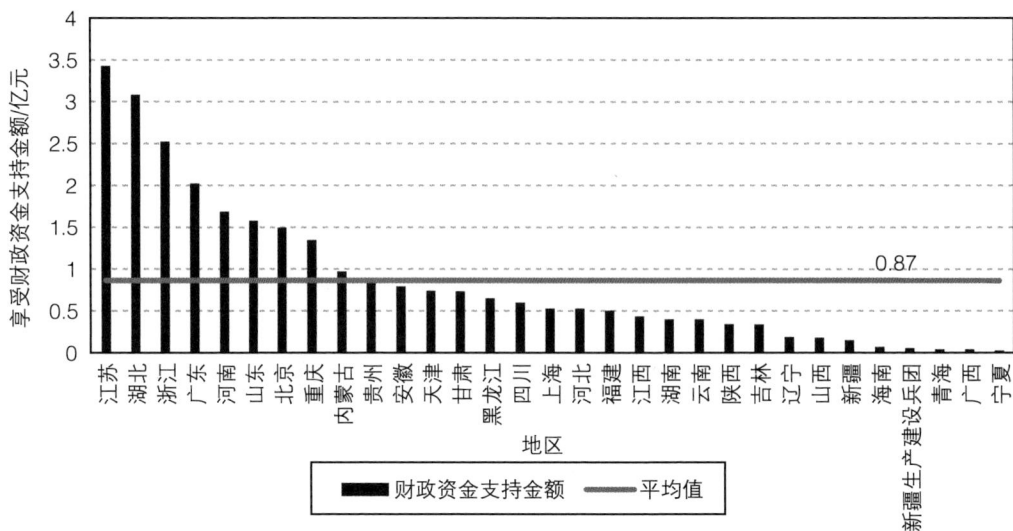

图 3 - 22　2016 年众创空间帮助服务对象享受财政资金支持金额

（六）创业团队/企业创造的就业机会

众创空间在服务创业团队/企业的同时，也给当地创造了更多就业机会。2016 年，由众创空间服务的创业团队/企业共计吸纳就业人员 99.30 万人，北京、山东、广东、江苏、浙江、重庆、河北、辽宁、四川、河南吸纳的就业人数较多，合计占到全国总数的 60.94%（图 3 - 23）。

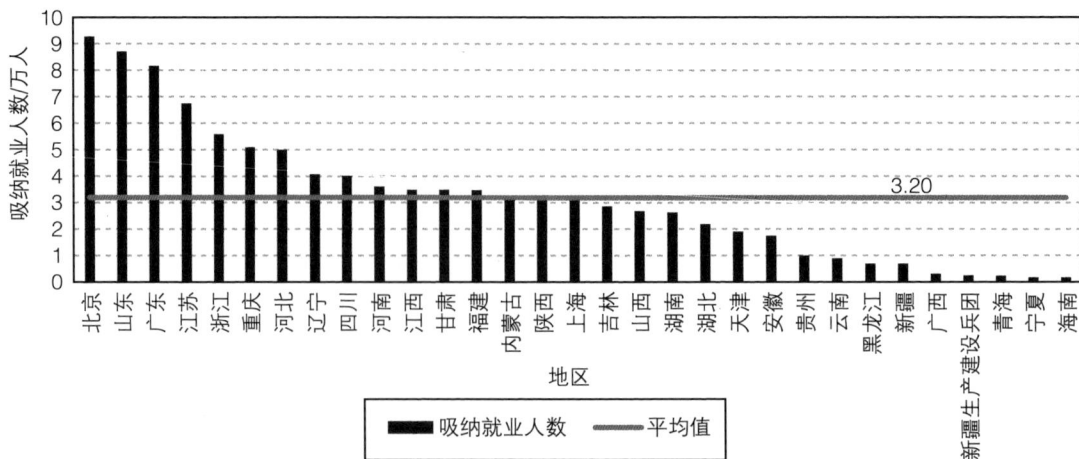

图 3 - 23　2016 年创业团队/企业吸纳就业人数

大学生群体是创业团队和企业吸纳的就业人员中的一支主力军。从全国范围来看，应届大学毕业生在吸纳就业总人数中大约占 30.57%；青海省的应届大学毕业生占比最高，达到了 80.06%；其余各地区数值差异不大（图 3-24）。

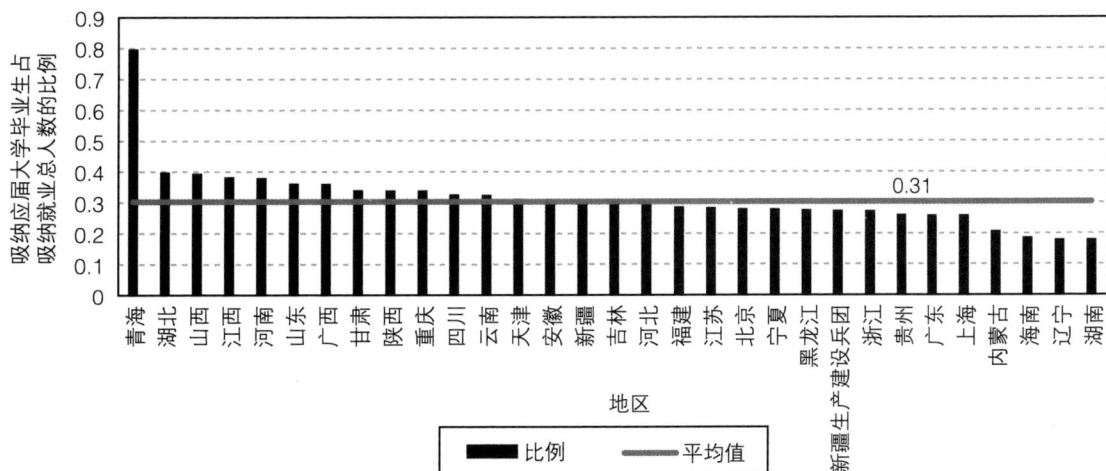

图 3-24 2016 年创业团队/企业吸纳应届大学毕业生占吸纳就业总人数的比例

（七）创业团队/企业技术创新情况

2016 年，众创空间常驻企业/团队拥有有效知识产权数量达到 7.96 万个。其中，广东省拥有的有效知识产权数量最多，为 11 336 个，占全国总数的 14.24%。北京、江苏、江西、山东也都拥有超过 5000 个有效知识产权，与广东合计占全国总数的 46.12%（图 3-25）。

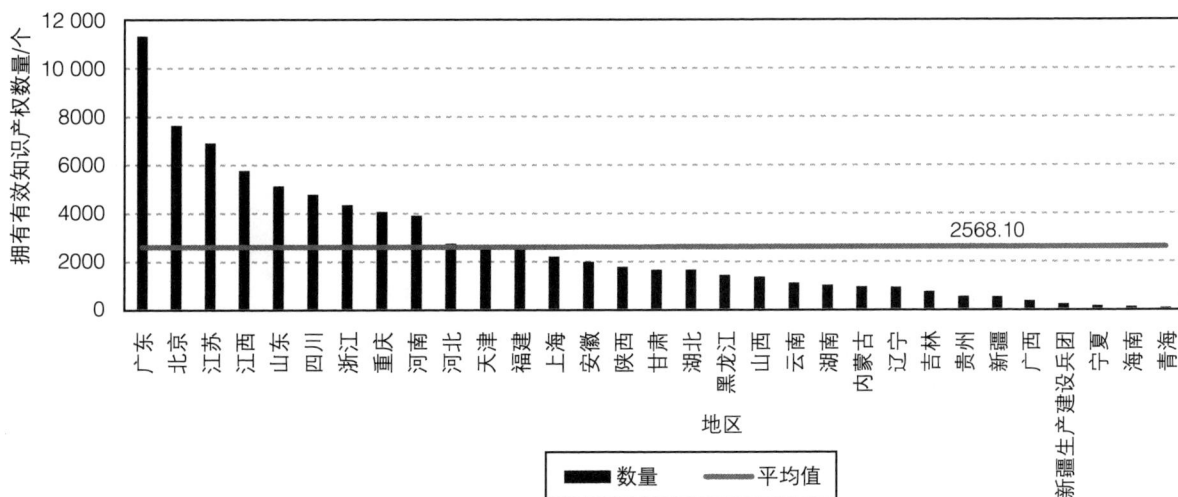

图 3-25 2016 年常驻企业/团队拥有有效知识产权数量

发明专利是常驻企业/团队拥有有效知识产权中的重要部分，全国平均占比达到 22.55%；广西以 68.65% 的比例摘得桂冠，辽宁、青海、陕西、甘肃、吉林、海南、上海、贵州、新疆生产建设兵团等地区的发明专利占比也都超过了 30%（图 3 - 26）。

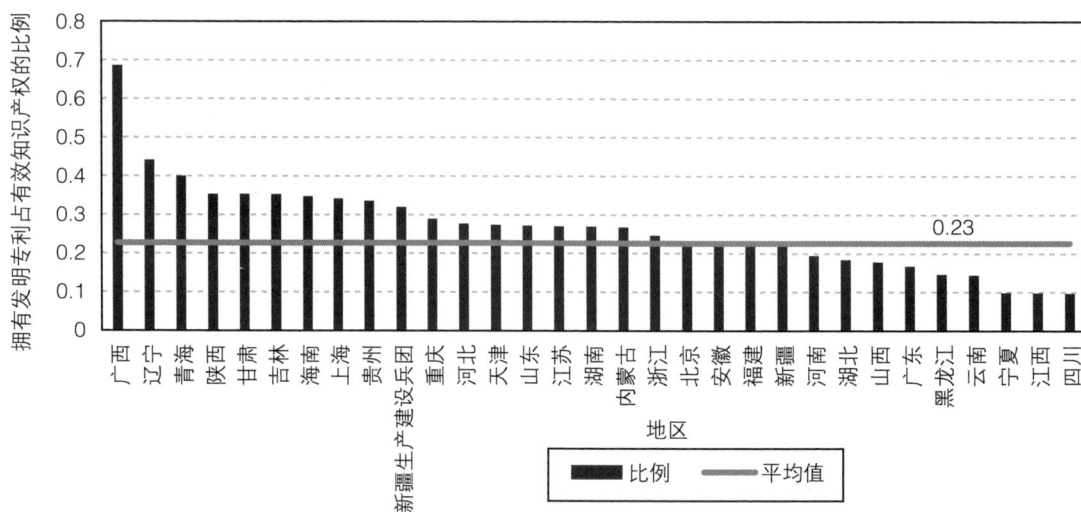

图 3 - 26　2016 年常驻企业/团队拥有发明专利占有效知识产权的比例

三、众创空间运营情况

（一）成立情况

从成立时间来看，2015 年新成立的众创空间占总数的 42.17%，2014—2016 年成立的众创空间数量共计占总数的 72.48%（图 3 - 27）。通过上述统计数据变化情况，可以侧面反映出中国近年来创新创业环境正在不断优化，创新创业活力不断提高，社会创新创业热情不断高涨。

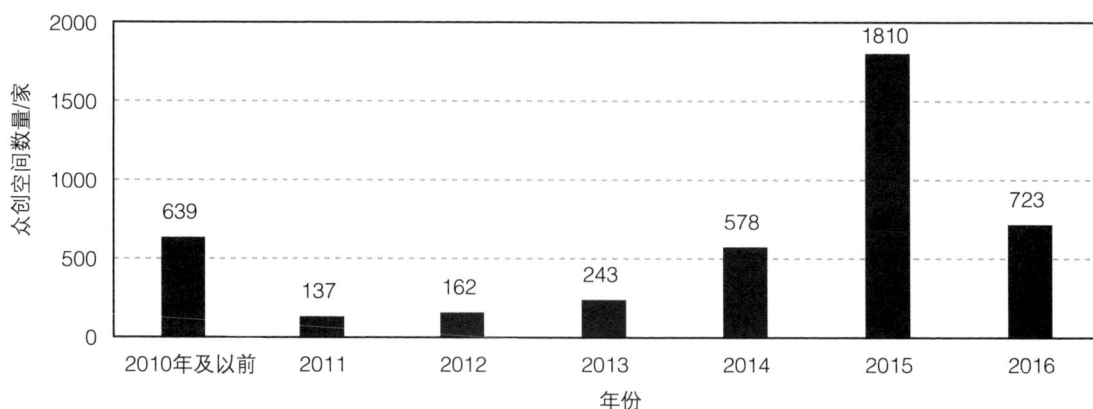

图 3 - 27　众创空间成立时间分布

在众创空间的建立过程中，孵化器和高校科研院所发挥着重要促进作用，对于许多众创空间的快速成立和健康发展起到了不容忽视的作用。从全国范围来看，大约 1/3 的众创空间由孵化器建立而来，1/6 左右由高校科研院所建立而来（图 3 - 28）。

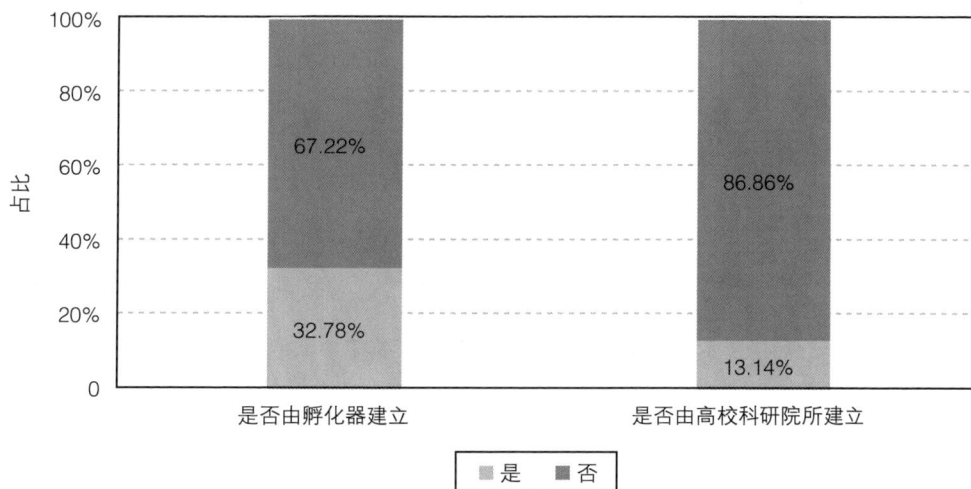

图 3-28　众创空间建立主体

（二）众创空间性质

截至 2016 年，在所有众创空间中，经过国家备案的占 30.34%。根据不同类型的运营主体性质，可以将众创空间分为事业单位、国有企业、民营企业、社会团体、民办非企业单位、其他社会组织、其他 7 类。其中，民营企业性质的众创空间共计 2825 家，以 65.82% 的比例占据了绝对优势，远超其他 6 类之和。国有企业、事业单位性质的众创空间数量分居第 2 位和第 3 位，分别占到总体的 13.49% 和 11.58%。其他社会组织和社会团体性质的众创空间数量较少，合计不足 60 家（图 3-29）。

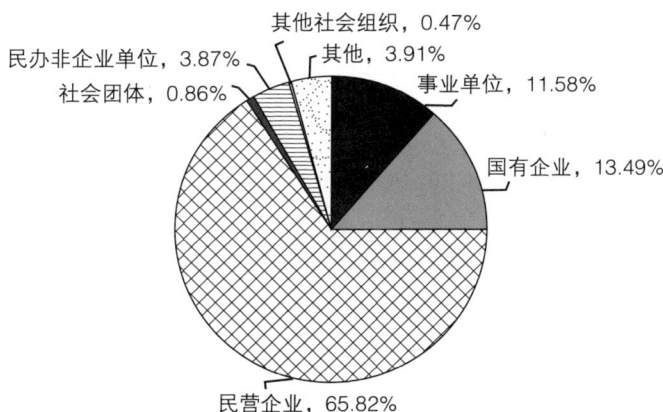

图 3-29　2016 年不同运营主体性质的众创空间分布

全国超过 1/4（27.54%）的众创空间位于国家高新区内，而这部分众创空间在空间分布上并不均匀，广东、江苏、山东、北京、上海、浙江、河北、福建、辽宁、甘肃 10 省市的国家高新区内的众创空间数量较多，占全国此类众创空间总量的 67.51%（图 3-30）。

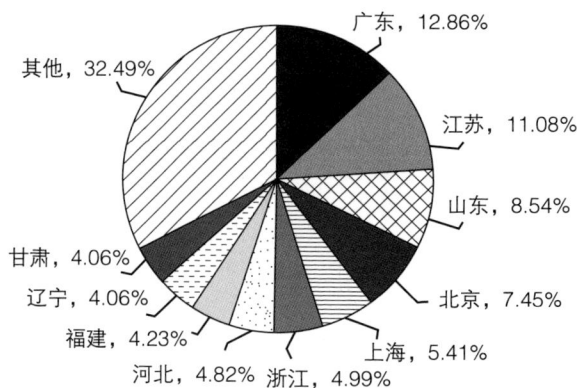

图 3-30 2016 年各地区国家高新区内众创空间分布

（三）运营收入和成本情况

2016 年，全国众创空间总收入突破 150 亿元。其中，天津市众创空间收入达到 48.62 亿元，约占全国总收入的 1/3，比第 2 名江西省多出 28.91 亿元，是各地区平均收入水平的 10 倍。天津、江西、北京、广东、江苏 5 省市的总收入达到 99.36 亿元，约占全国总收入的 2/3（图 3-31）。

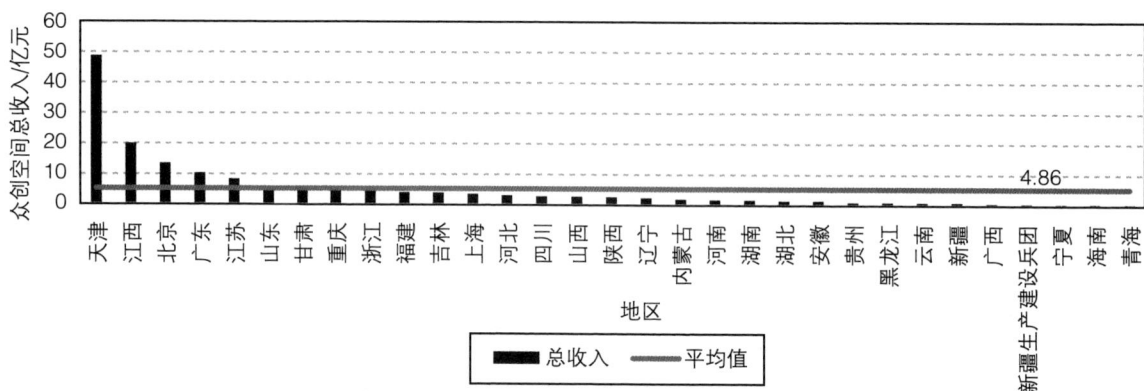

图 3-31 2016 年各地区众创空间总收入

从众创空间总收入的来源组成看，近 6 成收入源于服务收入，政府补贴是众创空间的第二大收入来源，占总收入的 15.11%，房租及物业收入略少于政府补贴，占总收入的 11.92%，投资及其他收入占比均未超过 8%（图 3-32）。

2016 年，全国众创空间总运营成本达到 157.74 亿元，与全年总收入基本持平。天津市以 47.62 亿元位居榜首，比第 2 名北京市多出 31.40 亿元，是各地区平均运营成本的 9.36 倍。天津、北京、广东、辽宁、江苏 5 省市运营成本总额达到 92.93 亿元，占全国总数的 58.91%（图 3-33）。

从运营成本的组成结构来看，管理费用、场地费用和人员费用是中国众创空间运营成本中最主要的 3 类，合计占运营成本总额的 83.55%（图 3-34）。其他费用占比较少，纳税额仅占总额的 3.24%，这与国家为了大力支持众创空间发展而出台的一系列优惠政策是密不可分的。

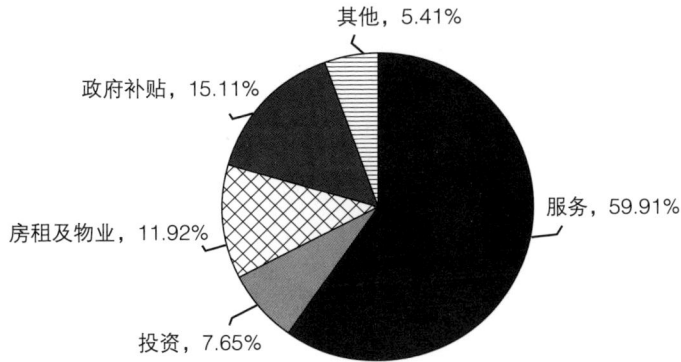

图 3-32　2016 年众创空间总收入来源组成情况

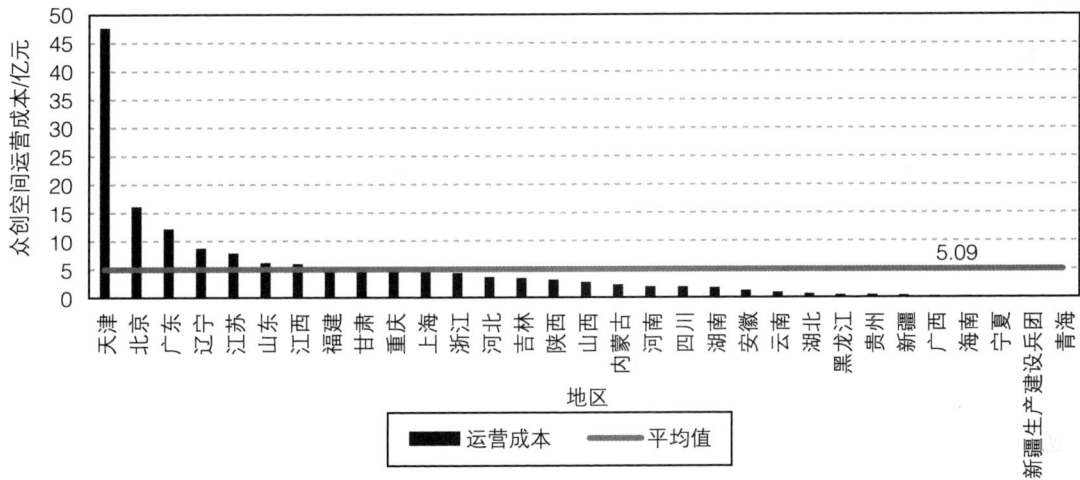

图 3-33　2016 年各地区众创空间运营成本

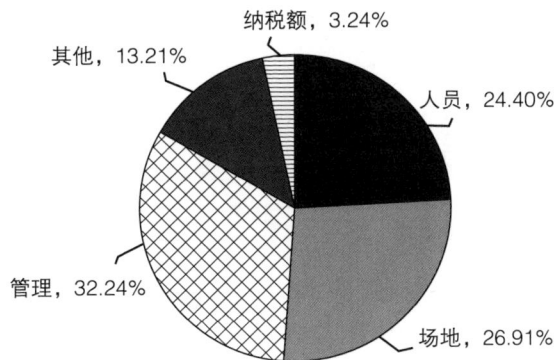

图 3-34　2016 年众创空间运营成本组成情况

（四）服务人员情况

2016 年，全国所有众创空间共有服务人员 12.78 万人，山东省的服务人员总数最多，超过 2.15

万人，是各地区平均水平的 5.22 倍。除山东以外，服务人员总数较多的地区还有广东、陕西、江西、江苏、福建、甘肃、天津、重庆、河北，排名前 10 位的地区服务人员总数占到全国的 71.99%（图 3 - 35）。

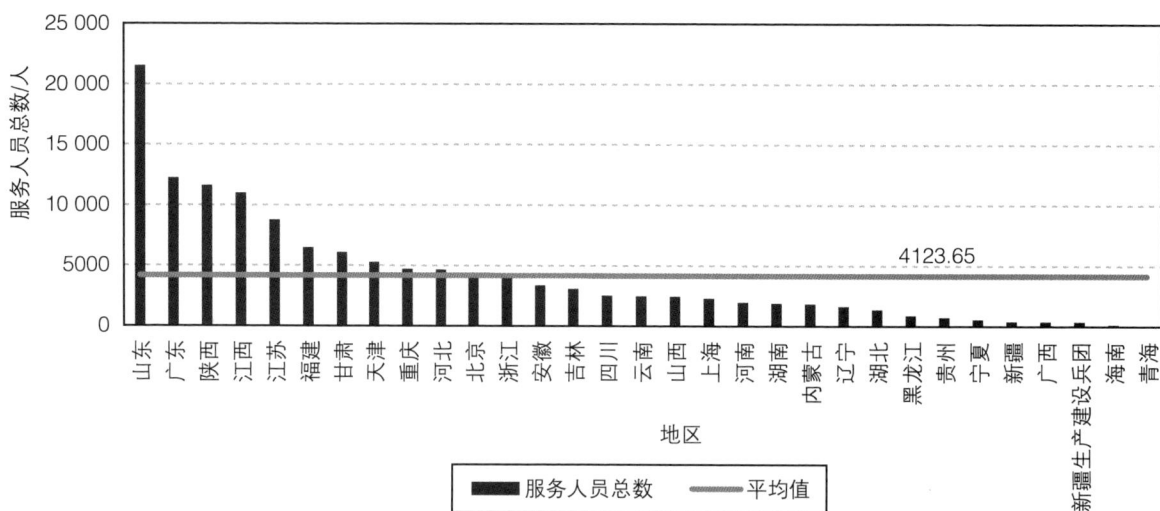

图 3 - 35　2016 年各地区众创空间服务人员总数

从众创空间的平均服务人员规模来看，平均每家众创空间拥有 30 名服务人员。从各地区的具体情况来看，江西、陕西、山东、宁夏、云南、天津、湖南、安徽、北京、吉林等地区众创空间的平均服务人员数量居全国前列（图 3 - 36）。

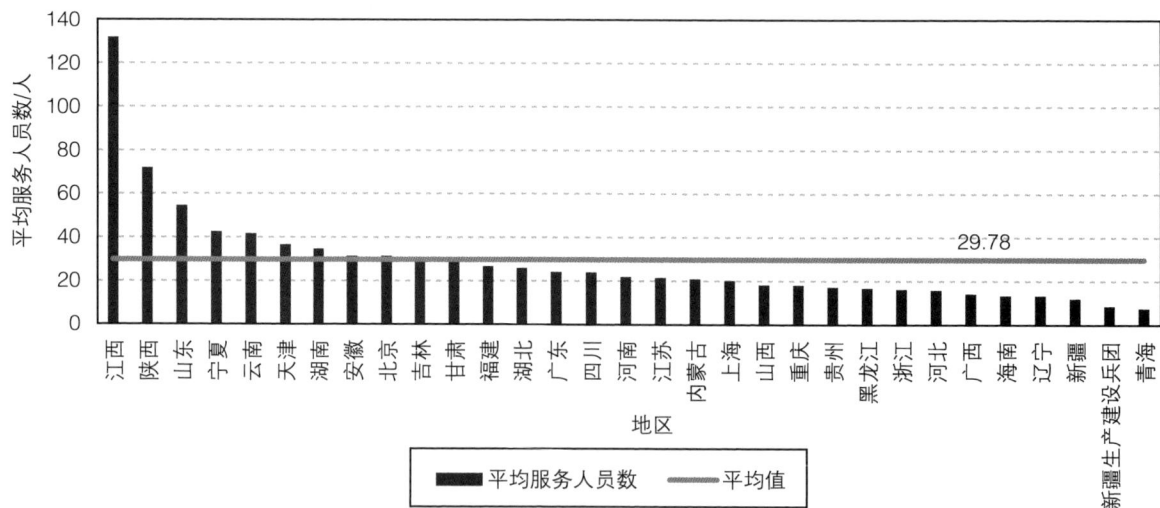

图 3 - 36　2016 年各地区众创空间平均服务人员数

从众创空间的服务人员规模分布来看，10 人及以下规模的众创空间数量最多，占到总数的 55.10%，10 ~ 100 人规模的数量次之，占到总数的 41.71%，100 人以上规模的数量非常少，仅占总数的 3.19%（图 3 - 37）。

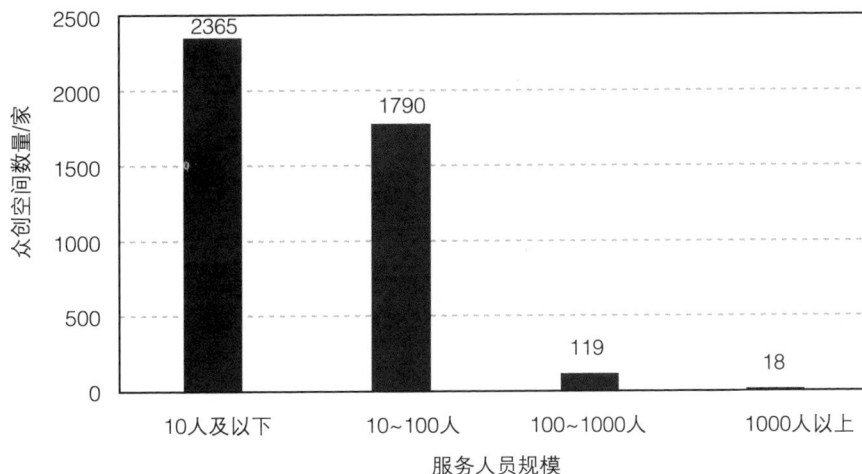

图 3-37 2016 年不同服务人员规模的众创空间分布

（五）提供服务情况

众创空间主要围绕 9 类项目提供服务，包括提供办公场地、创业投融资服务、创业教育培训、创业导师服务、技术创新服务、创新创业活动、国际合作、政策落实及其他服务。其中，绝大多数众创空间都能进行提供办公场地（99.58%）、创新创业活动（98.86%）、创业导师服务（98.65%）、创业教育培训（97.95%）、政策落实（95.55%）、技术创新服务（91.85%）和创业投融资服务（91.80%），而国际合作服务则少有众创空间可以提供（45.95%）（图 3-38）。这说明中国的众创空间在开展与海外资本、人才、技术项目和孵化机构进行交流合作方面还有很大潜力可供发掘。

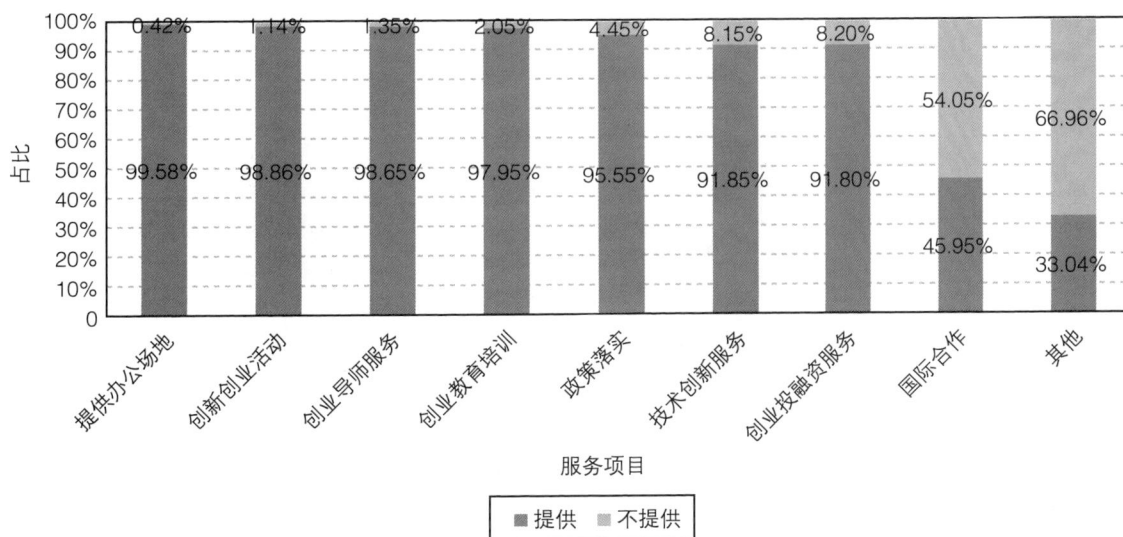

图 3-38 2016 年众创空间主要服务项目提供情况

全国众创空间在 2016 年举办了种类丰富、内容充实的各类服务活动，全年共计举办创新创业活动 10.90 万场次，开展创业教育培训 7.76 万场次，提供技术支撑服务的团队和企业达到 4.92 万个，开展国际合作交流活动 0.57 万场次，帮助 2.19 万个服务对象享受到财政政策（图 3 - 39）。可以看出，国际合作是目前国内众创空间的发展软肋，2016 年平均每个众创空间仅举办过 1 场国际交流活动，说明中国的众创空间在与国际机构合作方面还不够广泛深入，全球创新资源尚未通过众创空间对中国创新创业发展提供有力支持。

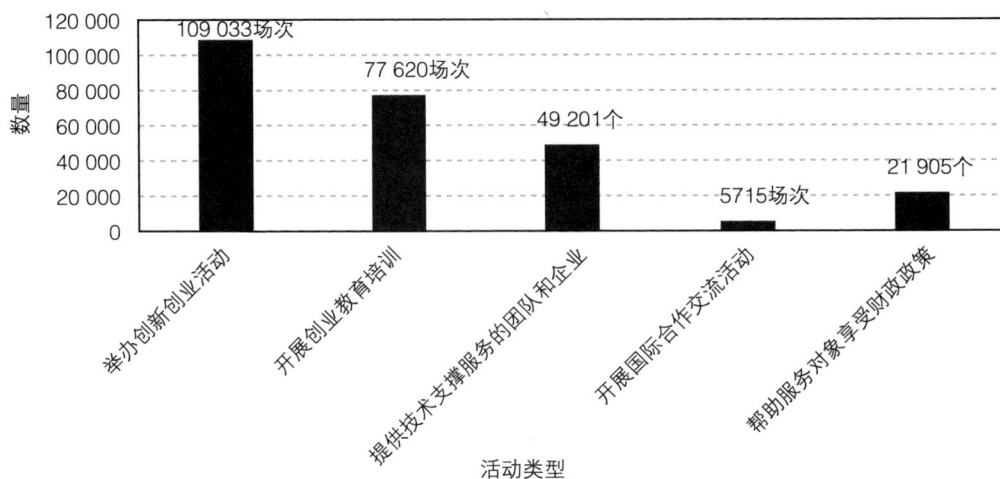

图 3 - 39　2016 年众创空间开展服务活动情况

（六）融资和上市/挂牌情况

从融资和上市的角度来看，只有不到 1/5 的众创空间自身获得融资，自身是上市/挂牌企业的众创空间数量更少，仅占总体的 3.47%（图 3 - 40）。所以，大力拓宽众创空间自身融资渠道、提升众创空间自身融资能力将是众创空间未来发展的重点努力方向之一。

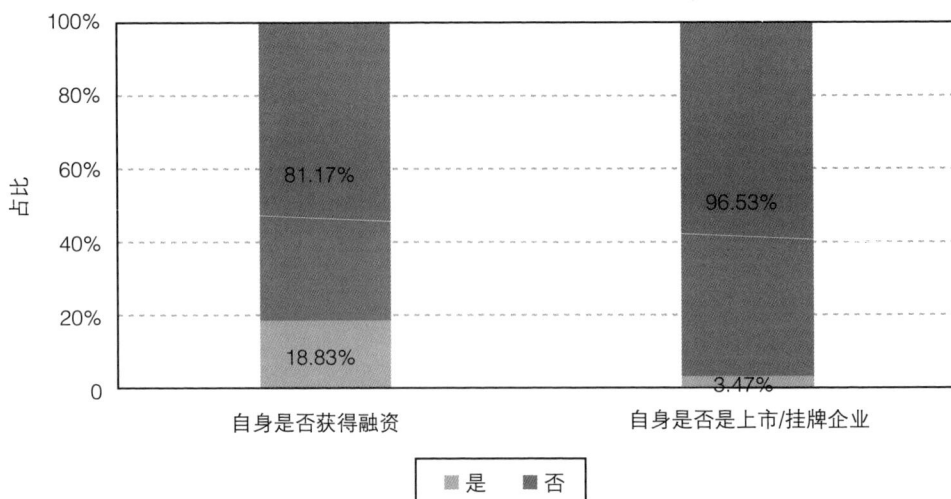

图 3 - 40　2016 年众创空间自身融资与上市/挂牌情况

在 808 家自身获得融资的众创空间中，70.42% 位于广东、山东、江苏、重庆、浙江、福建、河北、北京、甘肃和陕西（图 3-41）。

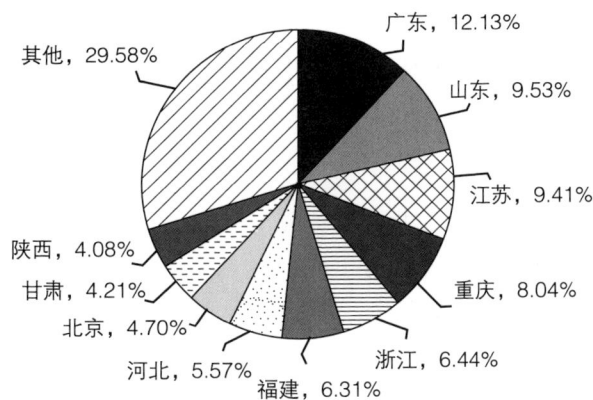

图 3-41　2016 年自身可获得融资的众创空间分布

在 149 家自身是上市/挂牌企业的众创空间中，74.50% 位于广东、福建、山东、河北、浙江、重庆、甘肃、北京、江苏和天津，广西、海南、青海、宁夏、新疆生产建设兵团暂时没有众创空间属于上市/挂牌企业（图 3-42）。

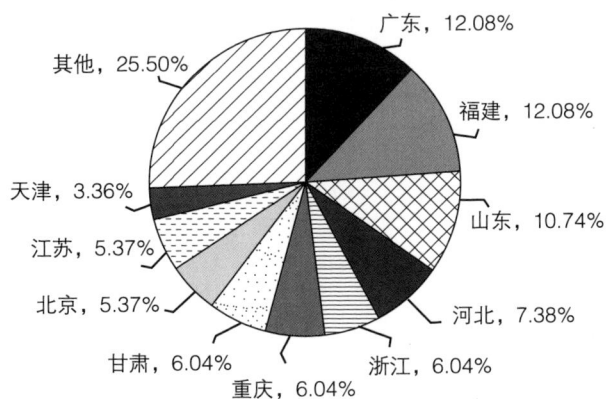

图 3-42　2016 年自身是上市/挂牌企业的众创空间分布

第四章　各地区创业孵化发展情况

本章采用与第二章和第三章类似的分析框架，对北京、天津、河北等全国31个省（市、区）和新疆生产建设兵团的创业孵化发展现状进行单独分析，全方面地展示了各地区科技企业孵化器和众创空间2016年的发展情况。由于西藏、海南和青海的数据量过小，因此只做了简要分析。

一、北京市创业孵化发展情况

（一）孵化器建设及运行情况

1. 总体情况

2016年，北京市共有101家科技企业孵化器，较2015年降低了9%，占全国科技企业孵化器总数的3.1%。其中，国家级49家，非国家级52家（表4-1）。

表4-1　孵化器数量及分类

年份	国家级	非国家级	总数
2015 年	42	69	111
2016 年	49	52	101

2016年，北京市孵化器使用面积为2.23 km²，较2015年减少了3.27%。其中，在孵企业用房面积占比最高，超过70%（图4-1）。

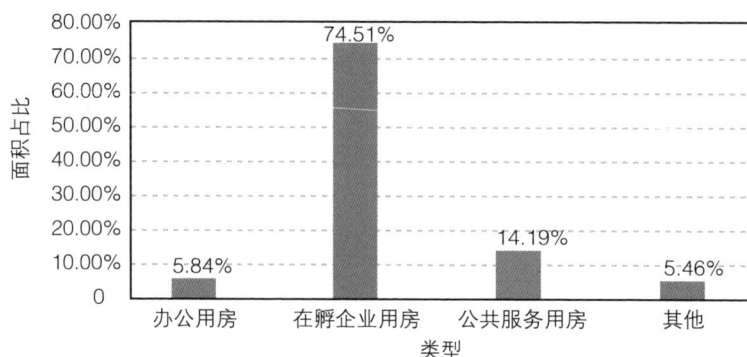

图4-1　2016年孵化器使用面积

54

2016 年，北京市在孵企业数量达到 5316 家，较 2015 年增长了 32%；累计毕业企业 7659 家，较 2015 年增幅达 8.65%；企业的毕业率为 59%，较 2015 年下降了 4.6 个百分点（表 4-2）。

表 4-2　孵化器在孵和毕业企业情况

年份	在孵企业数	累计毕业企业数	毕业率
2015 年	4026	7049	63.60%
2016 年	5316	7659	59%

2. 孵化绩效情况

（1）在孵企业类型

2016 年，北京市在孵企业中高新技术企业数量达 1305 家，较 2015 年增长了 42.6%，占比达 24.5%；大学生科技企业数量较 2015 年增加了 32.6%，留学人员企业数量较 2015 年减少了 21 家（图 4-2）。

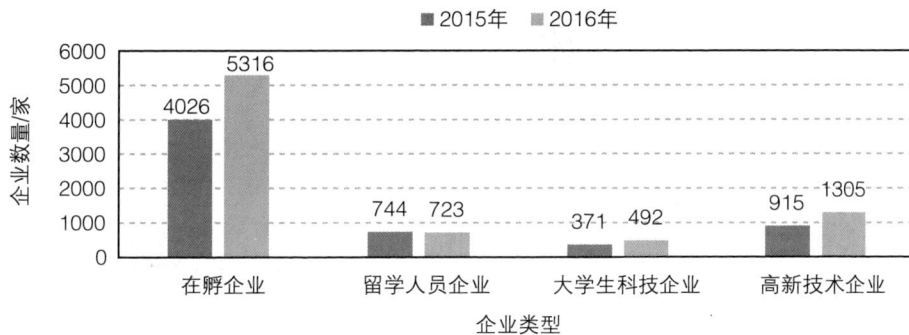

图 4-2　孵化器在孵企业类型分类

（2）在孵企业从业人员情况

2016 年，北京市在孵企业从业人员为 90 451 人，较 2015 年增长了 43.73%。其中，大专以上人员 80 891 人，占比 89.43%；留学人员 2138 人，占比 2.36%；"千人计划"人员 90 人，占比 0.10%；吸纳应届大学毕业生 5237 人，占比 5.79%（表 4-3）。

表 4-3　孵化器在孵企业从业人员情况

年份	从业人员	其中			
		大专以上人员	留学人员	"千人计划"人员	吸纳应届大学毕业生
2015 年	62 933	52 686	1836	108	5347
2016 年	90 451	80 891	2138	90	5237

（3）在孵企业获投融资情况

2016 年，北京市当年获得孵化基金投资的在孵企业数量为 308 家，不足 2015 年的 1/2；当年获得投融资的企业数量 572 家，较 2015 年增长 18.18%；在孵企业当年获得风险投资额 70.2 亿元，较 2015 年增加 47.79%（表 4-4）。

表 4 - 4　2015—2016 年孵化器投融资情况

投融资情况	2015 年	2016 年
当年获得孵化基金投资的在孵企业数	634	308
当年获得投融资的企业数	484	572
在孵企业当年获得风险投资额（亿元）	47. 5	70. 2

（4）在孵企业技术创新情况

2016 年，北京市当年知识产权申请数 6565 件，拥有有效知识产权数 11 709 件，分别比 2015 年上升了 26. 59%、36. 92%；累计购买国外技术专利仅有 15 件，不足 2015 年的 1/4；当年承担国家级科技计划项目 3053 项，是 2015 年的 2. 86 倍；当年获得省级以上奖励 400 项，仅是 2015 年的 1/2（表 4 -5）。

表 4 - 5　孵化器在孵企业知识产权情况

相关指标	2015 年	2016 年
当年知识产权申请数（件）	5186	6565
拥有有效知识产权数（件）	8552	11 709
其中：发明专利（件）	1334	1990
软件著作权（件）	4403	5889
集成电路布图（个）	147	125
植物新品种（个）	24	30
累计购买国外技术专利（件）	69	15
当年承担国家级科技计划项目（项）	1067	3053
当年获得省级以上奖励（项）	793	400

（5）毕业企业情况

2016 年，北京市累计毕业企业中上市（挂牌）企业数量为 296 家，较 2015 年增长了 63. 5%；当年毕业企业数量为 886 家；当年上市（挂牌）企业数量为 104 家，是 2015 年的 2 倍；当年被兼并和收购企业数量较 2015 年增加 18 家；当年营业收入超过 5000 万元企业数量较 2015 年增加了 29 家（表 4 -6）。

表 4 - 6　孵化器毕业企业情况

相关指标	2015 年	2016 年
累计毕业企业	7049	7659
其中：毕业企业累计上市（挂牌）企业	181	296
当年毕业企业	1078	886
当年上市（挂牌）企业	52	104
当年被兼并和收购企业	77	95
当年营业收入超过 5000 万元企业	58	87

3. 孵化器运营情况

（1）投资构成情况

2016 年，北京市孵化器总投资中，企业投资占比最高，达 96.68%，较 2015 年上升了近 5 个百分点。全国企业投资平均值为 58.63%，北京市的企业投资占比远高于全国平均值。财政投入仅占 0.85%，社会组织投资最少，可忽略不计（图 4 - 3）。

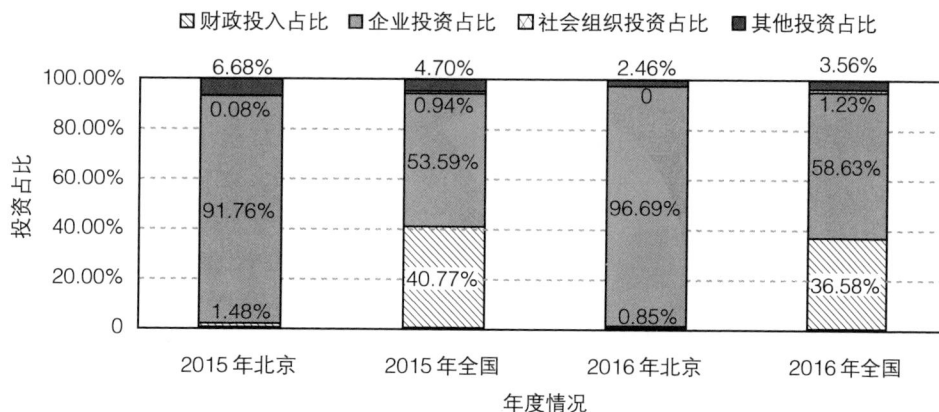

图 4 - 3　孵化器投资构成

（2）财税支持情况

2016 年，北京市对孵化器免税总额达 652.55 万元，是 2015 年的 4 倍多。其中，房产税、城镇土地使用税和所得税较 2015 年均明显增加，房产税达 361.90 万元，城镇土地使用税达 28.25 万元，所得税达 34.2 万元。

（3）收支情况

2016 年，北京市孵化器总收入为 193 864.44 万元，较 2015 年降低了 30.5%。其中，物业收入和综合服务收入为主要来源，物业收入占比达 54.1%（图 4 - 4）。

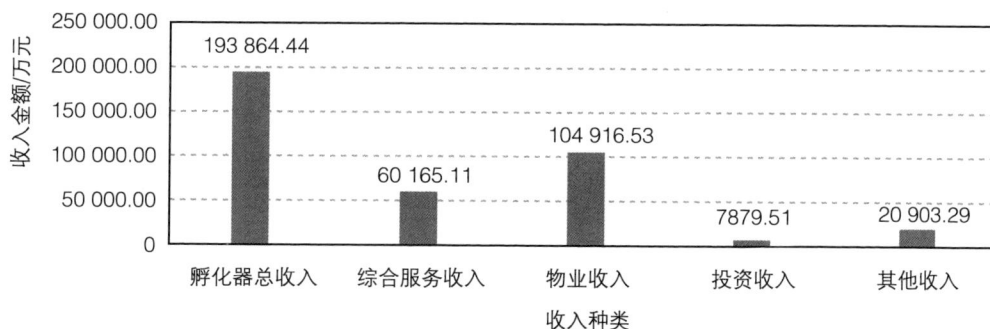

图 4 - 4　2016 年孵化器收入情况

2016 年，孵化器获得各级财政资助额为 14 415 万元，和 2015 年相比略有下降。其中，国家科技计划经费额为 320 万元，比 2015 年降低了 41.0%。

2016 年，孵化器运营成本中，场地费用所占的比重最大，占比为 33.07%；人员费用、管理费用和其他费用占比次之；纳税额占比仅为 12.08%（图 4-5）。

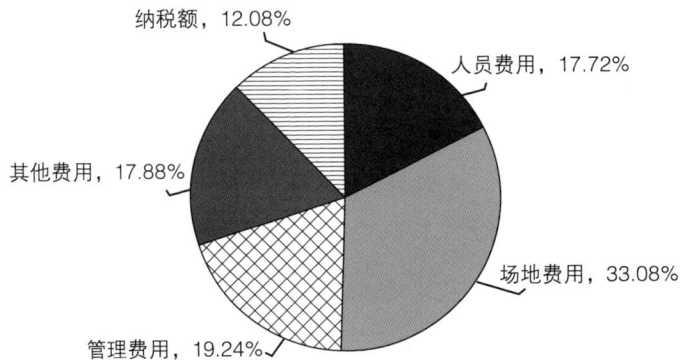

图 4-5　2016 年孵化器运营成本

（4）管理人员情况

2016 年，北京市孵化器管理机构从业人员为 2254 人，较 2015 年降低了 5.85%。其中，大专以上人员占比 91.79%；接受专业培训人员占比 41.84%（表 4-7）。

表 4-7　管理机构从业人员情况

年份	管理机构从业人员	其中	
		大专以上人员	接受专业培训人员
2015 年	2394	2228	1015
2016 年	2254	2069	943

（5）开展孵化服务情况

2016 年，北京市共有企业联络员 771 人，企业辅导员 886 人，创业导师 1930 人。其中，与 2015 年相比，企业联络员人数降低了 11.89%，企业辅导员和创业导师人数分别增长了 15.21% 和 13.46%。2016 年，创业导师对接企业数量为 4340 家，较 2015 年增长了 35.58%（图 4-6）。

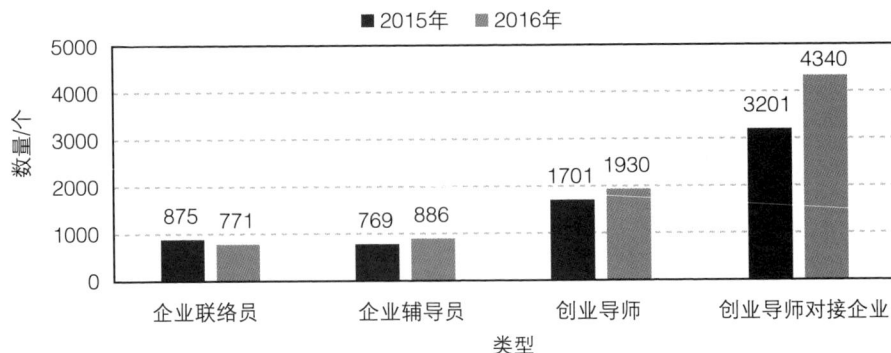

图 4-6　孵化器创业辅导情况

2016 年，孵化器对在孵企业培训 68 762 人次，较 2015 年减少了 2 万余人次，降幅达 23.9%；

开展创业教育培训活动场次 2860 次，较 2015 年降低了 21.9%。

2016 年的孵化器孵化基金总额为 132.7 亿元，较 2015 年增长了近 100 亿元，涨幅达 245.6%。

（二）众创空间建设及运行情况

1. 总体情况

2016 年，共有众创空间 133 家，当年服务的创业团队数量 16 402 家，当年服务的初创企业的数量 14 309 家，创业团队和企业中共有 92 家企业在当年上市（挂牌）。

2016 年，众创空间总面积为 1 220 329.88 m^2，共提供了 69 664 个工位。众创空间场地租赁面积占比 86.96%，自有面积占比 13.04%。众创空间面积中，常驻团队和企业使用面积和公共服务面积占众创空间总面积的比例达到 87.63%；管理办公使用面积和其他面积占比较少（图 4-7）。

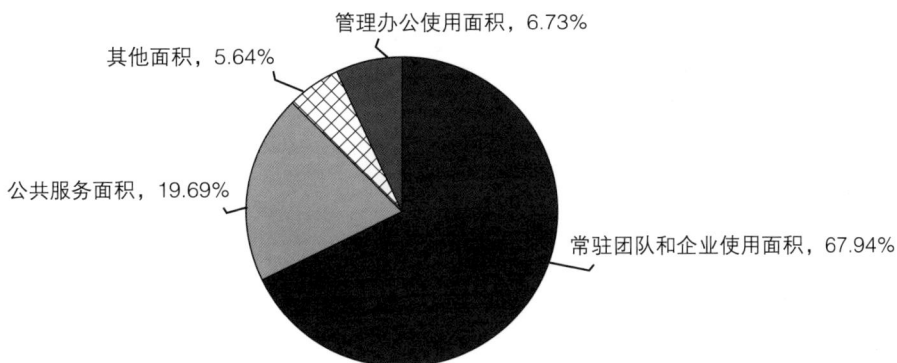

图 4-7　众创空间使用面积

2. 孵化绩效情况

（1）创业企业/团队类型

2016 年，创业团队和企业总数中大学生创业占比为 32.31%；科技人员创业接近 30%；大企业高管离职创业和留学生归国创业占比均低于 15%，海外项目入驻占比为 3.37%（表 4-8）。

表 4-8　2016 年众创空间创业团队和企业情况

创业团队和企业情况	数量	占比
总数	10 088	100.00%
海外项目入驻	340	3.37%
大学生创业	3259	32.31%
留学生归国创业	1100	10.90%
科技人员创业	2830	28.05%
大企业高管离职创业	1280	12.69%
连续创业	1279	12.68%

（2）创业企业/团队获投融资情况

2016 年，北京市当年获得投融资的创业团队及企业数量为 1487 家，获得投资总额为 171.33 亿元。其中，社会投资占比 93.42%，众创空间自身投资占比 6.58%。

2016 年，众创空间帮助入驻享受财政政策的创业团队或企业共 741 家，共享受财政资金支持额为 15 062.89 万元。

（3）就业及项目入驻情况

2016 年，创业团队和企业共吸纳 92 971 人就业。其中，吸纳应届毕业大学生 26 407 人。

2016 年，众创空间中创业项目平均入驻周期为 7～12 个月的众创空间最多；其次为创业项目平均入驻周期为 1～6 个月的众创空间；创业项目平均入驻周期为 13～24 个月和 24 个月以上的众创空间相对较少（表 4－9）。

表 4－9　众创空间创业项目平均入驻周期

入驻周期	众创空间数	占比
1～6 个月	37	27.82%
7～12 个月	54	40.60%
13～24 个月	26	19.55%
24 个月以上	16	12.03%
合计	133	100.00%

3. 众创空间运营情况

（1）众创空间类型

2016 年，众创空间在国家备案的占比 83.46%；位于国家高新区内的占比 66.17%；由孵化器建立的占比 54.14%；由高校或科研院所建立的占比 8.27%；本身是上市或挂牌企业的占比 6.02%。

（2）收支情况

2016 年，众创空间总收入为 131 326.31 万元。其中，房租及物业收入和服务收入较多，合计占比 76.76%（图 4－8）。

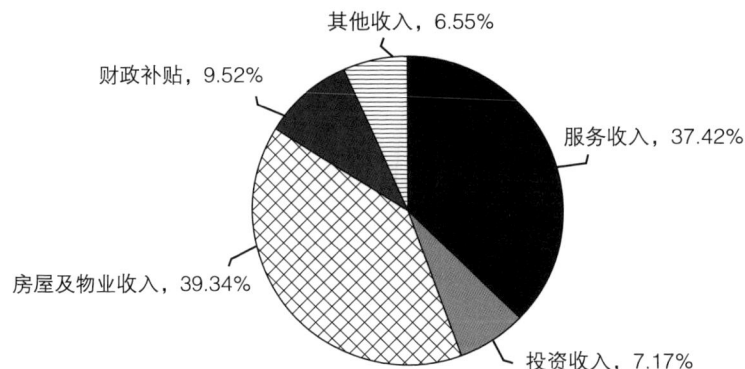

图 4－8　众创空间收入分类

2016年，众创空间运营成本为16.22亿元，其中，场地费用和人员费用占比较大；管理费用和其他费用占比次之；纳税额占比最小（图4-9）。

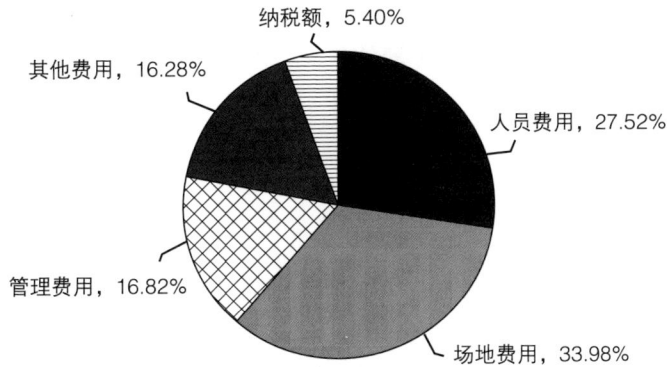

图4-9　众创空间运营成本分类

（3）提供服务情况

2016年，众创空间服务人员数量为4181人，创业导师数量共4677人，创业导师中专职人员占比为17.03%。

2016年，举办创新创业活动5891次，开展创业教育培训3409次，当年开展国际合作交流活动481次。

二、天津市创业孵化发展情况

（一）孵化器建设及运行情况

1. 总体情况

2016年，天津市共有108家科技企业孵化器，较2015年减少了17.56%，占全国孵化器总数的3.32%。其中，国家级37家，非国家级71家（表4-10）。

表4-10　孵化器数量及分类

年份	国家级	非国家级	总数
2015年	36	95	131
2016年	37	71	108

2016年，天津市孵化器使用总面积为3 203 541 m²，较2015年减少了5.3%。其中，在孵企业用房面积最大，占比超过40%。办公用房和公共服务用房的面积较少，占比均不足20%（图4-10）。

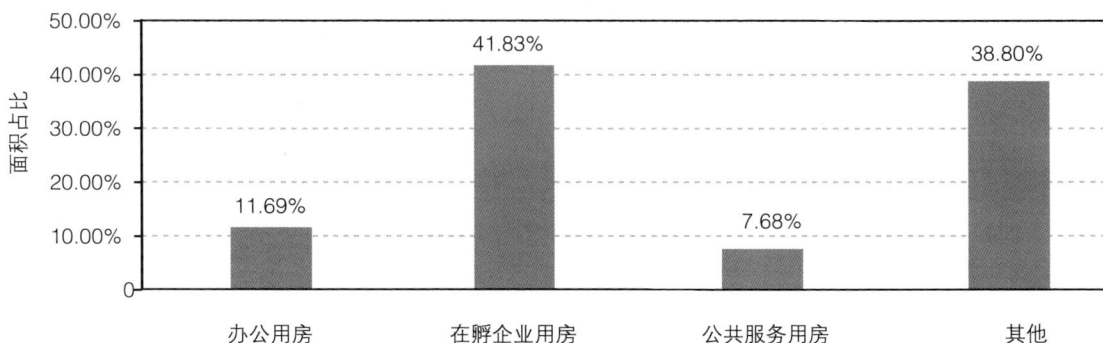

图4-10 2016年孵化器使用面积

2016年，天津市在孵企业数量5080家，较2015年减少了9.8%；累计毕业企业1944家，企业的毕业率为27.7%（表4-11）。

表4-11 孵化器在孵和毕业企业情况

年份	在孵企业数	累计毕业企业数	毕业率
2015年	5632	2154	27.7%
2016年	5080	1944	27.7%

2. 孵化绩效情况

（1）在孵企业类型

2016年，天津市在孵企业中，大学生科技企业数量为828家，较2015年增加了39.9%，占比16.3%；留学人员企业、高新技术企业的数量较2015年均略有增加（图4-11）。

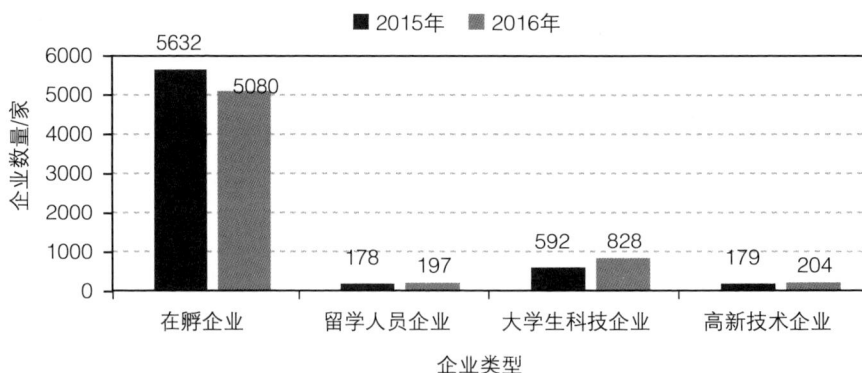

图4-11 孵化器在孵企业类型分类

（2）在孵企业从业人员情况

2016年，天津市在孵企业从业人员72 251人，较2015年略有增长。其中，大专以上人员占比接近86%，比2015年高出近2个百分点；吸纳应届大学毕业生9313人，是2015年的1.9倍；"千人计划"人员48人，比2015年多6人（表4-12）。

表 4 - 12　孵化器在孵企业从业人员情况

年份	从业人员	其中			
		大专以上人员	留学人员	"千人计划"人员	吸纳应届大学毕业生
2015 年	70 845	59 341	468	42	4909
2016 年	72 251	61 834	287	48	9313

（3）在孵企业获投融资情况

2016 年，天津市当年获得孵化基金投资的在孵企业有 365 家，较 2015 年增长 39.3%；当年获得投融资的企业有 306 家；当年获得风险投资额 10.7 亿元，是 2015 年的 5.54 倍（表 4 - 13）。

表 4 - 13　2015—2016 年孵化器投融资情况

投融资情况	2015 年	2016 年
当年获得孵化基金投资的在孵企业数	262	365
当年获得投融资的企业数	176	306
在孵企业当年获得风险投资额（亿元）	1.93	10.7

（4）在孵企业技术创新情况

2016 年，天津市当年知识产权申请数为 4352 件，和 2015 年基本一致；拥有有效知识产权数为 5984 件，较 2015 年上升 25.82%；当年承担国家级科技计划项目数量为 32 项，仅为 2015 年的 1/5；当年获得省级以上奖励 392 项，是 2015 年的近 12 倍（表 4 - 14）。

表 4 - 14　孵化器在孵企业知识产权情况

相关指标	2015 年	2016 年
当年知识产权申请数（件）	4306	4352
拥有有效知识产权数（件）	4756	5984
其中：发明专利（件）	1312	1386
软件著作权（件）	1115	1372
集成电路布图（个）	90	30
植物新品种（个）	4	2
累计购买国外技术专利（件）	0	1
当年承担国家级科技计划项目（项）	159	32
当年获得省级以上奖励（项）	33	392

（5）毕业企业情况

2016 年，天津市累计毕业企业 1944 家。其中，毕业企业累计上市（挂牌）企业数量有 48 家，比 2015 年增加了 15 家；当年毕业企业数量为 413 家，较 2015 年减少了 29 家；当年上市（挂牌）

企业数量为 10 家，和 2015 年一致；当年被兼并和收购企业较 2015 年减少了 3 家，当年营业收入超过 5000 万元企业增加了 15 家，达到 55 家（表 4 – 15）。

表 4 – 15　孵化器毕业企业情况

相关指标	2015 年	2016 年
累计毕业企业	2154	1944
其中：毕业企业累计上市（挂牌）企业	33	48
当年毕业企业	442	413
当年上市（挂牌）企业	10	10
当年被兼并和收购企业	23	20
当年营业收入超过 5000 万元企业	40	55

3. 孵化器运营情况

（1）投资构成情况

2016 年，天津市孵化器总投资中，企业投资最多，占比达 65.5%，高于全国平均值；其次是财政投入，占比达 31.91%，略低于全国平均值。和 2015 年相比，企业投资额增长了 11.6%，占比提高了 20% 多；财政投入额减少了 56.1%，占比降低了约 22%（图 4 – 12）。

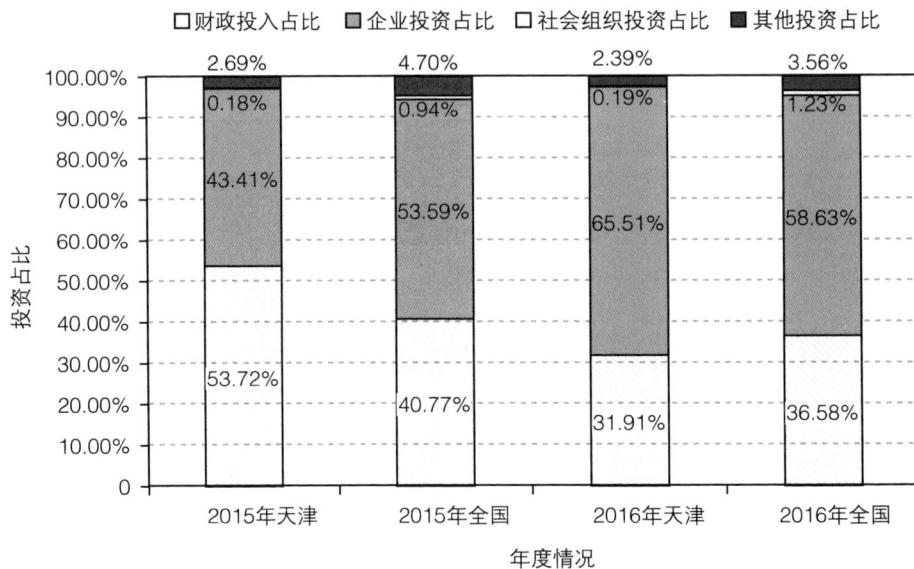

图 4 – 12　孵化器投资构成

（2）财税支持情况

2016 年，天津市免税金额总计 53.9 万元，较 2015 年减少了 85.35%。其中，房产税 4.10 万元，城镇土地使用税 3.30 万元。

（3）收支情况

2016 年，天津市孵化器总收入为 48 810.15 万元，较 2015 年降低了 30%。其中，综合服务收入、物业收入分别下降 18.71%、37.35%，综合服务收入依旧为孵化器总收入的重要组成部分（图 4-13）。

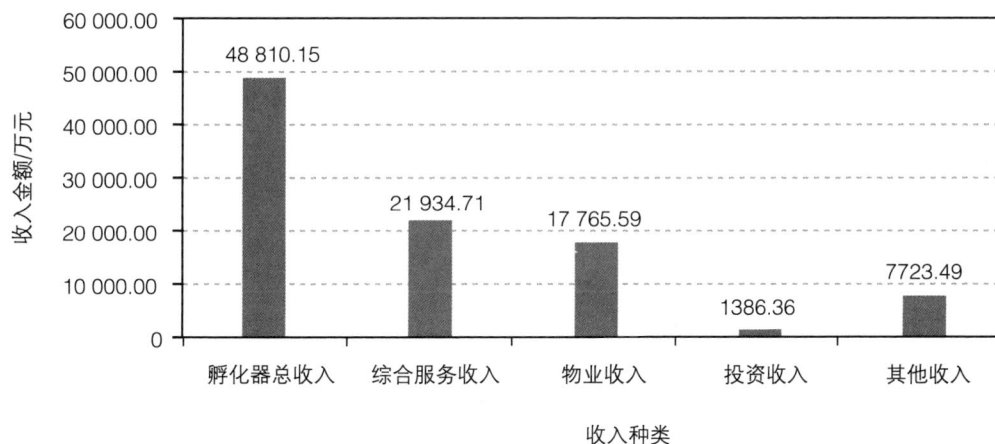

图 4-13　2016 年孵化器收入情况

2016 年，天津市孵化器获得各级财政资助额为 9218 万元，较 2015 年减少了 33.3%。其中，国家科技计划经费额为 529 万元，较 2015 年降低了 13.0%。

2016 年，天津市孵化器运营总成本 33 022 万元。其中，人员费用成本最高，为 9991 万元，占比为 30.26%；场地费用、管理费用和其他费用占比次之；纳税额占比最少，仅为 11.25%（图 4-14）。

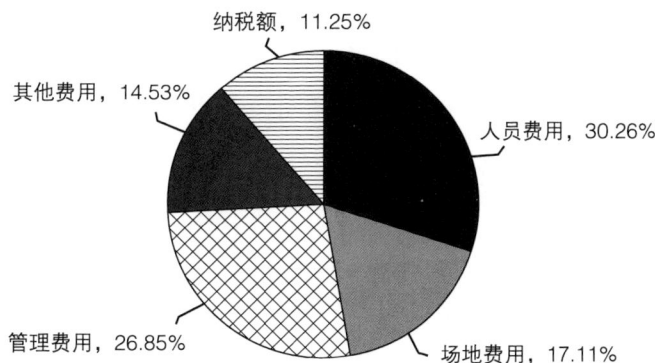

图 4-14　2016 年孵化器运营成本

（4）管理人员情况

2016 年，天津市孵化器管理机构从业人员共有 1471 人，较 2015 年减少了 16.6%。其中，大专以上人员共计 1376 人，占比 93.54%，较 2015 年下降了近 3 个百分点；接受专业培训人员达 577 人，占比 39.23%，较 2015 年提高了近 9 个百分点（表 4-16）。

表 4 - 16　管理机构从业人员情况

年份	管理机构从业人员	大专以上人员	接受专业培训人员
2015 年	1764	1699	539
2016 年	1471	1376	577

（5）开展孵化服务情况

2016 年，天津市共有企业联络员 568 人，企业辅导员 533 人，创业导师 1386 人。和 2015 年相比，企业联络员下降 16.22%，企业辅导员和创业导师人数基本保持不变。2016 年，创业导师对接企业 2796 家，较 2015 年增长 28.7%（图 4 - 15）。

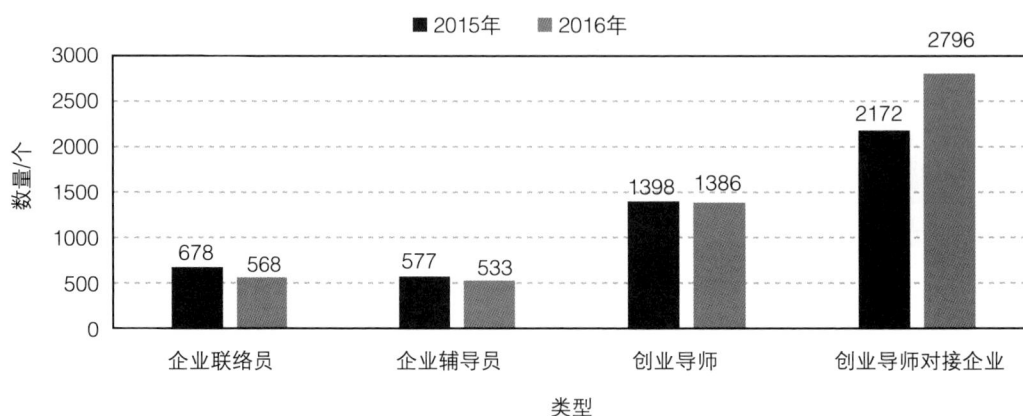

图 4 - 15　孵化器创业辅导情况

2016 年，天津市孵化器对在孵企业培训 44 961 人次，较 2015 年增长了 6.7%；开展创业教育培训活动场次 2329 次，较 2015 年增长了 12.9%。

2016 年的天津市孵化器孵化基金总额为 10.3 亿元，是 2015 年的 2.45 倍。

（二）众创空间建设及运行情况

1. 总体情况

2016 年，天津市共有众创空间 143 家，当年服务的创业团队数量 5559 家，当年服务的初创企业的数量 3202 家，创业团队和企业中共有 9 家企业在当年上市（挂牌）。

2016 年，天津市众创空间总面积为 434 896 m²，共提供了 22 954 个工位。天津市众创空间场地以租赁为主，租赁面积占比 46.97%。众创空间总面积中，管理办公使用面积占比 6.23%，常驻团队和企业使用面积占比 58.39%，公共服务面积占比 28.26%，其他面积占比 7.12%（图 4 - 16）。

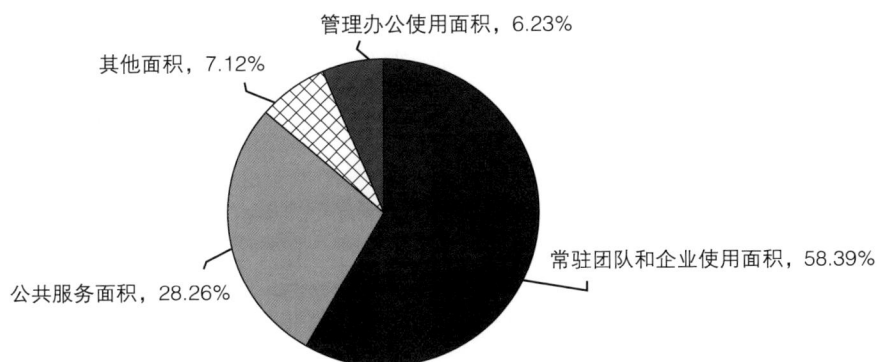

图4-16 众创空间使用面积

2. 孵化绩效情况

（1）创业企业/团队类型

2016年，创业团队和企业总数中大学生创业占比为60.44%；科技人员创业接近23.56%；大企业高管离职创业和留学生归国创业占比之和低于15%，海外项目入驻占比为0.86%（表4-17）。

表4-17 2016年众创空间创业团队和企业情况

创业团队和企业情况	数量	占比
总数	6066	100.00%
海外项目入驻	52	0.86%
大学生创业	3666	60.44%
留学生归国创业	164	2.70%
科技人员创业	1429	23.56%
大企业高管离职创业	283	4.66%
连续创业	472	7.78%

（2）创业企业/团队获投融资情况

2016年，天津市当年获得投融资的创业团队及企业数量为585家，获得投资总额为8.74亿元。其中，社会投资占比75.36%。

当年众创空间帮助入驻享受财政政策的创业团队或企业共828家，共享受财政资金支持额为7498万元。

（3）就业及项目入驻情况

2016年，创业团队和企业共吸纳19 167人就业。其中，吸纳应届毕业大学生6053人。

2016年，天津市众创空间中创业项目平均入驻周期为7～12个月以上的众创空间最多；其次为创业项目平均入驻周期为1～6个月和13～24个月的众创空间；创业项目平均入驻周期为24个月以上的众创空间相对较少（表4-18）。

表 4 - 18   众创空间创业项目平均入驻周期

入驻周期	众创空间数	占比
1~6 个月	44	30.98%
7~12 个月	63	44.37%
13~24 个月	29	20.42%
24 个月以上	6	4.23%
合计	142	100.00%

3. 众创空间运营情况

（1）众创空间类型

2016 年，众创空间在国家备案的占比 51.05%；位于国家高新区内的占比 22.38%；由孵化器建立的占比 22.38%；由高校或科研院所建立的占比 18.18%；本身是上市或挂牌企业的占比 3.5%。

（2）收支情况

2016 年，天津市众创空间总收入为 486 183.12 万元。其中，财政补贴和服务收入较多，合计占比 97.13%（图 4 - 17）。

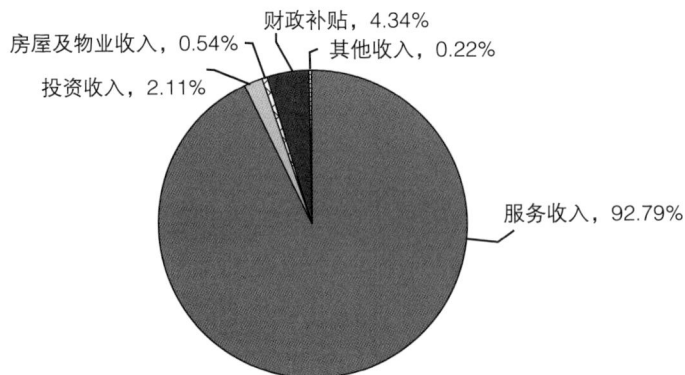

图 4 - 17   众创空间收入分类

2016 年，天津市众创空间运营成本为 476 177 万元。其中，管理费用和人员费用占比较大；场地费用和纳税额占比次之；其他费用占比最小（图 4 - 18）。

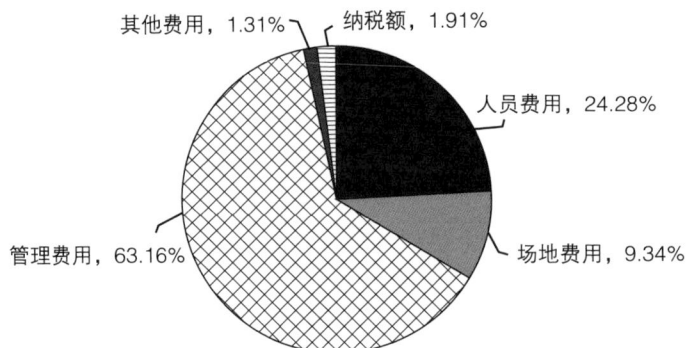

图 4 - 18   众创空间运营成本分类

（3）提供服务情况

2016 年，天津市众创空间服务人员数量为 5244 人，创业导师数量共 4444 人，创业导师中专职人员占比为 23.85%。

2016 年，举办创新创业活动 4625 次，开展创业教育培训 3697 次，当年开展国际合作交流活动 181 次。

三、河北省创业孵化发展情况

（一）孵化器建设及运行情况

1. 总体情况

2016 年，河北省共有 102 家科技企业孵化器，是 2015 年的近 2 倍，占全国孵化器总数的 3.13%。其中，国家级 19 家，非国家级 83 家（表 4 – 19）。

表 4 – 19 孵化器数量及分类

年份	国家级	非国家级	总数
2015 年	15	39	54
2016 年	19	83	102

2016 年，河北省孵化器使用总面积为 2 998 815 m^2，较 2015 年面积增长了 55.1%。其中，在孵企业用房面积最多，占比超过 60%，办公用房和公共服务用房面积较少，占比均不超过 20%（图 4 – 19）。

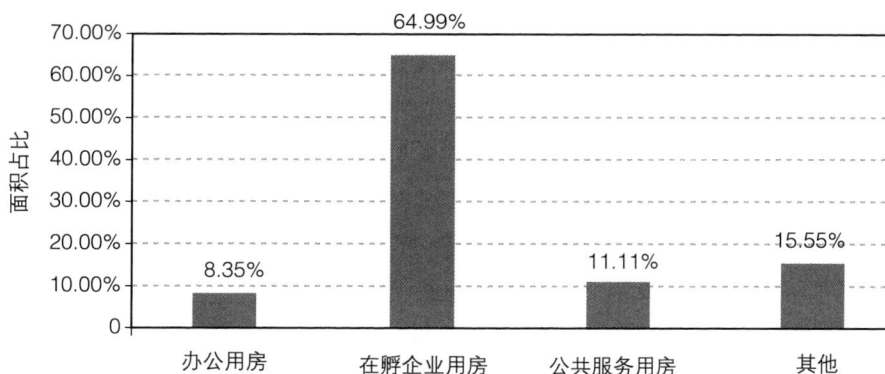

图 4 – 19 2016 年孵化器使用面积

2016 年，河北省在孵企业数量达到 3078 家，是 2015 年的 1.64 倍。累计毕业企业数量为 2012 家，企业的毕业率为 37.95%（表 4 – 20）。

表 4 -20　孵化器在孵和毕业企业情况

年份	在孵企业数	累计毕业企业数	毕业率
2015 年	1873	1708	47.70%
2016 年	3078	2012	39.53%

2. 孵化绩效情况

（1）在孵企业类型

2016 年，河北省孵化器内共有在孵企业 3078 家，是 2015 年的 1.64 倍。其中，大学生科技企业有 457 家，是 2015 年的 2 倍多，占比 14.8%；留学人员企业 98 家，较 2015 年增加了 31 家；高新技术企业 209 家，较 2015 年增加了 75 家（图 4 -20）。

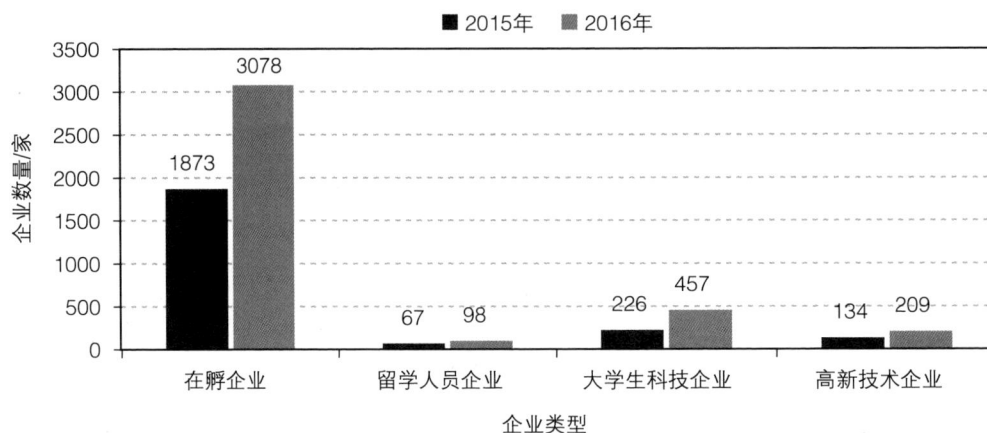

图 4 -20　孵化器在孵企业类型分类

（2）在孵企业从业人员情况

2016 年，河北省在孵企业从业人员共有 53 414 人，较 2015 年增长了 48.6%。其中，大专以上人员占比 74.5%，较 2015 年下降了近 5 个百分点；吸纳应届大学毕业生 5439 人，较 2015 年增长了 32.2%，占比 10.2%；留学人员 198 人，较 2015 年略有减少；"千人计划"人员 21 人，比 2015 年多 18 人（表 4 -21）。

表 4 -21　孵化器在孵企业从业人员情况

年份	从业人员	其中			
		大专以上人员	留学人员	"千人计划"人员	吸纳应届大学毕业生
2015 年	35 948	28 482	207	3	4113
2016 年	53 414	39 781	198	21	5439

（3）在孵企业获投融资情况

2016 年，河北省当年获得孵化基金投资的在孵企业有 306 家，较 2015 年增长 82.14%；当年获得投融资的企业有 148 家，是 2015 年的 1.95 倍（表 4 - 22）。

表 4 - 22　2015—2016 年孵化器投融资情况

投融资情况	2015 年	2016 年
当年获得孵化基金投资的在孵企业数	168	306
当年获得投融资的企业数	76	148
在孵企业当年获得风险投资额（亿元）	1.9	2.3

（4）在孵企业技术创新情况

2016 年，河北省当年知识产权申请数为 1914 件，较 2015 年略有下降；拥有有效知识产权数达 3529 件，同比上升 56.84%；累计购买国外技术专利 4 项，比 2015 年多 3 项；当年承担国家级科技计划项目 758 项，是 2015 年的 50.5 倍；当年获得省级以上奖励是 216 119 项，是 2015 年的 2843.67 倍（表 4 - 23）。

表 4 - 23　孵化器在孵企业知识产权情况

相关指标	2015 年	2016 年
当年知识产权申请数（件）	1995	1914
拥有有效知识产权数（件）	2250	3529
其中：发明专利（件）	461	727
软件著作权（件）	859	980
集成电路布图（个）	39	69
植物新品种（个）	16	12
累计购买国外技术专利（件）	1	4
当年承担国家级科技计划项目（项）	15	758
当年获得省级以上奖励（项）	76	216 119

（5）毕业企业情况

2016 年，河北省孵化器内累计毕业企业 2012 家，较 2015 年增长了 17.8%。其中，毕业企业累计上市（挂牌）企业数量共有 58 家，比 2015 年增加了 2 家。当年毕业企业共 381 家，较 2015 年增长了 54.25%；当年上市（挂牌）企业 27 家，是 2015 年的 5.4 倍；当年被兼并和收购企业 10 家，较 2015 年增加了 2 家；当年营业收入超过 5000 万元企业有 79 家，较 2015 年增加了 28 家（表 4 - 24）。

表 4-24　孵化器毕业企业情况

相关指标	2015 年	2016 年
累计毕业企业	1708	2012
其中：毕业企业累计上市（挂牌）企业	56	58
当年毕业企业	247	381
当年上市（挂牌）企业	5	27
当年被兼并和收购企业	8	10
当年营业收入超过 5000 万元企业	51	79

3. 孵化器运营情况

（1）投资构成情况

2016 年，河北省孵化器总投资中，企业投资占比最高，达 88.84%，比全国平均值高出 30 个百分点，比 2015 年也高出 2 个百分点。其次是财政投入，占比仅有 9.67%，远低于全国平均值（图 4-21）。

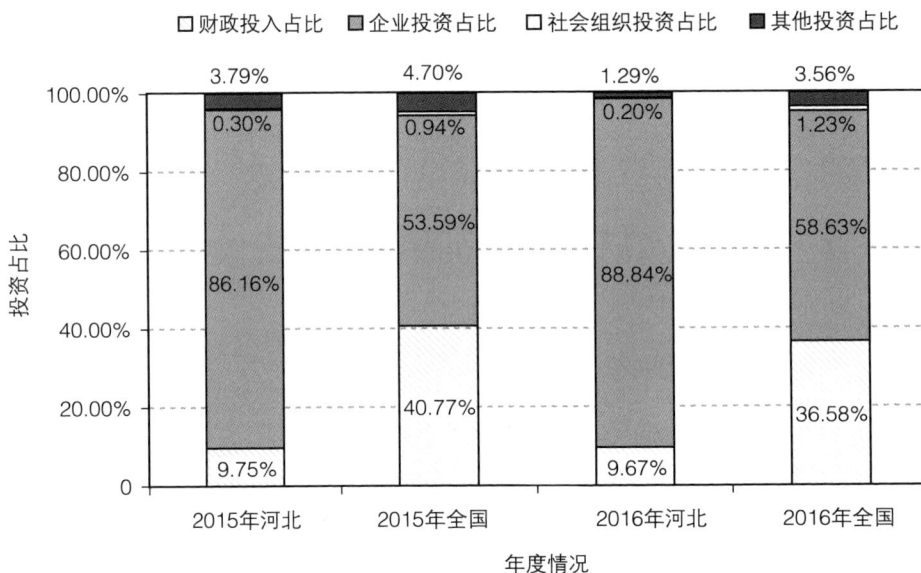

图 4-21　孵化器投资构成

（2）财税支持情况

2016 年，河北省免税金额总计 181.58 万元，不足 2015 年的 1/2。其中，房产税免税额最高，为 94.06 万元，占比 51.8%，但不足 2015 年的 1/2；城镇土地使用税较 2015 年也明显下降，仅为 56.28 万元。

（3）收支情况

2016 年，河北省孵化器总收入 79 380.72 万元，较 2015 年增长 31.3%。其中，综合服务收入最多，达 30 607.25 万元，是 2015 年的 2.52 倍，占比达 38.6%；物业收入为 16 270.63 万元，较 2015 年增长 29.6%；投资收入为 17 173.27 万元，较 2015 年减少 44.6%（图 4-22）。

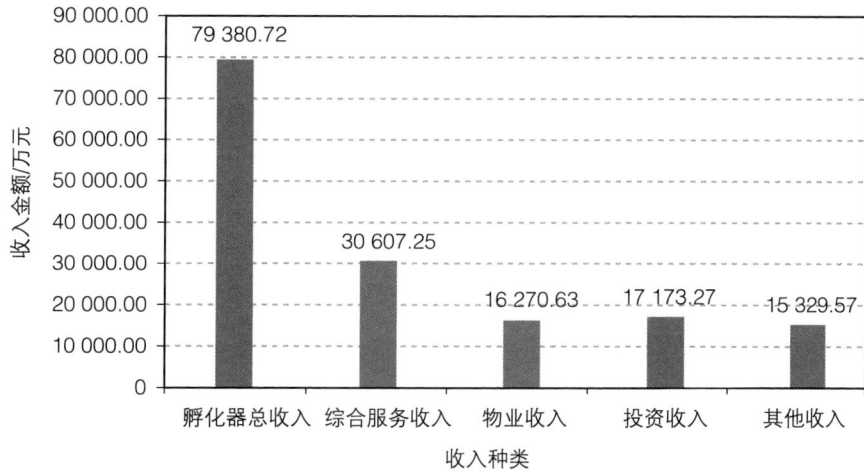

图 4 - 22 2016 年孵化器收入情况

2016 年，河北省孵化器获得各级财政资助额为 9904 万元，是 2015 年的 1.99 倍。其中，国家科技计划经费额达 350 万元，是 2015 年的 2 倍多。

2016 年，孵化器运营成本中，场地费用所占的比重最大，占比为 34.40%；人员费用、管理费用和其他费用占比次之，纳税额占比仅为 8.68%（图 4 - 23）。

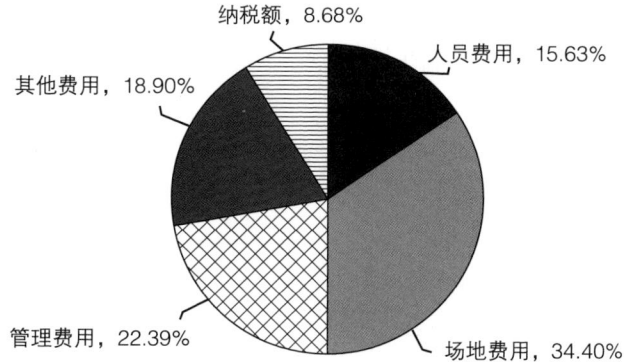

图 4 - 23 2016 年孵化器运营成本

（4）管理人员情况

2016 年，河北省孵化器管理机构从业人员共有 1772 人，较 2015 年增长 68.8%。其中，大专以上人员共有 1512 人，占比 86.06%，较 2015 年下降 2 个百分点；接受专业培训人员有 766 人，占比 43.22%，较 2015 年提高了近 4 个百分点（表 4 - 25）。

表 4 - 25 管理机构从业人员情况

年份	管理机构从业人员	大专以上人员	接受专业培训人员
2015 年	1050	928	414
2016 年	1772	1525	766

（5）开展孵化服务情况

2016 年，河北省共有企业联络员 696 人，企业辅导员 586 人，创业导师 1195 人。创业导师对接企业 2111 家，较 2015 年增长 90.7%。和 2015 年相比，创业导师人数是 2015 年的 2.53 倍；企业联络员增加了 4%；企业辅导员增加 62.3%（图 4－24）。

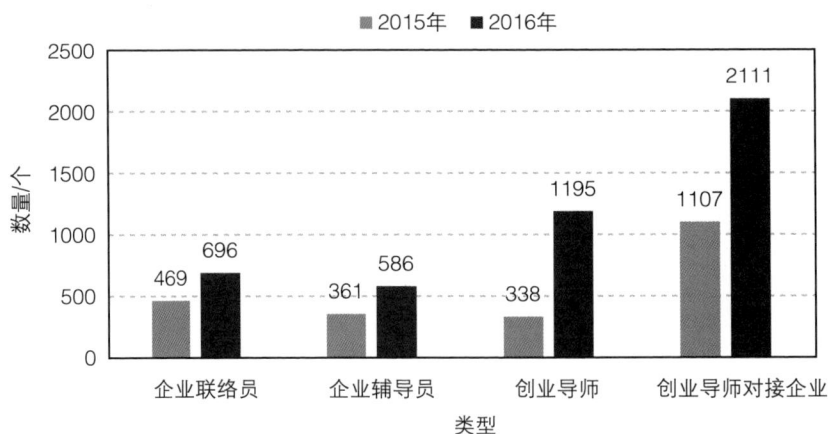

图 4 －24　孵化器创业辅导情况

2016 年，河北省孵化器对在孵企业培训达 59 869 人次，较 2015 年增长了 40.6%；开展创业教育培训活动场次 1411 次，是 2015 年的 1.58 倍。

2016 年的河北省孵化器孵化基金总额为 8.4 亿元，较 2015 年增长了 21.7%。

（二）众创空间建设及运行情况

1. 总体情况

2016 年，河北省共有众创空间 291 家，当年服务的初创企业的数量 5177 家，举办创新创业活动 5673 次，创业团队和企业中共有 28 家企业在当年上市（挂牌）。

2016 年，河北省众创空间总面积为 1 249 845.7 m^2，共提供了 40 810 个工位。河北省众创空间场地以租赁为主，租赁面积占比 46.36%。2016 年，河北省众创空间面积中，常驻团队和企业使用面积和公共服务面积占众创空间总面积的比例达到 79.73%；管理办公使用面积占比较少（图 4 －25）。

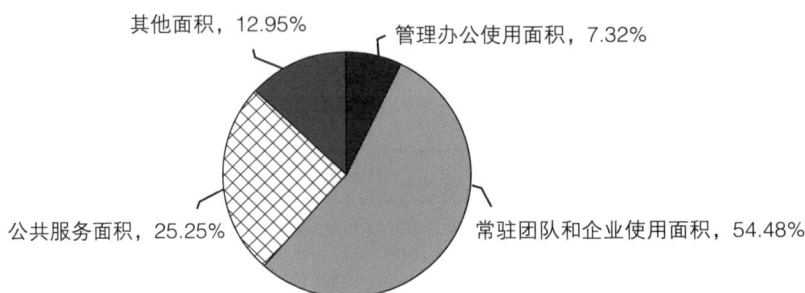

图 4 －25　众创空间使用面积

2. 孵化绩效情况

（1）创业企业/团队类型

2016 年，河北省众创空间内创业团队和企业共计 5674 家。其中，大学生创业占比为 54.32%；科技人员创业占比接近 20%；大企业高管离职创业和留学生归国创业占比之和低于 9%；海外项目入驻占比为 0.62%（表 4 - 26）。

表 4 - 26　2016 年众创空间创业团队和企业情况

创业团队和企业情况	数量	占比
总数	5674	100.00%
海外项目入驻	35	0.62%
大学生创业	3082	54.32%
留学生归国创业	89	1.57%
科技人员创业	1134	19.99%
大企业高管离职创业	299	5.27%
连续创业	1035	18.24%

（2）创业企业/团队获投融资情况

2016 年，河北省当年获得投融资的创业团队及企业数量为 687 家，获得投资总额 18.3 亿元。其中，社会投资占比 82.80%。

（3）就业及项目入驻情况

2016 年，创业团队和企业共吸纳 50 363 人就业。其中，吸纳应届毕业大学生 14 886 人。

2016 年，众创空间中创业项目平均入驻周期为 7 ~ 12 个月的众创空间最多；其次为创业项目平均入驻周期为 1 ~ 6 个月和 13 ~ 24 个月的众创空间；创业项目平均入驻周期为 24 个月以上的众创空间相对较少（表 4 - 27）。

表 4 - 27　众创空间创业项目平均入驻周期

入驻周期	众创空间个数	占比
1 ~ 6 个月	68	23.86%
7 ~ 12 个月	112	39.30%
13 ~ 24 个月	76	26.67%
24 个月以上	29	10.17%
合计	285	100.00%

3. 众创空间运营情况

（1）众创空间类型

2016 年，众创空间在国家备案的占比 24.74%；位于国家高新区内的占比 6.53%；由孵化器建立的占比 15.12%；由高校或科研院所建立的占比 0.34%；本身是上市或挂牌企业的占比 3.8%。

（2）收支情况

2016 年，河北省众创空间总收入为 26 960.02 万元。其中，财政补贴和服务收入较多，合计占比 59.44%（图 4 – 26）。

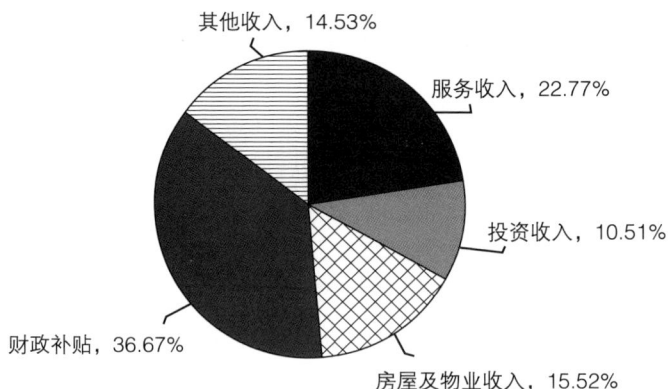

图 4 – 26　众创空间收入分类

2016 年，河北省众创空间运营成本为 37 279.28 万元。其中，场地费用和人员费用占比较大；管理费用和其他费用占比次之；纳税额占比最小（图 4 – 27）。

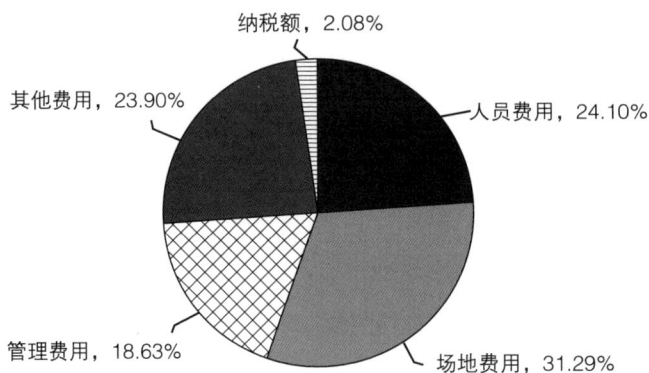

图 4 – 27　众创空间运营成本分类

（3）提供服务情况

2016 年，河北省众创空间服务人员数量为 4907 人，创业导师数量共 5130 人，创业导师中专职人员占比为 27.82%。

2016 年，举办创新创业活动 5673 次，开展创业教育培训 4763 次，当年开展国际合作交流活动 200 次。当年众创空间帮助入驻享受财政政策的团队或企业共 947 个，共享受财政资金支持额 5410.3 万元。

四、山西省创业孵化发展情况

(一)孵化器建设及运行情况

1. 总体情况

2016 年,山西省共有 25 家科技企业孵化器,较 2015 年增长 47.06%,占全国科技企业孵化器总数的 0.77%。其中,国家级 11 家,比 2015 年增加 1 家;非国家级 14 家,是 2015 年的 2 倍(表 4 - 28)。

表 4 - 28 孵化器数量及分类

年份	国家级	非国家级	总数
2015 年	10	7	17
2016 年	11	14	25

2016 年,山西省孵化器使用面积为 789 803.43 m^2,较 2015 年增长 31.92%。在孵企业用房面积占比为 78.25%,较 2015 年下降 3.39%;办公用房、公共服务用房和其他占比较 2015 年均略有增加(图 4 - 28)。

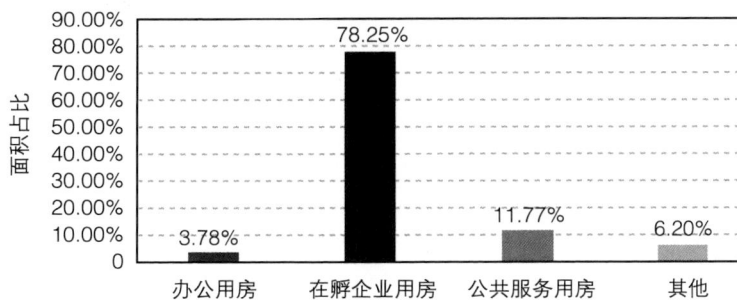

图 4 - 28 2016 年孵化器使用面积

2016 年,在孵企业数量达到 1190 家,较 2015 年增加 261 家,累计毕业企业 1002 家,较 2015 年增加 420 家,企业的毕业率为 45.71%,高于 2015 年的 38.52%(表 4 - 29)。

表 4 - 29 孵化器在孵和毕业企业情况

年份	在孵企业数	累计毕业企业数	毕业率
2015 年	929	582	38.52%
2016 年	1190	1002	45.71%

2. 孵化绩效情况

(1)在孵企业类型

2016 年,山西省在孵企业为 1190 家,较 2015 年增长 28.09%。大学生科技企业数量增加明显,较 2015 年增长 41.62%，留学人员企业增加 5 个，高新技术企业增加 14 个（图 4 - 29）。

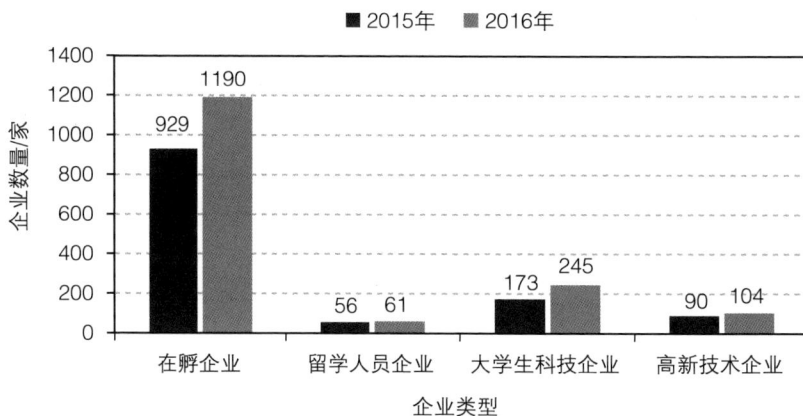

图 4 - 29　孵化器在孵企业类型分类

（2）在孵企业从业人员情况

2016 年，在孵企业从业人员为 19 181 人。大专以上人员为 15 184，占比接近 80%，较 2015 年增长 30.48%；留学人员增加 57 人；"千人计划"人员为 27 人，较 2015 年增加 24 人；吸纳应届大学毕业生增加 656 人（表 4 - 30）。

表 4 - 30　孵化器在孵企业从业人员情况

年份	从业人员	其中			
		大专以上人员	留学人员	"千人计划"人员	吸纳应届大学毕业生
2015 年	15 458	11 637	114	3	2227
2016 年	19 181	15 184	171	27	2883

（3）在孵企业获投融资情况

2016 年，当年获得孵化基金投资的在孵企业为 83 家，较 2015 年下降 55.61%。当年获得投融资的企业数量为 74 家，比 2015 年增加 52 家。当年获得风险投资额为 0.7 亿元，比 2015 年增加 0.24 亿元（表 4 - 31）。

表 4 - 31　2015—2016 年孵化器投融资情况

投融资情况	2015 年	2016 年
当年获得孵化基金投资的在孵企业数	187	83
当年获得投融资的企业数	22	74
当年获得风险投资额（亿元）	0.46	0.7

（4）在孵企业技术创新情况

2016 年，山西省当年知识产权申请数、拥有有效知识产权数分别同比上升 23.04%、13.7%。

累计购买国外技术专利为 2015 年的 1.5 倍；当年承担国家级科技计划项目比 2015 年增加 1598 项；当年获得省级以上奖励比 2015 年减少 17 项（表 4 - 32）。

表 4 - 32　孵化器在孵企业知识产权情况

相关指标	2015 年	2016 年
当年知识产权申请数（件）	703	865
拥有有效知识产权数（件）	1255	1427
其中：发明专利（件）	301	310
软件著作权（件）	471	626
集成电路布图（个）	4	6
植物新品种（个）	8	10
累计购买国外技术专利（件）	2	3
当年承担国家级科技计划项目（项）	8	1606
当年获得省级以上奖励（项）	96	79

（5）毕业企业情况

2016 年，累计毕业企业中毕业企业累计上市（挂牌）企业数量为 24 家，较 2015 年增加 21 家；当年毕业企业为 193 家，较 2015 年增长 14.88%；当年上市（挂牌）企业数量较 2015 年增加 12 家；当年被兼并和收购企业较 2015 年增加 10 家；当年营业收入超过 5000 万元企业较 2015 年增加 6 家（表 4 - 33）。

表 4 - 33　孵化器毕业企业情况

相关指标	2015 年	2016 年
累计毕业企业	582	1002
其中：毕业企业累计上市（挂牌）企业	3	24
当年毕业企业	168	193
当年上市（挂牌）企业	1	13
当年被兼并和收购企业	4	14
当年营业收入超过 5000 万元企业	5	11

3. 孵化器运营情况

（1）投资构成情况

2016 年，山西省企业投资占比较 2015 年山西省企业投资占比上升近 3 个百分点，全国企业投资占比 2016 年较 2015 年上升 5 个百分点；山西省财政投入占比高于全国财政投入占比，其他投资占比均低于全国；社会组织投资占比从 2015 年的 0 增加为 2016 年的 0.19%；其他投资占比从 2015年的 0.29% 下降为 2016 年的 0.1%（图 4 - 30）。

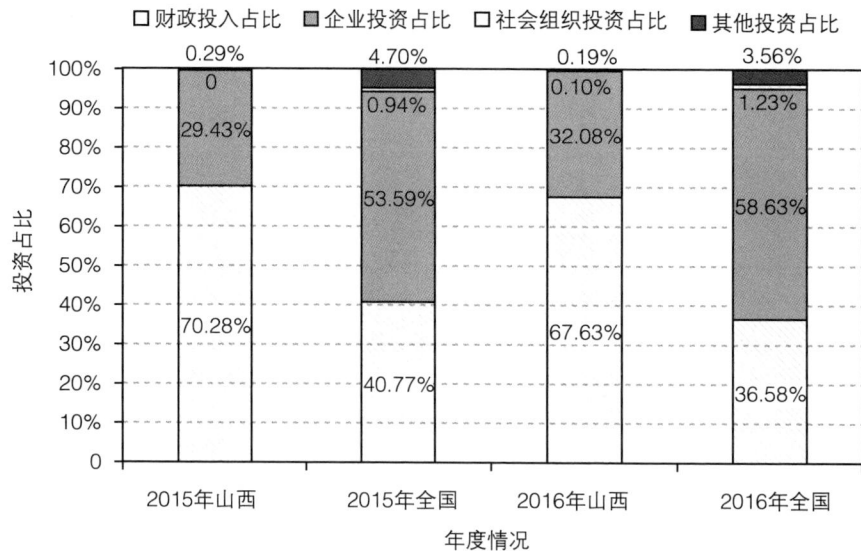

图 4 –30　孵化器投资构成

（2）财税支持情况

2016 年，山西省当年免税金额 23.62 万元，仅为 2015 年的 74.2%。房产税、所得税减免额度均有增加；城镇土地使用税与 2015 年持平。

（3）收支情况

2016 年，山西省孵化器总收入为 26 370.91 万元，物业收入下降 44.54%，综合服务收入、投资收入、其他收入较 2015 年分别增长 6.73%、44.19%、124.39%，各项收入相差不大（图 4 –31）。

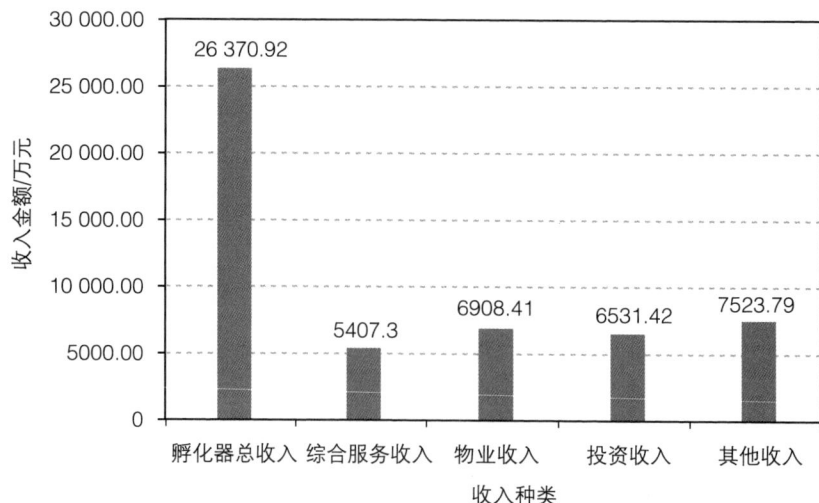

图 4 –31　2016 年孵化器收入情况

2016 年，山西省孵化器获得各级财政资助额为 5724 万元，较 2015 年增长 92.53%。其中，国家科技计划经费额 280 万元，较 2015 年增长 115.38%。

2016 年，孵化器运营成本中，场地费用所占的比重最大，占比为 37.61%；其他费用、纳税额、人员费用占比次之；管理费用占比仅为 10.85%（图 4 - 32）。

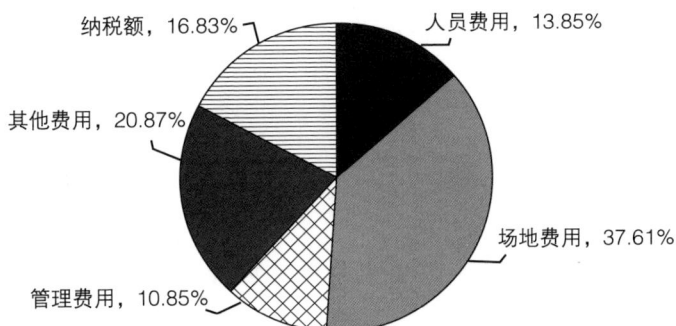

图 4 - 32　2016 年孵化器运营成本

（4）管理人员情况

2016 年，孵化器管理机构从业人员为 545 人，较 2015 年增长 49.73%。其中，大专以上人员占比 92.66%，人数较 2015 年增长 50.75%；接受专业培训人员占比 49.72%，人数较 2015 年增长 44.92%（表 4 - 34）。

表 4 - 34　管理机构从业人员情况

年份	管理机构从业人员	其中	
		大专以上人员	接受专业培训人员
2015 年	364	335	187
2016 年	545	505	271

（5）开展孵化服务情况

2016 年，企业辅导员和创业导师人数较 2015 年增长速度分别为 28.15%、52.63%；企业联络员较 2015 年下降 50.48%；创业导师对接企业同比增长 26.84%（图 4 - 33）。

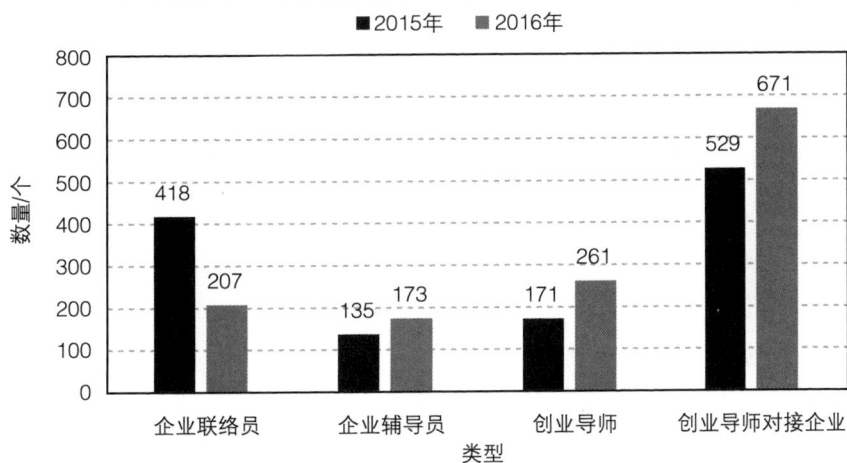

图 4 - 33　孵化器创业辅导情况

2015 年，山西省孵化器对在孵企业培训达 10 779 人次，开展创业教育培训活动场次 263 次。

2016 年，山西省孵化器对在孵企业培训达 24 651 人次，较 2015 年增长 128.69%；开展创业教育培训活动场次 525 次，较 2015 年增长 99.62%。

2016 年，山西省孵化器孵化基金总额为 1.8 亿元，较 2015 年增加 0.95 亿元，增幅为 111.76%。

（二）众创空间建设及运行情况

1. 总体情况

2016 年，山西省共有众创空间 131 家，当年服务的创业团队数量 4454 家，当年服务的初创企业的数量 2979 家，创业团队和企业中共有 17 家企业在当年上市（挂牌）。

2016 年，山西省众创空间总面积为 633 741 m²，共提供了 21 651 个工位。山西省众创空间场地以租赁为主，租赁面积占比 52.67%。在众创空间面积中，常驻团队和企业使用面积及公共服务面积占众创空间总面积的比例达到 73.69%；管理办公使用面积和其他面积占比较少（图 4 - 34）。

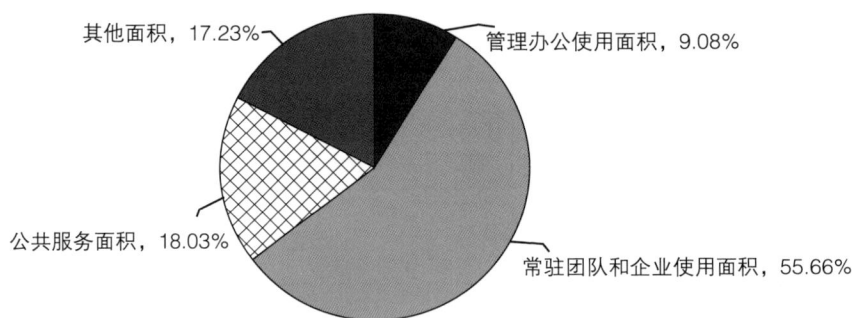

图 4 - 34　众创空间使用面积

2. 孵化绩效情况

（1）创业企业/团队类型

2016 年，创业团队和企业总数中大学生创业占比为 57.62%；科技人员创业接近 16.36%；大企业高管离职创业和留学生归国创业占比均低于 5%；海外项目入驻占比为 0.57%（表 4 - 35）。

表 4 - 35　2016 年山西众创空间创业团队和企业情况

创业团队和企业情况	数量	占比
总数	3473	100.00%
海外项目入驻	20	0.57%
大学生创业	2001	57.62%
留学生归国创业	102	2.94%
科技人员创业	568	16.35%
大企业高管离职创业	167	4.81%
连续创业	615	17.71%

（2）创业企业/团队获投融资情况

2016 年，山西省当年获得投融资的团队及企业的数量为 189 家，获得投资总额 11.57 亿元。其中，社会投资占比 73.27%。

当年众创空间帮助入驻享受财政政策的团队或企业共 439 家，共享受财政资金支持额 1903.72 万元。

（3）就业及项目入驻情况

2016 年，创业团队和企业共吸纳 26 906 人就业。其中，吸纳应届毕业大学生 10 710 人。

2016 年，山西省众创空间创业项目平均入驻周期为 7~12 个月的众创空间最多；其次为创业项目平均入驻周期为 1~6 个月和 13~24 个月的众创空间；创业项目平均入驻周期为 24 个月以上的众创空间相对较少（表 4-36）。

表 4-36　众创空间创业项目平均入驻周期

入驻周期	众创空间数	占比
1~6 个月	6	22.22%
7~12 个月	12	44.45%
13~24 个月	6	22.22%
24 个月以上	3	11.11%
合计	27	100.00%

3. 众创空间运营情况

（1）众创空间类型

2016 年，众创空间在国家备案的占比 7.6%；位于国家高新区内的占比 29%；由孵化器建立的占比 24.4%；由高校或科研院所建立的占比 9.92%；本身是上市或挂牌企业的占比 1.5%。

（2）收支情况

2016 年，山西省众创空间总收入为 23 130.95 万元。其中，房屋及物业收入和投资收入较多，合计占比 63.87%（图 4-35）。

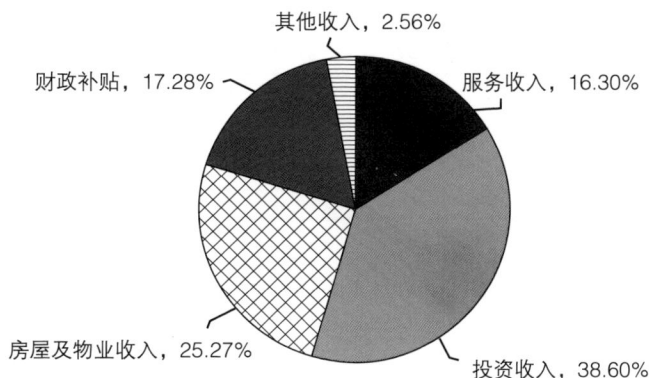

图 4-35　众创空间收入分类

2016 年，山西省众创空间运营成本为 28 156.2 万元。其中，场地费用和人员费用占比较大；管理费用和其他费用占比次之；纳税额占比最小（图 4 - 36）。

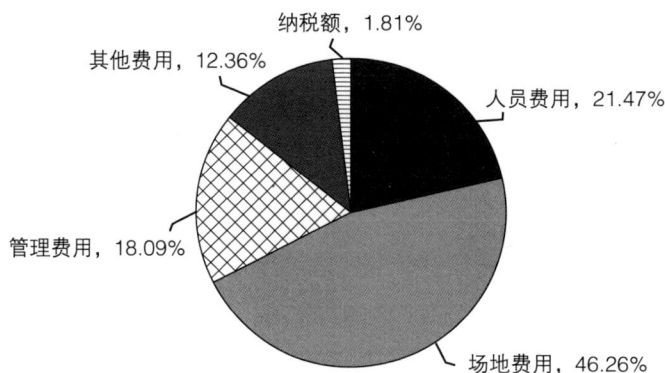

图 4 - 36　众创空间运营成本分类

（3）提供服务情况

2016 年，山西省众创空间服务人员数量为 2388 人，创业导师数量共 2828 人，创业导师中专职人员占比为 22.70%。

2016 年，举办创新创业活动 3508 次，开展创业教育培训 2803 次，当年开展国际合作交流活动 52 次。

五、内蒙古自治区创业孵化发展情况

（一）孵化器建设及运行情况

1. 总体情况

2016 年，内蒙古自治区共有 36 家科技企业孵化器，较 2015 年增加 33.33%，占全国的 0.77%。其中，国家级 9 家，较 2015 年增加 2 家；非国家级 27 家，较 2015 年增加 7 家（表 4 - 37）。

表 4 - 37　孵化器数量及分类

年份	国家级	非国家级	总数
2015 年	7	20	27
2016 年	9	27	36

2016 年，内蒙古自治区孵化器使用总面积为 1 036 478.97 m²，在孵企业用房面积占比超过 50%（图 4 - 37）。

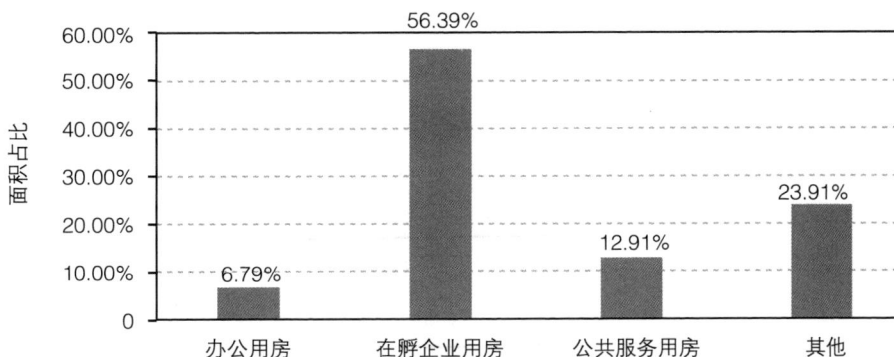

图 4 - 37　2016 年孵化器使用面积

2016 年，在孵企业数量达到 1297 家，较 2015 年增长 27.78%；累计毕业企业为 717 家，较 2015 年增长 29.42%；企业的毕业率为 35.6%，较 2015 年增加 0.3%（表 4 - 38）。

表 4 - 38　孵化器在孵和毕业企业情况

年份	在孵企业数	累计毕业企业数	毕业率
2015 年	1015	554	35.3%
2016 年	1297	717	35.6%

2. 孵化绩效情况

（1）在孵企业类型

2016 年，内蒙古自治区在孵企业为 1297 家。大学生科技企业为 404 家，比 2015 年增加了 1 家；留学人员企业为 146 家，比 2015 年增加了 25 家；高新技术企业为 56 家，比 2015 年增加了 20 家（图 4 - 38）。

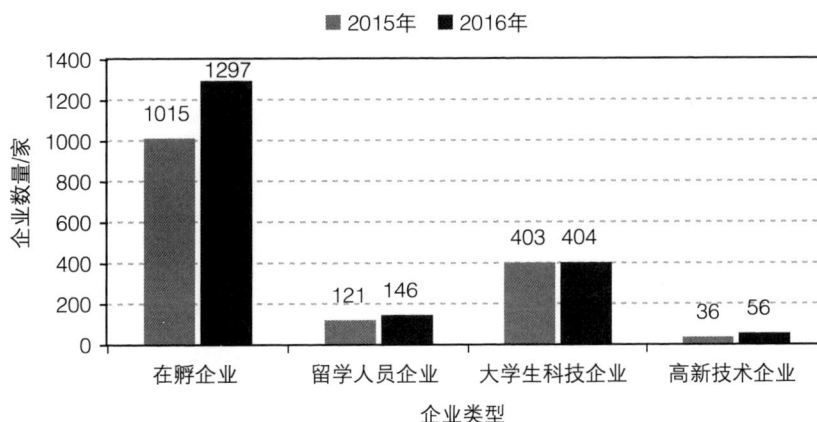

图 4 - 38　孵化器在孵企业类型分类

（2）在孵企业从业人员情况

2016 年，在孵企业从业人员为 19 678 人。大专以上人员占比接近 80%，比 2015 年增加 3639

家。吸纳应届大学毕业生为2760人，较2015年上升50.33%。"千人计划"人员为10人，较2015年增加3人（表4-39）。

表4-39　孵化器在孵企业从业人员情况

年份	从业人员	其中			
		大专以上人员	留学人员	"千人计划"人员	吸纳应届大学毕业生
2015 年	15 550	12 132	276	7	1836
2016 年	19 678	15 771	199	10	2760

（3）在孵企业获投融资情况

2016年，当年获得孵化基金投资的在孵企业数量为40家，较2015年增加18家。当年获得投融资的企业为25家，较2015年增加3家。当年获得风险投资额为1.2亿元，较2015年减少0.19亿元（表4-40）。

表4-40　2015—2016年孵化器投融资情况

投融资情况	2015 年	2016 年
当年获得孵化基金投资的在孵企业数	22	40
当年获得投融资的企业数	22	25
当年获得风险投资额（亿元）	1.39	1.2

（4）在孵企业技术创新情况

2016年，内蒙古自治区拥有有效知识产权数为1002件，较2015年增长32.19%；累计购买国外技术专利比2015年的少2项；当年承担国家级科技计划项目低于2015年；当年获得省级以上奖励是2015年的73.53%（表4-41）。

表4-41　孵化器在孵企业知识产权情况

相关指标	2015 年	2016 年
当年知识产权申请数（件）	524	486
拥有有效知识产权数（件）	758	1002
其中：发明专利（件）	253	262
软件著作权（件）	262	471
集成电路布图（个）	6	4
植物新品种（个）	10	4
累计购买国外技术专利（件）	2	0
当年承担国家级科技计划项目（项）	24	5
当年获得省级以上奖励（项）	34	25

（5）毕业企业情况

2016 年，累计毕业企业数量中毕业企业累计上市（挂牌）企业为 4 家，较 2015 年增加 3 家；当年毕业企业较 2015 年增长 39.39%；当年上市（挂牌）企业是 2015 年的 9 倍；当年被兼并和收购企业增加 6 家；当年营业收入超过 5000 万元企业增加了 2 家（表 4-42）。

表 4-42　孵化器毕业企业情况

相关指标	2015 年	2016 年
累计毕业企业	554	717
其中：毕业企业累计上市（挂牌）企业	1	4
当年毕业企业	99	138
当年上市（挂牌）企业	1	9
当年被兼并和收购企业	0	6
当年营业收入超过 5000 万元企业	6	8

3. 孵化器运营情况

（1）投资构成情况

2016 年，内蒙古自治区财政投入占比为 51.49%，较 2015 年增加 22.53%，高于 2016 年全国平均水平。企业投资占比为 48.51%，较 2015 年减少 22.53%，低于 2016 年全国平均水平。2015 年与 2016 年，内蒙古自治区的社会组织投资均为 0（图 4-39）。

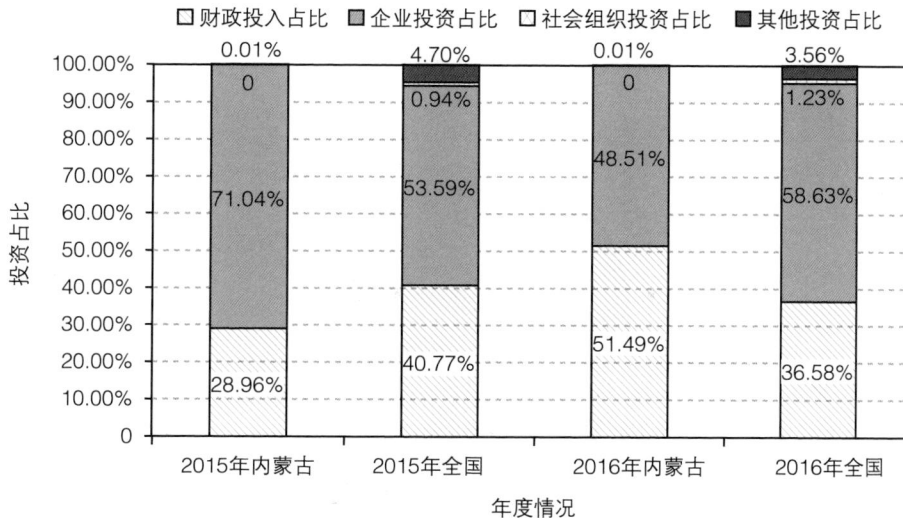

图 4-39　孵化器投资构成

（2）财税支持情况

2016 年，内蒙古自治区免税金额 1805.46 万元，较 2015 年增长 18.28%。其中，房产税免税额 1085.68 万元，占比 60.13%；城镇土地使用税 256.15 万元，占比 14.19%。

（3）收支情况

2016 年，内蒙古自治区孵化器总收入为 31 844.43 万元，综合服务收入较 2015 年上升187.25%，综合服务收入和物业收入为孵化器总收入的重要组成部分。投资收入和其他收入分别为1639.49 万元、1800.38 万元，较 2015 年均有所增加（图 4 - 40）。

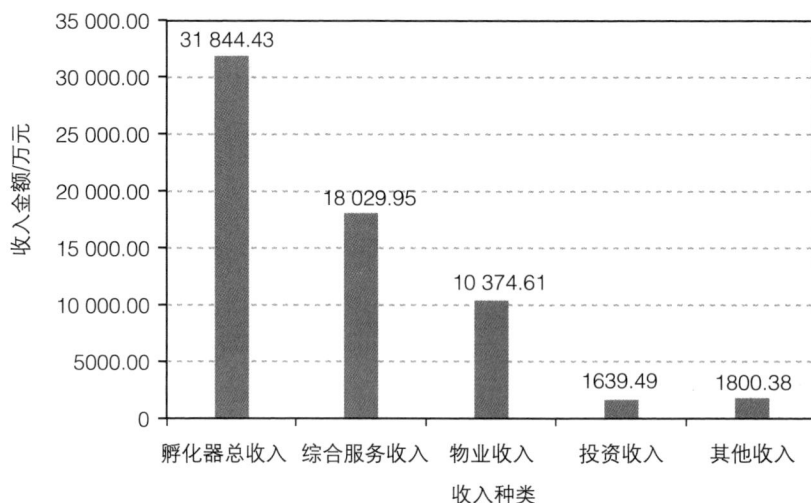

图 4 - 40　2016 年孵化器收入情况

2016 年，内蒙古自治区孵化器获得各级财政资助额为 9440 万元，较 2015 年减少 14 031 万元。其中，国家科技计划经费额 165 万元，较 2015 年减少 115 万元。

2016 年，孵化器运营成本中，场地费用所占的比重最大，占比为 34.54%；其他费用、管理费用和人员费用占比次之；纳税额占比仅为 8.52%（图 4 - 41）。

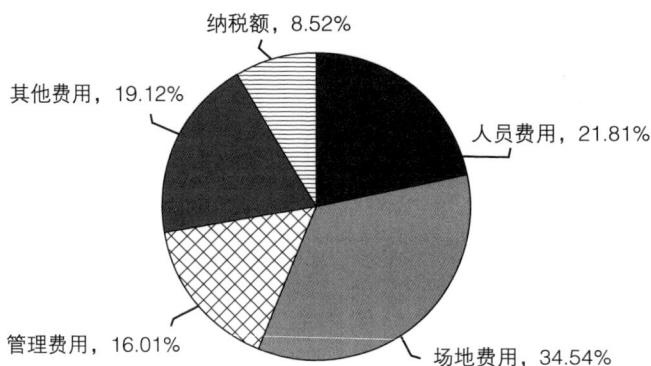

图 4 - 41　2016 年孵化器运营成本

（4）管理人员情况

2016 年，孵化器管理机构从业人员为 543 人，较 2015 年增长 28.98%。其中，大专以上人员占比 91.34%，人数较 2015 年增长 27.18%；接受专业培训人员占比 65.38%，人数较 2015 年增长36.54%（表 4 - 43）。

表 4 – 43　管理机构从业人员情况

年份	管理机构从业人员	其中	
		大专以上人员	接受专业培训人员
2015 年	421	390	260
2016 年	543	496	355

（5）开展孵化服务情况

2016 年，企业辅导员和创业导师人数较 2015 年分别增长 22.84%、100.35%；企业联络员较 2015 年增长 39.88%；创业导师对接企业较 2015 年增长 60.63%（图 4 – 42）。

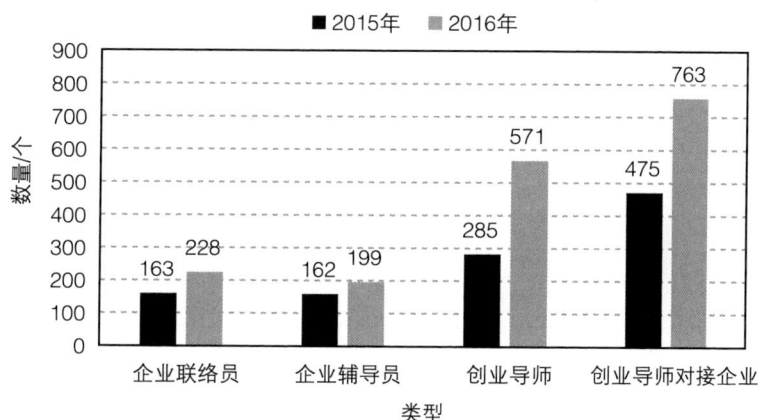

图 4 – 42　孵化器创业辅导情况

2016 年，内蒙古自治区孵化器对在孵企业培训达 38 150 人次，较 2015 年增长 7.54%，开展创业教育培训活动场次 646 次，较 2015 年增长 75.54%。

2016 年，内蒙古自治区孵化器孵化基金总额为 4 亿元，较 2015 年增加 1.94 亿元，增幅为 94.17%。

（二）众创空间建设及运行情况

1. 总体情况

2016 年，内蒙古自治区共有众创空间 85 家，当年服务的创业团队数量 8597 家，当年服务的初创企业的数量 4396 家。

2016 年，内蒙古自治区众创空间总面积为 666 940 m²，共提供了 15 379 个工位。内蒙古自治区众创空间场地以自有面积为主，自有面积占比 72.5%。众创空间面积中，常驻团队和企业使用面积及公共服务面积占众创空间总面积的比例达到 68.52%；管理办公使用面积和其他面积占比较少（图 4 – 43）。

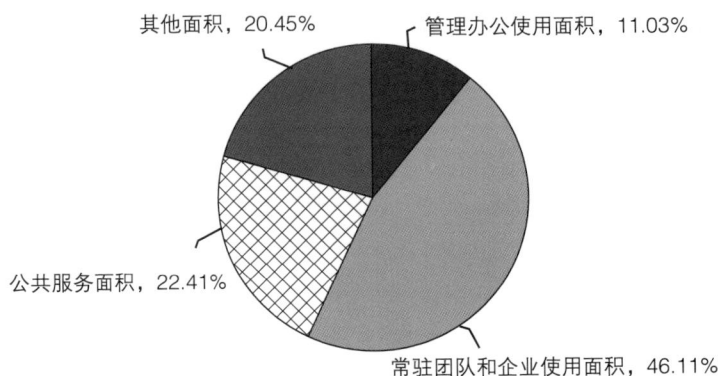

图 4 -43 众创空间使用面积

2. 孵化绩效情况

（1）创业企业/团队类型

2016 年，创业团队和企业总数中大学生创业占比为 67.59%；科技人员创业接近 10.24%；大企业高管离职创业和留学生归国创业占比之和低于 5%；海外项目入驻占比为 0.23%（表 4 -44）。

表 4 -44 2016 年众创空间创业团队和企业情况

创业团队和企业情况	数量	占比
总数	3027	100.00%
海外项目入驻	7	0.23%
大学生创业	2046	67.59%
留学生归国创业	46	1.52%
科技人员创业	310	10.24%
大企业高管离职创业	99	3.27%
连续创业	519	17.15%

（2）创业企业/团队获投融资情况

2016 年，内蒙古自治区当年获得投融资的团队及企业的数量为 295，获得投资总额 5.8 亿元。其中，社会投资占比 47.42%，众创空间自身投资占比 52.58%。

当年众创空间帮助入驻享受财政政策的团队或企业共 573 个，共享受财政资金支持额 9784.25 万元。

（3）就业及项目入驻情况

2016 年，创业团队和企业共吸纳 32 751 人就业。其中，吸纳应届毕业大学生 6961 人。

2016 年，内蒙古自治区众创空间总计 85 家，其中，创业项目平均入驻周期为 7 ~ 12 个月的众创空间最多；其次为创业项目平均入驻周期为 1 ~ 6 个月和 13 ~ 24 个月的众创空间；创业项目平均入驻周期为 24 个月以上的众创空间相对较少（表 4 -45）。

表 4 - 45　众创空间创业项目平均入驻周期

入驻周期	众创空间数	占比
1 ~ 6 个月	20	23.53%
7 ~ 12 个月	29	34.12%
13 ~ 24 个月	25	29.41%
24 个月以上	11	12.94%
合计	85	100.00%

3. 众创空间运营情况

（1）众创空间类型

2016 年，众创空间在国家备案的占比 41.17%；位于国家高新区内的占比 11.76%；由孵化器建立的占比 17.64%；由高校或科研院所建立的占比 3.53%；本身是上市或挂牌企业的占比 2.35%。

（2）收支情况

2016 年，内蒙古自治区众创空间总收入为 15 279.3 万元。其中，财政补贴较多，占比 56.14%（图 4 - 44）。

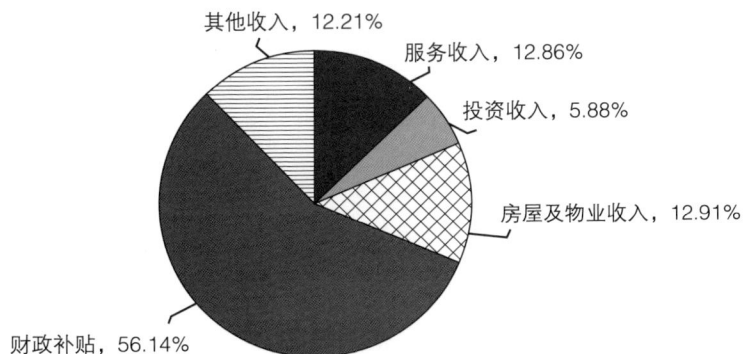

图 4 - 44　众创空间收入分类

2016 年，内蒙古自治区众创空间运营成本为 23 713.62 万元。其中，场地费用和管理费用占比较大；人员费用和其他费用占比次之；纳税额占比最少（图 4 - 45）。

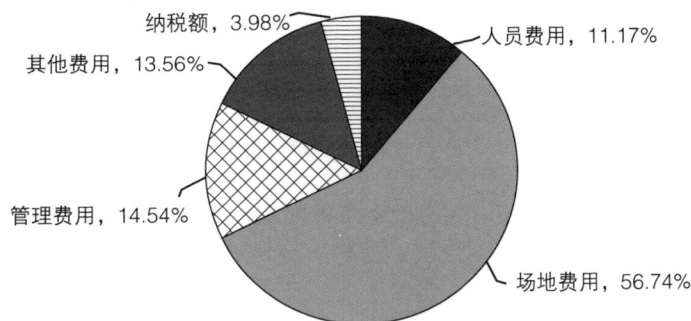

图 4 - 45　众创空间运营成本分类

（3）提供服务情况

2016 年，内蒙古自治区众创空间服务人员数量为 1779 人，创业导师数量共 1881 人，创业导师中专职人员占比为 25.47%。

2016 年，举办创新创业活动 2062 次，开展创业教育培训 1405 次，当年开展国际合作交流活动 45 次。

六、辽宁省创业孵化发展情况

（一）孵化器建设及运行情况

1. 总体情况

2016 年，辽宁省共有 73 家科技企业孵化器，较 2015 年减少 6 家，占全国科技企业孵化器的 2.24%。其中，国家级 28 家，较 2015 年增加 1 家；非国家级 45 家，较 2015 年减少 7 家（表 4-46）。

表 4-46　孵化器数量及分类

年份	国家级	非国家级	总数
2015 年	27	52	79
2016 年	28	45	73

2016 年，孵化器使用面积为 2 444 232.54 m²，较 2015 年下降 19.95%。在孵企业用房占比为 76.8%，较 2015 年增加 5.9%。办公用房和公共服务用房占比变化不明显（图 4-46）。

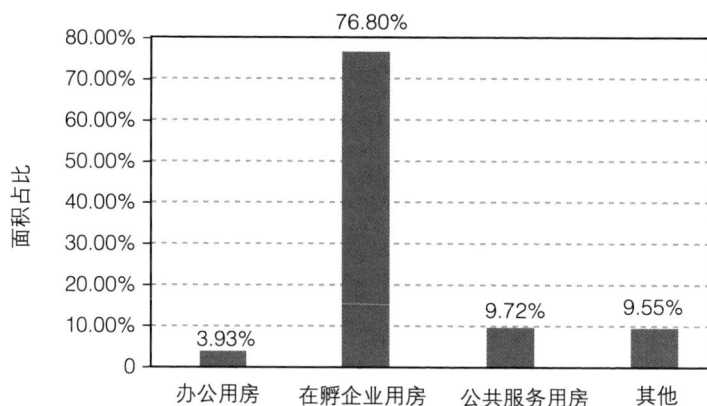

图 4-46　2016 年孵化器使用面积

2016 年，在孵企业数量达到 3290 个，较 2015 年增加 282 家；累计毕业企业为 3467 家，较 2015 年减少 127 家；企业的毕业率为 51.31%，低于 2015 年的 54.44%（表 4-47）。

表 4 - 47　孵化器在孵和毕业企业情况

年份	在孵企业数	累计毕业企业数	毕业率
2015 年	3008	3594	54.44%
2016 年	3290	3467	51.31%

2. 孵化绩效情况

（1）在孵企业类型

2016 年，辽宁省在孵企业类型中留学人员企业、大学生科技企业、高新技术企业较 2015 年增加 9 家、104 家、18 家（图 4 - 47）。

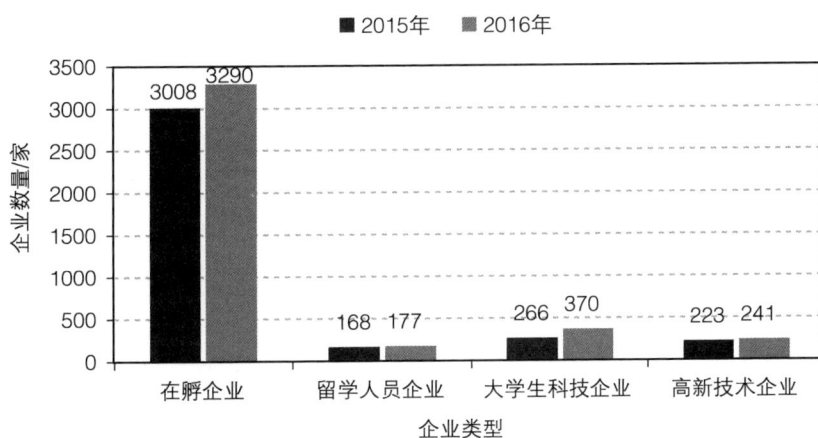

图 4 - 47　孵化器在孵企业类型分类

（2）在孵企业从业人员情况

2016 年，在孵企业从业人员为 56 137 人。大专以上人员为 46 050 人，较 2015 年有所增加，其占比为 82.03%；吸纳应届大学毕业生增加 672 人；"千人计划"人员从 2015 年的 11 人减少到 2016 年的 8 人（表 4 - 48）。

表 4 - 48　孵化器在孵企业从业人员情况

年份	从业人员	其中			
		大专以上人员	留学人员	"千人计划"人员	吸纳应届大学毕业生
2015 年	54 213	43 519	601	11	4304
2016 年	56 137	46 050	547	8	4976

（3）在孵企业获投融资情况

2016 年，当年获得孵化基金投资的在孵企业数有 229 家，较 2015 年增加 10 家。当年获得投融资的企业数为 150 家，较 2015 年增加 16 家。当年获得风险投资额为 4.9 亿元，较 2015 年增加 1.33 亿元（表 4 - 49）。

表4-49　2015—2016年孵化器投融资情况

投融资情况	2015 年	2016 年
当年获得孵化基金投资的在孵企业数	219	229
当年获得投融资的企业数	134	150
当年获得风险投资额（亿元）	3.57	4.9

（4）在孵企业技术创新情况

2016年，当年知识产权申请数为1813件，较2015年增长了11.98%；累计购买国外技术专利为106件，较2015年增加了6件；当年获得省级以上奖励较2015年增加了36.84%；拥有有效知识产权数为4086件，较2015年下降了2.74%；当年承担国家级科技计划项目为33项，较2015年下降了34%（表4-50）。

表4-50　孵化器在孵企业知识产权情况

相关指标	2015 年	2016 年
当年知识产权申请数（件）	1619	1813
拥有有效知识产权数（件）	4201	4086
其中：发明专利（件）	1289	1348
软件著作权（件）	1205	1201
集成电路布图（个）	92	51
植物新品种（个）	17	9
累计购买国外技术专利（件）	100	106
当年承担国家级科技计划项目（项）	50	33
当年获得省级以上奖励（项）	57	78

（5）毕业企业情况

2016年，累计毕业企业中毕业企业累计上市（挂牌）企业数量增加8家；当年毕业企业下降为429家；当年被兼并和收购企业较2015年增长30%；当年营业收入超过5000万元企业减少7家（表4-51）。

表4-51　孵化器毕业企业情况

相关指标	2015 年	2016 年
累计毕业企业	3594	3467
其中：毕业企业累计上市（挂牌）企业	29	37
当年毕业企业	616	429
当年上市（挂牌）企业	4	4
当年被兼并和收购企业	10	13
当年营业收入超过 5000 万元企业	68	61

3. 孵化器运营情况

（1）投资构成情况

2016年，辽宁省财政投入占比为13.29%，较2015年减少16.67%，低于全国平均水平。企业投资占比为79.95%，较2015年上升20.64%，高于全国平均水平。社会组织投资占比和其他投资占比较2015年均有所下降（图4-48）。

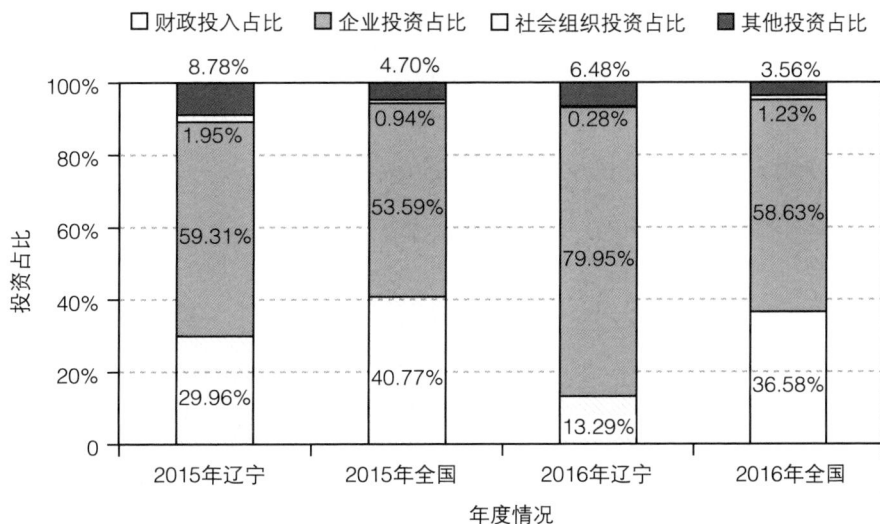

图4-48　孵化器投资构成

（2）财税支持情况

2016年，当年免税金额为228.45万元，较2015年减少211.68万元。其中，房产税136.84万元，占比59.9%；城镇土地使用税35.04万元，占比15.34%。

（3）收支情况

2016年孵化器总收入为36 275.14万元。综合服务收入、物业收入变化较为平稳，两项总共占比90.11%；投资收入和其他收入大幅度下降，投资收入下降39 403.4万元，其他收入下降9992.56万元（图4-49）。

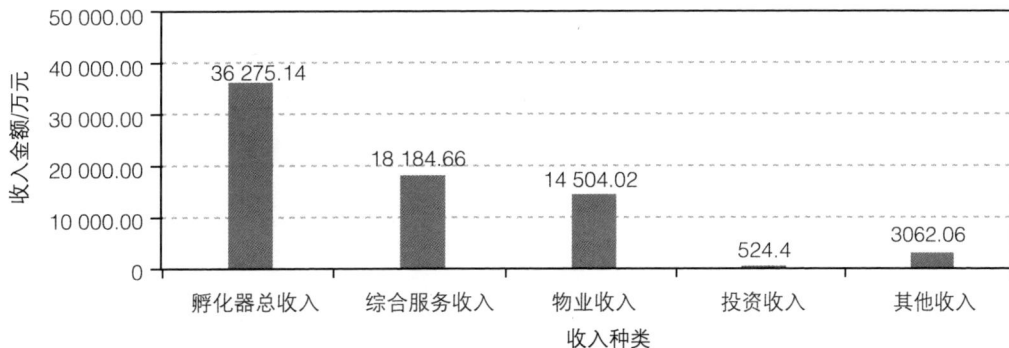

图4-49　2016年孵化器收入情况

2016 年，辽宁省孵化器获得各级财政资助额为 8007.51 万元，较 2015 年减少 1789.49 万元。其中，国家科技计划经费额 2886 万元，较 2015 年下降 26.07%，占比 36.04%。

2016 年，孵化器运营成本中，管理费用和场地费用所占的比重较大，合计占比 52.35%；人员费用、其他费用占比次之，纳税额占比为 11.17%（图 4－50）。

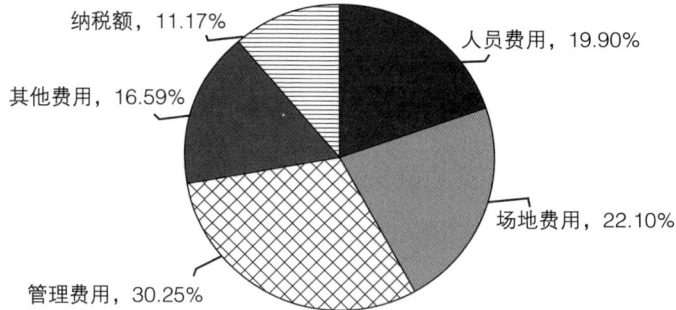

图 4－50 2016 年孵化器运营成本

（4）管理人员情况

2016 年，孵化器管理机构从业人员为 1395 人，较 2015 年增长 2.65%。其中，大专以上人员为 1260，占比 90.32%，较 2015 年增长 0.8%。从业人员中接受专业培训人员为 452 人，较 2015 年减少 3.62%，占比 32.40%（表 4－52）。

表 4－52　管理机构从业人员情况

年份	管理机构从业人员	其中	
		大专以上人员	接受专业培训人员
2015 年	1359	1250	469
2016 年	1395	1260	452

（5）开展孵化服务情况

2016 年，创业导师人数较多，为 571 人，企业联络员、创业辅导员、创业导师人数较 2015 年分别下降 32.21%、18.36%、5.93%。创业导师对接企业为 1903 家，较 2015 年增加 27.04%（图 4－51）。

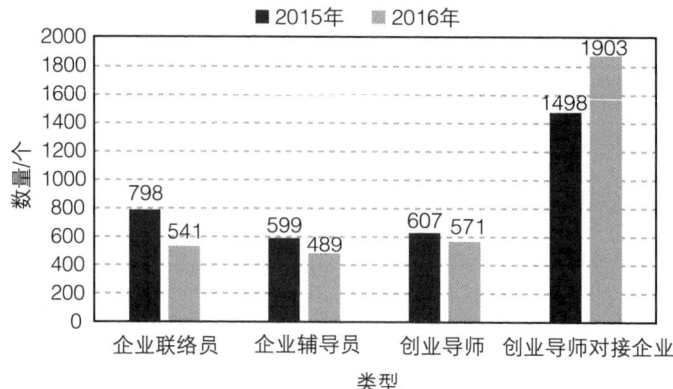

图 4－51 孵化器创业辅导情况

2016年，辽宁省孵化器对在孵企业培训达62 929人次，较2015年增长1.27%，开展创业教育培训活动场次1699次，较2015年下降1.62%。

2016年，辽宁省孵化器孵化基金总额为4.2亿元，较2015年增加0.3亿元，增幅为7.69%。

（二）众创空间建设及运行情况

1. 总体情况

2016年，辽宁省共有众创空间119家，当年服务的创业团队数量5881家，当年服务的初创企业的数量5281家，创业团队和企业中共有4家企业在当年上市（挂牌）。

2016年，辽宁省众创空间总面积为750 858.17 m²，共提供了19 772个工位。众创空间中常驻团队和企业使用面积占比最高，为55.68%，公共服务面积占比26.15%（图4-52）。

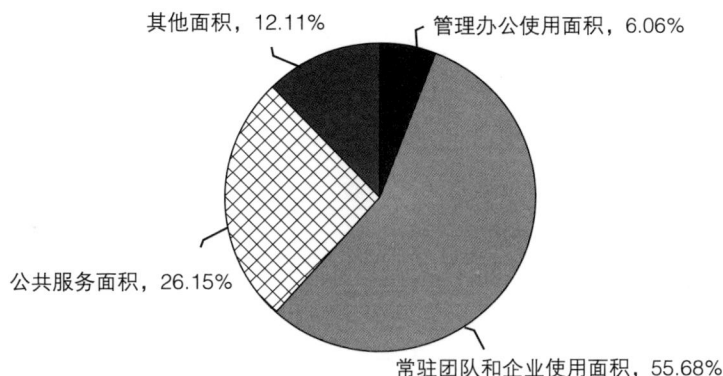

图4-52 众创空间使用面积

2. 孵化绩效情况

（1）创业企业/团队类型

2016年，众创空间创业团队和企业总数3266家。其中，大学生创业的数量比较多，占比为45.04%，其次是科技人员创业和连续创业（表4-53）。

表4-53 2016年众创空间创业团队和企业情况

创业团队和企业情况	数量	占比
总数	3266	100.00%
海外项目入驻	54	1.65%
大学生创业	1471	45.04%
留学生归国创业	110	3.37%
科技人员创业	728	22.29%
大企业高管离职创业	288	8.82%
连续创业	615	18.83%

（2）创业企业/团队获投融资情况

2016年，当年获得投融资的团队及企业的数量为315家，总共获得投资总额4亿元。其中，投资来源主要为社会投资，占比达77.61%。

2016年，当年众创空间帮助入驻享受财政政策的团队或企业共881家，共享受财政资金支持额1988.6万元。

（3）就业及项目入驻情况

2016年，辽宁省众创空间的创业团队和企业共吸纳就业40 987人。其中，吸纳应届毕业大学生就业7530人。

2016年，辽宁省众创空间创业项目平均入驻周期在7～12个月占多数，周期为24个月以上占比最少，周期为1～6个月、13～24个月占比之和接近1/2（表4-54）。

表4-54　众创空间创业项目平均入驻周期

入驻周期	众创空间数	占比
1～6个月	15	13.16%
7～12个月	47	41.23%
13～24个月	39	34.21%
24个月以上	13	11.40%
合计	114	100.00%

3. 众创空间运营情况

（1）众创空间类型

2016年，众创空间在国家备案的共有47家，占比39.50%；位于国家高新区内的共有32家，占比26.89%；由孵化器建立的有45家，占比37.82%；由高校或科研院所建立的有19家，占比15.97%；本身是上市或挂牌企业的有3家，占比2.52%。

（2）收支情况

2016年，辽宁省众创空间总收入19 129.74万元。其中，服务收入6560.80万元，占总收入的34.30%；财政补贴5365.36万元，占总收入的28.05%；其他收入2882.57万元，占总收入的15.07%（图4-53）。

2016年，辽宁省众创空间运营成本总额为88 435.35万元。其中，场地费用49 042.58万元，占总额的55.46%；管理费用18 089.41万元，占总额的20.45%（图4-54）。

（3）提供服务情况

2016年，辽宁省众创空间服务人员数量为1586人，创业导师数量共2075人，创业导师中专职人员占比24.77%。

2016年，举办创新创业活动3112次，开展创业教育培训2290次，当年开展国际合作交流活动144次。

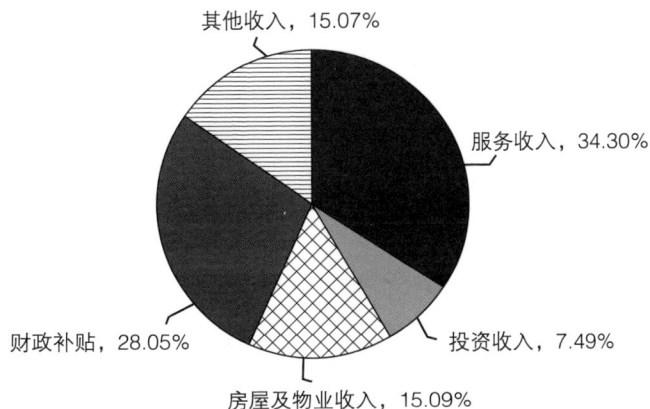

图 4 –53　众创空间收入分类

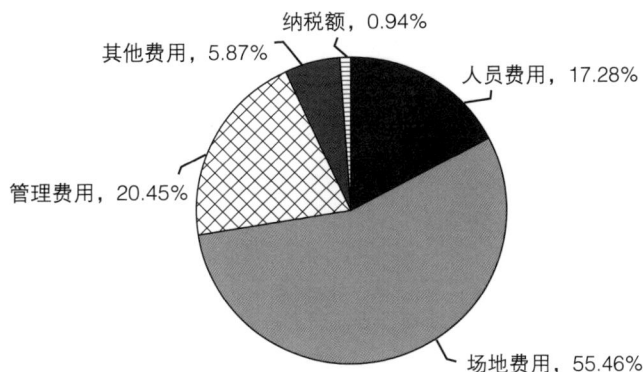

图 4 –54　众创空间运营成本分类

七、吉林省创业孵化发展情况

（一）孵化器建设及运行情况

1. 总体情况

2016 年，吉林省共有 87 家科技企业孵化器，是 2015 年的 2.4 倍，占全国孵化器总数的 2.67%。其中，国家级 21 家，非国家级 66 家（表 4 –55）。

表 4 –55　孵化器数量及分类

年份	国家级	非国家级	总数
2015 年	19	17	36
2016 年	21	66	87

2016 年，吉林省孵化器使用总面积为 2 229 411 m²，较 2015 年增长 73.2%。其中，在孵企业用

房面积最多，为 1 520 733 m²，占比 68.21%，较 2015 年下降了近 7 个百分点。办公用房和公共服务用房的面积占比之和不超过 20%（图 4-55）。

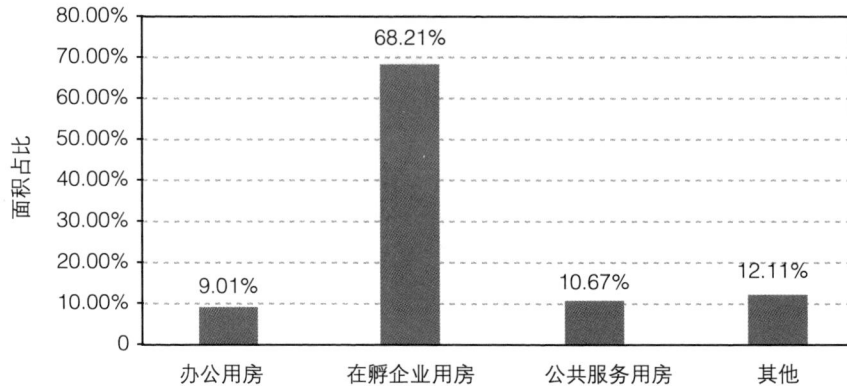

图 4-55　2016 年孵化器使用面积

2015 年，吉林省在孵企业的数量为 1614 家，累计毕业企业 972 家，其毕业率高达 37.59%。2016 年，在孵企业数量为 2474 家，较 2015 年增长 53.3%；累计毕业企业 1244 家，较 2015 年增长 28.0%；企业的毕业率为 33.46%，比 2015 年低 4 个百分点（表 4-56）。

表 4-56　孵化器在孵和毕业企业情况

年份	在孵企业数	累计毕业企业数	毕业率
2015 年	1614	972	37.59%
2016 年	2474	1244	33.46%

2. 孵化绩效情况

（1）在孵企业类型

2016 年，吉林省在孵企业数量 2474 家。其中，大学生科技企业 688 家，较 2015 年增长 76.9%，占比 27.8%；高新技术企业 256 家，是 2015 年的 2 倍多；留学人员企业 73 家，比 2015 年多 2 家（图 4-56）。

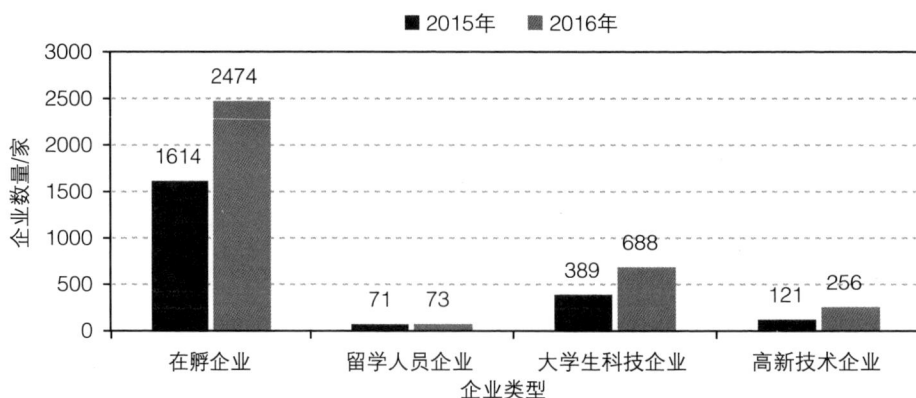

图 4-56　孵化器在孵企业类型分类

（2）在孵企业从业人员情况

2016 年，吉林省在孵企业从业人员共计 41 610 人，较 2015 年增加了 24.5%。其中，大专以上人员 29 020 人，较 2015 年上升 14.9%，占比达 69.7%；留学人员 269 人，较 2015 年减少 11.5%；"千人计划"人员 102 人，比 2015 年增加 100 人；吸纳应届大学毕业生 4471 人，比 2015 年增加了 11.4%，占从业人员总数的 10.7%（表 4-57）。

表 4-57　孵化器在孵企业从业人员情况

年份	从业人员	其中			
		大专以上人员	留学人员	"千人计划"人员	吸纳应届大学毕业生
2015 年	33 422	25 254	304	2	4015
2016 年	41 610	29 020	269	102	4471

（3）在孵企业获投融资情况

2016 年，吉林省当年获得孵化基金投资的在孵企业数为 330 家，是 2015 年的 2 倍；当年获得投融资的企业数为 104 家；在孵企业当年获得的风险投资额为 1.1 亿元（表 4-58）。

表 4-58　2015—2016 年孵化器投融资情况

投融资情况	2015 年	2016 年
当年获得孵化基金投资的在孵企业数	165	330
当年获得投融资的企业数	98	104
在孵企业当年获得风险投资额（亿元）	1.5	1.1

（4）在孵企业技术创新情况

2016 年，吉林省当年知识产权申请数为 1002 件，略低于 2015 年；拥有有效知识产权数 1988 件，较 2015 年增加 39.31%；累计购买国外技术专利仅有 4 件，为 2015 年的 13.79%；当年承担国家级科技计划项目 10 项，比 2015 年少 13 项；当年获得省级以上奖励 79 项，比 2015 年多 30 项（表 4-59）。

表 4-59　孵化器在孵企业知识产权情况

相关指标	2015 年	2016 年
当年知识产权申请数（件）	1024	1002
拥有有效知识产权数（件）	1427	1988
其中：发明专利（件）	463	514
软件著作权（件）	1520	881
集成电路布图（个）	61	16
植物新品种（个）	123	14

相关指标	2015 年	2016 年
累计购买国外技术专利（件）	29	4
当年承担国家级科技计划项目（项）	23	10
当年获得省级以上奖励（项）	49	79

（5）毕业企业情况

2016 年，吉林省累计毕业企业 1244 家，较 2015 年增加 28.0%。其中，毕业企业累计上市（挂牌）企业数量增加为 8 家；当年毕业企业 243 家，比 2015 年增加 56.8%；当年上市（挂牌）企业 3 家；当年被兼并和收购企业 0 家；当年营业收入超过 5000 万元企业 29 家（表 4 −60）。

表 4 −60　孵化器毕业企业情况

相关指标	2015 年	2016 年
累计毕业企业	972	1244
其中：毕业企业累计上市（挂牌）企业	1	8
当年毕业企业	155	243
当年上市（挂牌）企业	1	3
当年被兼并和收购企业	34	0
当年营业收入超过 5000 万元企业	29	29

3. 孵化器运营情况

（1）投资构成情况

2016 年，吉林省孵化器投资额中，企业投资占比最多，达 79.5%，比 2015 年高近 10 个百分点，比全国平均值高出 20 多个百分点；其次是财政投入，占比 16.9%，较 2015 年降低了 12 个百分点，低于全国平均值（图 4 −57）。

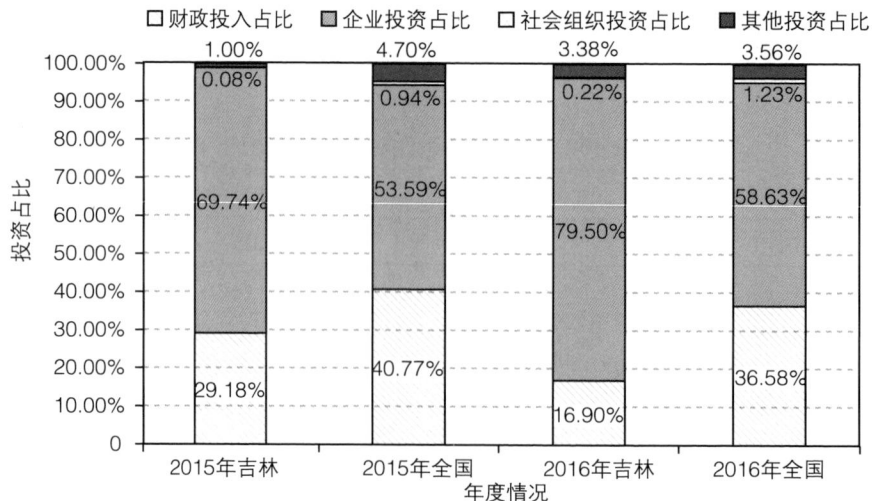

图 4 −57　孵化器投资构成

（2）财税支持情况

2016 年，吉林省孵化器获得各级财政资助额为 15 166.4 万元，是 2015 年的 2.3 倍。其中，国家科技计划经费额 920 万元，是 2015 年的 2.19 倍。

2016 年，吉林省免税金额总计 265.3 万元，是 2015 年的 2.68 倍。其中，房产税、城镇土地使用税减免额较 2015 年明显增加，城镇土地使用税为 84.4 万元，是 2015 年的 14.8 倍。

（3）收支情况

2016 年，吉林省孵化器总收入 111 953.86 万元，比 2015 年增长 16.0%。其中，综合服务收入 21 122.03 万元，占比 18.9%，不足 2015 年的 1/2；物业收入 8391.81 万元，占比 7.5%，较 2015 年增长 28.6%；其他收入共计 79 603.3 万元，为孵化器总收入的重要组成部分（图 4-58）。

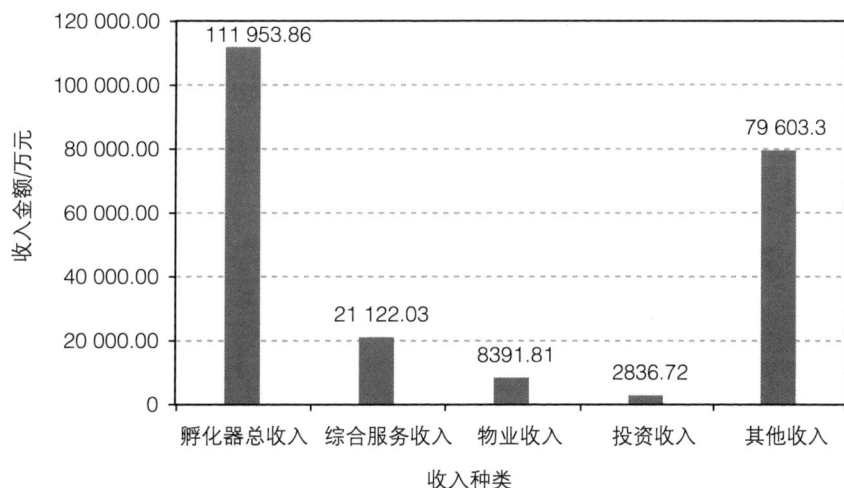

图 4-58　2016 年孵化器收入情况

2016 年，孵化器运营成本中，纳税额所占的比重最大，占比为 24.43%；管理费用、场地费用、人员费用占比次之；其他费用占比仅为 15.84%（图 4-59）。

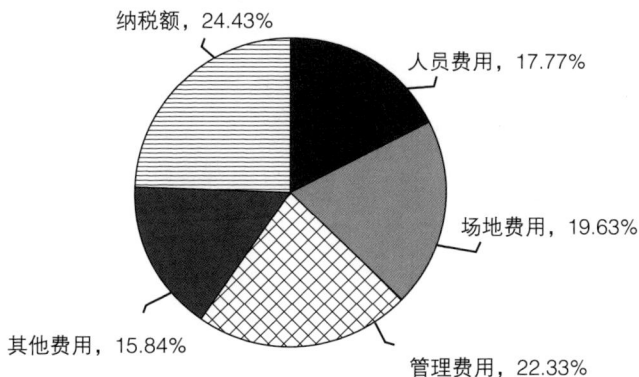

图 4-59　2016 年孵化器运营成本

（4）管理人员情况

2016 年，孵化器管理机构从业人员为 1928 人，是 2015 年的 2.58 倍。其中，大专以上人员 1631 人，是 2015 年的 2.49 倍，占比 84.60%；接受专业培训人员为 847 人，占比 43.93%（表 4 - 61）。

表 4 - 61　管理机构从业人员情况

年份	管理机构从业人员	其中	
		大专以上人员	接受专业培训人员
2015 年	746	655	348
2016 年	1928	1631	847

（5）开展孵化服务情况

2016 年，吉林省孵化器内共有企业联络员 538 人，企业辅导员 630 人，创业导师 814 人。和 2015 年相比，企业辅导员和创业导师的增长速度分别为 95.05%、145.92%；企业联络员增长 41.58%。创业导师对接企业数量为 1591 家，比 2015 年增长 59.90%（图 4 - 60）。

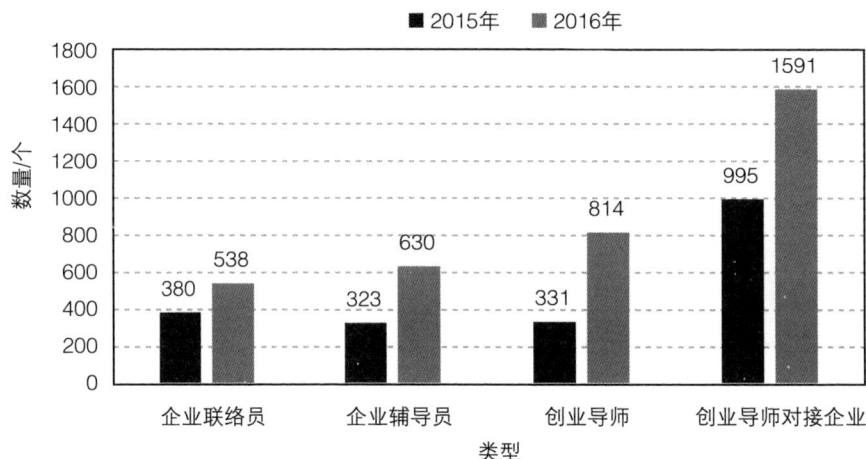

图 4 - 60　孵化器创业辅导情况

2016 年，吉林省孵化器对在孵企业培训达 40 425 人次，是 2015 年的 1.56 倍；开展创业教育培训活动场次 1358 次，比 2015 年增长 18.0%。

2016 年，吉林省孵化器孵化基金总额为 6.2 亿元，是 2015 年的 3.13 倍。

（二）众创空间建设及运行情况

1. 总体情况

2016 年，共有众创空间 105 家，当年服务的创业团队数量 3059 家，当年服务的初创企业的数量 4396 家，创业团队和企业中共有 6 家企业在当年上市（挂牌）。

2016 年，吉林省众创空间总面积为 1 683 304.53 m²，共提供了 49 155 个工位。吉林省众创空间场地以常驻团队和企业使用面积为主,常驻团队和企业使用面积占比 46.58%。2016 年,吉林省众创空间面积中,常驻团队和企业使用面积及其他面积占众创空间的占比之和达到 86.56%;管理办公使用面积和公共服务面积占比较少(图 4 - 61)。

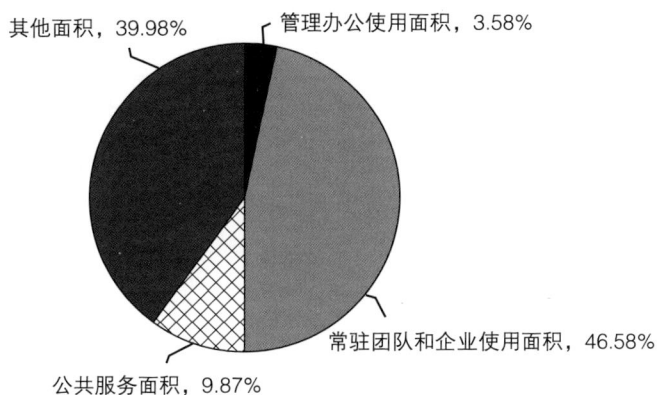

图 4 - 61 众创空间使用面积

2. 孵化绩效情况

(1) 创业企业/团队类型

2016 年,吉林省重创空间内共有创业团队和企业 2680 家。其中,大学生创业占比为 56.12%;科技人员创业接近 20%;大企业高管离职创业和留学生归国创业占比之和低于 8%;海外项目入驻占比为 4.81%(表 4 - 62)。

表 4 - 62 2016 年众创空间创业团队和企业情况

创业团队和企业情况	数量	占比
总数	2680	100.00%
海外项目入驻	129	4.81%
大学生创业	1504	56.12%
留学生归国创业	79	2.95%
科技人员创业	519	19.36%
大企业高管离职创业	128	4.78%
连续创业	321	11.98%

(2) 创业企业/团队获投融资情况

2016 年,吉林省当年获得投融资的团队及企业的数量为 165 家,获得投资总额 3.8 亿元。其中,社会投资占比 60.58%。当年众创空间帮助入驻享受财政政策的团队或企业共 289 家,共享受财政资金支持额 3485 万元。

(3) 就业及项目入驻情况

2016 年,吉林省众创空间内创业团队和企业共吸纳 29 019 人就业。其中,吸纳应届毕业大学生

8841 人。

2016 年，众创空间中创业项目平均入驻周期为 7～12 个月的众创空间最多；其次为创业项目平均入驻周期为 13～24 个月和 24 个月以上的众创空间；创业项目平均入驻周期为 1～6 个月的众创空间相对较少（表 4－63）。

表 4－63 众创空间创业项目平均入驻周期

入驻周期	众创空间数	占比
1～6 个月	16	15.23%
7～12 个月	37	35.24%
13～24 个月	28	26.67%
24 个月以上	24	22.86%
合计	105	100.00%

3. 众创空间运营情况

（1）众创空间类型

2016 年，众创空间在国家备案的占比 10.48%；位于国家高新区内的占比 31.43%；由孵化器建立的占比 33.33%；由高校或科研院所建立的占比 9.52%；本身是上市或挂牌企业的占比 0.95%。

（2）收支情况

2016 年，吉林省众创空间总收入为 35 270 万元。其中，投资收入和其他收入较多，合计占比 51.49%（图 4－62）。

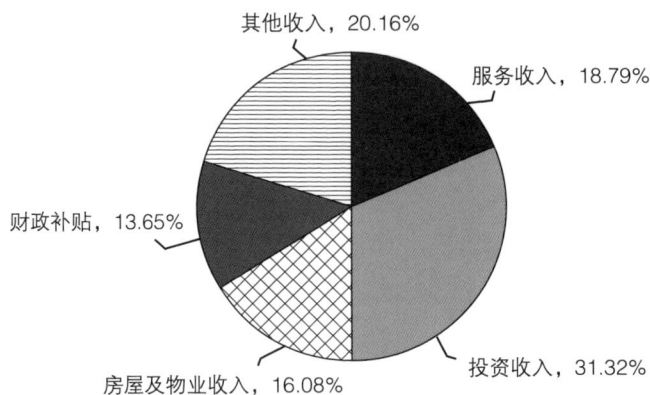

图 4－62 众创空间收入分类

2016 年，吉林省众创空间运营成本为 35 281.7 万元。其中，场地费用和其他费用占比较大；人员费用和管理费用占比次之；纳税额占比最小（图 4－63）。

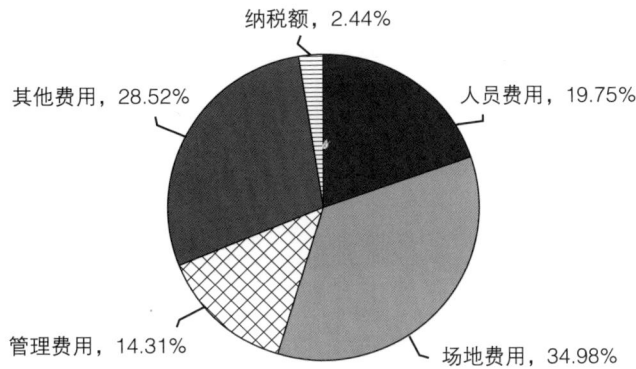

图 4-63 众创空间运营成本分类

（3）提供服务情况

2016 年，吉林省众创空间共举办创新创业活动 1925 次，开展创业教育培训 2123 次，当年开展国际合作交流活动 88 次。

2016 年，吉林省众创空间服务人员数量为 3101 人，创业导师数量共 2022 人，创业导师中专职人员占比为 29.33%。

八、黑龙江省创业孵化发展情况

（一）孵化器建设及运行情况

1. 总体情况

2016 年，黑龙江省共有 129 家科技企业孵化器，比 2015 年多 8 家，占全国孵化器总数的 3.96%。其中，国家级 16 家，非国家级 113 家（表 4-64）。

表 4-64 孵化器数量及分类

年份	国家级	非国家级	总数
2015 年	13	108	121
2016 年	16	113	129

2016 年，黑龙江省孵化器使用总面积为 2 459 011 m²，较 2015 年降低 3.5%。其中，在孵企业用房面积最多，占比达 64.93%；办公用房和公共服务用房面积较少，占比不足 20%（图 4-64）。

2016 年，黑龙江省在孵企业数量达到 3467 个，较 2015 年增加 11.98%。累计毕业企业 2215 家，比 2015 年增加 16.03%。企业的毕业率为 38.98%，比 2015 年略有下降（表 4-65）。

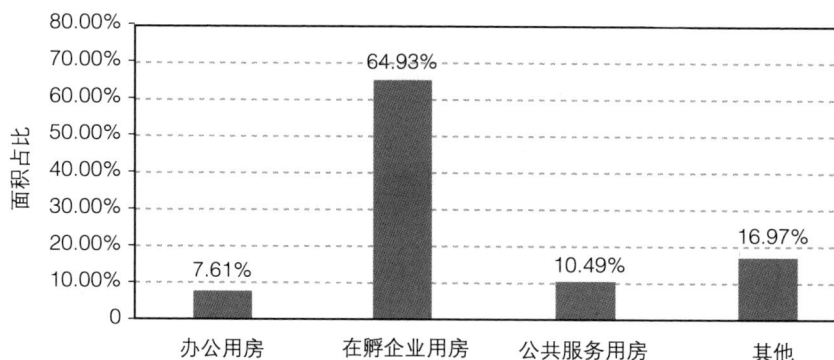

图 4 -64   2016 年孵化器使用面积

表 4 -65   孵化器在孵和毕业企业情况

年份	在孵企业数	累计毕业企业数	毕业率
2015 年	3096	1909	38. 14%
2016 年	3467	2215	38. 98%

2. 孵化绩效情况

（1）在孵企业类型

2016 年，黑龙江省在孵企业共计 3467 家。其中，大学生科技企业 570 家，较 2015 年增加 14.9%，占全部在孵企业的 16.4%；高新技术企业 213 家，较 2015 年增加 16.4%；留学人员企业 135 家，较 2015 年增加 68.8%（图 4 -65）。

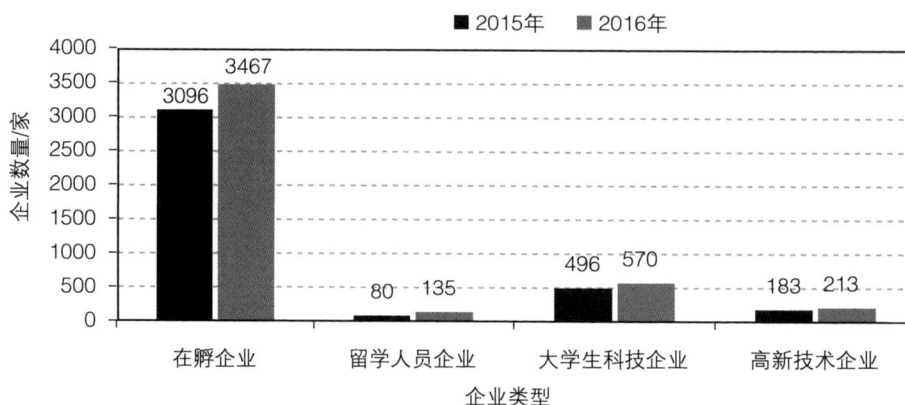

图 4 -65   孵化器在孵企业类型分类

（2）在孵企业从业人员情况

2016 年，黑龙江省在孵企业从业人员 38 182 人，较 2015 年略有增加。其中，大专以上人员 28 850 人，占比达 75.6%；留学人员 303 人，较 2015 年增加 15.2%；"千人计划"人员共 139 人，比 2015 年多 136 人；吸纳应届大学毕业生 3724 人，较 2015 年增加 6.2%，占孵化器全部从业人员的 9.8%

（表4－66）。

表4－66　孵化器在孵企业从业人员情况

年份	从业人员	其中			
		大专以上人员	留学人员	"千人计划"人员	吸纳应届大学毕业生
2015 年	37 998	27 314	263	3	3505
2016 年	38 182	28 850	303	139	3724

（3）在孵企业获投融资情况

2016 年，黑龙江省当年获得孵化基金投资的在孵企业数为 233 家，比 2015 年增加 23.9%；当年获得投融资的企业数为 74 家，较 2015 年降低 15.9%；在孵企业当年获得的风险投资额 3.39 亿元，较 2015 年略有增加（表4－67）。

表4－67　2015—2016 年孵化器投融资情况

投融资情况	2015 年	2016 年
当年获得孵化基金投资的在孵企业数	188	233
当年获得投融资的企业	88	74
在孵企业当年获得风险投资额（亿元）	3.29	3.39

（4）在孵企业技术创新情况

2016 年，黑龙江省当年知识产权申请数 1638 件，比 2015 年降低 27.6%；拥有有效知识产权数 3317 件，较 2015 年增加 10.2%；累计购买国外技术专利 8 件，比 2015 年少 1 件；当年承担国家级科技计划项目 37 项，比 2015 年多 3 项；当年获得省级以上奖励 66 项，是 2015 年的 2.36 倍（表4－68）。

表4－68　孵化器在孵企业知识产权情况

相关指标	2015 年	2016 年
当年知识产权申请数（件）	2261	1638
拥有有效知识产权数（件）	3009	3317
其中：发明专利（件）	918	1011
软件著作权（件）	1136	1094
集成电路布图（个）	3150	221
植物新品种（个）	14	6
累计购买国外技术专利（件）	9	8
当年承担国家级科技计划项目（项）	34	37
当年获得省级以上奖励（项）	28	66

（5）毕业企业情况

2016 年，黑龙江省累计毕业企业 2215 家，较 2015 年增长 16%。其中，毕业企业累计上市（挂牌）企业 44 家，比 2015 年增加 20 家；当年毕业企业 284 家，较 2015 年上升 33.3%；当年上市（挂牌）企业 17 家，是 2015 年的近 2 倍；当年被兼并和收购企业 3 家，和 2015 年一致；当年营业收入超过 5000 万元企业有 17 家，较 2015 年减少 9 家（表 4 – 69）。

表 4 – 69 孵化器毕业企业情况

相关指标	2015 年	2016 年
累计毕业企业	1909	2215
其中：毕业企业累计上市（挂牌）企业	24	44
当年毕业企业	213	284
当年上市（挂牌）企业	9	17
当年被兼并和收购企业	3	3
当年营业收入超过 5000 万元企业	26	17

3. 孵化器运营情况

（1）投资构成情况

2016 年，黑龙江省孵化器投资中，企业投资和财政投入平分秋色，占比达 49% 和 2015 年相比，差别不大。黑龙江省孵化器投资中，财政投入较多，高出全国平均值近 13 个百分点（图 4 – 66）。

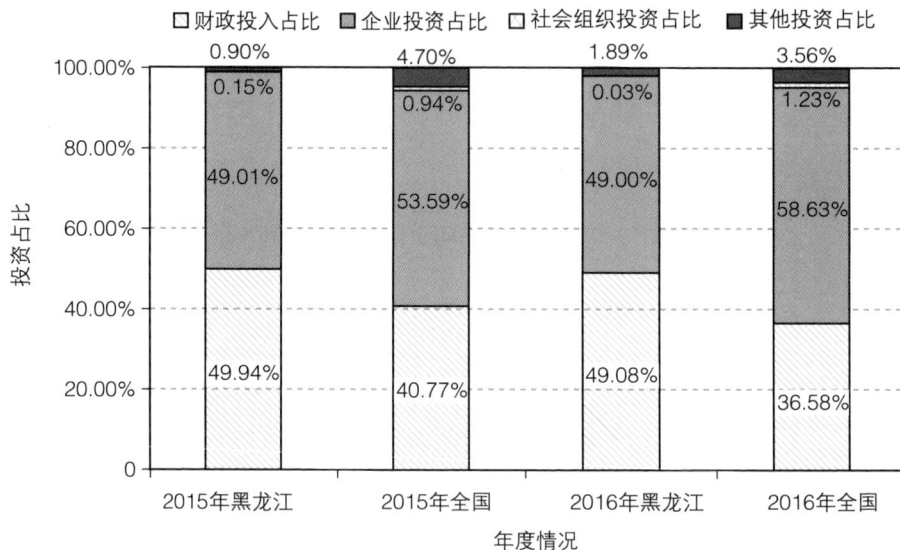

图 4 – 66 孵化器投资构成

（2）财税支持情况

2016 年，黑龙江省孵化器获得各级财政资助额为 9318.18 万元，较 2015 年略有增加。其中，国家科技计划经费额 1150.5 万元，比 2015 年增加 31.2%。

2016 年，黑龙江省免税金额总计 169.22 万元，是 2015 年的 4%。其中，城镇土地使用税免税额最多，为 130.04 万元，是 2015 年的 3.5 倍，占比 76.8%。

（3）收支情况

2016 年，黑龙江省孵化器总收入 32 740.17 万元，较 2015 年降低 26.9%。其中，综合服务收入最多，为 12 741.01 万元，占比 38.9%；其次是物业收入，占比 37.3%。和 2015 年相比，综合服务收入、物业收入较 2015 年分别降低 22.5%、6.0%；投资收入是 2015 年的 3.47 倍。综合服务收入、物业收入是孵化器总收入的重要组成部分（图 4-67）。

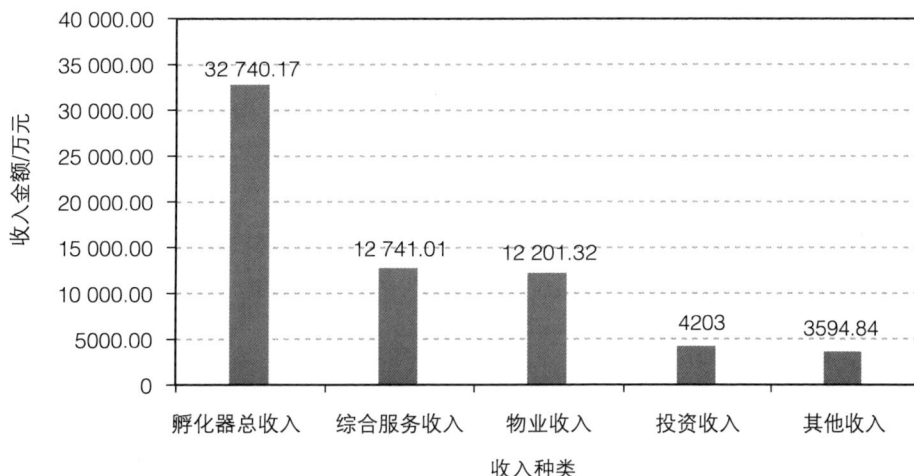

图 4-67　2016 年孵化器收入情况

2016 年，孵化器运营成本中，其他费用所占的比重最大，占比为 23.96%；人员费用、管理费用、纳税额、场地费用占比次之（图 4-68）。

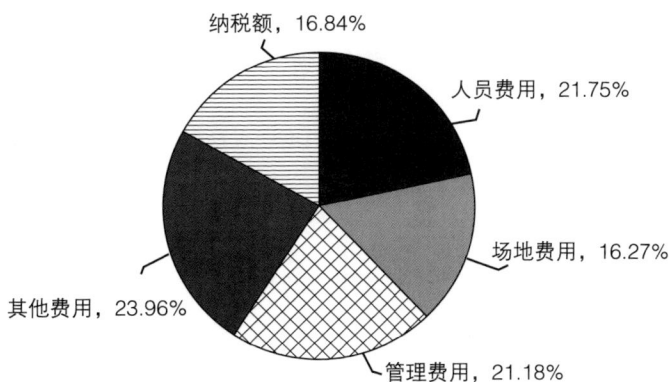

图 4-68　2016 年孵化器运营成本

（4）管理人员情况

2016 年，孵化器管理机构从业人员为 1748 人，较 2015 年增长 4.4%。其中，大专以上人员 1560 人，较 2015 年略有增加，占比达 89.2%；接受专业培训人员 725 人，较 2015 年增长 5.7%，占比 41.5%（表 4 - 70）。

表 4 - 70 管理机构从业人员情况

年份	管理机构从业人员	其中	
		大专以上人员	接受专业培训人员
2015 年	1675	1518	686
2016 年	1748	1560	725

（5）开展孵化服务情况

2016 年，黑龙江省孵化器孵化基金总额为 8.76 亿元，仅为 2015 年的 1/2。

2016 年，黑龙江省孵化器内共有企业联络员 468 人，企业辅导员 531 人，创业导师 696 人。和 2015 年相比，企业辅导员和创业导师的增长速度分别为 9.0%、48.7%；企业联络员降低 26.4%。创业导师对接企业数 1387 家，较 2015 年增长 52.1%（图 4 - 69）。

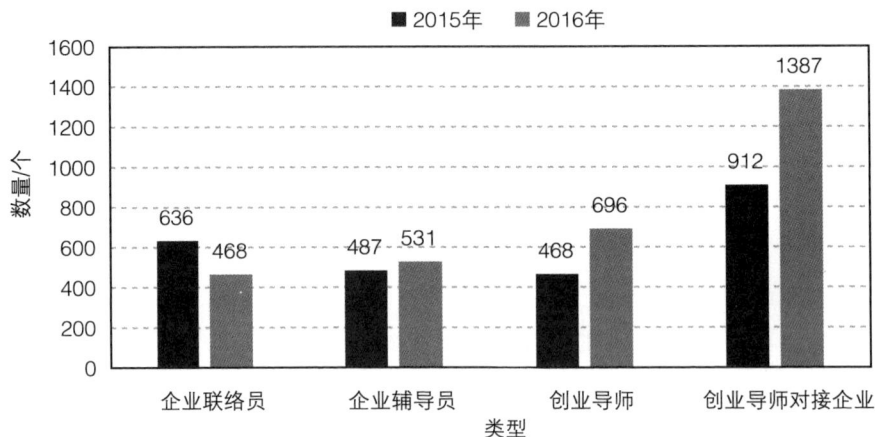

图 4 - 69 孵化器创业辅导情况

2016 年，黑龙江省孵化器对在孵企业培训达 45 051 人次，较 2015 年增长 6.8%；开展创业教育培训活动场次 1448 次，较 2015 年降低 32.3%。

（二）众创空间建设及运行情况

1. 总体情况

2016 年，黑龙江省共有众创空间 50 家，当年服务的创业团队数量 1252 家，当年服务的初创企业数量 1576 家，创业团队和企业中共有 7 家企业在当年上市（挂牌）。

2016 年，黑龙江省众创空间总面积为 92 735.73 m²，共提供了 5600 个工位。黑龙江省众创空间场地以租赁为主，租赁面积占比 59.46%。2016 年，在黑龙江省众创空间面积中，常驻团队和企业使用面积及公共服务面积占众创空间的比例达到 82.57%；其他面积占比较少（图 4 - 70）。

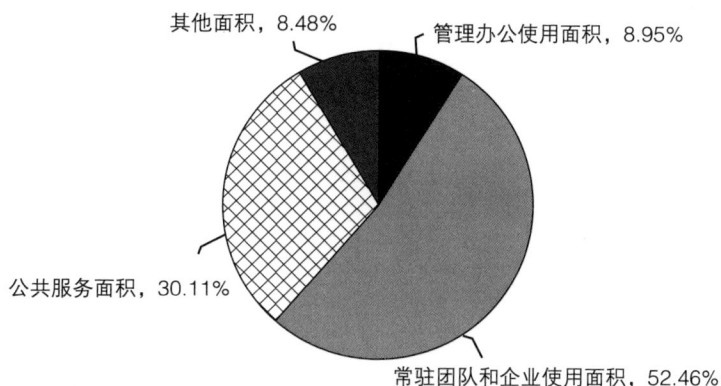

图4-70　众创空间使用面积

2. 孵化绩效情况

（1）创业企业/团队类型

2016年，黑龙江省众创空间内共有创业团队和企业1370家，其中，大学生创业占比为59.78%；科技人员创业接近25%；大企业高管离职创业和留学生归国创业占比之和低于8%，海外项目入驻占比为0.58%（表4-71）。

表4-71　2016年众创空间创业团队和企业情况

创业团队和企业情况	数量	占比
总数	1370	100.00%
海外项目入驻	8	0.58%
大学生创业	819	59.78%
留学生归国创业	38	2.78%
科技人员创业	347	25.33%
大企业高管离职创业	61	4.45%
连续创业	97	7.08%

（2）创业企业/团队获投融资情况

2016年，黑龙江当年获得投融资的团队及企业的数量为71家，获得投资总额2.8亿元。其中，社会投资占比77.92%，众创空间自身投资占比22.08%。

当年众创空间帮助入驻享受财政政策的团队或企业共241家，共享受财政资金支持额6593.35万元。

（3）就业及项目入驻情况

2016年，黑龙江省众创空间内创业团队和企业共吸纳7049人就业。其中，吸纳应届毕业大学生1977人。

2016年，黑龙江省众创空间合计50家，其中创业项目平均入驻周期为7~12个月的众创空间最多；其次为创业项目平均入驻周期为1~6个月和13~24个月的众创空间；创业项目平均入驻周期为 24 个月以上的众创空间相对较少（表 4 - 72）。

表 4 - 72　众创空间创业项目平均入驻周期

入驻周期	众创空间数	占比
1~6 个月	17	34%
7~12 个月	18	36%
13~24 个月	11	22%
24 个月以上	4	8%
合计	50	100%

3. 众创空间运营情况

（1）众创空间类型

2016 年，众创空间在国家备案的占比 48%；位于国家高新区内的占比 40%；由孵化器建立的占比 56%；由高校或科研院所建立的占比 18%；本身是上市或挂牌企业的占比 2%。

（2）收支情况

2016 年，黑龙江省众创空间总收入为 5278.17 元。其中，财政补贴和服务收入较多，合计占比 73.66%（图 4 - 71）。

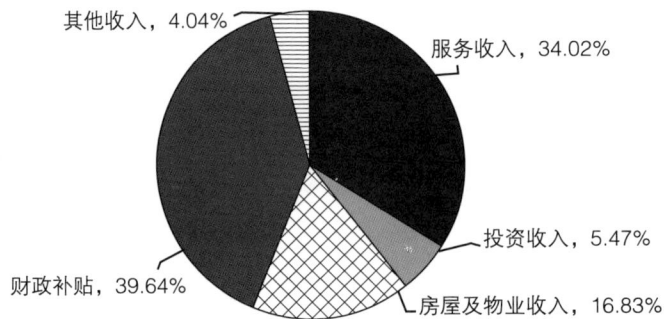

其他收入，4.04%
服务收入，34.02%
投资收入，5.47%
房屋及物业收入，16.83%
财政补贴，39.64%

图 4 - 71　众创空间收入分类

2016 年，黑龙江省众创空间运营成本为 5842.59 万元。其中，管理费用和人员费用占比较大；场地费用和其他费用占比次之；纳税额占比最小（图 4 - 72）。

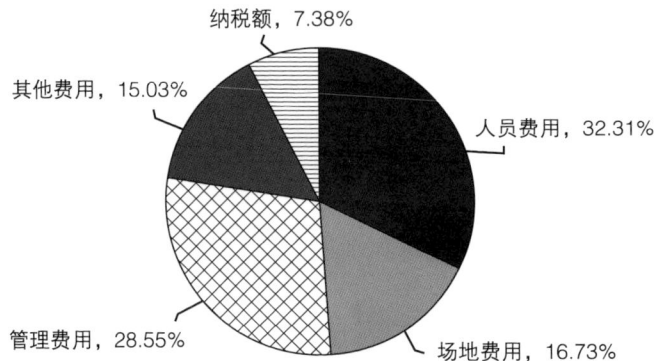

纳税额，7.38%
其他费用，15.03%
人员费用，32.31%
管理费用，28.55%
场地费用，16.73%

图 4 - 72　众创空间运营成本分类

（3）提供服务情况

2016 年，黑龙江省众创空间服务人员数量为 839 人，创业导师数量共 849 人，创业导师中专职人员占比为 29.80%。

2016 年，黑龙江省众创空间共举办创新创业活动 1388 次，开展创业教育培训 777 次，当年开展国际合作交流活动 48 次。

九、上海市创业孵化发展情况

（一）孵化器建设及运行情况

1. 总体情况

2016 年，上海市共有 156 家科技企业孵化器，较 2015 年增加 9.1%，占全国的 4.84%。其中，国家级 43 家，非国家级 113 家（表 4－73）。

表 4－73　孵化器数量及分类

年份	国家级	非国家级	总数
2015 年	35	108	143
2016 年	43	113	156

2016 年，上海市孵化面积为 2 110 193.54 m^2，较 2015 年增加 11.5%，在孵企业用房面积占比超过 70%（图 4－73）。

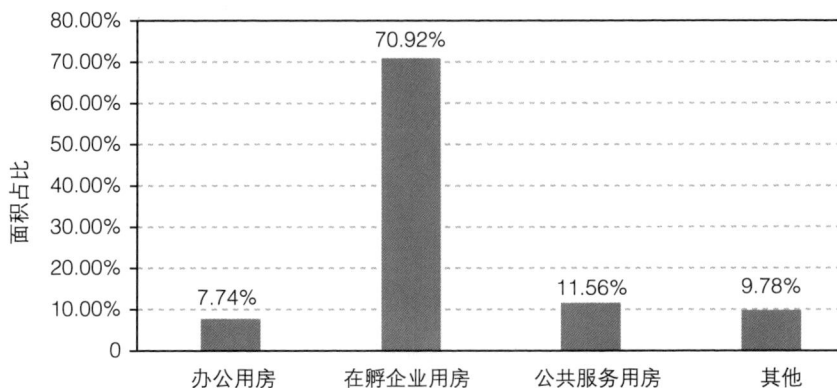

图 4－73　2016 年孵化器使用面积

2016 年，在孵企业数量达到 6639 个，较 2015 年增加 18.45%；累计毕业企业 2746 家，较 2015 年增长 11.13%；企业的毕业率为 29.26%，较 2015 年略有下降（表 4－74）。

表 4-74　孵化器在孵和毕业企业情况

年份	在孵企业数	累计毕业企业数	毕业率
2015 年	5605	2471	30.6%
2016 年	6639	2746	29.26%

2. 孵化绩效情况

（1）在孵企业类型

2016 年，上海市孵化器内在孵企业共 6639 家。其中，大学生科技企业有 626 家，较 2015 年增加 15.1%，占全部在孵企业的 9.4%；留学人员企业 428 家，较 2015 年增加了 56 家；高新技术企业 300 家，较 2015 年增加 37.6%（图 4-74）。

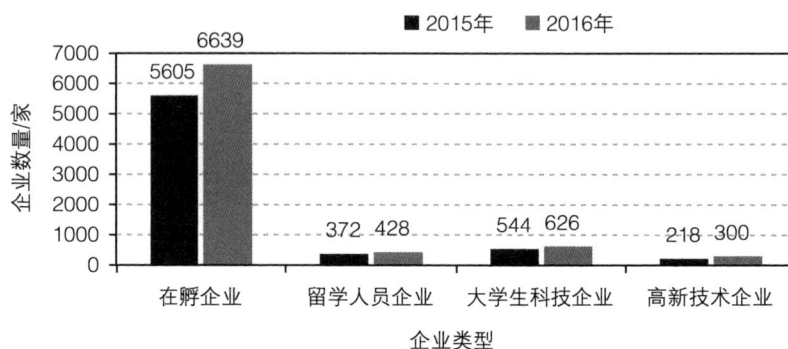

图 4-74　孵化器在孵企业类型分类

（2）在孵企业从业人员情况

2016 年，上海市孵化器内在孵企业共有从业人员 98 154 人，较 2015 年增加 36.5%。大专以上人员 72 280 人，占比 73.6%；吸纳应届大学毕业生 7842 人，较 2015 年增加 12.5%，占比 8.0%（表 4-75）。

表 4-75　孵化器在孵企业从业人员情况

年份	从业人员	其中			
		大专以上人员	留学人员	"千人计划"人员	吸纳应届大学毕业生
2015 年	71 917	61 627	1403	40	6973
2016 年	98 154	72 280	1516	49	7842

（3）在孵企业获投融资情况

2016 年，上海市当年获得孵化基金投资的在孵企业 381 家，较 2015 年减少 8.0%；当年获得投融资的企业 673 家，较 2015 年增加 36 家；在孵企业获得风险投资额 71.8 亿元，是 2015 年的 1.64 倍（表 4-76）。

表4－76　2015—2016年孵化器投融资情况

投融资情况	2015 年	2016 年
当年获得孵化基金投资的在孵企业数	414	381
当年获得投融资的企业数	637	673
当年获得风险投资额（亿元）	43.75	71.8

（4）在孵企业技术创新情况

2016 年，上海市当年知识产权申请数 7116 件，是 2015 年的 1.46 倍；拥有有效知识产权数 10 772 件，是 2015 年的 1.57 倍；累计购买国外技术专利 54 件，为 2015 年的 1.93 倍；当年承担国家级科技计划项目比 2015 年少 49 项；当年获得省级以上奖励是 2015 年的 11.19 倍（表 4 –77）。

表4－77　孵化器在孵企业知识产权情况

相关指标	2015 年	2016 年
当年知识产权申请数（件）	4885	7116
拥有有效知识产权数（件）	6864	10 772
其中：发明专利（件）	1481	1926
软件著作权（件）	3059	3681
集成电路布图（个）	124	107
植物新品种（个）	10	1
累计购买国外技术专利（件）	28	54
当年承担国家级科技计划项目（项）	88	39
当年获得省级以上奖励（项）	219	2451

（5）毕业企业情况

2016 年，上海市累计毕业企业 2746 家，较 2015 年增加 11.1%。其中，毕业企业累计上市（挂牌）企业 146 家，占比为 5.3%。当年毕业企业为 303 家，较 2015 年减少 21.7%。当年上市（挂牌）企业 51 家，当年被兼并和收购企业 15 家，当年营业收入超过 5000 万元企业 62 家（表 4 –78）。

表4－78　孵化器毕业企业情况

分类指标	2015 年	2016 年
累计毕业企业	2471	2746
其中：毕业企业累计上市（挂牌）企业	105	146
当年毕业企业	387	303
当年上市（挂牌）企业	41	51
当年被兼并和收购企业	25	15
当年营业收入超过 5000 万元企业	57	62

3. 孵化器运营情况

（1）投资构成情况

2016 年，上海市孵化器投资额中，企业投资占比达 81.82%，比全国高出约 23 个百分点；财政投入占比仅有 6.41%，远低于全国平均值。和 2015 年相比，上海市财政投入占比降低了 7.11 个百分点，企业投资提高了约 10 个百分点。企业投资是上海市孵化器投资构成的主要形式（图 4 - 75）。

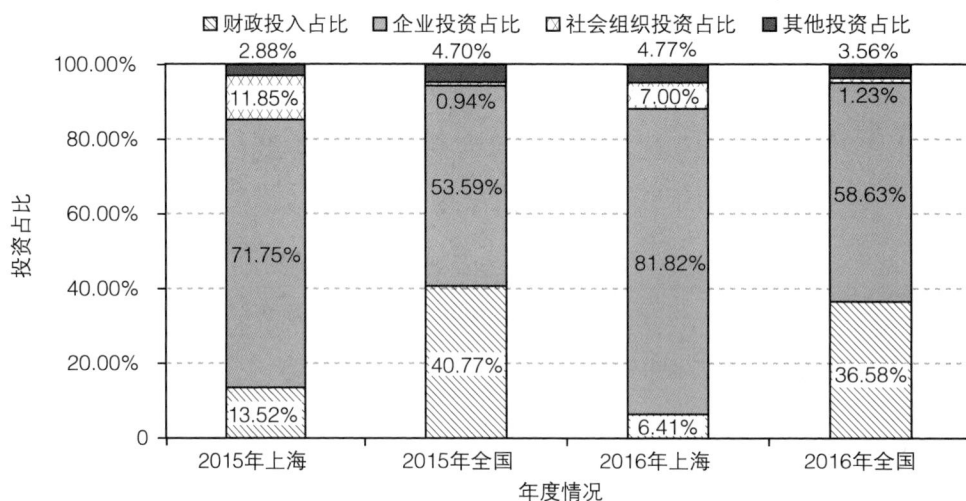

图 4 -75　孵化器投资构成

（2）财税支持情况

2016 年，上海市孵化器免税金额 1187.56 万元。其中，房产税 511.34 万元，占比 43.06%；城镇土地使用税 84.77 万元，占比 7.14%。

（3）收支情况

2016 年，上海市孵化器总收入 141 573.08 万元，较 2015 年减少 7.2%。其中，物业收入和综合服务收入为主要来源，分别占比 42.8% 和 32.0%。和 2015 年相比，综合服务收入减少 18.6%，物业收入减少 1.9%，其他收入增加 122.4%（图 4 -76）。

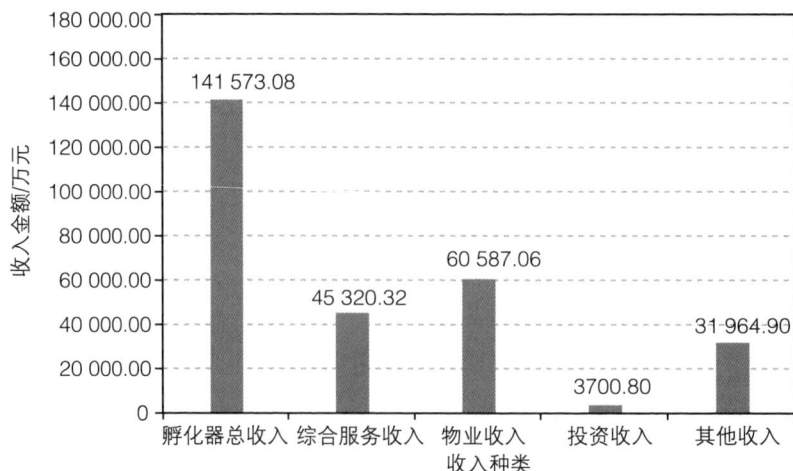

图 4 -76　2016 年孵化器收入情况

2016 年，上海市孵化器获得各级财政资助额为 40 852 万元，较 2015 年减少 12.3%。其中，国家科技计划经费额 2395.2 万元，较 2015 年减少 49.8%。

2016 年，孵化器运营成本中，场地费用所占的比重最大，占比为 34.50%；人员费用、管理费用和其他费用占比次之；纳税额占比仅为 7.20%（图 4 – 77）。

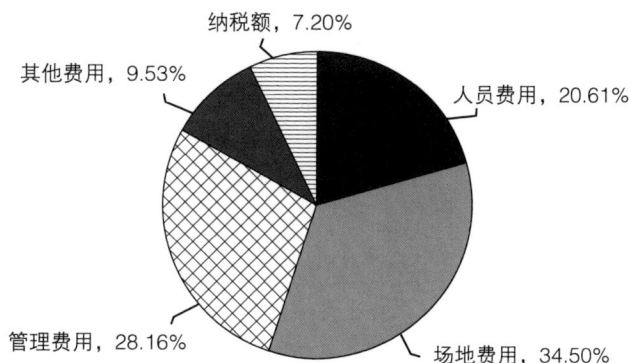

图 4 – 77　2016 年孵化器运营成本

（4）管理人员情况

2016 年，孵化器管理机构从业人员为 2164 人，较 2015 年增加 12.2%。其中，大专以上人员占比 95%；接受专业培训人员占比 43.2%（表 4 – 79）。

表 4 – 79　管理机构从业人员概况表

年份	管理机构从业人员	其中	
		大专以上人员	接受专业培训人员
2015 年	1928	1792	858
2016 年	2164	2056	935

（5）开展孵化服务情况

2016 年，上海市孵化器内企业辅导员和创业导师人数较 2015 年分别增长 11.68%、7.37%；企业联络员增长 15.14%。创业导师对接企业较 2015 年增长 28.76%（图 4 – 78）。

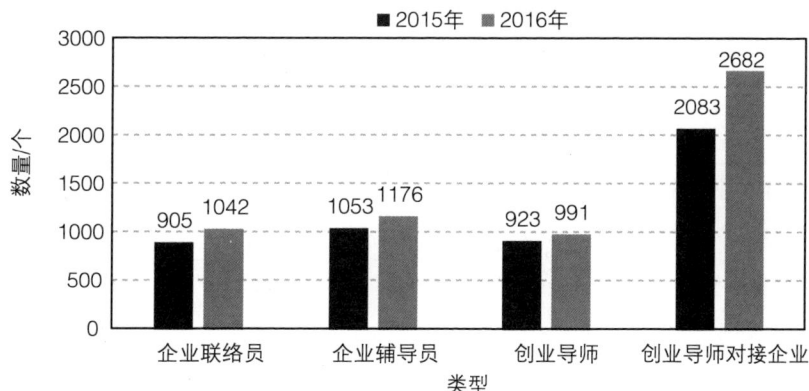

图 4 – 78　孵化器创业辅导情况

2016 年，上海市孵化器对在孵企业培训达 205 570 人次，是 2015 年的 3 倍多，开展创业教育培训活动场次 5559 次，是 2015 年的 1.52 倍。

2016 年，上海市孵化器孵化基金总额 55 亿元，是 2015 年的 2.16 倍。

（二）众创空间建设及运行情况

1. 总体情况

2016 年，上海市共有众创空间 111 家，当年服务的创业团队数量 7391 家，当年服务的初创企业数量 6965 家，创业团队和企业中共有 23 家企业在当年上市（挂牌）。

2016 年，上海市众创空间总面积为 295 656.09 m^2，共提供了 33 395 个工位。上海市众创空间场地以常驻团队和企业使用面积为主，占比 60.99%。上海市众创空间面积中，常驻团队和企业使用面积及公共服务面积占众创空间总面积的比例达 84.09%；管理办公使用面积和其他面积占比较少（图 4 - 79）。

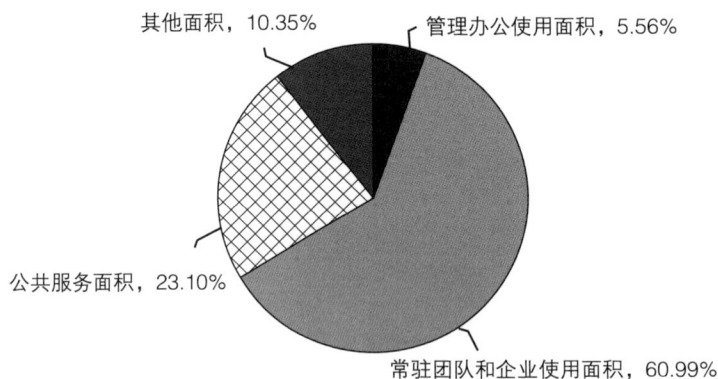

图 4 - 79　众创空间使用面积

2. 孵化绩效情况

（1）创业企业/团队类型

2016 年，上海市众创空间内共有创业团队和企业 3370 家。其中，大学生创业占比为 20.68%；科技人员创业接近 19.94%；大企业高管离职创业和留学生归国创业占比之和低于 30%；海外项目入驻占比为 5.70%（表 4 - 80）。

表 4 - 80　2016 年众创空间创业团队和企业情况

创业团队和企业情况	数量	占比
总数	3370	100.00%
海外项目入驻	192	5.70%
大学生创业	697	20.68%
留学生归国创业	474	14.07%

续表

创业团队和企业情况	数量	占比
科技人员创业	672	19.94%
大企业高管离职创业	430	12.76%
连续创业	905	26.85%

（2）创业企业/团队获投融资情况

2016 年，上海市当年获得投融资的团队和企业的数量为 3370 家，获得投资总额 69.9 亿元。其中，社会投资占比 86.57%。

2016 年，当年众创空间帮助入驻享受财政政策的团队或企业共 817 家，共享受财政资金支持额 5382.7 万元。

（3）就业及项目入驻情况

2016 年，上海市众创空间内创业团队和企业共吸纳 31 748 人就业。其中，吸纳应届毕业大学生 8364 人。

2016 年，上海市众创空间中创业项目平均入驻周期为 7～12 个月的众创空间最多；其次为创业项目平均入驻周期为 1～6 个月和 13～24 个月的众创空间；创业项目平均入驻周期为 24 个月以上的众创空间相对较少（表 4-81）。

表4-81　众创空间创业项目平均入驻周期

入驻周期	众创空间数	占比
1～6 个月	31	27.93%
7～12 个月	60	54.05%
13～24 个月	17	15.32%
24 个月以上	3	2.7%
合计	111	100.00%

3. 众创空间运营情况

（1）众创空间类型

2016 年，众创空间在国家备案的占比 41.44%；位于国家高新区内的占比 57.66%；由孵化器建立的占比 14.41%；由高校或科研院所建立的占比 1.8%；本身是上市或挂牌企业的占比 1.8%。

（2）收支情况

2016 年，上海市众创空间总收入为 31 163.3 万元。其中，服务收入和房屋及物业收入较多，合计占比 76.87%（图 4-80）。

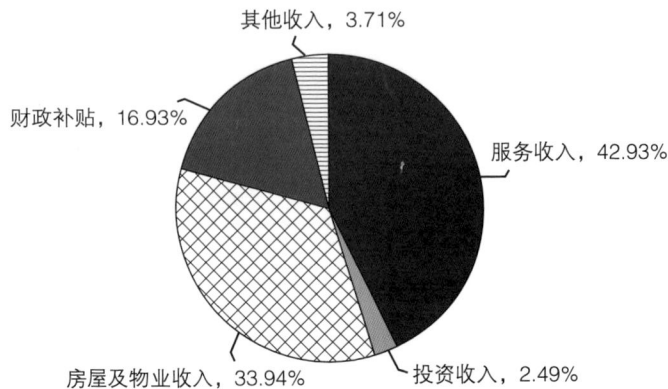

图 4-80　众创空间收入分类

2016 年，上海市众创空间运营成本为 46 969.4 万元。其中，场地费用和人员费用占比较大；管理费用和其他费用占比次之；纳税额占比最小（图 4-81）。

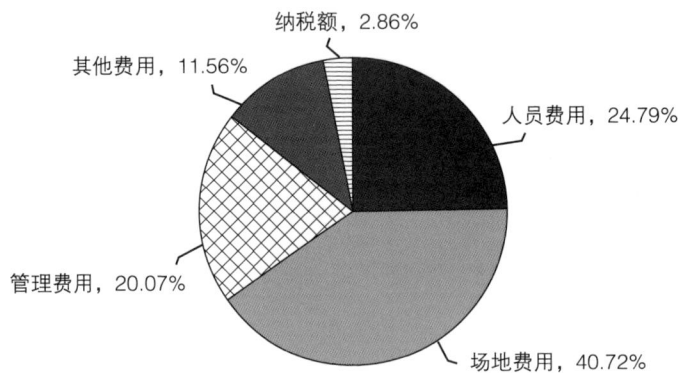

图 4-81　众创空间运营成本分类

（3）提供服务情况

2016 年，上海市众创空间服务人员数量为 2239 人，创业导师数量共 2259 人，创业导师中专职人员占比为 15.94%。

2016 年，上海市众创空间共举办创新创业活动 4276 次，开展创业教育培训 1569 次，当年开展国际合作交流活动 335 次。

十、江苏省创业孵化发展情况

（一）孵化器建设及运行情况

1. 总体情况

2016 年，江苏省共有 548 家科技企业孵化器，比 2015 年增加 8.5%，占全国孵化器总数的

16.83%。其中,国家级 158 家,非国家级 390 家（表 4 - 82）。

表 4 - 82　孵化器数量及分类

年份	国家级	非国家级	总数
2015 年	136	369	505
2016 年	158	390	548

2016 年,江苏省孵化器使用总面积为 21 297 921.74 m²,较 2015 年略有增加。其中,在孵企业用房面积最多,占比达 68.48%;办公用房和公共服务用房面积较少,总占比不足 20%（图 4 - 82）。

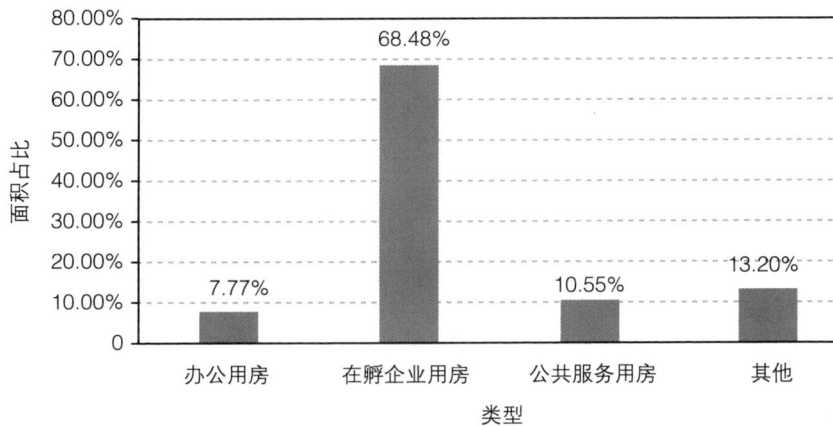

图 4 - 82　2016 年孵化器使用面积

2016 年,江苏省在孵企业数量达到 24 154 家,较 2015 年增长 11.3%。累计毕业企业 14 178 家,较 2015 年增长 19.9%,企业的毕业率为 36.99%,较 2015 年略有提高（表 4 - 83）。

表 4 - 83　孵化器在孵和毕业企业情况

年份	在孵企业数	累计毕业企业数	毕业率
2015 年	21 697	11 823	35.27%
2016 年	24 154	14 178	36.99%

2. 孵化绩效情况

（1）在孵企业类型

2016 年,江苏省在孵企业共计 24 154 家。其中,大学生科技企业 2938 家,较 2015 年增加 14.4%,占全部在孵企业的 12.2%;高新技术企业 1244 家,较 2015 年增加 21.4%;留学人员企业 2941 家,较 2015 年增加 11.3%（图 4 - 83）。

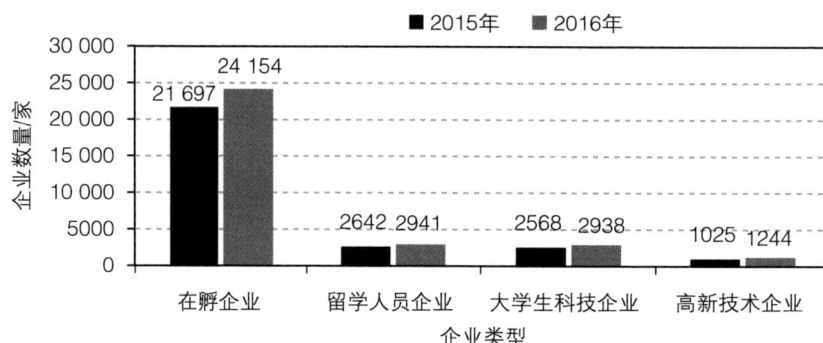

图 4-83 孵化器在孵企业类型分类

（2）在孵企业从业人员情况

2016 年，江苏省在孵企业从业人员 399 297 人，较 2015 年增长 10.6%。其中，大专以上人员 310 588 人，是 2015 年的 1.14 倍，占比达 77.8%；留学人员 5530 人，较 2015 年减少 7.2%；"千人计划"人员共 445 人，比 2015 年减少 46 人；吸纳应届大学毕业生 30 360 人，较 2015 年略有增加，占孵化器全部从业人员的 7.6%（表 4-84）。

表 4-84 孵化器在孵企业从业人员情况

年份	从业人员	其中			
		大专以上人员	留学人员	"千人计划"人员	吸纳应届大学毕业生
2015 年	361 079	272 900	5956	491	29 971
2016 年	399 297	310 588	5530	445	30 360

（3）在孵企业获投融资情况

2016 年，江苏省当年获得孵化基金投资的在孵企业数有 2015 家，比 2015 年增加 19.5%；当年获得投融资的企业数为 46 家，比 2015 年增加 4 家；在孵企业当年获得风险投资额 159 亿元，比 2015 年增加 42.0%（表 4-85）。

表 4-85 2015—2016 年孵化器投融资情况

投融资情况	2015 年	2016 年
当年获得孵化基金投资的在孵企业数	1686	2015
当年获得投融资的企业数	42	46
在孵企业当年获得风险投资额/亿元	112	159

（4）在孵企业技术创新情况

2016 年，江苏省当年知识产权申请数 32 013 件，比 2015 年增长 17.1%；拥有有效知识产权数 53 430 件，比 2015 年增长 29.8%；累计购买国外技术专利 61 件，当年承担国家级科技计划项目 1225 项，当年获得省级以上奖励 650 项，较 2015 年均有不同程度的减少（表 4-86）。

表 4 -86　孵化器在孵企业知识产权情况

相关指标	2015 年	2016 年
当年知识产权申请数/件	27 349	32 013
拥有有效知识产权数/件	41 148	53 430
其中：发明专利/件	12 144	14 795
软件著作权/件	10 462	11 266
集成电路布图/个	434	368
植物新品种/个	199	87
累计购买国外技术专利/件	113	61
当年承担国家级科技计划项目/项	2276	1225
当年获得省级以上奖励/项	1652	650

（5）毕业企业情况

2016 年，江苏省累计毕业企业 14 178 家，较 2015 年增长 19.9%。其中，毕业企业累计上市（挂牌）企业 330 家，比 2015 年增加 141 家；当年毕业企业 2508 家，较 2015 年增长 26.3%；当年上市（挂牌）企业 121 家，是 2015 年的 1.57 倍；当年被兼并和收购企业 72 家，比 2015 年减少 16 家；当年营业收入超过 5000 万元企业有 394 家，较 2015 年增长 19.4%（表 4 -87）。

表 4 -87　孵化器毕业企业情况

相关指标	2015 年	2016 年
累计毕业企业	11 823	14 178
其中：毕业企业累计上市（挂牌）企业	189	330
当年毕业企业	1985	2508
当年上市（挂牌）企业	77	121
当年被兼并和收购企业	88	72
当年营业收入超过 5000 万元企业	330	394

3. 孵化器运营情况

（1）投资构成情况

2016 年，江苏省孵化器投资中，财政投入最多，占比达 51.40%，比全国平均值高近 15 个百分点；其次是企业投资，占比 43.76%，低于全国平均值。和 2015 年相比，企业投资的占比提高，财政投入的占比降低了 6.25 个百分点（图 4 -84）。

（2）财税支持情况

2016 年，江苏省孵化器获得各级财政资助额为 105 067.25 万元，较 2015 年增加 35.3%。其中，国家科技计划经费额 4408.5 万元，较 2015 年降低 31.4%。

2016 年，江苏省免税金额总计 4885.45 万元，较 2015 年降低 17.0%。其中，房产税免税额最

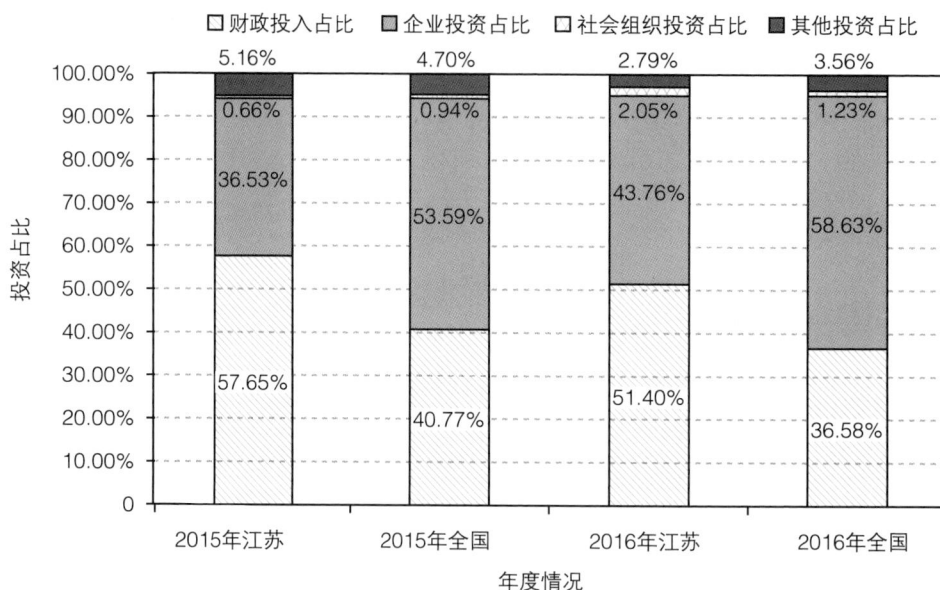

图 4-84 孵化器投资构成

多，为 3329.77 万元，占比 68.16%。房产税、城镇土地使用税较去年均有下降。

（3）收支情况

2016 年，江苏省孵化器总收入 728 227.31 万元，较 2015 年增加 25.1%。其中，综合收入最多，为 417 270.46 万元，占比 57.30%；其次是物业收入，为 153 717.18 万元，占比 21.11%。和 2015 年相比，综合服务收入增加 54.37%，物业收入减少 43.57%（图 4-85）。

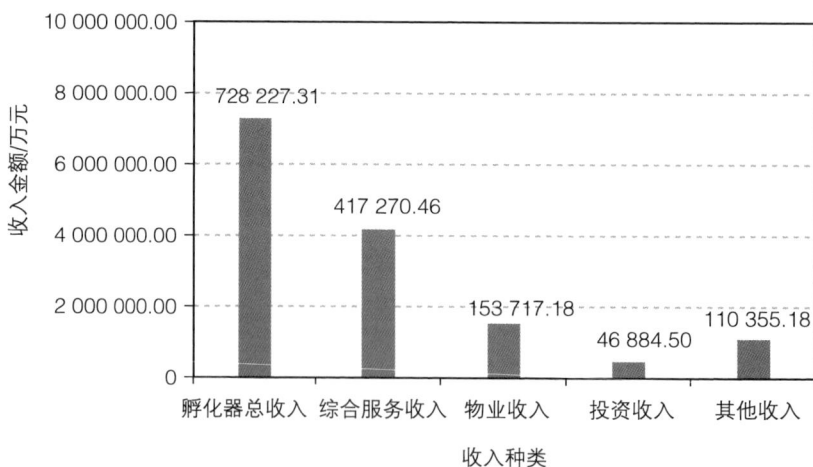

图 4-85 2016 年孵化器收入情况

2016 年，孵化器运行成本中，管理费用、场地费用和其他费用占比均超过 20%；人员费用占比 17.84%；纳税额占比仅为 13.49%（图 4-86）。

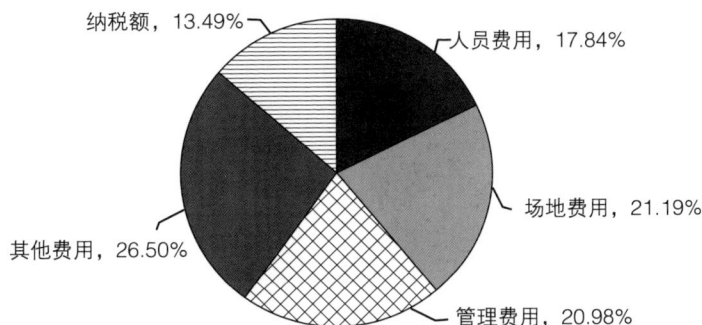

图 4 - 86　2016 年孵化器运营成本

（4）管理人员情况

2016 年，江苏省孵化器管理机构从业人员为 9868 人，较 2015 年增长 11.6%。其中，大专以上人员 8058 人，较 2015 年增长略有下降，占比 81.7%；接受专业培训人员 4204 人，较 2015 年略有降低，占比 42.6%（表 4 - 88）。

表 4 - 88　管理机构从业人员情况

年份	管理机构从业人员	大专以上人员	接受专业培训人员
2015 年	8841	8508	4331
2016 年	9868	8058	4204

（5）开展孵化服务情况

2016 年，江苏省孵化器孵化基金总额为 91 亿元，是 2015 年的 1.34 倍。

2016 年，江苏省孵化器内共有企业联络员 4519 人，企业辅导员 2779 人，创业导师 3655 人。和 2015 年相比，创业导师人数增长 27.1%；企业联络员、企业辅导员分别增长 13.2%、21.4%。创业导师对接企业数 10 780 家，较 2015 年增长 21.9%（图 4 - 87）。

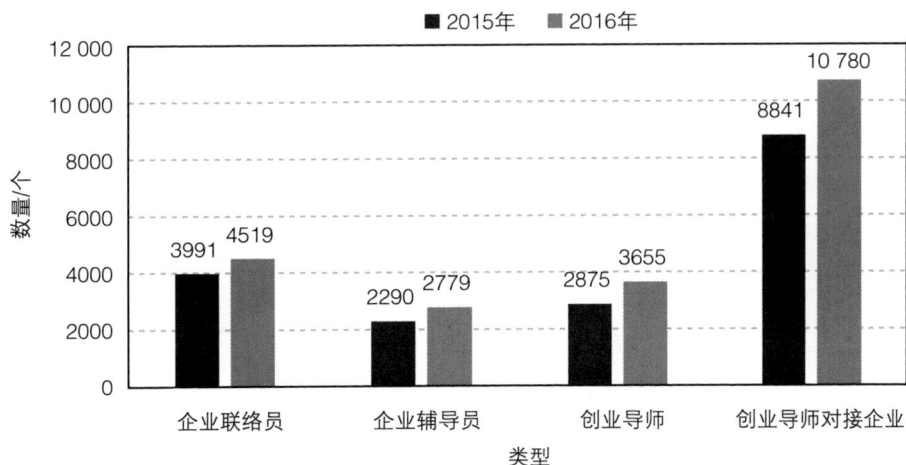

图 4 - 87　孵化器创业辅导情况

127

2016 年，江苏省孵化器对在孵企业培训达 188 957 人次，较 2015 年增长 20.0%；开展创业教育培训活动场次 6082 次，较 2015 年增长 40.2%。

（二）众创空间建设及运行情况

1. 总体情况

2016 年，江苏省共有众创空间 407 家，当年服务的创业团队数量 9440 家，当年服务的初创企业数量 7237 家，创业团队和企业中共有 20 家企业在当年上市（挂牌）。

2016 年，江苏省众创空间总面积为 1 484 254.07 m^2，共提供了 51 778 个工位。江苏省众创空间场地以自有面积为主，自有面积占比 53.95%。2016 年，江苏省众创空间面积中，常驻团队和企业使用面积与公共服务面积占众创空间的比例达到 80.15%；管理办公使用面积和其他面积占比较少（图 4 – 88）。

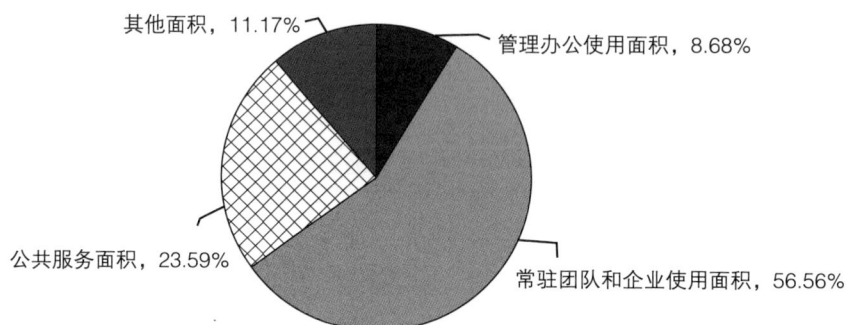

图 4 – 88　众创空间使用面积

2. 孵化绩效情况

（1）创业企业/团队类型

2016 年，江苏省众创空间内共有创业团队和企业 9296 家。其中，大学生创业占比为 42.4%；科技人员创业接近 27%；大企业高管离职创业和留学生归国创业占比低于 15%；海外项目入驻占比为 2.1%（表 4 – 89）。

表 4 – 89　2016 年众创空间创业团队和企业情况

创业团队和企业情况	数量	占比
总数	9296	100.0%
海外项目入驻	193	2.1%
大学生创业	3941	42.4%
留学生归国创业	466	5.0%
科技人员创业	2474	26.6%
大企业高管离职创业	903	9.7%
连续创业	1319	14.2%

（2）创业企业/团队获投融资情况

2016 年，江苏省当年获得投融资的团队及企业的数量为 1083 家，获得投资总额 26.7 亿元。其中，社会投资占比 74%。

2016 年，众创空间帮助入驻享受财政政策的团队或企业共 1607 家，共享受财政资金支持额 3438.39 万元。

（3）就业及项目入驻情况

2016 年，江苏省众创空间内创业团队和企业共吸纳 67 704 人就业，其中吸纳应届毕业大学生 19 469 人。

2016 年，众创空间中创业项目平均入驻周期为 7~12 个月的众创空间最多；其次为创业项目平均入驻周期为 13~24 个月和 1~6 个月的众创空间；创业项目平均入驻周期为 24 个月以上的众创空间相对较少（表 4-90）。

表 4-90　众创空间创业项目平均入驻周期

入驻周期	众创空间数	占比
1~6 个月	79	19.41%
7~12 个月	182	44.72%
13~24 个月	117	28.75%
24 个月以上	29	7.12%
合计	407	100.00%

3. 众创空间运营情况

（1）众创空间类型

2016 年，江苏省众创空间在国家备案的占比 23.1%；位于国家高新区内的占比 32.2%；由孵化器建立的占比 31.4%；由高校或科研院所建立的占比 15.5%；本身是上市或挂牌企业的占比 1.9%。

（2）收支情况

2016 年，江苏省众创空间总收入为 7962.84 万元。其中，服务收入和财政补贴较多，合计占比 66.5%（图 4-89）。

2016 年，江苏省众创空间运营成本为 7964.64 万元。其中，人员费用和场地费用占比较大；管理费用和其他费用占比次之；纳税额占比最小（图 4-90）。

（3）提供服务情况

2016 年，江苏省众创空间服务人员数量为 8740 人，创业导师数量共 6432 人，创业导师中专职人员占比为 26.00%。

2016 年，江苏省众创空间共举办创新创业活动 8449 次，开展创业教育培训 5312 次，当年开展

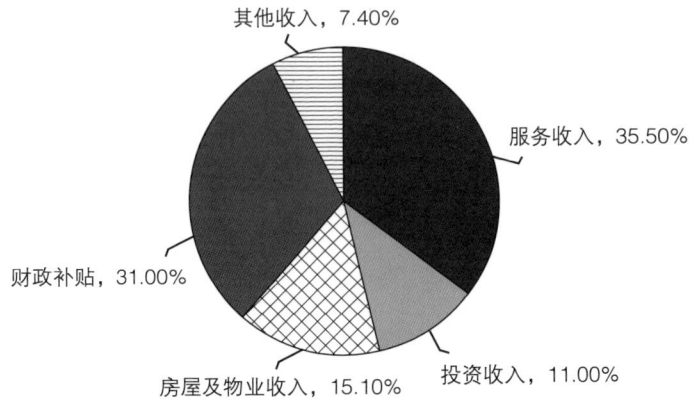

图 4 - 89　众创空间收入分类

其他收入，7.40%
服务收入，35.50%
财政补贴，31.00%
房屋及物业收入，15.10%
投资收入，11.00%

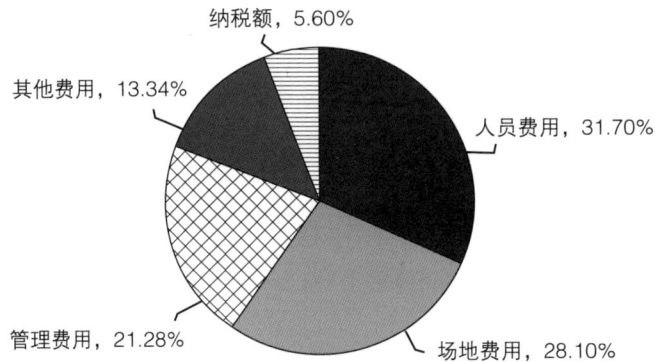

图 4 - 90　众创空间运营成本分类

纳税额，5.60%
其他费用，13.34%
人员费用，31.70%
管理费用，21.28%
场地费用，28.10%

国际合作交流活动 379 次。

十一、浙江省创业孵化发展情况

（一）孵化器建设及运行情况

1. 总体情况

2016 年，浙江省共有 160 家科技企业孵化器，比 2015 年增加 46.79%，占全国孵化器总数的 4.91%。其中，国家级 59 家，非国家级 101 家（表 4 - 91）。

表 4 - 91　孵化器数量及分类

年份	国家级	非国家级	总数
2015 年	52	57	109
2016 年	59	101	160

2016 年，浙江省孵化器使用总面积为 5 629 535.2 m²，较 2015 年增长 34.0%。其中，在孵企业用房面积最多，占比达 67.86%；办公用房和公共服务用房面积较少，总占比不足 20%（图 4 - 91）。

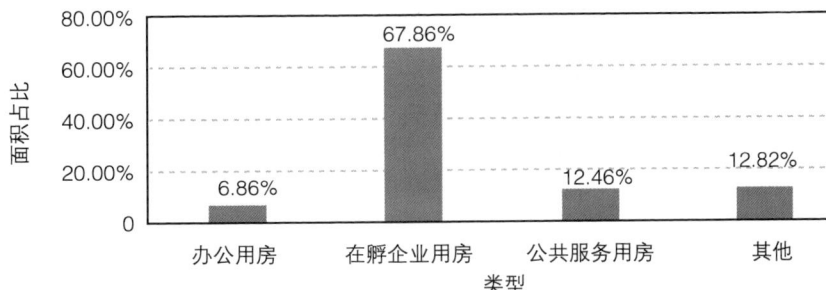

图 4 - 91　2016 年孵化器使用面积

2016 年，浙江省在孵企业数量达到 8534 家，较 2015 年增长 35.6%。累计毕业企业 6506 家，较 2015 年增长 28.4%，企业的毕业率为 43.26%，较 2015 年略有下降（表 4 - 92）。

表 4 - 92　孵化器在孵和毕业企业情况

年份	在孵企业数	累计毕业企业数	毕业率
2015 年	6292	5065	44.60%
2016 年	8534	6506	43.26%

2. 孵化绩效情况

（1）在孵企业类型

2016 年，浙江省在孵企业共计 8534 家。其中，大学生科技企业 1649 家，较 2015 年增加 34.2%，占全部在孵企业的 19.3%；高新技术企业 402 家，较 2015 年增加 52.3%；留学人员企业 948 家，较 2015 年增加 31.7%（图 4 - 92）。

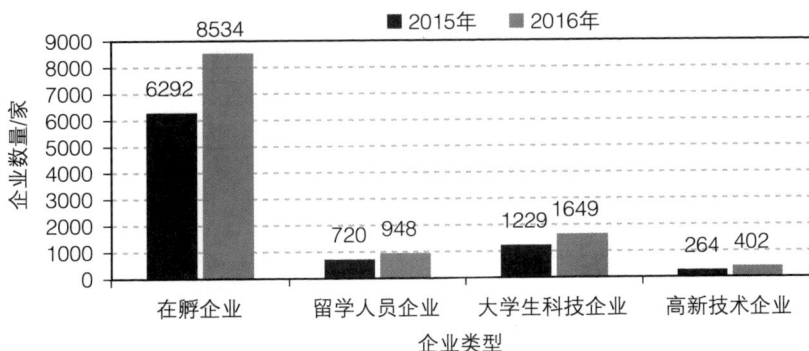

图 4 - 92　孵化器在孵企业类型分类

（2）在孵企业从业人员情况

2016 年，浙江省在孵企业从业人员 107 186 人，是 2015 年的 1.29 倍。其中，大专以上人员 89 146 人，是 2015 年的 1.32 倍，占比达 83.2%；留学人员 1973 人，较 2015 年增加 12.6%；"千人计划"

人员共 144 人，较 2015 年增加 19 人；吸纳应届大学毕业生 11 747 人，较 2015 年增加 12.8%，占孵化器全部从业人员的 11.0%（表 4-93）。

表 4-93　孵化器在孵企业从业人员情况

年份	从业人员	其中			
		大专以上人员	留学人员	"千人计划"人员	吸纳应届大学毕业生
2015 年	83 066	67 377	1752	125	10 417
2016 年	107 186	89 146	1973	144	11 747

（3）在孵企业获投融资情况

2016 年，浙江省当年获得孵化基金投资的在孵企业数有 1099 家，比 2015 年增加 55.7%；当年获得投融资的企业数为 1895 家，比 2015 年增加 21.7%；在孵企业当年获得风险投资额 66.38 亿元，是 2015 年的 4.16 倍（表 4-94）。

表 4-94　2015—2016 年孵化器投融资情况

投融资情况	2015 年	2016 年
当年获得孵化基金投资的在孵企业数	706	1099
当年获得投融资的企业数	1557	1895
在孵企业当年获得风险投资额/亿元	15.94	66.38

（4）在孵企业技术创新情况

2016 年，浙江省当年知识产权申请数 8993 件，比 2015 年增长 18.4%；拥有有效知识产权数 14 028 件，比 2015 年增长 22.0%；累计购买国外技术专利 57 件；当年承担国家级科技计划项目 81 项，不足 2015 年的 1/7；当年获得省级以上奖励 238 项，比 2015 年增长 55.6%（表 4-95）。

表 4-95　孵化器在孵企业知识产权情况

相关指标	2015 年	2016 年
当年知识产权申请数/件	7596	8993
拥有有效知识产权数/件	11 495	14 028
其中：发明专利/件	2000	2417
软件著作权/件	3433	4203
集成电路布图/个	244	155
植物新品种/个	100	45
累计购买国外技术专利/件	15	57
当年承担国家级科技计划项目/项	579	81
当年获得省级以上奖励/项	153	238

（5）毕业企业情况

2016 年，浙江省累计毕业企业 6506 家，较 2015 年增长 28.4%。其中，毕业企业累计上市（挂牌）企业 135 家，比 2015 年增加 87 家；当年毕业企业 1061 家，较 2015 年增长 45.7%；当年上市（挂牌）企业 60 家，是 2015 年的 4.3 倍；当年被兼并和收购企业 19 家，比 2015 年增加 3 家；当年营业收入超过 5000 万元企业 143 家，较 2015 年增长 43.0%（表 4－96）。

表 4－96　孵化器毕业企业情况

相关指标	2015 年	2016 年
累计毕业企业	5065	6506
其中：毕业企业累计上市（挂牌）企业	48	135
当年毕业企业	728	1061
当年上市（挂牌）企业	14	60
当年被兼并和收购企业	16	19
当年营业收入超过 5000 万元企业	100	143

3. 孵化器运营情况

（1）投资构成情况

2016 年，浙江省孵化器投资中，财政投入最多，占比达 55.94%，比全国平均值高 19 个百分点；其次是企业投资，占比 42.92%，低于全国平均值近 16 个百分点。和 2015 年相比，企业投资的占比提高了近 6 个百分点，财政投入占比也提高了 10.42 个百分点（图 4－93）。

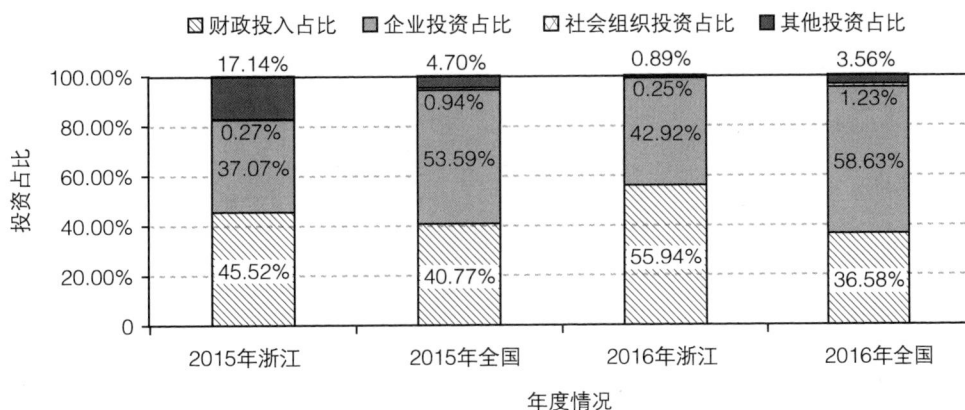

图 4－93　孵化器投资构成

（2）财税支持情况

2016 年，浙江省孵化器获得各级财政资助额为 32 114.69 万元，较 2015 年增长 21.6%。其中，国家科技计划经费额 1491.06 万元，不足 2015 年的 1/5。

2016 年，浙江省免税金额总计 2357.52 万元。其中，房产税免税额最多，为 1357.96 万元，较 2015 年增加 29.8%，占比 57.6%；所得税免税额为 191.25 万元。

（3）收支情况

2016 年，浙江省孵化器总收入 176 951.75 万元，较 2015 年增加 65.86%。其中，物业收入 50 047.59 万元，占比 28.28%；综合服务收入 39 601.03 万元，占比 22.38%。和 2015 年相比，综合服务收入、物业收入较 2015 年均有提高，其他收入达 82 729.14 万元，是 2015 年的 7.79 倍（图 4 - 94）。

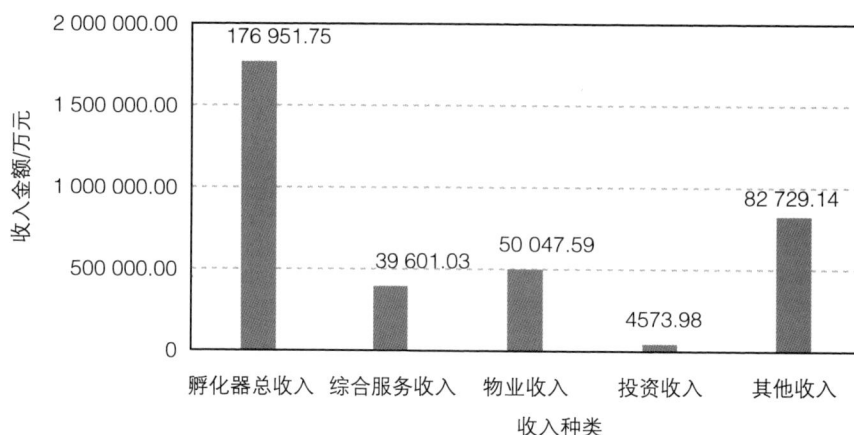

图 4 - 94　2016 年孵化器收入情况

2016 年，孵化器运行成本中，场地费用所占的比重最大，占比为 32.11%；管理费用、人员费用和其他费用占比次之；纳税额占比仅为 12.06%（图 4 - 95）。

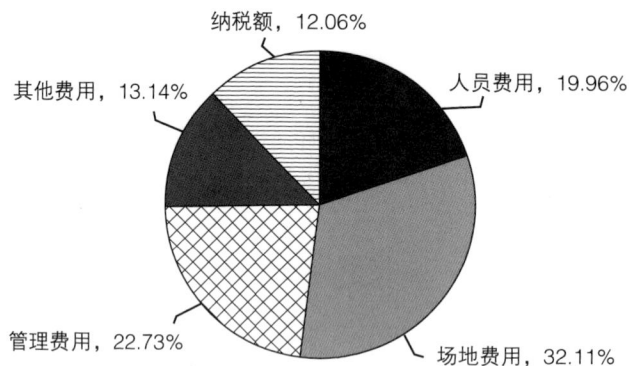

图 4 - 95　2016 年孵化器运营成本

（4）管理人员情况

2016 年，浙江省孵化器管理机构从业人员为 2438 人，较 2015 年增长 57.4%。其中，大专以上人员 2256 人，较 2015 年增长 52.8%，占比 92.5%；接受专业培训人员 1250 人，较 2015 年增长 66.9%，占比 51.3%（表 4 - 97）。

表 4 - 97　管理机构从业人员情况

年份	管理机构从业人员	大专以上人员	接受专业培训人员
2015 年	1549	1476	749
2016 年	2438	2256	1250

（5）开展孵化服务情况

2016 年，浙江省孵化器孵化基金总额为 40.36 亿元，是 2015 年的 2.45 倍。

2016 年，浙江省孵化器内共有企业联络员 1241 人，企业辅导员 883 人，创业导师 2019 人。和 2015 年相比，创业导师人数增长 84.2%；企业联络员、企业辅导员分别增长 30.2%、45.0%。创业导师对接企业数 5674 家，较 2015 年增长 51.1%（图 4 - 96）。

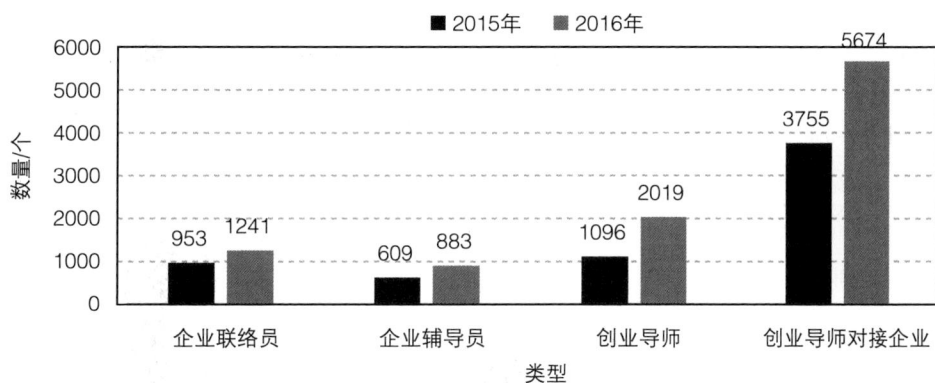

图 4 - 96　孵化器创业辅导情况

2016 年，浙江省孵化器对在孵企业培训达 100 714 人次，较 2015 年增长 47.4%；开展创业教育培训活动场次 2661 次，较 2015 年增长 57.2%。

（二）众创空间建设及运行情况

1. 总体情况

2016 年，浙江省共有众创空间 254 家，当年服务的创业团队数量 8322 家，当年服务的初创企业数量 6759 家，创业团队和企业中共有 64 家企业在当年上市（挂牌）。

2016 年，浙江省众创空间总面积为 1 316 571 m²，共提供了 15 379 个工位。浙江省众创空间场地以租赁为主，租赁面积占比 64.65%。众创空间面积中，常驻团队和企业使用面积与公共服务面积占众创空间的比例达到 86.30%；管理办公使用面积和其他面积占比较少（图 4 - 97）。

2. 孵化绩效情况

（1）创业企业/团队类型

2016 年，浙江省众创空间内共有创业团队和企业 7389 家。其中，大学生创业占比为 46.95%；

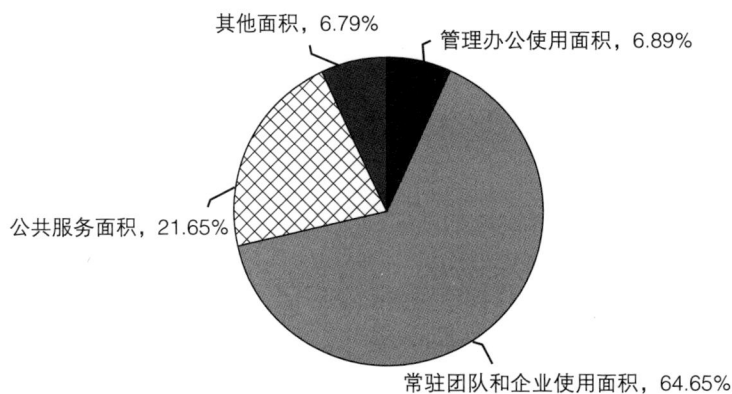

图 4 – 97　众创空间使用面积

科技人员创业占比为 20.29%；大企业高管离职创业和留学生归国创业占比均低于 8%；海外项目入驻占比为 2.4%（表 4 – 98）。

表 4 – 98　2016 年众创空间创业团队和企业情况

创业团队和企业情况	数量	占比
总数	7389	100.00%
海外项目入驻	174	2.40%
大学生创业	3469	46.95%
留学生归国创业	383	5.18%
科技人员创业	1499	20.29%
大企业高管离职创业	557	7.54%
连续创业	1307	17.69%

（2）创业企业/团队获投融资情况

2016 年，浙江省当年获得投融资的团队及企业的数量为 7389 家，获得投资总额 34.83 亿元。其中，社会投资占比 79.75%，众创空间自身投资占比 20.25%。

2016 年，众创空间帮助入驻享受财政政策的团队或企业共 1533 家，共享受财政资金支持额 25 326.72 万元。

（3）就业及项目入驻情况

2016 年，浙江省众创空间内创业团队和企业共吸纳 56 128 人就业，其中吸纳应届毕业大学生 15 565 人。

2016 年，浙江省创业项目平均入驻周期为 7 ~ 12 个月的众创空间最多；其次为创业项目平均入驻周期为 1 ~ 6 个月的众创空间；创业项目平均入驻周期为 13 ~ 24 个月、24 个月以上的众创空间相对较少（表 4 – 99）。

表4-99　众创空间创业项目平均入驻周期

入驻周期	众创空间数	占比
1~6个月	62	26.84%
7~12个月	110	47.62%
13~24个月	35	15.15%
24个月以上	24	10.39%
合计	231	100.00%

3. 众创空间运营情况

（1）众创空间类型

2016年，浙江省众创空间在国家备案的占比30.31%；位于国家高新区内的占比11.81%；由孵化器建立的占比13.77%；由高校或科研院所建立的占比0.78%；本身是上市或挂牌企业的占比5.11%。

（2）收支情况

2016年，浙江省众创空间总收入为47 862.92万元。其中，房租及物业收入和财政补贴较多，合计占比53.25%（图4-98）。

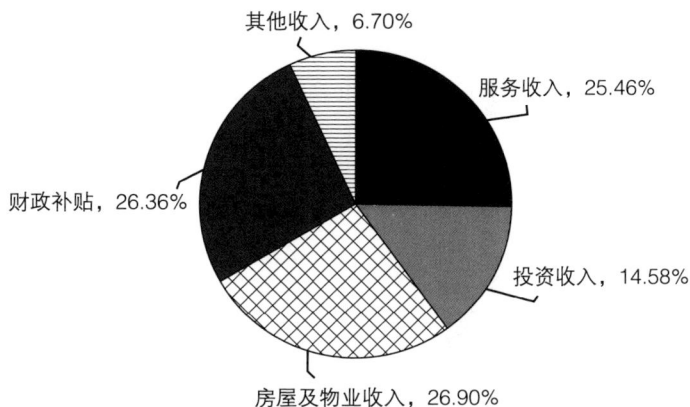

图4-98　众创空间收入分类

2016年，浙江省众创空间运营成本为44 225.15万元。其中，场地费用和人员费用占比较大；其他费用和管理费用占比次之；纳税额占比最小（图4-99）。

（3）提供服务情况

2016年，浙江省众创空间服务人员数量为4162人，创业导师数量共4745人，创业导师中专职人员占比为18.35%。

2016年，浙江省众创空间共举办创新创业活动7945次，开展创业教育培训4761次，当年开展国际合作交流活动415次。

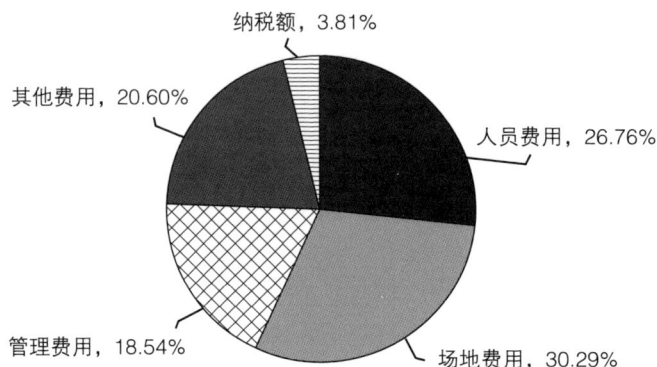

图 4 - 99　众创空间运营成本分类

十二、安徽省创业孵化发展情况

（一）孵化器建设及运行情况

1. 总体情况

2016 年，安徽省共有 109 家科技企业孵化器，较 2015 年增加 12.4%，占全国孵化器总数的 3.35%。其中，国家级 20 家，非国家级 89 家（表 4 - 100）。

表 4 - 100　孵化器数量及分类

年份	国家级	非国家级	总数
2015 年	17	80	97
2016 年	20	89	109

2016 年，安徽省孵化器使用总面积为 2 851 244.7 m^2，较 2015 年增加 2.5%。其中，在孵企业用房面积最多，占比达 67.48%，比 2015 年高出 10 个百分点；办公用房和公共服务用房面积较少，占比不足 20%（图 4 - 100）。

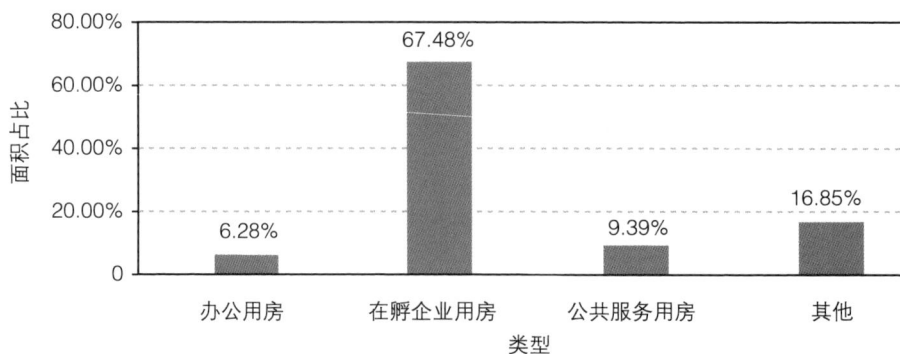

图 4 - 100　2016 年孵化器使用面积

2016 年，安徽省在孵企业数量为 4114 家，较 2015 年增长 34.7%。累计毕业企业 2245 家，较 2015 年增长 6.4%，企业的毕业率为 35.30%，较 2015 年下降了 5.54 个百分点（表 4 - 101）。

表 4 - 101　孵化器在孵和毕业企业情况

年份	在孵企业数	累计毕业企业数	毕业率
2015 年	3055	2109	40.84%
2016 年	4114	2245	35.30%

2. 孵化绩效情况

（1）在孵企业类型

2016 年，安徽省共有在孵企业 4114 家。其中，大学生科技企业 715 家，占比 17.4%；高新技术企业 226 家，留学人员企业 200 家。和 2015 年相比，大学生科技企业数量增长较多，增幅达 63.6%；高新技术企业增长 21.5%，留学人员企业增长 66.7%（图 4 - 101）。

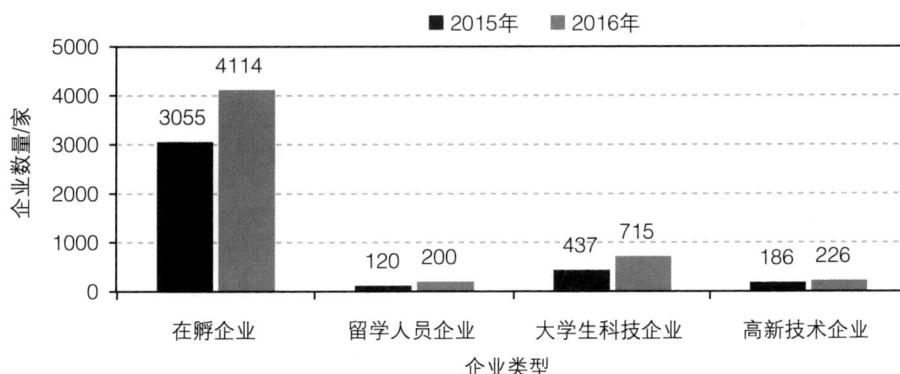

图 4 - 101　孵化器在孵企业类型分类

（2）在孵企业从业人员情况

2016 年，安徽省在孵企业内共有从业人员 55 816 人，较 2015 年增长 22.6%。其中，大专以上人员 42 210 人，较 2015 年增长 27.7%，占比 75.6%；留学人员 375 人，较 2015 年增长 16.1%；"千人计划"人员 30 人，较 2015 年增加 15 人；吸纳应届大学生 5846 人，较 2015 年增长 26.0%，占全部从业人员数的 10.5%（表 4 - 102）。

表 4 - 102　孵化器在孵企业从业人员情况

年份	从业人员	其中			
		大专以上人员	留学人员	"千人计划"人员	吸纳应届大学毕业生
2015 年	45 531	33 054	323	15	4641
2016 年	55 816	42 210	375	30	5846

（3）在孵企业获投融资情况

2016 年，安徽省当年获得孵化基金投资的在孵企业为 380 家，较 2015 年增加 18.4%；当年获得投融资的企业有 241 家，较 2015 年增加 42.6%；在孵企业获得风险投资额 4.84 亿元，较 2015 年增加 44.9%（表 4 - 103）。

表 4 - 103　2015—2016 年孵化器投融资情况

投融资情况	2015 年	2016 年
当年获得孵化基金投资的在孵企业数	321	380
当年获得投融资的企业数	169	241
在孵企业当年获得风险投资额/亿元	3.34	4.84

（4）在孵企业技术创新情况

2016 年，安徽省当年知识产权申请数 7910 件，拥有有效知识产权数 9159 件，分别比 2015 年上升 51.32%、34.53%。累计购买国外技术专利 4 件，比 2015 年少 2 件；当年承担国家级科技计划项目 65 项，当年获得省级以上奖励 214 项，均少于 2015 年（表 4 - 104）。

表 4 - 104　孵化器在孵企业知识产权情况

相关指标	2015 年	2016 年
当年知识产权申请数/件	5227	7910
拥有有效知识产权数/件	6808	9159
其中：发明专利/件	873	1962
软件著作权/件	2169	2543
集成电路布图/个	98	240
植物新品种/个	31	52
累计购买国外技术专利/件	6	4
当年承担国家级科技计划项目/项	66	65
当年获得省级以上奖励/项	391	214

（5）毕业企业情况

2016 年，安徽省累计毕业企业数量 2245 家，较 2015 年增长 6.45%。其中，毕业企业累计上市（挂牌）企业 70 个，是 2015 年的 1.9 倍；当年毕业企业 364 家，较 2015 年上升 5.51%；当年被兼并和收购企业 25 家，比 2015 年增加 15 家；当年营业收入超过 5000 万元企业 58 家，比 2015 年减少 1 家（表 4 - 105）。

表 4 - 105　孵化器毕业企业情况

相关指标	2015 年	2016 年
累计毕业企业	2109	2245
其中：毕业企业累计上市（挂牌）企业	37	70
当年毕业企业	345	364
当年上市（挂牌）企业	15	26
当年被兼并和收购企业	10	25
当年营业收入超过 5000 万元企业	59	58

3. 孵化器运营情况

（1）投资构成情况

2016 年，安徽省孵化器投资中，企业投资最多，占比达 52.37%，比 2015 年略有提高；其次是财政投入，占比达 42.60%，较 2015 年下降了 3 个百分点，但仍比全国平均值高 6 个百分点（图 4 - 102）。

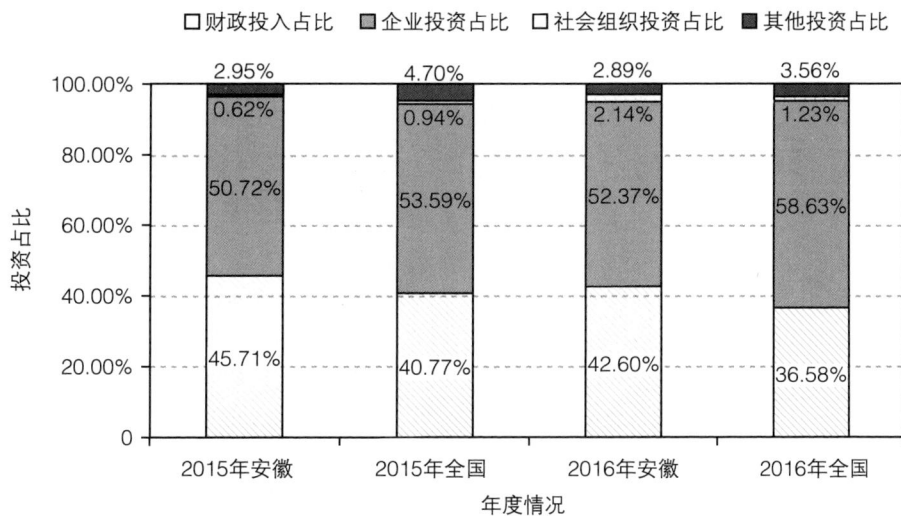

图 4 - 102　孵化器投资构成

（2）财税支持情况

2016 年，安徽省孵化器获得各级财政资助额为 93 747 万元，是 2015 年的 4.5 倍，增幅巨大。其中，国家科技计划经费额 2996 万元，是 2015 年的 4.5 倍。

2016 年，安徽省孵化器免税金额总计 1017.23 万元，较 2015 年增长 60.4%。其中，房产税免税额最多，为 618.86 万元，是 2015 年免税额的 2.3 倍，占比达 60.8%；其次是城镇土地使用税，免税额为 282.83 万元，较 2015 年减少 40.2%；所得税免税额 48.74 万元，增长较多。

（3）收支情况

2016 年，安徽省孵化器总收入 31 319.73 万元。其中，综合服务收入、物业收入、其他收入较

2015 年分别上升 31. 22%、23. 74%、39. 21%，综合服务收入依旧为孵化器总收入的重要组成部分
（图 4 - 103）。

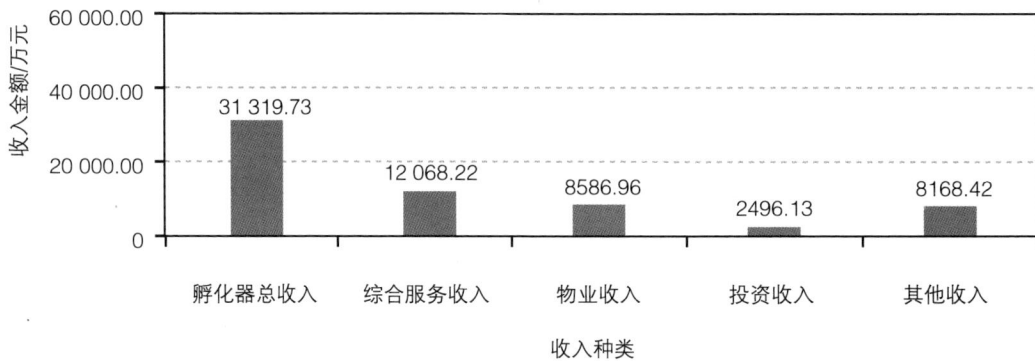

图 4 - 103　2016 年孵化器收入情况

　　2016 年，孵化器运行成本中，人员费用所占的比重最大，占比为 30. 35%；场地费用、管理费
用和其他费用占比次之；纳税额占比仅为 9. 83%（图 4 - 104）。

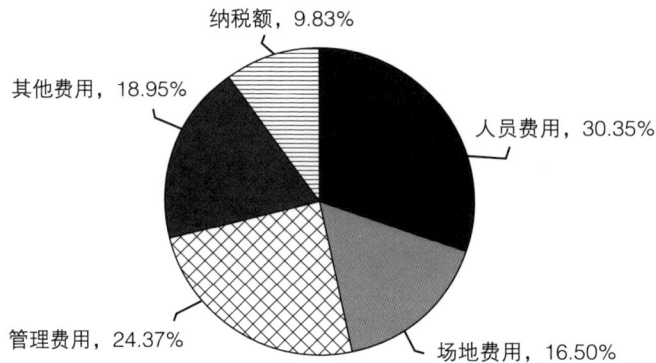

图 4 - 104　2016 年孵化器运营成本

（4）管理人员情况

　　2016 年，安徽省孵化器管理机构从业人员为 1345 人，较 2015 年增长 5. 91%。其中，大专以上
人员 1177 人，占比 87. 51%；接受专业培训人员 694 人，占比 51. 60%（表 4 - 106）。

表 4 - 106　管理机构从业人员情况

年份	管理机构从业人员	大专以上人员	接受专业培训人员
2015 年	1270	1175	672
2016 年	1345	1177	694

（5）开展孵化服务情况

2016年，安徽省孵化器内共有企业联络员866人，企业辅导员640人，创业导师771人。和2015年相比，企业联络员、企业辅导员和创业导师人数的增长速度分别为22.84%、62.43%和19.17%。创业导师对接企业数为2965家，较2015年增长59.58%（图4-105）。

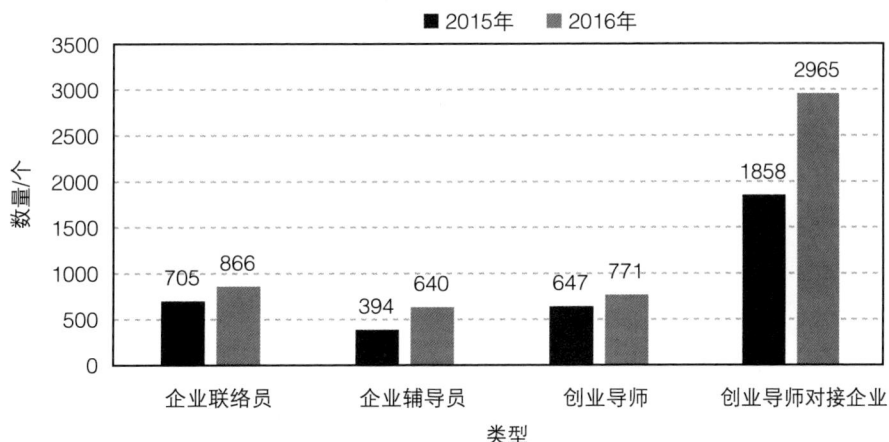

图4-105 孵化器创业辅导情况

2015年，安徽省孵化器对在孵企业培训达41 362人次，开展创业教育培训活动场次1149次。2016年，安徽省孵化器对在孵企业培训达63 908人次，是2015年的1.5倍；开展创业教育培训活动场次1972次，比2015年增长71.6%。

2016年，安徽省孵化器孵化基金总额为19亿元，是2015年的2.59倍。

（二）众创空间建设及运行情况

1. 总体情况

2016年，安徽省共有众创空间105家，当年服务的创业团队数量2174个，当年服务的初创企业数量2199个，创业团队和企业中共有7家企业在当年上市（挂牌）。

2016年，安徽省众创空间总面积为484 194.3 m²，共提供了12 031个工位。安徽省众创空间场地以租赁为主，租赁面积占比44.88%。2016年，安徽省众创空间面积中，常驻团队和企业使用面积与公共服务面积占众创空间的比例达到80.68%；管理办公使用面积和其他面积占比较少（图4-106）。

2. 孵化绩效情况

（1）创业企业/团队类型

2016年，安徽省众创空间内创业团队和企业总数为2403家。其中，大学生创业企业1035家，占比为43.07%；科技人员创业占比为26.13%；大企业高管离职创业和留学生归国创业占比低于15%；海外项目入驻占比为1.66%（表4-107）。

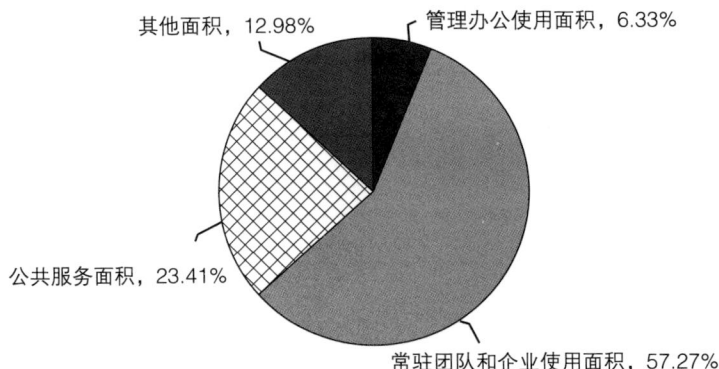

图 4 -106　众创空间使用面积

表 4 -107　2016 年众创空间创业团队和企业情况

创业团队和企业情况	数量	占比
总数	2403	100.00%
海外项目入驻	40	1.66%
大学生创业	1035	43.07%
留学生归国创业	133	5.53%
科技人员创业	628	26.13%
大企业高管离职创业	217	9.03%
连续创业	350	14.57%

（2）创业企业/团队获投融资情况

2016 年，安徽省当年获得投融资的团队及企业的数量为 526 家，获得投资总额 3.7 亿元。其中，社会投资占比 64.86%，众创空间自身投资占比 35.14%。

2016 年，众创空间帮助入驻团队或企业享受国家财政政策共 460 家，共享受财政资金支持额 8020.31 万元。

（3）就业及项目入驻情况

2016 年，安徽省众创空间内的创业团队和企业共吸纳 17 627 人就业，其中吸纳应届毕业大学生 5445 人。

2016 年，安徽省众创空间总计 105 个，其中创业项目平均入驻周期为 7~12 个月的众创空间最多；其次为创业项目平均入驻周期为 13~24 个月和 1~6 个月的众创空间；创业项目平均入驻周期为 24 个月以上的众创空间相对较少（表 4 -108）。

表 4 - 108　众创空间创业项目平均入驻周期

入驻周期	众创空间数	占比
1～6 个月	21	20.00%
7～12 个月	48	45.71%
13～24 个月	28	26.67%
24 个月以上	8	7.62%
合计	105	100.00%

3. 众创空间运营情况

（1）众创空间类型

2016 年，安徽省众创空间在国家备案的占比 22.86%；位于国家高新区内的占比 28.57%；由孵化器建立的占比 39.04%；由高校或科研院所建立的占比 5.7%；本身是上市或挂牌企业的占比 4.76%。

（2）收支情况

2016 年，安徽省众创空间总收入为 10 078.95 万元。其中，财政补贴和投资收入较多，合计占比 57.03%（图 4 - 107）。

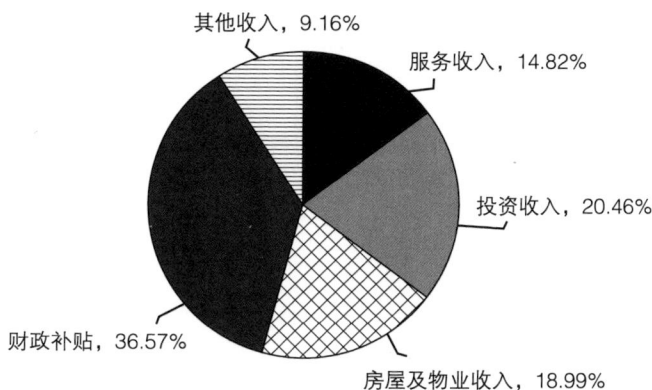

图 4 - 107　众创空间收入分类

2016 年，安徽省众创空间运营成本为 13 764.9 万元。其中，人员费用和场地费用占比较大；其他费用和管理费用占比次之；纳税额占比最小（图 4 - 108）。

（3）提供服务情况

2016 年，安徽省众创空间服务人员数量为 3301 人，创业导师数量共 1612 人，创业导师中专职人员占比为 24.01%。

2016 年，安徽省众创空间共举办创新创业活动 2321 次，开展创业教育培训 1672 次，当年开展国际合作交流活动 69 次。

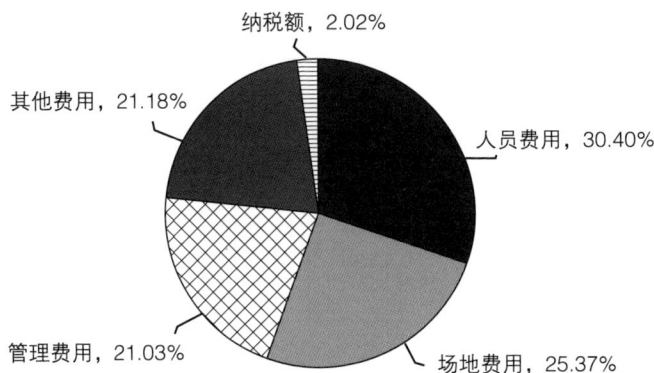

图 4 - 108 众创空间运营成本分类

十三、福建省创业孵化发展情况

（一）孵化器建设及运行情况

1. 总体情况

2016 年，福建省共有 117 家科技企业孵化器，比 2015 年略有增加，占全国孵化器总数的 3.59%。其中，国家级 11 家，非国家级 106 家（表 4 - 109）。

表 4 - 109　孵化器数量及分类

年份	国家级	非国家级	总数
2015 年	10	103	113
2016 年	11	106	117

2016 年，福建省孵化器使用总面积为 2 019 912.79 m²，较 2015 年增长 7.96%。其中，在孵企业用房面积最多，占比达 69.52%；办公用房和公共服务用房面积较少，总占比仅有 21.42%（图 4 - 109）。

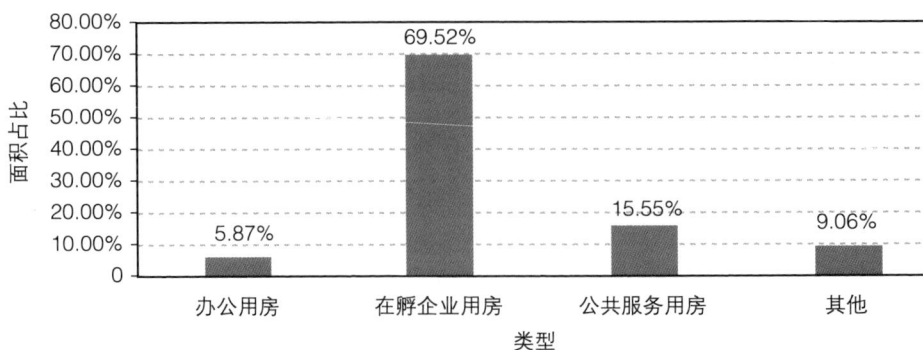

图 4 - 109　2016 年孵化器使用面积

2016 年，福建省在孵企业数量达到 2671 家，较 2015 年增长 14.2%。累计毕业企业 2285 家，较 2015 年增长 11.1%，企业的毕业率为 46.11%，和 2015 年基本一致（表 4 - 110）。

表 4 - 110　孵化器在孵和毕业企业情况

年份	在孵企业数	累计毕业企业数	毕业率
2015 年	2338	2057	46.80%
2016 年	2671	2285	46.11%

2. 孵化绩效情况

（1）在孵企业类型

2016 年，福建省在孵企业共计 2671 家。其中，大学生科技企业 377 家，较 2015 年减少 7.4%，占全部在孵企业的 14.1%；高新技术企业 254 家，较 2015 年增加 1 家；留学人员企业 246 家，较 2015 年增加 24.9%（图 4 - 110）。

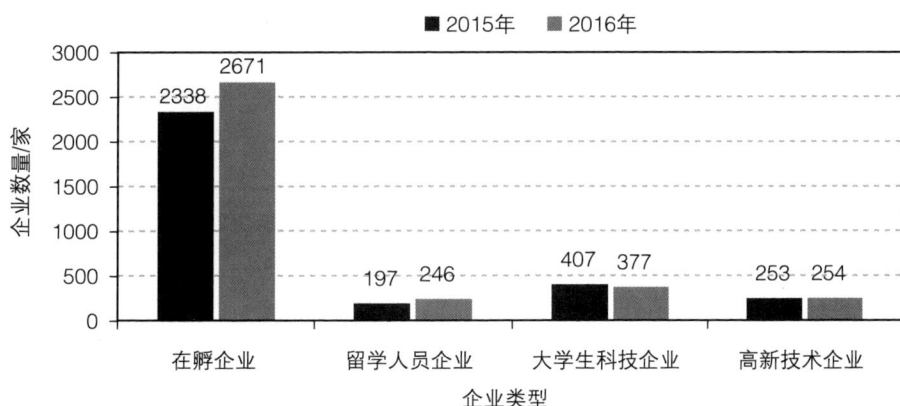

图 4 - 110　孵化器在孵企业类型分类

（2）在孵企业从业人员情况

2016 年，福建省在孵企业从业人员 46 235 人，是 2015 年的 1.18 倍。其中，大专以上人员 36 922 人，是 2015 年的 1.2 倍，占比达 79.9%；留学人员 561 人，较 2015 年增加 27.2%；"千人计划"人员共 29 人，比 2015 年减少 6 人；吸纳应届大学毕业生 5143 人，较 2015 年增加 4.9%，占孵化器全部从业人员的 11.1%（表 4 - 111）。

表 4 - 111　孵化器在孵企业从业人员情况

年份	从业人员	其中			
		大专以上人员	留学人员	"千人计划"人员	吸纳应届大学毕业生
2015 年	39 072	30 138	441	35	4904
2016 年	46 235	36 922	561	29	5143

（3）在孵企业获投融资情况

2016 年，福建省当年获得孵化基金投资的在孵企业数有 216 家，比 2015 年减少 15.0%；当年获得投融资的企业数为 253 家，比 2015 年减少 7.3%；在孵企业当年获得风险投资额 12.98 亿元，较 2015 年增长 11.1%（表 4 - 112）。

表 4 - 112　2015—2016 年孵化器投融资情况

投融资情况	2015 年	2016 年
当年获得孵化基金投资的在孵企业数	254	216
当年获得投融资的企业数	273	253
在孵企业当年获得风险投资额/亿元	11.68	12.98

（4）在孵企业技术创新情况

2016 年，福建省当年知识产权申请数 3699 件，比 2015 年增长 13.8%；拥有有效知识产权数 6314 件，比 2015 年增长 17.6%；累计购买国外技术专利 9 件；当年承担国家级科技计划项目 203 项，是 2015 年的 6.3 倍；当年获得省级以上奖励 228 项，比 2015 年增长 18.8%（表 4 - 113）。

表 4 - 113　孵化器在孵企业知识产权情况

相关指标	2015 年	2016 年
当年知识产权申请数/件	3250	3699
拥有有效知识产权数/件	5370	6314
其中：发明专利/件	1022	977
软件著作权/件	2053	2347
集成电路布图/个	82	94
植物新品种/个	40	25
累计购买国外技术专利/件	0	9
当年承担国家级科技计划项目/项	32	203
当年获得省级以上奖励/项	192	228

（5）毕业企业情况

2016 年，福建省累计毕业企业 2285 家，较 2015 年增长 11.1%。其中，毕业企业累计上市（挂牌）企业 72 家，比 2015 年增加 33 家；当年毕业企业 357 家，较 2015 年增长 30.3%；当年上市（挂牌）企业 33 家，是 2015 年的 3 倍；当年被兼并和收购企业 22 家，比 2015 年增加 4 家；当年营业收入超过 5000 万元企业 94 家，与 2015 年一致（表 4 - 114）。

表4-114　孵化器毕业企业情况

相关指标	2015 年	2016 年
累计毕业企业	2057	2285
其中：毕业企业累计上市（挂牌）企业	39	72
当年毕业企业	274	357
当年上市（挂牌）企业	11	33
当年被兼并和收购企业	18	22
当年营业收入超过 5000 万元企业	94	94

3. 孵化器运营情况

（1）投资构成情况

2016 年，福建省孵化器投资中，财政投入最多，占比达 54.77%，比全国平均值高 18 个百分点；其次是企业投资，占比 42.53%，低于全国平均值。和 2015 年相比，企业投资的占比下降 3.34 个百分点，财政投入占比提高了 4.27 个百分点（图 4-111）。

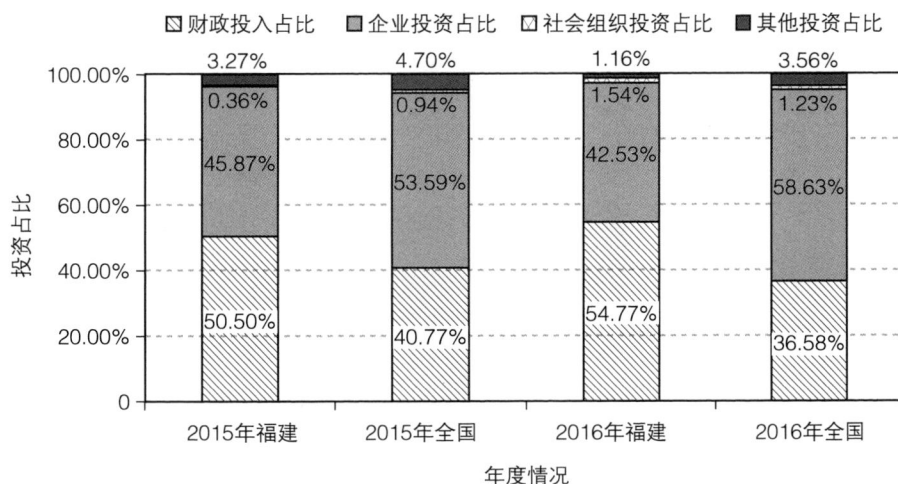

图4-111　孵化器投资构成

（2）财税支持情况

2016 年，福建省孵化器获得各级财政资助额为 17 348.21 万元，是 2015 年的 1.8 倍。其中，国家科技计划经费额 5372 万元，是 2015 年的 8.7 倍。

2016 年，福建省免税金额总计 1620.75 万元，是 2015 年的 2.23 倍。其中，房产税免税额 500.00 万元，较 2015 年增长 10.9%；城镇土地使用税免税额 400.00 万元，是 2015 年的 8.59 倍；所得税免税额为 120.00 万元。

（3）收支情况

2016 年，福建省孵化器总收入 49 660.78 万元，较 2015 年降低 61.5%。其中，物业收入最多，为 27 910.60 万元，占比 56.2%；其次是综合服务收入，占比 24.8%。和 2015 年相比，综合服务收入较 2015 年上升 21.7%，综合服务收入不足 2015 年的 1/7，物业收入成为孵化器收入的主要来源（图 4 - 112）。

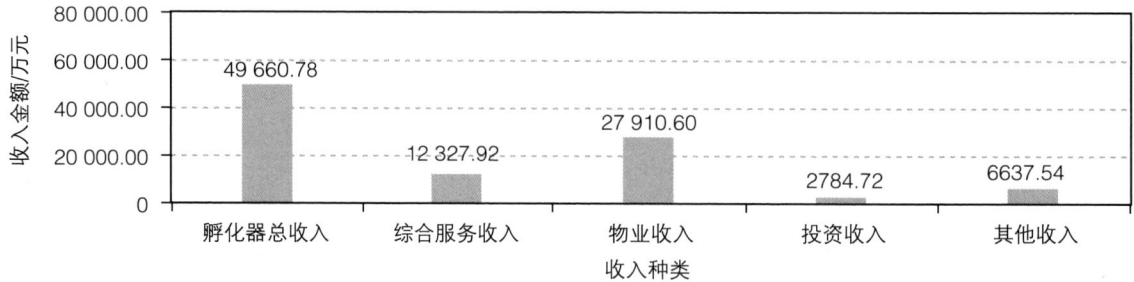

图 4 - 112　2016 年孵化器收入情况

2016 年，孵化器运行成本中，场地费用所占的比重最大，占比为 27.86%；人员费用、管理费用和其他费用占比次之；纳税额占比仅为 12.92%（图 4 - 113）。

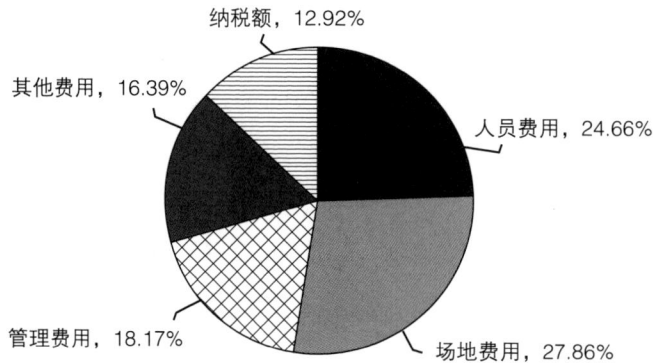

图 4 - 113　2016 年孵化器运营成本

（4）管理人员情况

2016 年，福建省孵化器管理机构从业人员为 1673 人，较 2015 年略有增长。其中，大专以上人员 1422 人，较 2015 年增长略有下降，占比 85.0%；接受专业培训人员 686 人，较 2015 年增长 28.7%，占比 41.0%（表 4 - 115）。

表 4 - 115　管理机构从业人员情况

年份	管理机构从业人员	大专以上人员	接受专业培训人员
2015 年	1625	1446	533
2016 年	1673	1422	686

（5）开展孵化服务情况

2016 年，福建省孵化器孵化基金总额为 14.99 亿元，是 2015 年的 1.67 倍。

2016 年，福建省孵化器内共有企业联络员 699 人，企业辅导员 660 人，创业导师 913 人。和 2015 年相比，创业导师人数增长 29.1%；企业联络员、企业辅导员分别降低 19.1%、6.6%。创业导师对接企业数 1311 家，较 2015 年增长 6.8%（图 4 – 114）。

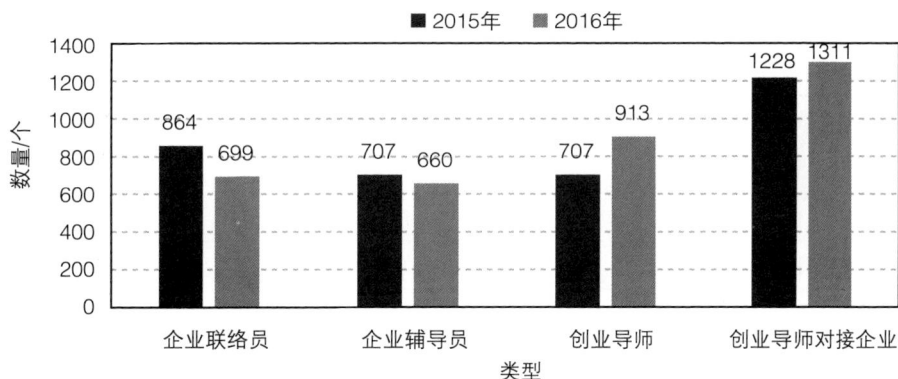

图 4 –114　孵化器创业辅导情况

2016 年，福建省孵化器对在孵企业培训达 66 098 人次，较 2015 年增长 19.4%；开展创业教育培训活动场次 2097 次，较 2015 年增长 26.5%。

（二）众创空间建设及运行情况

1. 总体情况

2016 年，福建省共有众创空间 241 家。当年服务的创业团队数量 8569 家，当年服务的初创企业数量 4080 家，创业团队和企业中共有 28 家企业在当年上市（挂牌）。

2016 年，福建省众创空间总面积为 881 355.1 m²，共提供了 40 453 个工位。福建省众创空间场地以租赁为主，租赁面积占比 74.33%。2016 年，福建省众创空间面积中，常驻团队和企业使用面积与公共服务面积占众创空间的比例达到 76.76%；管理办公使用面积和其他面积占比较少（图 4 – 115）。

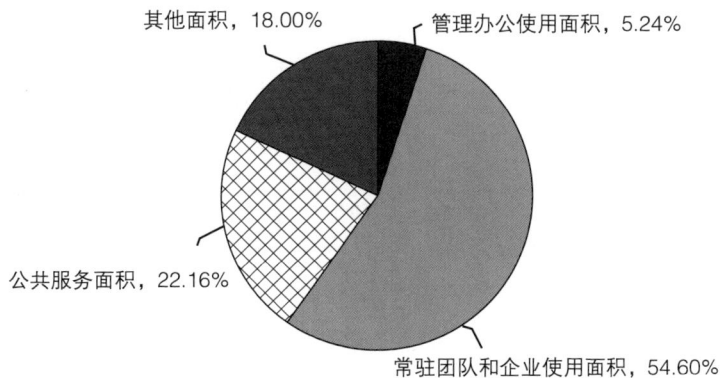

图 4 –115　众创空间使用面积

2. 孵化绩效情况

（1）创业企业/团队类型

2016年，福建省众创空间内创业团队和企业共有5224家。其中，大学生创业占比为43.42%；科技人员创业占比为13.53%；大企业高管离职创业和留学生归国创业占比低于15%；海外项目入驻占比为4.35%（表4-116）。

表4-116　2016年众创空间创业团队和企业情况

创业团队和企业情况	数量	占比
总数	5224	100.00%
海外项目入驻	227	4.35%
大学生创业	2268	43.42%
留学生归国创业	190	3.64%
科技人员创业	707	13.53%
大企业高管离职创业	545	10.43%
连续创业	1287	24.64%

（2）创业企业/团队获投融资情况

2016年，福建省众创空间内当年获得投融资的团队及企业的数量为711家，获得投资总额17.56亿元。其中，社会投资占比82.66%。

2016年，众创空间帮助入驻享受财政政策的团队或企业共458家，共享受财政资金支持额5211.81万元。

（3）就业及项目入驻情况

2016年，福建省众创空间内创业团队和企业共吸纳34 920人就业，其中吸纳应届毕业大学生10 140人。

2016年，众创空间中创业项目平均入驻周期7~12个月的众创空间最多；其次为创业项目平均入驻周期为13~24个月和1~6个月的众创空间；创业项目平均入驻周期为24个月以上的众创空间相对较少（表4-117）。

表4-117　众创空间创业项目平均入驻周期

入驻周期	众创空间数	占比
1~6个月	47	19.50%
7~12个月	119	49.38%
13~24个月	60	24.90%
24个月以上	15	6.22%
合计	241	100.00%

3. 众创空间运营情况

（1）众创空间类型

2016 年，福建省众创空间在国家备案的占比 10.79%；位于国家高新区内的占比 20.75%；由孵化器建立的占比 19.92%；由高校或科研院所建立的占比 9.13%；本身是上市或挂牌企业的占比 7.47%。

（2）收支情况

2016 年，福建省众创空间总收入为 35 878.19 万元。其中，服务收入和财政补贴较多，合计占比 62.85%（图 4 - 116）。

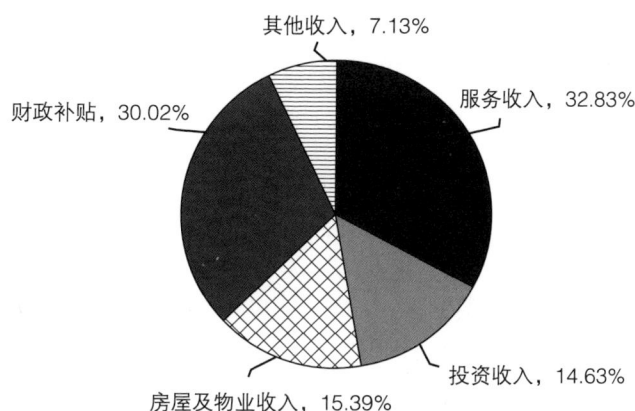

其他收入，7.13%

服务收入，32.83%

财政补贴，30.02%

投资收入，14.63%

房屋及物业收入，15.39%

图 4 - 116　众创空间收入分类

2016 年，福建省众创空间运营成本为 54 829.68 万元，其中场地费用和人员费用占比较大；管理费用和其他费用占比次之；纳税额占比最小（图 4 - 117）。

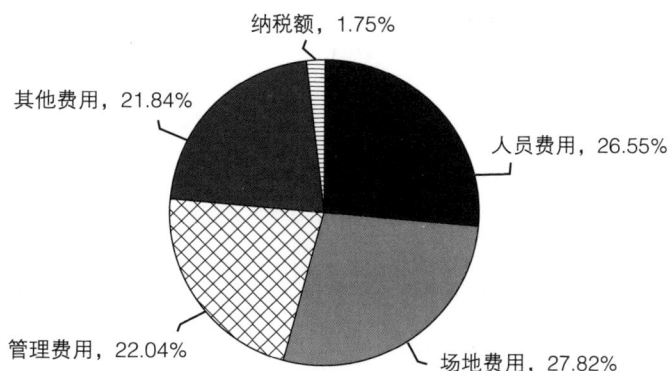

纳税额，1.75%

其他费用，21.84%

人员费用，26.55%

管理费用，22.04%

场地费用，27.82%

图 4 - 117　众创空间运营成本分类

（3）提供服务情况

2016 年，福建省众创空间服务人员数量为 6452 人，创业导师数量共 4016 人，创业导师中专职人员占比为 24.68%。

2016 年，福建省众创空间共举办创新创业活动 3961 次，开展创业教育培训 3345 次，当年开展国际合作交流活动 202 次。

十四、江西省创业孵化发展状况

（一）孵化器建设及运行情况

1. 总体情况

2016 年，江西省共有 33 家科技企业孵化器，比 2015 年增加 50.0%，占全国孵化器总数的
1.0%。其中，国家级 16 家，非国家级 17 家（表 4 – 118）。

表 4 – 118　孵化器数量及分类

年份	国家级	非国家级	总数
2015 年	13	9	22
2016 年	16	17	33

2016 年，江西省孵化器使用总面积为 1 021 662.03 m²，较 2015 年增长 31.3%。其中，在孵企业用
房面积最多，占比达 78.68%；办公用房和公共服务用房面积较少，总占比不足 20%（图 4 – 118）。

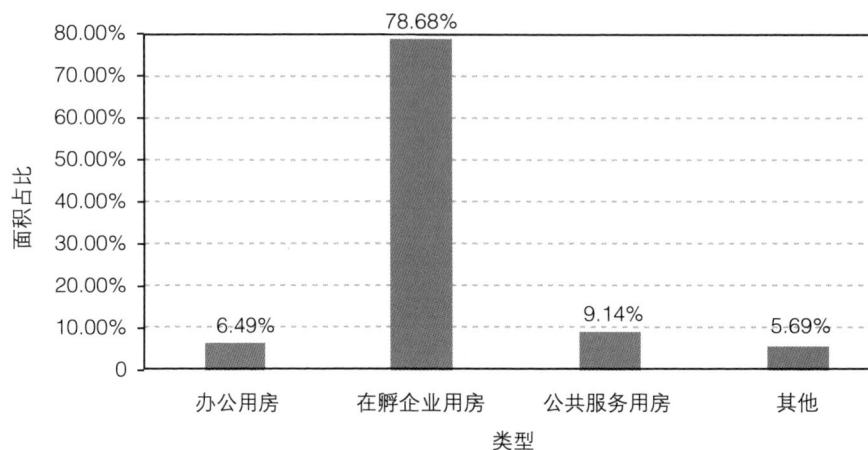

图 4 – 118　2016 年孵化器使用面积

2016 年，江西省在孵企业数量达到 1839 家，较 2015 年增长 41.6%。累计毕业企业 1076 家，较
2015 年增长 21.4%，企业的毕业率为 36.91%，和 2015 年相比降低了 3.64 个百分点（表 4 – 119）。

表 4 – 119　孵化器在孵和毕业企业情况

年份	在孵企业数	累计毕业企业数	毕业率
2015 年	1299	886	40.55%
2016 年	1839	1076	36.91%

2．孵化绩效情况

（1）在孵企业类型

2016 年，江西省在孵企业共计 1839 家。其中，大学生科技企业 338 家，较 2015 年增加 92.0%，占全部在孵企业的 18.4%；高新技术企业 155 家，较 2015 年增加 92 家；留学人员企业 103 家，较 2015 年增加 58.5%（图 4 - 119）。

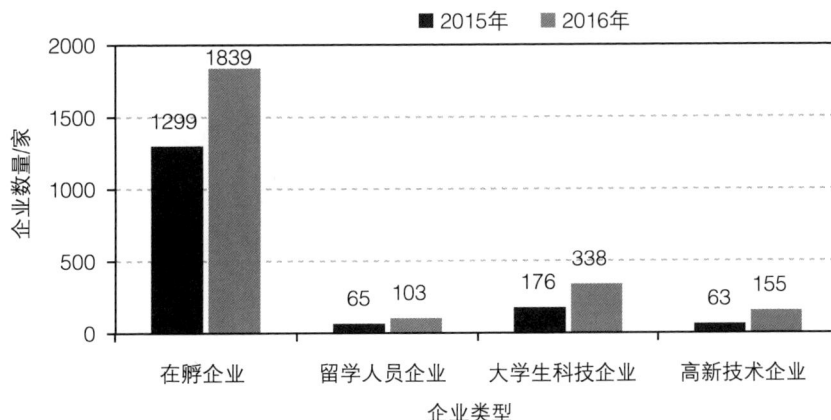

图 4 - 119　孵化器在孵企业类型分类

（2）在孵企业从业人员情况

2016 年，江西省在孵企业从业人员 39 107 人，是 2015 年的 1.49 倍。其中，大专以上人员 25 943 人，是 2015 年的 1.31 倍，占比达 66.34%；留学人员 175 人，较 2015 年减少 4.37%；"千人计划"人员共 7 人，较 2015 年增加 2 人；吸纳应届大学毕业生 5093 人，较 2015 年增加 28.10%，占孵化器全部从业人员的 13.02%（表 4 - 120）。

表 4 - 120　孵化器在孵企业从业人员情况

年份	从业人员	其中			
		大专以上人员	留学人员	"千人计划"人员	吸纳应届大学毕业生
2015 年	26 295	19 745	183	5	3976
2016 年	39 107	25 943	175	7	5093

（3）在孵企业获投融资情况

2016 年，江西省当年获得孵化基金投资的在孵企业数有 370 家，比 2015 年增加 104.4%；当年获得投融资的企业数为 108 家，比 2015 年增加 38.5%；在孵企业当年获得风险投资额 2.1 亿元，不足 2015 年的 1/3（表 4 - 121）。

表 4 - 121　2015—2016 年孵化器投融资情况

投融资情况	2015 年	2016 年
当年获得孵化基金投资的在孵企业数	181	370
当年获得投融资的企业数	78	108
在孵企业当年获得风险投资额/亿元	6.9	2.1

（4）在孵企业技术创新情况

2016 年，江西省当年知识产权申请数 1565 件，比 2015 年增长 40.6%；拥有有效知识产权数 1903 件，比 2015 年增长 62.6%；累计购买国外技术专利 21 件；当年承担国家级科技计划项目 34 项，比 2015 年减少 27 项；当年获得省级以上奖励 58 项，比 2015 年减少 18 项（表 4 - 122）。

表 4 - 122　孵化器在孵企业知识产权情况

相关指标	2015 年	2016 年
当年知识产权申请数/件	1113	1565
拥有有效知识产权数/件	1170	1903
其中：发明专利/件	286	431
软件著作权/件	402	311
集成电路布图/个	5	1
植物新品种/个	2	2
累计购买国外技术专利/件	4	21
当年承担国家级科技计划项目/项	61	34
当年获得省级以上奖励/项	76	58

（5）毕业企业情况

2016 年，江西省累计毕业企业 1076 家，较 2015 年增长 21.4%。其中，毕业企业累计上市（挂牌）企业 13 家，比 2015 年增加 1 家；当年毕业企业 218 家，较 2015 年增长 61.5%；当年上市（挂牌）企业 9 家，比 2015 年多 8 家；当年被兼并和收购企业 6 家，比 2015 年增加 3 家；当年营业收入超过 5000 万元企业有 51 家，较 2015 年增长 96.2%（表 4 - 123）。

表 4 - 123　孵化器毕业企业情况

相关指标	2015 年	2016 年
累计毕业企业	886	1076
其中：毕业企业累计上市（挂牌）企业	12	13
当年毕业企业	135	218
当年上市（挂牌）企业	1	9
当年被兼并和收购企业	3	6
当年营业收入超过 5000 万元企业	26	51

3. 孵化器运营情况

（1）投资构成情况

2016 年，江西省孵化器投资中，企业投资最多，占比达 59.06%，略高于全国平均值；其次是财政投入，占比 31.59%，低于全国平均值 5 个百分点。和 2015 年相比，企业投资的占比增长了 28 个百分点，财政投入的占比降低了近 25 个百分点（图 4 - 120）。

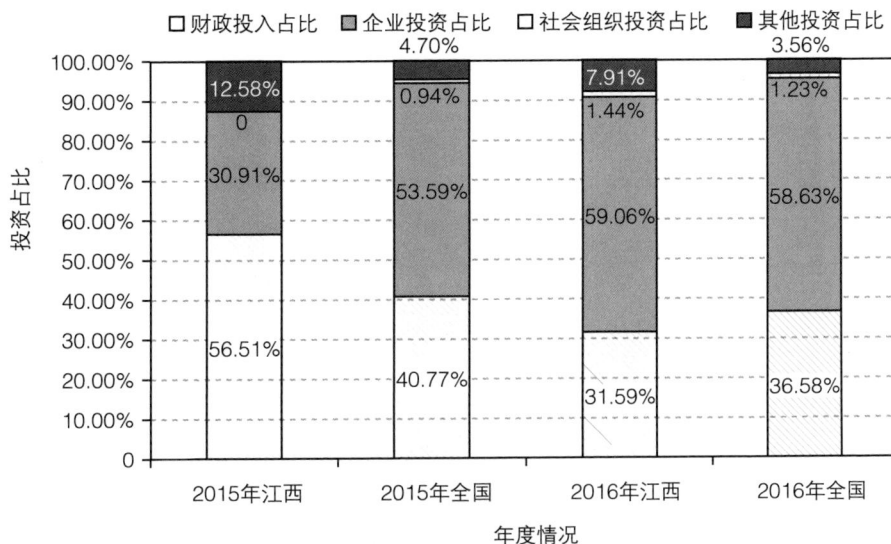

图 4 - 120　孵化器投资构成

（2）财税支持情况

2016 年，江西省孵化器获得各级财政资助额为 5553.1 万元，是 2015 年的 2.52 倍。其中，国家科技计划经费额 260 万元，较 2015 年略有降低。

2016 年，江西省免税金额总计 400.06 万元，是 2015 年的 2.08 倍。其中，房产税免税额最多，为 183.46 万元，是 2015 年的 1.78 倍，占比 45.85%；城镇土地使用税免税额 116.59 万元，是 2015 年的 1.87 倍；所得税免税额为 9.62 万元。

（3）收支情况

2016 年，江西省孵化器总收入 70 362.0 万元，是 2015 年的 6.58 倍。其中，投资收入最多，为 36 604.8 万元，占比 52.0%；其次是综合服务收入，占比 36.1%。和 2015 年相比，投资收入、综合服务收入较 2015 年增幅巨大，投资收入成为孵化器收入的主要来源（图 4 - 121）。

2016 年，孵化器运行成本中，场地费用所占的比重最大，占比为 38.17%；其他费用、人员费用和管理费用占比次之；纳税额占比仅为 5.00%（图 4 - 122）。

（4）管理人员情况

2016 年，江西省孵化器管理机构从业人员为 545 人，较 2015 年增长 49.7%。其中，大专以上人员 505 人，较 2015 年增长 50.7%，占比 92.7%；接受专业培训人员 271 人，较 2015 年增长

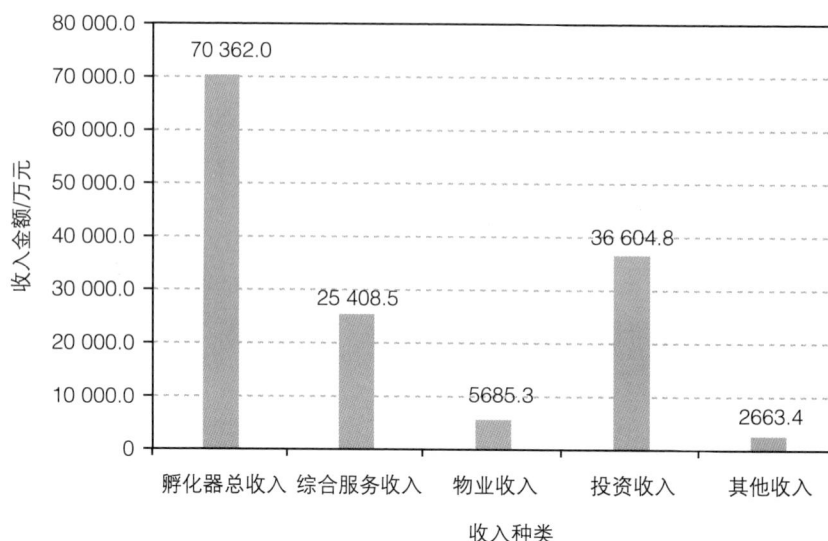

图 4 - 121　2016 年孵化器收入情况

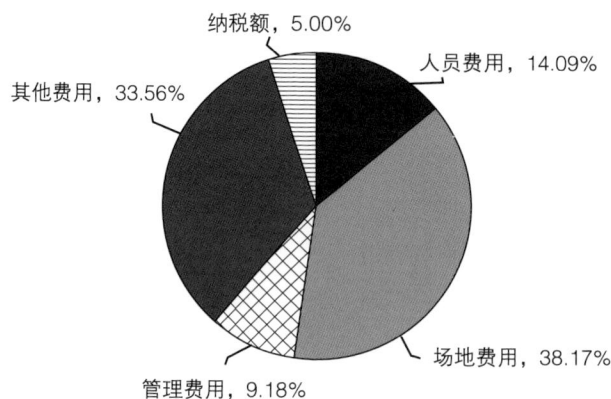

图 4 - 122　2016 年孵化器运营成本

44.9%，占比 49.7%（表 4 - 124）。

表 4 - 124　管理机构从业人员情况

年份	管理机构从业人员	大专以上人员	接受专业培训人员
2015 年	364	335	187
2016 年	545	505	271

（5）开展孵化服务情况

2016 年，江西省孵化器孵化基金总额为 2.5 亿元，较 2015 年略有减少。

2016 年，江西省孵化器内共有企业联络员 266 人，企业辅导员 291 人，创业导师 473 人。和 2015 年相比，创业导师人数增长 58.2%。创业导师对接企业数 2374 家，是 2015 年的 2.83 倍（图 4 - 123）。

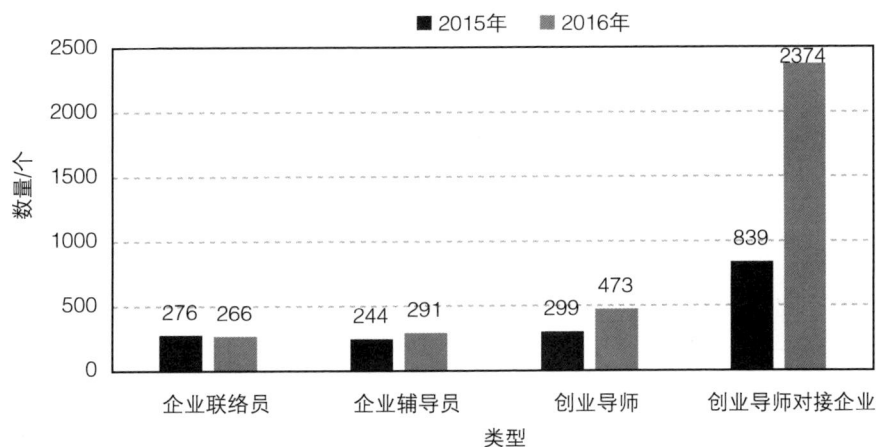

图 4-123　孵化器创业辅导情况

2016 年，江西省孵化器对在孵企业培训达 37 081 人次，是 2015 年的 1.98 倍；开展创业教育培训活动场次 1033 次，是 2015 年的 2.52 倍。

（二）众创空间建设及运行情况

1. 总体情况

2016 年，江西省共有众创空间 83 家，当年服务的创业团队数量 4708 家，当年服务的初创企业数量 3440 家，创业团队和企业中共有 19 家企业在当年上市（挂牌）。

2016 年，江西省众创空间总面积为 914 232.7 m²，共提供了 25 621 个工位。江西省众创空间场地以常驻团队和企业使用面积为主，常驻团队和企业使用面积占比 56.38%。2016 年，江西省众创空间面积中，常驻团队和企业使用面积与其他面积占众创空间的比例达到 77.44%；管理办公使用面积和公共服务面积占比较少（图 4-124）。

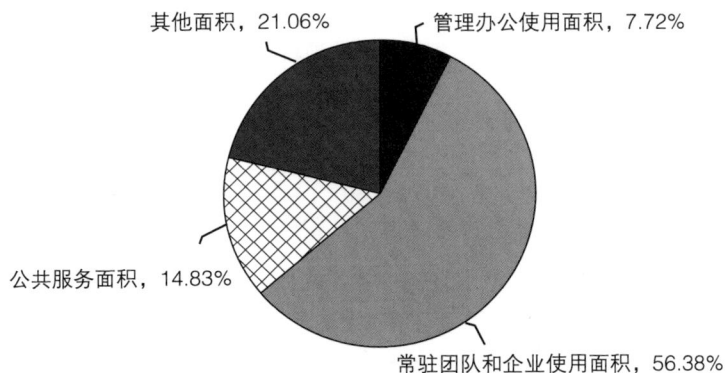

图 4-124　众创空间使用面积

2. 孵化绩效情况

（1）创业企业/团队类型

2016 年，江西省众创空间内共有创业团队和企业 4882 家。其中，大学生创业占比为 61.10%；

科技人员创业占比为 14.26%；大企业高管离职创业和留学生归国创业占比低于 12%；海外项目入驻占比为 0.41%（表 4 - 125）。

表 4 - 125　2016 年众创空间创业团队和企业情况

创业团队和企业情况	数量	占比
总数	4882	100.0%
海外项目入驻	20	0.41%
大学生创业	2983	61.10%
留学生归国创业	57	1.17%
科技人员创业	696	14.26%
大企业高管离职创业	504	10.32%
连续创业	622	12.74%

（2）创业企业/团队获投融资情况

2016 年，江西省当年获得投融资的团队及企业的数量为 471 家，获得投资总额 10.87 亿元。其中，社会投资占比 73.66%。

2016 年，众创空间帮助入驻享受财政政策的团队或企业共 618 个，共享受财政资金支持额 4449.40 万元。

（3）就业及项目入驻情况

2016 年，创业团队和企业共吸纳 35 117 人就业，其中吸纳应届毕业大学生 13 566 人。

2016 年，众创空间中创业项目平均入驻周期为 13 ~ 24 个月的众创空间最多；其次为创业项目平均入驻周期为 7 ~ 12 个月和 1 ~ 6 个月的众创空间；创业项目平均入驻周期为 24 个月以上的众创空间相对较少（表 4 - 126）。

表 4 - 126　众创空间创业项目平均入驻周期

入驻周期	众创空间数	占比
1 ~ 6 个月	14	16.87%
7 ~ 12 个月	30	36.14%
13 ~ 24 个月	33	39.76%
24 个月以上	6	7.23%
合计	83	100.00%

3. 众创空间运营情况

（1）众创空间类型

2016 年，江西省众创空间在国家备案的占比 12.04%；位于国家高新区内的占比 21.69%；由孵化器建立的占比 50.60%；由高校或科研院所建立的占比 15.60%；本身是上市或挂牌企业的占比 2.40%。

（2）收支情况

2016 年，江西省众创空间总收入为 197 116.1 万元。其中，服务收入较多，占比 91.90%（图 4 - 125）。

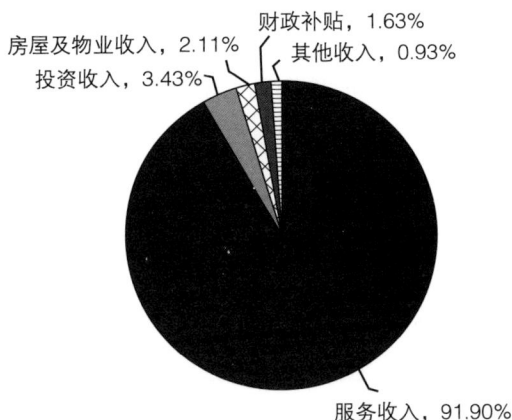

图 4 - 125　众创空间收入分类

2016 年，江西省众创空间运营成本为 60 830.8 万元。其中，场地费用和其他费用占比较大；人员费用和纳税额占比次之；管理费用占比最小（图 4 - 126）。

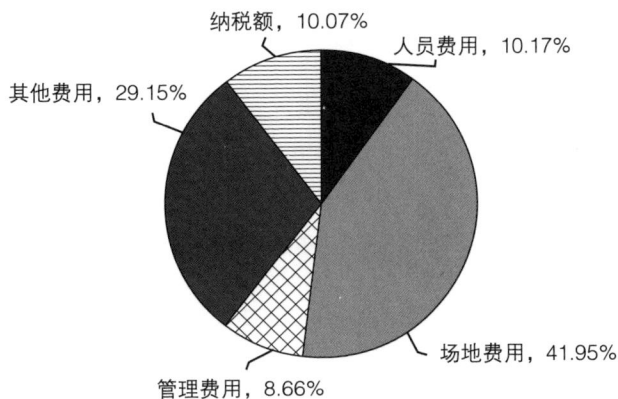

图 4 - 126　众创空间运营成本分类

（3）提供服务情况

2016 年，江西省众创空间服务人员数量为 10 959 人，创业导师数量共 2786 人，创业导师中专职人员占比为 34.17%。

2016 年，江西省众创空间共举办创新创业活动 3726 次，开展创业教育培训 2467 次，当年开展国际合作交流活动 64 次。

十五、山东省创业孵化发展情况

（一）孵化器建设及运行情况

1. 总体情况

2016 年，山东省共有 216 家科技企业孵化器，比 2015 年增长 44%，占全国孵化器总数的 6.64%。其中，国家级 74 家，非国家级 142 家（表 4-127）。

表 4-127　孵化器数量及分类

年份	国家级	非国家级	总数
2015 年	65	85	150
2016 年	74	142	216

2016 年，山东省孵化器使用总面积为 7 455 350 m²，较 2015 年增长 26.3%。其中，在孵企业用房面积最多，占比达 71.65%；办公用房和公共服务用房面积较少，总占比不足 20%（图 4-127）。

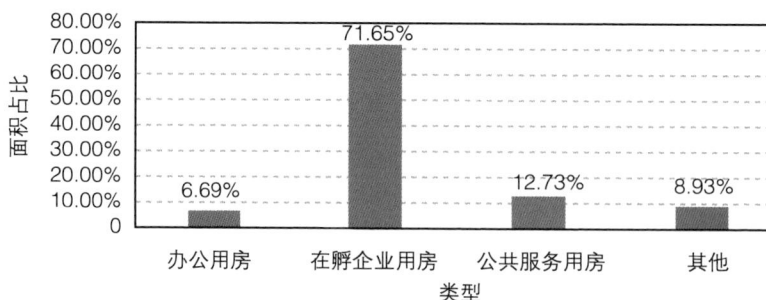

图 4-127　2016 年孵化器使用面积

2016 年，山东省在孵企业数量达到 10 640 家，较 2015 年增长 41.0%。累计毕业企业 6982 家，较 2015 年增长 25.9%，企业的毕业率为 39.62%，较 2015 年略有下降（表 4-128）。

表 4-128　孵化器在孵和毕业企业情况

年份	在孵企业数	累计毕业企业数	毕业率
2015 年	7545	5545	42.36%
2016 年	10 640	6982	39.62%

2. 孵化绩效情况

（1）在孵企业类型

2016 年，山东省在孵企业共计 10 640 家。其中，大学生科技企业 2261 家，较 2015 年增加 96.4%，占全部在孵企业的 21.3%；高新技术企业 607 家，较 2015 年增长 41.8%；留学人员企业

535 家，较 2015 年增加 33.8%（图 4 - 128）。

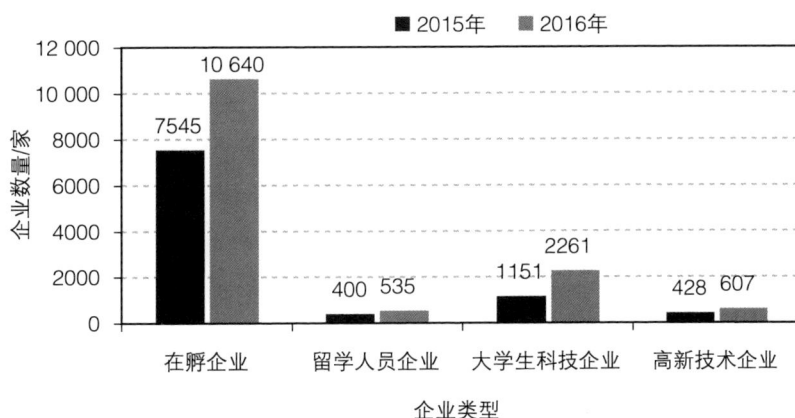

图 4 - 128　孵化器在孵企业类型分类

（2）在孵企业从业人员情况

2016 年，山东省在孵企业从业人员 148 156 人，是 2015 年的 1.3 倍。其中，大专以上人员 119 332 人，是 2015 年的 1.3 倍，占比达 80.5%；留学人员 1278 人，较 2015 年减少 12.8%；"千人计划"人员共 138 人，较 2015 年增加 26 人；吸纳应届大学毕业生 18174 人，较 2015 年增加 32.8%，占孵化器全部从业人员的 12.3%（表 4 - 129）。

表 4 - 129　孵化器在孵企业从业人员情况

年份	从业人员	其中			
		大专以上人员	留学人员	"千人计划"人员	吸纳应届大学毕业生
2015 年	111 795	90 565	1466	112	13 685
2016 年	148 156	119 332	1278	138	18 174

（3）在孵企业获投融资情况

2016 年，山东省当年获得孵化基金投资的在孵企业数有 895 家，比 2015 年增加 33.2%；当年获得投融资的企业数为 522 家，比 2015 年增加 25.2%；在孵企业当年获得风险投资额 10.8 亿元，较 2015 年增长 29.2%（表 4 - 130）。

表 4 - 130　2015—2016 年孵化器投融资情况

投融资情况	2015 年	2016 年
当年获得孵化基金投资的在孵企业数	672	895
当年获得投融资的企业数	417	522
在孵企业当年获得风险投资额/亿元	8.36	10.8

（4）在孵企业技术创新情况

2016 年，山东省当年知识产权申请数 11 142 件，比 2015 年增长 60.6%；拥有有效知识产权数 17 010 件，比 2015 年增长 68.9%；累计购买国外技术专利 81 件；当年承担国家级科技计划项目 2662 项，是 2015 年的 55 倍；当年获得省级以上奖励 445 项，比 2015 年增长 97.8%（表 4 - 131）。

表 4 - 131　孵化器在孵企业知识产权情况

相关指标	2015 年	2016 年
当年知识产权申请数/件	6936	11 142
拥有有效知识产权数/件	10 071	17 010
其中：发明专利/件	2924	3927
软件著作权/件	2489	3651
集成电路布图/个	79	104
植物新品种/个	81	140
累计购买国外技术专利/件	57	81
当年承担国家级科技计划项目/项	48	2662
当年获得省级以上奖励/项	225	445

（5）毕业企业情况

2016 年，山东省累计毕业企业 6982 家，较 2015 年增长 25.9%。其中，毕业企业累计上市（挂牌）企业 214 家，比 2015 年增加 126 家；当年毕业企业 1270 家，较 2015 年增长 47.5%；当年上市（挂牌）企业 90 家，是 2015 年的近 3 倍；当年被兼并和收购企业 65 家，比 2015 年增加 30 家；当年营业收入超过 5000 万元企业有 198 家，比 2015 年增加 49 家（表 4 - 132）。

表 4 - 132　孵化器毕业企业情况

相关指标	2015 年	2016 年
累计毕业企业	5545	6982
其中：毕业企业累计上市（挂牌）企业	88	214
当年毕业企业	861	1270
当年上市（挂牌）企业数量	34	90
当年被兼并和收购企业	35	65
当年营业收入超过 5000 万元企业	149	198

3. 孵化器运营情况

（1）投资构成情况

2016 年，山东省孵化器投资中，财政投入最多，占比达 58.40%，比全国平均值高 21.82 个百分点；其次是企业投资，占比 39.66%，低于全国平均值。和 2015 年相比，企业投资的占比下降近 4 个百分点，财政投入的占比提高了 3.42 个百分点（图 4 - 129）。

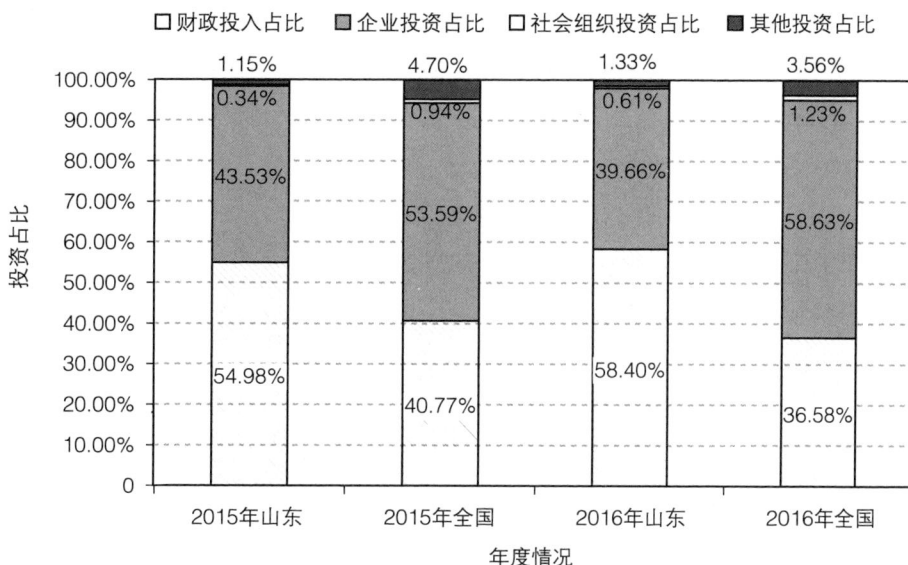

图 4 - 129　孵化器投资构成

（2）财税支持情况

2016 年，山东省孵化器获得各级财政资助额为 33 413.33 万元，较 2015 年下降 27.3%。其中，国家科技计划经费额 1284.92 万元，较 2015 年下降 13.8%。

2016 年，山东省免税金额总计 1445.97 万元，较 2015 年略有增长。其中，房产税免税额最多，为 695.26 万元，较 2015 年略有下降，占比 48.1%；城镇土地使用税免税额 436.70 万元，是 2015 年的 1.2 倍；所得税免税额为 26.40 万元。

（3）收支情况

2016 年，山东省孵化器总收入 96 306.78 万元，不足 2015 年的 1/2。其中，综合服务收入最多，为 41 224.88 万元，占比 42.8%；其次是物业收入，占比 33.8%。和 2015 年相比，综合服务收入较 2015 年上升 26.0%，物业收入较 2015 年降低了 38.0%，综合服务收入为孵化器收入的主要来源（图 4 - 130）。

2016 年，孵化器运行成本中，管理费用所占的比重最大，占比为 32.51%；场地费用、人员费用和其他费用占比次之；纳税额占比仅为 6.28%（图 4 - 131）。

（4）管理人员情况

2016 年，山东省孵化器管理机构从业人员为 3190 人，较 2015 年增长 30.8%。其中，大专以上人员 2971 人，较 2015 年增长 31.3%，占比 93.1%；接受专业培训人员 1460 人，较 2015 年增长 37.6%，占比 45.8%（表 4 - 133）。

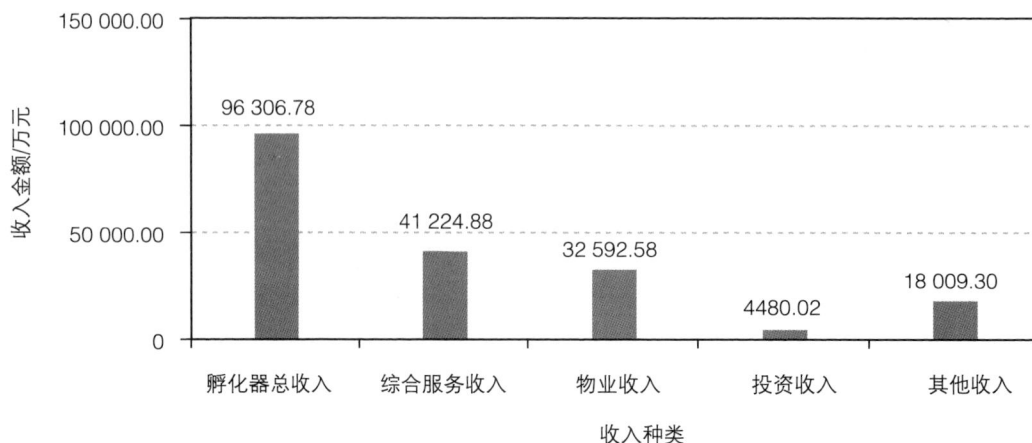

图 4 – 130　2016 年孵化器收入情况

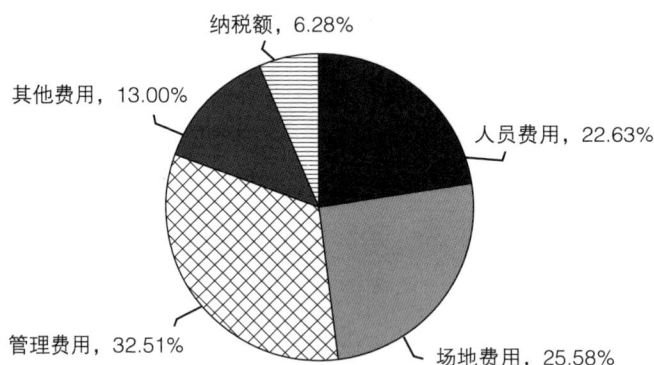

图 4 – 131　2016 年孵化器运营成本

表 4 – 133　管理机构从业人员情况

年份	管理机构从业人员	大专以上人员	接受专业培训人员
2015 年	2439	2263	1061
2016 年	3190	2971	1460

（5）开展孵化服务情况

2016 年，山东省孵化器孵化基金总额为 33.63 亿元，较 2015 年增长 23.8%。

2016 年，山东省孵化器内共有企业联络员 2276 人，企业辅导员 1951 人，创业导师 2779 人。和 2015 年相比，创业导师人数增长 63.0%；企业联络员、企业辅导员分别增长 53.6%、59.3%。创业导师对接企业数 7073 家，较 2015 年增长 68.4%（图 4 – 132）。

2016 年，山东省孵化器对在孵企业培训达 204 446 人次，较 2015 年增长 57.1%；开展创业教育培训活动场次 5306 次，较 2015 年增长 59.1%。

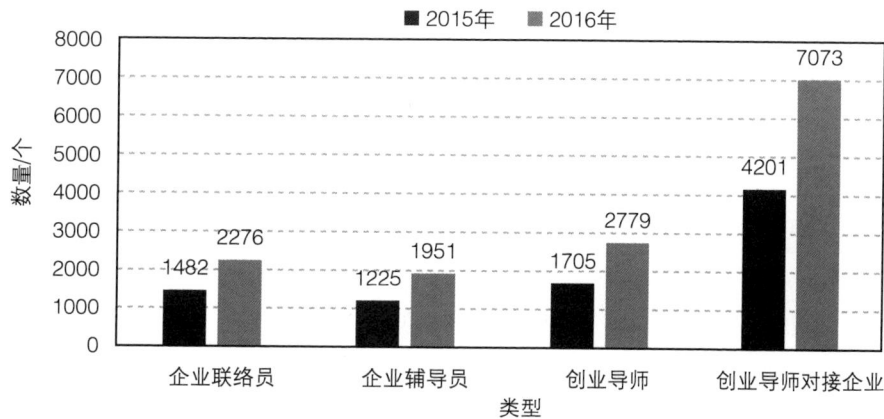

图 4 –132　孵化器创业辅导情况

（二）众创空间建设及运行情况

1. 总体情况

2016 年，山东省共有众创空间 395 家，当年服务的创业团队数量 10 805 家，当年服务的初创企业数量 7651 家，创业团队和企业中共有 176 家企业在当年上市（挂牌）。

2016 年，山东省众创空间总面积为 2 464 898. 23 m²，共提供了 60 531 个工位。山东省众创空间场地以企业使用和常驻团队为主，租赁面积占比 54. 52%。2016 年，山东省众创空间面积中，常驻团队和企业使用面积与公共服务面积占众创空间的比例达到 75. 23%；管理办公使用面积和其他面积占比较少（图 4 –133）。

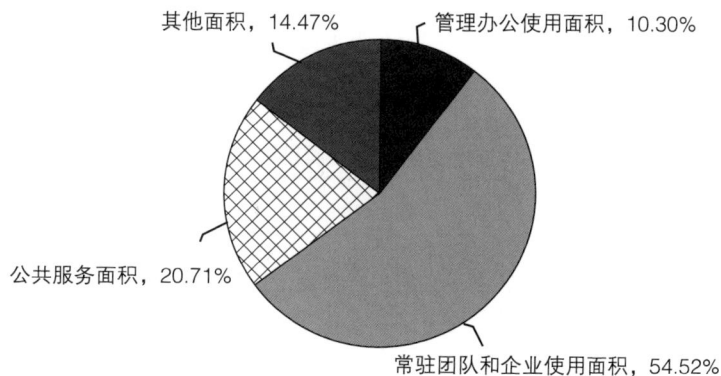

图 4 –133　众创空间使用面积

2. 孵化绩效情况

（1）创业企业/团队类型

2016 年，山东省众创空间内共有创业团队和企业 10 282 家。其中，大学生创业占比为 50. 43%；科技人员创业占比为 19. 05%；大企业高管离职创业和留学生归国创业占比低于 11%；海外项目入驻占比为 1.89%（表 4 - 134）。

表 4 - 134　2016 年众创空间创业团队和企业情况

创业团队和企业情况	数量	占比
总数	10 282	100.00%
海外项目入驻	194	1.89%
大学生创业	5185	50.43%
留学生归国创业	363	3.53%
科技人员创业	1959	19.05%
大企业高管离职创业	726	7.06%
连续创业	1855	18.04%

（2）创业企业/团队获投融资情况

2016 年，山东省当年获得投融资的团队及企业的数量为 1005 家，获得投资总额 14.17 亿元。其中，社会投资占比 73.84%。

2016 年，众创空间帮助入驻享受财政政策的团队或企业共 1517 家，共享受财政资金支持额 15 896.99 万元。

（3）就业及项目入驻情况

2016 年，山东省众创空间内创业团队和企业共吸纳 87 352 人就业，其中吸纳应届毕业大学生 31 972 人。

2016 年，山东省众创空间总计 395 个，其中创业项目平均入驻周期为 7～12 个月的众创空间最多；其次为创业项目平均入驻周期为 13～24 个月和 1～6 个月的众创空间；创业项目平均入驻周期为 24 个月以上的众创空间相对较少（表 4 - 135）。

表 4 - 135　众创空间创业项目平均入驻周期

入驻周期	众创空间数	占比
1～6 个月	66	16.71%
7～12 个月	172	43.54%
13～24 个月	101	25.57%
24 个月以上	56	14.18%
合计	395	100.00%

3. 众创空间运营情况

（1）众创空间类型

2016 年，山东省众创空间在国家备案的占比 41.01%；位于国家高新区内的占比 25.57%；由孵化器建立的占比 41.77%；由高校或科研院所建立的占比 9.37%；本身是上市或挂牌企业的占比 4.05%。

（2）收支情况

2016 年，山东省众创空间总收入为 557 331.75 万元。其中，服务收入和财政补贴较多，合计占比 59.04%（图 4 - 134）。

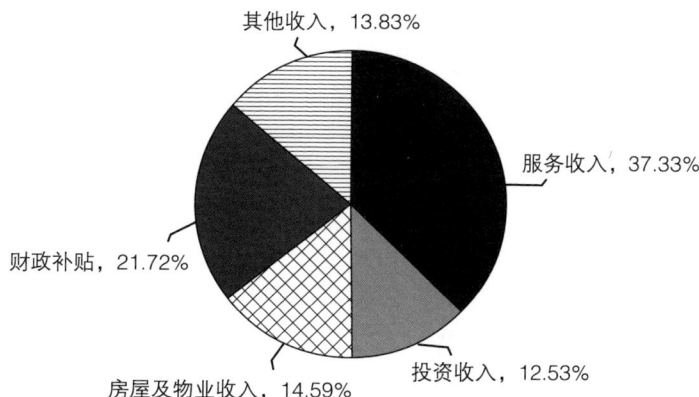

图 4 - 134　众创空间收入分类

2016 年，山东省众创空间运营成本为 63 114.54 万元。其中，场地费用和人员费用占比较大；管理费用和其他费用占比次之；纳税额占比最小（图 4 - 135）。

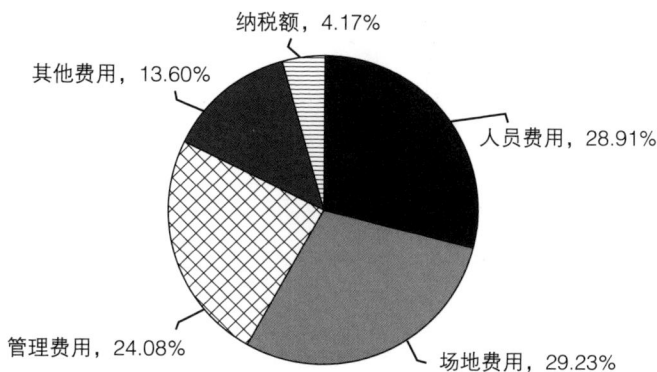

图 4 - 135　众创空间运营成本分类

（3）提供服务情况

2016 年，山东省众创空间服务人员数量为 21 526 人，创业导师数量共 6179 人，创业导师中专职人员占比为 27.29%。

2016 年，山东省众创空间共举办创新创业活动 10 303 次，开展创业教育培训 8009 次，当年开展国际合作交流活动 500 次。

十六、河南省创业孵化发展情况

（一）孵化器建设及运行情况

1. 总体情况

2016 年，河南省共有 126 家科技企业孵化器，比 2015 年增长 24.8%，占全国孵化器总数的 3.87%。其中，国家级 30 家，非国家级 96 家（表 4-136）。

表 4-136　孵化器数量及分类

年份	国家级	非国家级	总数
2015 年	24	77	101
2016 年	30	96	126

2016 年，河南省孵化器使用总面积为 6 006 701 m^2，较 2015 年增长 3.9%。其中，在孵企业用房面积最多，占比达 68.62%；办公用房和公共服务用房面积较少，占比不足 15%（图 4-136）。

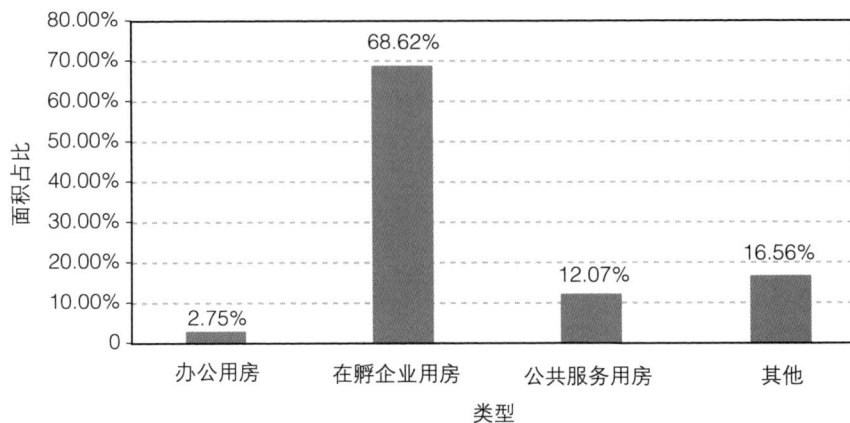

图 4-136　2016 年孵化器使用面积

2016 年，河南省在孵企业数量达到 6733 家，是 2015 年的 1.32 倍。累计毕业企业 4663 家，比 2015 年增加 22.58%，企业的毕业率为 40.92%，比 2015 年略有降低（表 4-137）。

表 4-137　孵化器在孵和毕业企业情况

年份	在孵企业数	累计毕业企业数	毕业率
2015 年	5118	3804	42.64%
2016 年	6733	4663	40.92%

2. 孵化绩效情况

（1）在孵企业类型

2016年，河南省在孵企业共计6733家。其中，大学生科技企业1263家，较2015年增加46.9%，占全部在孵企业的18.8%；高新技术企业146家，较2015年增加41.7%；留学人员企业174家，较2015年增加8.1%（图4-137）。

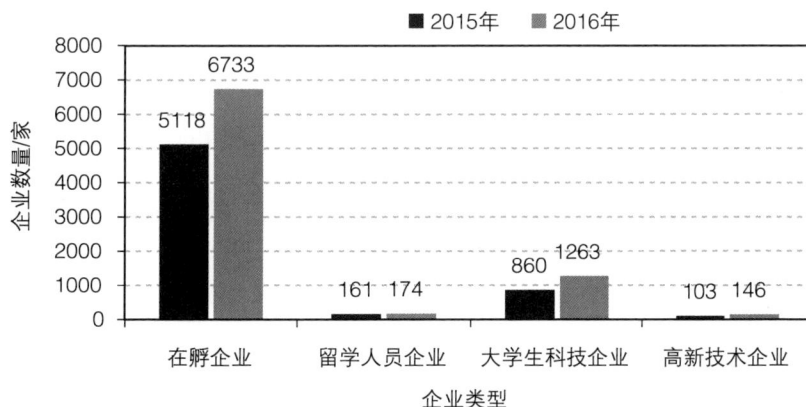

图4-137 孵化器在孵企业类型分类

（2）在孵企业从业人员情况

2016年，河南省在孵企业从业人员155 693人，是2015年的1.29倍。其中，大专以上人员102 986人，是2015年的1.38倍，占比达66.1%；留学人员481人，较2015年增加9.8%；"千人计划"人员共16人，较2015年增加3人；吸纳应届大学毕业生18 431人，较2015年增加33.8%，占孵化器全部从业人员的11.8%（表4-138）。

表4-138 孵化器在孵企业从业人员情况

年份	从业人员	其中			
		大专以上人员	留学人员	"千人计划"人员	吸纳应届大学毕业生
2015年	120 456	74 744	438	13	13 777
2016年	155 693	102 986	481	16	18 431

（3）在孵企业获投融资情况

2016年，河南省当年获得孵化基金投资的在孵企业数有820家，比2015年增加20.6%；当年获得投融资的企业数为411家，较2015年增加35.6%；在孵企业当年获得风险投资额8.08亿元，是2015年的1.54倍（表4-139）。

表 4 – 139　2015—2016 年孵化器投融资情况

投融资情况	2015 年	2016 年
当年获得孵化基金投资的在孵企业数	680	820
当年获得投融资的企业数	303	411
在孵企业当年获得风险投资额/亿元	5.26	8.08

（4）在孵企业技术创新情况

2016 年，河南省当年知识产权申请数 5845 件，比 2015 年增加 22.6%；拥有有效知识产权数 8443 件，是 2015 年的 1.3 倍；累计购买国外技术专利 20 件，比 2015 年减少 10 件；当年承担国家级科技计划项目 30 项，比 2015 年减少 5 项；当年获得省级以上奖励 283 项，是 2015 年的 1.8 倍（表 4 – 140）。

表 4 – 140　孵化器在孵企业知识产权情况

相关指标	2015 年	2016 年
当年知识产权申请数/件	4768	5845
拥有有效知识产权数/件	6501	8443
其中：发明专利/件	1529	2006
软件著作权/件	1380	1822
集成电路布图/个	41	95
植物新品种/个	98	24
累计购买国外技术专利/件	30	20
当年承担国家级科技计划项目/项	35	30
当年获得省级以上奖励/项	158	283

（5）毕业企业情况

2016 年，河南省累计毕业企业 4663 家，较 2015 年增长 22.6%。其中，毕业企业累计上市（挂牌）企业 163 家，比 2015 年增加 73 家；当年毕业企业 754 家，较 2015 年增长 18.6%；当年上市（挂牌）企业 54 家，是 2015 年的 1.6 倍；当年被兼并和收购企业 10 家，比 2015 年减少 7 家；当年营业收入超过 5000 万元企业 125 家，比 2015 增加 3 家（表 4 – 141）。

表 4 – 141　孵化器毕业企业情况

相关指标	2015 年	2016 年
累计毕业企业	3804	4663
其中：毕业企业累计上市（挂牌）企业	90	163
当年毕业企业	636	754
当年上市（挂牌）企业	33	54
当年被兼并和收购企业	17	10
当年营业收入超过 5000 万元企业	122	125

3. 孵化器运营情况

（1）投资构成情况

2016年，河南省孵化器投资中，企业投资最多，占比达46.68%，但是比全国平均值低11.95个百分点；其次是财政投入，占比41.13%，高于全国平均值近5个百分点。和2015年相比，企业投资的占比略有增加，财政投入的占比基本不变（图4－138）。

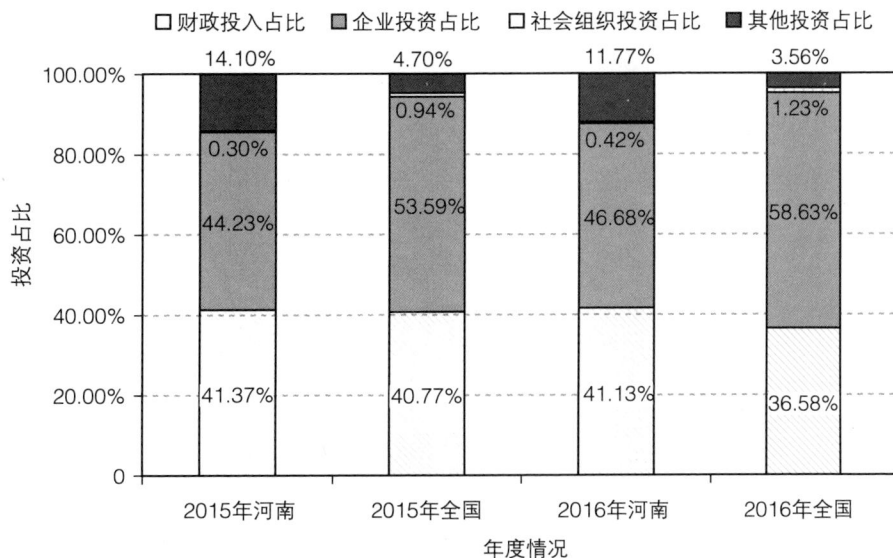

图4－138 孵化器投资构成

（2）财税支持情况

2016年，河南省孵化器获得各级财政资助额为12 320.26万元，是2015年的1.32倍。其中，国家科技计划经费额140万元，比2015年增加18.2%。

2016年，河南省免税金额总计501.88万元，是2015年的2.57倍。其中，房产税免税额和城镇土地使用税免税额较多，分别为192.24万元和185.90万元，占比分别为38.30%、37.04%。

（3）收支情况

2016年，河南省孵化器总收入69 817.81万元，是2015年的1.2倍。其中，综合服务收入最多，为20 827.34万元，占比29.8%；其次是物业收入，占比29.1%。和2015年相比，综合服务收入、投资收入较2015年分别上升29.7%、172.5%；物业收入降低16.8%。综合服务收入、物业收入是孵化器总收入的重要组成部分（图4－139）。

2016年，孵化器运行成本中，场地费用所占的比重最大，占比为54.85%；人员费用、管理费用和其他费用占比次之；纳税额占比仅为5.14%（图4－140）。

（4）管理人员情况

2016年，河南省孵化器管理机构从业人员为2151人，较2015年增长32.9%。其中，大专以上人员2070人，较2015年增长35.1%，占比达96.2%；接受专业培训人员770人，较2015年增长

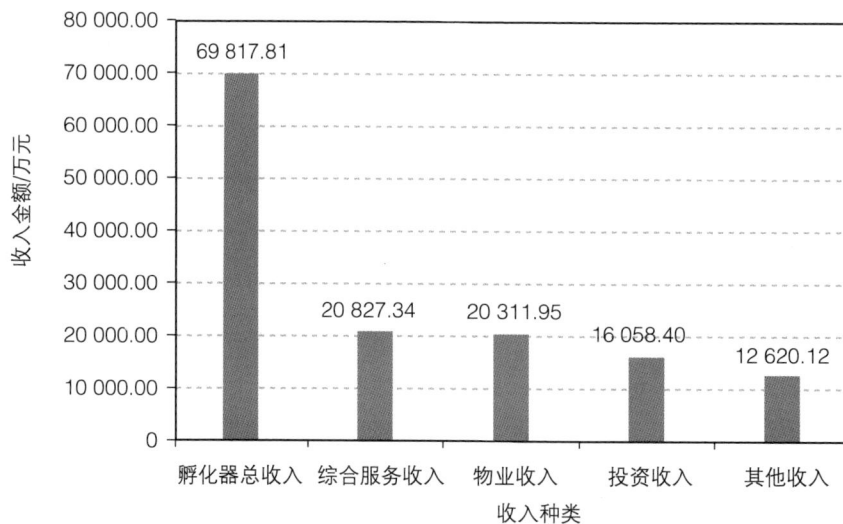

图 4-139 2016 年孵化器收入情况

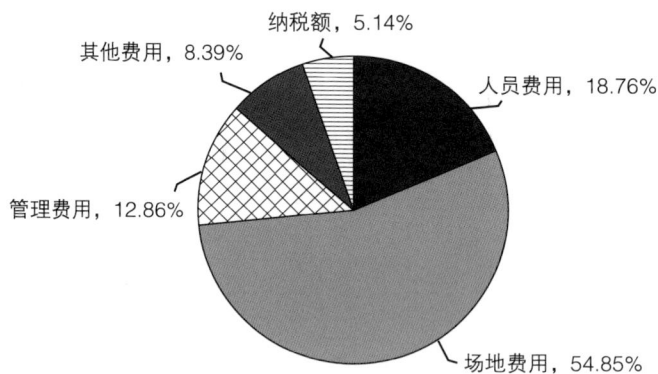

图 4-140 2016 年孵化器运营成本

51.6%，占比 35.8%（表 4-142）。

表 4-142 管理机构从业人员情况

年份	管理机构从业人员	大专以上人员	接受专业培训人员
2015 年	1619	1532	508
2016 年	2151	2070	770

（5）开展孵化服务情况

2016 年，河南省孵化器孵化基金总额为 13.15 亿元，是 2015 年的 1.54 倍。

2015 年，河南省孵化器内共有企业联络员 826 人，企业辅导员 1334 人，创业导师 976 人。和 2015 年相比，企业辅导员和创业导师人数的增长速度分别为 41.3%、146.5%；企业联络员上升 38.4%。创业导师对接企业数 3681 家，是 2015 年的 1.8 倍（图 4-141）。

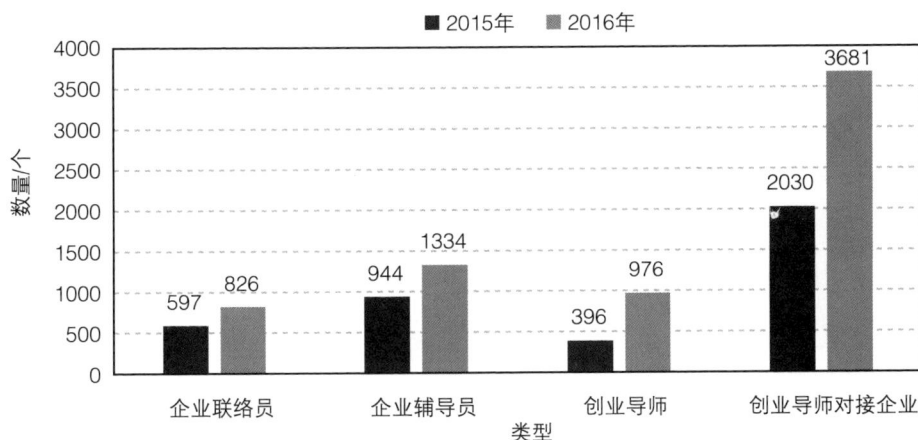

图 4 -141　孵化器创业辅导情况

2016 年，河南省孵化器对在孵企业培训达 101 955 人次，是 2015 年的 1.6 倍；开展创业教育培训活动场次 2345 次，是 2015 年的 2.3 倍。

（二）众创空间建设及运行情况

1. 总体情况

2016 年，河南省共有众创空间 88 家，当年服务的创业团队数量 5246 个，当年服务的初创企业的数量 3047 个，创业团队和企业中共有 9 家企业在当年上市（挂牌）。

2016 年，河南省众创空间总面积为 449 474.59 m²，共提供了 22 277 个工位。河南省众创空间场地以租赁为主，租赁面积占比 38.70%。2016 年，河南省众创空间面积中，常驻团队和企业使用面积与公共服务面积占众创空间的比例达到 83.01%；管理办公使用面积和其他面积占比较少（图 4 - 142）。

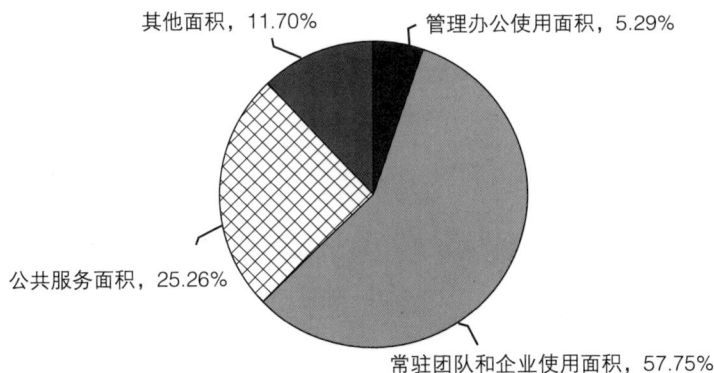

图 4 -142　众创空间使用面积

2. 孵化绩效情况

（1）创业企业/团队类型

2016 年，河南省众创空间内共有创业团队和企业 5646 家。其中，大学生创业占比为 62.20%；

科技人员创业接近 22%；大企业高管离职创业和留学生归国创业占比低于 7%；海外项目入驻占比为 0.71%（表 4-143）。

表 4-143　2016 年众创空间创业团队和企业情况

创业团队和企业情况	数量	占比
总数	5646	100.00%
海外项目入驻	40	0.71%
大学生创业	3512	62.20%
留学生归国创业	122	2.16%
科技人员创业	1208	21.40%
大企业高管离职创业	218	3.86%
连续创业	546	9.67%

（2）创业企业/团队获投融资情况

2016 年，河南省当年获得投融资的团队及企业的数量为 637 家，获得投资总额 7.77 亿元。其中，社会投资占比 45.32%。

2016 年，众创空间帮助入驻享受财政政策的团队或企业共 2544 家，共享受财政资金支持额 16 970.37 万元。

（3）就业及项目入驻情况

2016 年，河南省众创空间内创业团队和企业共吸纳 36 379 人就业，其中吸纳应届毕业大学生 13 966 人。

2016 年，众创空间中创业项目平均入驻周期为 7~12 个月的众创空间最多；其次为创业项目平均入驻周期为 13~24 个月和 1~6 个月的众创空间；创业项目平均入驻周期为 24 个月以上的众创空间相对较少（表 4-144）。

表 4-144　众创空间创业项目平均入驻周期

入驻周期	众创空间数	占比
1~6 个月	17	19.32%
7~12 个月	40	45.45%
13~24 个月	23	26.14%
24 个月以上	8	9.09%
合计	88	100.00%

3. 众创空间运营情况

（1）众创空间类型

2016 年，河南省众创空间在国家备案的占比 15.91%；位于国家高新区内的占比 25.00%；由孵化器建立的占比 30.68%；由高校或科研院所建立的占比 23.86%；本身是上市或挂牌企业的占比 1.14%。

（2）收支情况

2016 年，河南省众创空间总收入为 12 940.61 元。其中，财政补贴和服务收入较多，合计占比 64.27%（图 4-143）。

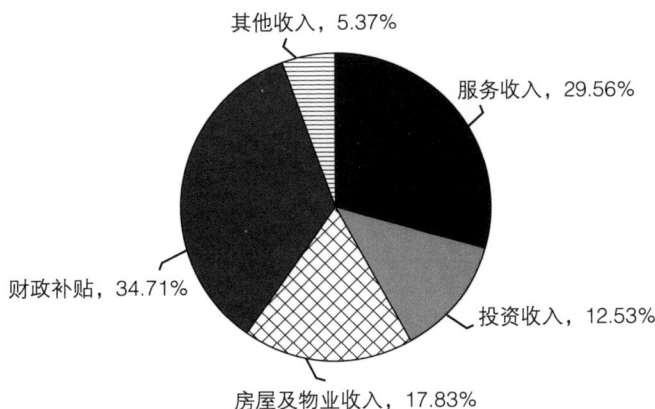

图 4-143　众创空间收入分类

2016 年，河南省众创空间运营成本为 20 511.66 万元。其中，场地费用和人员费用占比较大；管理费用和其他费用占比次之；纳税额占比最小（图 4-144）。

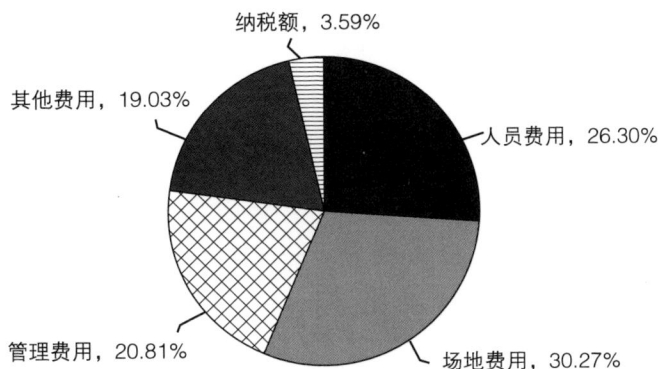

图 4-144　众创空间运营成本分类

（3）提供服务情况

2016 年，众创空间服务人员数量为 1923 人，创业导师数量共 2354 人，创业导师中专职人员占比为 26.81%。

2016 年，河南省众创空间共举办创新创业活动 2901 次，开展创业教育培训 2644 次，当年开展国际合作交流活动 300 次。

十七、湖北省创业孵化发展情况

（一）孵化器建设及运行情况

1. 总体情况

2016 年，湖北省共有 67 家科技企业孵化器，较 2015 年增长 21.8%，占全国孵化器总数的 2.05%。其中，国家级 41 家，非国家级 26 家（表 4 - 145）。

表 4 - 145　孵化器数量及分类

年份	国家级	非国家级	总数
2015 年	36	19	55
2016 年	41	26	67

2016 年，湖北省孵化器使用总面积为 2 111 721 m^2，较 2015 年增加 10.5%。其中，在孵企业用房面积最多，占比达 71.68%；办公用房面积最少，仅占 3.55%（图 4 - 145）。

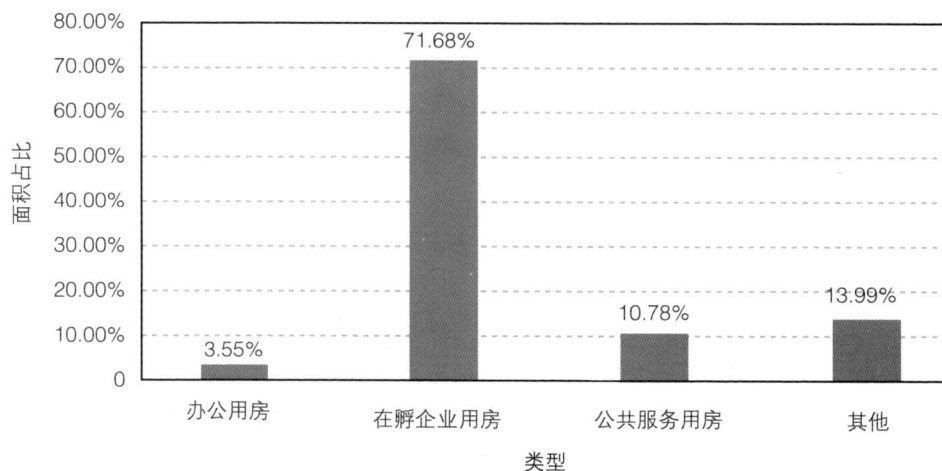

图 4 - 145　2016 年孵化器使用面积

2016 年，湖北省在孵企业数量达到 4438 家，较 2015 年增加 36.3%。累计毕业企业 4016 家，较 2015 年增加 16.3%，企业的毕业率为 47.50%，较 2015 年低近 4 个百分点（表 4 - 146）。

表 4 - 146　孵化器在孵和毕业企业情况

年份	在孵企业数	累计毕业企业数	毕业率
2015 年	3257	3452	51.45%
2016 年	4438	4016	47.50%

2. 孵化绩效情况

（1）在孵企业类型

2016 年，湖北省孵化器内共有在孵企业 4438 家。其中，大学生科技企业 1538 家，较 2015 年增加 34.0%，占比 34.7%；高新技术企业 292 家，较 2015 年增加 71.8%；留学人员企业 265 家，较 2015 年增加 26.2%（图 4 - 146）。

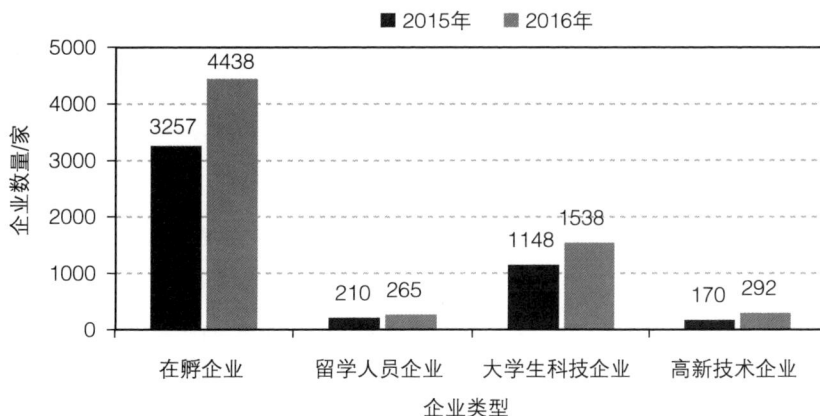

图 4 - 146　孵化器在孵企业类型分类

（2）在孵企业从业人员情况

2016 年，湖北省在孵企业从业人员 62 578 人，是 2015 年的 1.96 倍，增长迅速。其中，大专以上人员 50 170 人，是 2015 年的 1.31 倍，占比达 80.17%；留学人员 598 人，较 2015 年增加 19.12%；"千人计划"人员共 12 人，比 2015 年减少 16 人；吸纳应届大学毕业生 7694 人，较 2015 年增加 8.53%，占孵化器全部从业人员的 12.30%（表 4 - 147）。

表 4 - 147　孵化器在孵企业从业人员情况

年份	从业人员	其中			
		大专以上人员	留学人员	"千人计划"人员	吸纳应届大学毕业生
2015 年	49 215	38 281	502	28	7089
2016 年	62 578	50 170	598	12	7694

（3）在孵企业获投融资情况

2016 年，湖北省当年获得孵化基金投资的在孵企业数有 245 家，比 2015 年增加 46.7%；当年获得投融资的企业数为 277 家，是 2015 年的 1.4 倍；在孵企业当年获得风险投资额 8.45 亿元，是 2015 年的 2.2 倍（表 4 - 148）。

表4-148　2015—2016 年孵化器投融资情况

投融资情况	2015 年	2016 年
当年获得孵化基金投资的在孵企业数	167	245
当年获得投融资的企业数	195	277
在孵企业当年获得风险投资额/亿元	3.80	8.45

（4）在孵企业技术创新情况

2016 年，湖北省当年知识产权申请数 4841 件，比 2015 年增加 53.4%；拥有有效知识产权数 6145 件，是 2015 年的 1.93 倍；累计购买国外技术专利 6 件，不足 2015 年的 1/2；当年承担国家级科技计划项目 13 项，比 2015 年减少 8 项；当年获得省级以上奖励 388 项，比 2015 年增加 17.6%（表4-149）。

表4-149　孵化器在孵企业知识产权情况

相关指标	2015 年	2016 年
当年知识产权申请数/件	3155	4841
拥有有效知识产权数/件	3187	6145
其中：发明专利/件	693	1065
软件著作权/件	1315	2297
集成电路布图/个	48	240
植物新品种/个	15	39
累计购买国外技术专利/件	15	6
当年承担国家级科技计划项目/项	21	13
当年获得省级以上奖励/项	330	388

（5）毕业企业情况

2016 年，湖北省累计毕业企业 4016 家，较 2015 年增长 16.3%。其中，毕业企业累计上市（挂牌）企业 137 家，比 2015 年增加 52 家；当年毕业企业 566 家，较 2015 年增长 48.2%；当年上市（挂牌）企业 77 家，是 2015 年的 2.4 倍；当年被兼并和收购企业 25 家，比 2015 年增加 6 家；当年营业收入超过 5000 万元企业 82 家，是 2015 年的 1.2 倍（表4-150）。

表4-150　孵化器毕业企业情况

相关指标	2015 年	2016 年
累计毕业企业	3452	4016
其中：毕业企业累计上市（挂牌）企业	85	137
当年毕业企业	382	566
当年上市（挂牌）企业	32	77
当年被兼并和收购企业	19	25
当年营业收入超过 5000 万元企业	70	82

3. 孵化器运营情况

（1）投资构成情况

2016 年，湖北省孵化器投资中，企业投资最多，占比达 70.30%，比全国平均值高 11.67%；其次是财政投入，占比 25.05%，低于全国平均值 11.53%。和 2015 年相比，财政投入的占比增加 13.27%，企业投资的占比下降了 15.30%（图 4-147）。

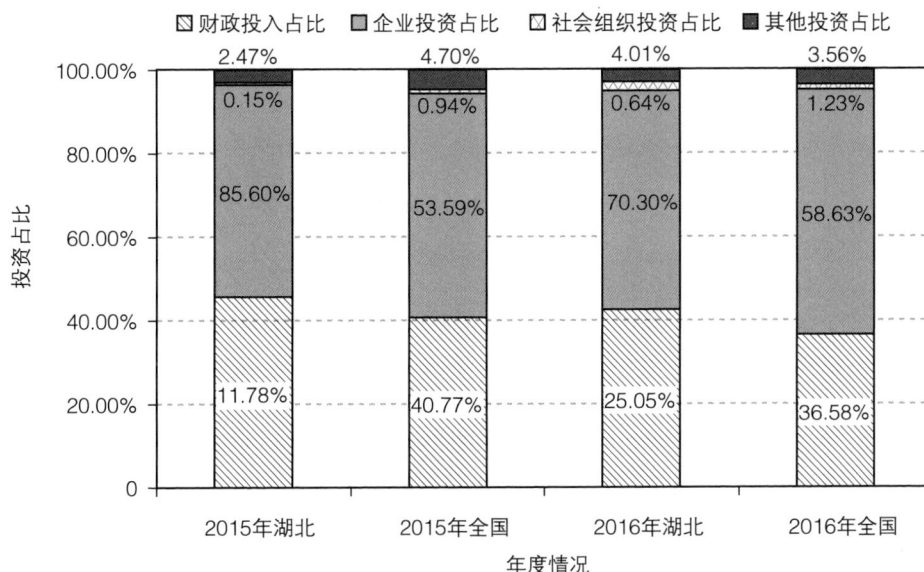

图 4-147 孵化器投资构成

（2）财税支持情况

2016 年，湖北省孵化器获得各级财政资助额为 9275.47 万元，较 2015 年略有增加。其中，国家科技计划经费额 598.7 万元，比 2015 年下降 22.9%。

2016 年，湖北省免税金额总计 305.73 万元，比 2015 年下降了 17.69%。其中，房产税免税额最多，为 155.27 万元，比 2015 年增加 23.66%，占免税金额的 50.8%。城镇土地使用税免税额 46.2 万元，是 2015 年的 2.49 倍；所得税免税额为 19.26 万元，较 2015 年降幅巨大。

（3）收支情况

2016 年，湖北省孵化器总收入 57 197.9 万元，是 2015 年的 1.48 倍。其中，综合服务收入最多，为 34 095.95 万元，占比 59.61%；其次是物业收入，占比 27.82%。和 2015 年相比，综合收入、物业收入、投资收入较 2015 年分别上升 45.53%、60.86%、166.92%，综合服务收入依旧为孵化器总收入的重要组成部分（图 4-148）。

2016 年，孵化器运行成本中，场地费用所占的比重最大，占比为 44.55%；人员费用、管理费用、其他费用占比次之；纳税额占比仅为 7.22%（图 4-149）。

（4）管理人员情况

2016 年，湖北省孵化器管理机构从业人员为 1218 人，较 2015 年增长 22.04%。其中，大专以

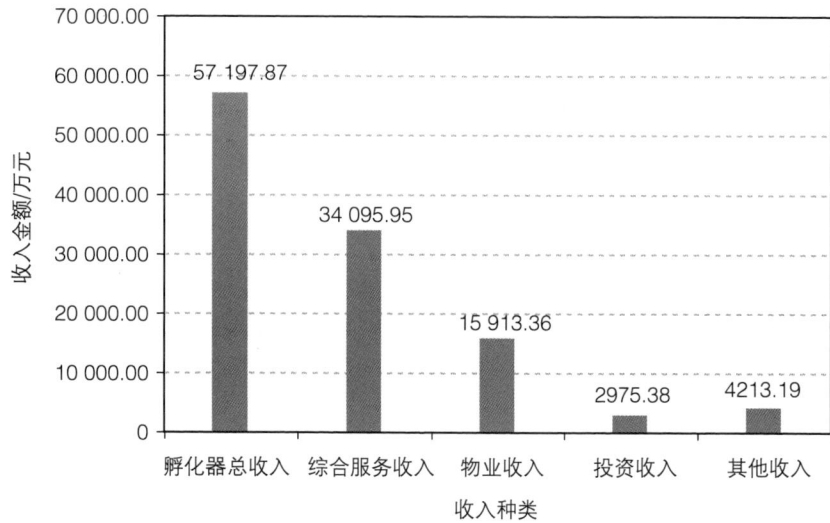

图 4－148　2016 年孵化器收入情况

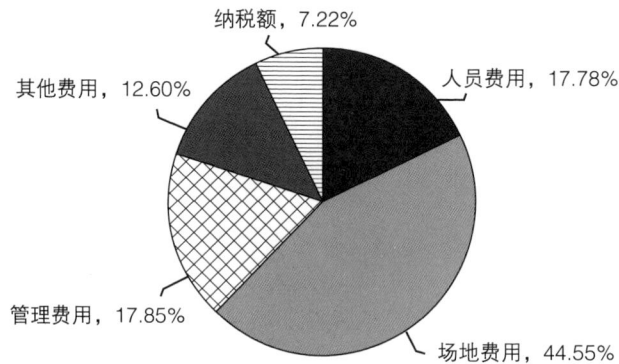

图 4－149　2016 年孵化器运营成本

上人员 1092 人，较 2015 年增长 19.47%，占比达 89.66%；接受专业培训人员 607 人，较 2015 年增长 22.87%，占比 49.84%（表 4－151）。

表 4－151　管理机构从业人员情况

年份	管理机构从业人员	大专以上人员	接受专业培训人员
2015 年	998	914	494
2016 年	1218	1092	607

（5）开展孵化服务情况

2015 年，湖北省孵化器内共有企业联络员 887 人，企业辅导员 722 人，创业导师 1070 人。和 2015 年相比，企业辅导员和创业导师人数的增长速度分别为 39.7%、20.2%；企业联络员上升 35.4%。创业导师对接企业数 2997 家，较 2015 年增长 32.4%（图 4－150）。

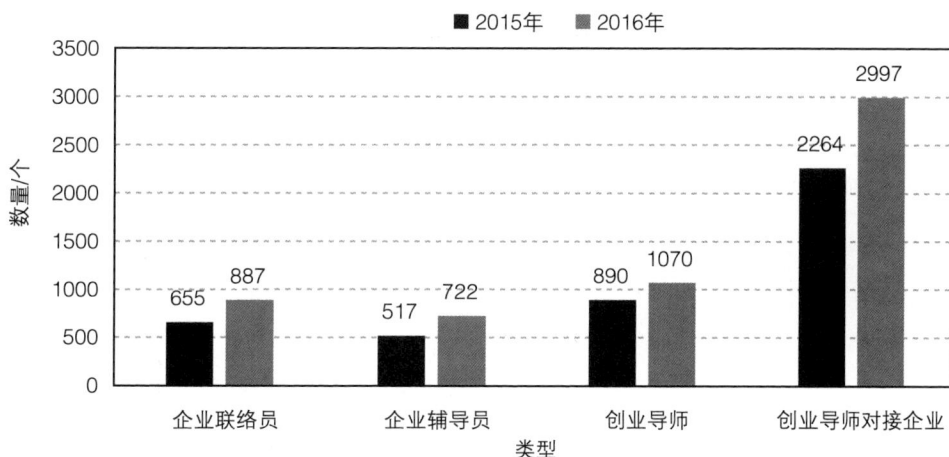

图 4 - 150　孵化器创业辅导情况

2016 年，湖北省孵化器对在孵企业培训达 77 177 人次，较 2015 年增长 9.9%；开展创业教育培训活动场次 3459 次，是 2015 年的 2 倍。

（二）众创空间建设及运行情况

1. 总体情况

2016 年，湖北省共有众创空间 51 家，当年服务的创业团队数量 3208 家，当年服务的初创企业数量 2831 家，创业团队和企业中共有 42 家企业在当年上市（挂牌）。

2016 年，湖北省众创空间总面积为 168 381.7 m²，共提供了 7512 个工位。湖北省众创空间场地以租赁为主，租赁面积占比 66.58%。2016 年，湖北省众创空间面积中，常驻团队和企业使用面积与公共服务面积占众创空间的比例达到 89.66%；其他面积占比较少（图 4 - 151）。

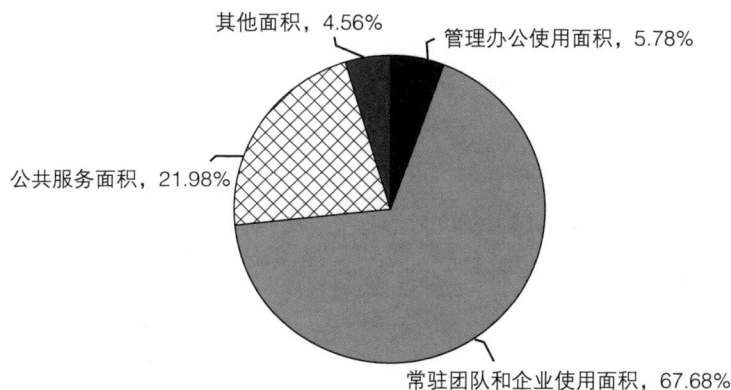

图 4 - 151　众创空间使用面积

2. 孵化绩效情况

（1）创业企业/团队类型

2016 年，湖北省众创空间内共有创业团队和企业 2162 家。其中，大学生创业占比为 59.34%；

科技人员创业占比为 19.01%；大企业高管离职创业和留学生归国创业占比低于 9%；海外项目入驻占比为 1.67%（表 4 – 152）。

表 4 – 152　2016 年众创空间创业团队和企业情况

创业团队和企业情况	数量	占比
总数	2162	100.00%
海外项目入驻	36	1.67%
大学生创业	1283	59.34%
留学生归国创业	84	3.89%
科技人员创业	411	19.01%
大企业高管离职创业	96	4.44%
连续创业	252	11.65%

（2）创业企业/团队获投融资情况

2016 年，湖北省当年获得投融资的团队及企业的数量为 204 家，获得投资总额 4.68 亿元。其中，社会投资占比 91.38%。

2016 年，众创空间帮助入驻享受财政政策的团队或企业共 625 家，共享受财政资金支持额 30 913 万元。

（3）就业及项目入驻情况

2016 年，创业团队和企业共吸纳 21 991 人就业，其中吸纳应届毕业大学生 8836 人。

2016 年，众创空间中创业项目平均入驻周期为 7 ~ 12 个月的众创空间最多；其次为创业项目平均入驻周期为 13 ~ 24 个月和 1 ~ 6 个月的众创空间；创业项目平均入驻周期为 24 个月以上的众创空间相对较少（表 4 – 153）。

表 4 – 153　众创空间创业项目平均入驻周期

入驻周期	众创空间数	占比
1 ~ 6 个月	9	17.65%
7 ~ 12 个月	21	41.18%
13 ~ 24 个月	17	33.33%
24 个月以上	4	7.84%
合计	51	100.00%

3. 众创空间运营情况

（1）众创空间类型

2016 年，湖北省众创空间在国家备案的占比 62.74%；位于国家高新区内的占比 56.86%；由孵化器建立的占比 66.66%；由高校或科研院所建立的占比 13.72%；本身是上市或挂牌企业的占比 3.92%。

（2）收支情况

2016 年，湖北省众创空间总收入为 10 196.1 万元。其中，财政补贴和房屋及物业收入较多，合计占比 66.93%（图 4 – 152）。

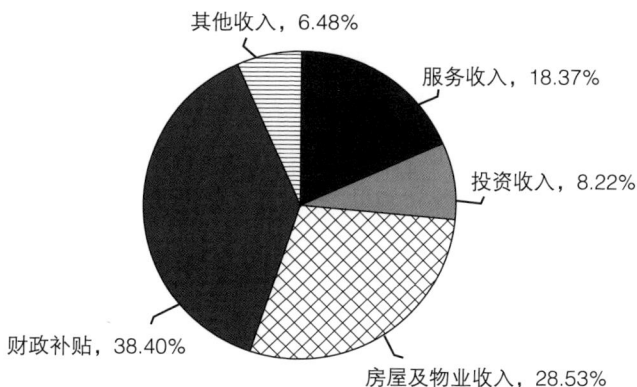

图 4 – 152 众创空间收入分类

2016 年，湖北省众创空间运营成本为 7830.3 万元。其中，管理费用和人员费用占比较大；场地费用和其他费用占比次之；纳税额占比最小（图 4 – 153）。

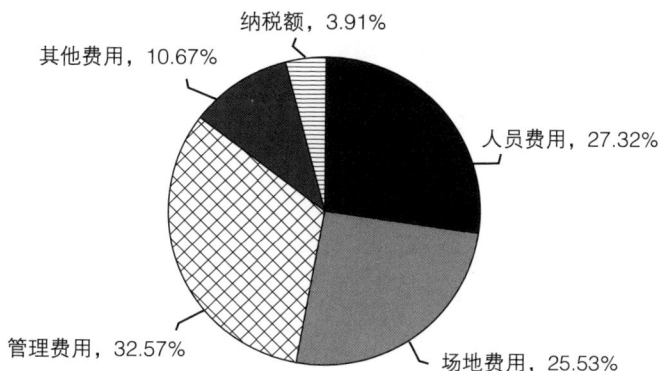

图 4 – 153 众创空间运营成本分类

（3）提供服务情况

2016 年，湖北省众创空间服务人员数量为 1322 人，创业导师数量共 1161 人，创业导师中专职人员占比为 23.51%。

2016 年，湖北省众创空间共举办创新创业活动 2183 次，开展创业教育培训 1224 次，当年开展国际合作交流活动 62 次。

十八、湖南省创业孵化发展情况

（一）孵化器建设及运行情况

1. 总体情况

2016 年，湖南省共有 47 家科技企业孵化器，比 2015 年增长 51.6%，占全国孵化器总数的 1.44%。其中，国家级 16 家，非国家级 31 家（表 4 – 154）。

表 4 – 154　孵化器数量及分类

年份	国家级	非国家级	总数
2015 年	13	18	31
2016 年	16	31	47

2016 年，湖南省孵化器使用总面积为 2 437 559 m²，是 2016 年的 17 倍。其中，在孵企业用房面积最多，占比达 72.35%；办公用房和公共服务用房面积较少，占比不足 20%（图 4 – 154）。

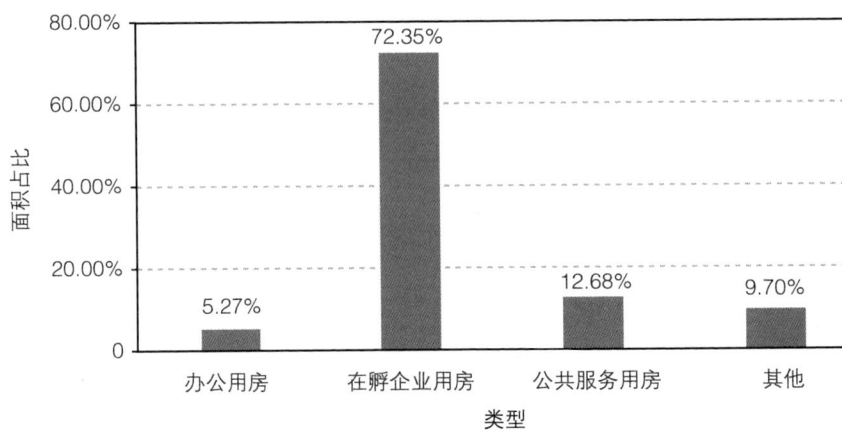

图 4 – 154　2016 年孵化器使用面积

2016 年，湖南省在孵企业数量达到 3231 家，是 2015 年的 1.76 倍。累计毕业企业 2320 家，比 2015 年增加 32.80%，企业的毕业率为 41.79%，比 2015 年低 7 个百分点（表 4 – 155）。

表 4 – 155　孵化器在孵和毕业企业情况

年份	在孵企业数	累计毕业企业数	毕业率
2015 年	1831	1747	48.83%
2016 年	3231	2320	41.79%

2. 孵化绩效情况

（1）在孵企业类型

2016 年，湖南省在孵企业共计 3231 家。其中，大学生科技企业 546 家，较 2015 年增加 53.4%，占全部在孵企业的 16.9%；高新技术企业 244 家，较 2015 年增加 57.4%；留学人员企业 126 家，较 2015 年增加 20.0%（图 4 - 155）。

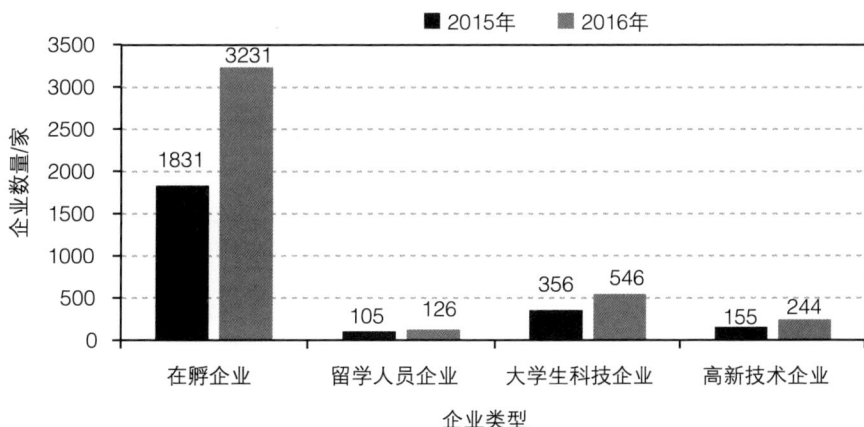

图 4 - 155 孵化器在孵企业类型分类

（2）在孵企业从业人员情况

2016 年，湖南省在孵企业从业人员 76 875 人，是 2015 年的 1.96 倍，增长迅速。其中，大专以上人员 56 780 人，是 2015 年的 1.8 倍，占比达 73.9%；留学人员 320 人，较 2015 年增加 51.7%；"千人计划"人员共 3 人，较 2015 年减少 8 人；吸纳应届大学毕业生 7270 人，较 2015 年增加 60.2%，占孵化器全部从业人员的 9.5%（表 4 - 156）。

表 4 - 156 孵化器在孵企业从业人员情况

年份	从业人员	其中			
		大专以上人员	留学人员	"千人计划"人员	吸纳应届大学毕业生
2015 年	39 191	31 463	211	11	4537
2016 年	76 875	56 780	320	3	7270

（3）在孵企业获投融资情况

2016 年，湖南省当年获得孵化基金投资的在孵企业数有 278 家，比 2015 年增加 82.9%；当年获得投融资的企业数为 212 家，是 2015 年的 2.3 倍；在孵企业当年获得风险投资额 4.4 亿元，是 2015 年的 2.0 倍（表 4 - 157）。

表4-157　2015—2016年孵化器投融资情况

投融资情况	2015年	2016年
当年获得孵化基金投资的在孵企业数	152	278
当年获得投融资的企业数	91	212
在孵企业当年获得风险投资额/亿元	2.2	4.4

（4）在孵企业技术创新情况

2016年，湖南省当年知识产权申请数2442件，比2015年增加41.32%；拥有有效知识产权数4702件，是2015年的2.01倍；累计购买国外技术专利16件，仅有2015年的48.48%；当年承担国家级科技计划项目82项，比2015年增加67项；当年获得省级以上奖励3929项，是2015年的40.09倍（表4-158）。

表4-158　孵化器在孵企业知识产权情况

相关指标	2015年	2016年
当年知识产权申请数/件	1728	2442
拥有有效知识产权数/件	2334	4702
其中：发明专利/件	747	1809
软件著作权/件	600	905
集成电路布图/个	28	106
植物新品种/个	20	22
累计购买国外技术专利/件	33	16
当年承担国家级科技计划项目/项	15	82
当年获得省级以上奖励/项	98	3929

（5）毕业企业情况

2016年，湖南省累计毕业企业2320家，较2015年增长32.8%。其中，毕业企业累计上市（挂牌）企业96家，比2015年增加44家；当年毕业企业数386家，较2015年增长93.0%；当年上市（挂牌）企业33家，是2015年的3.0倍；当年被兼并和收购企业20家，比2015年增加8家；当年营业收入超过5000万元企业有85家，是2015年的1.9倍（表4-159）。

表4-159　孵化器毕业企业情况

相关指标	2015年	2016年
累计毕业企业	1747	2320
其中：毕业企业累计上市（挂牌）企业	52	96
当年毕业企业	200	386
当年上市（挂牌）企业	11	33
当年被兼并和收购企业	12	20
当年营业收入超过5000万元企业	45	85

3. 孵化器运营情况

（1）投资构成情况

2016 年，湖南省孵化器投资中，企业投资最多，占比达 49.82%，但是比全国平均值低 9 个百分点；其次是财政投入，占比 41.71%，高于全国平均值 5 个百分点。和 2015 年相比，企业投资的占比下降 5 个百分点，财政投入的占比提高了 6 个百分点（图 4 – 156）。

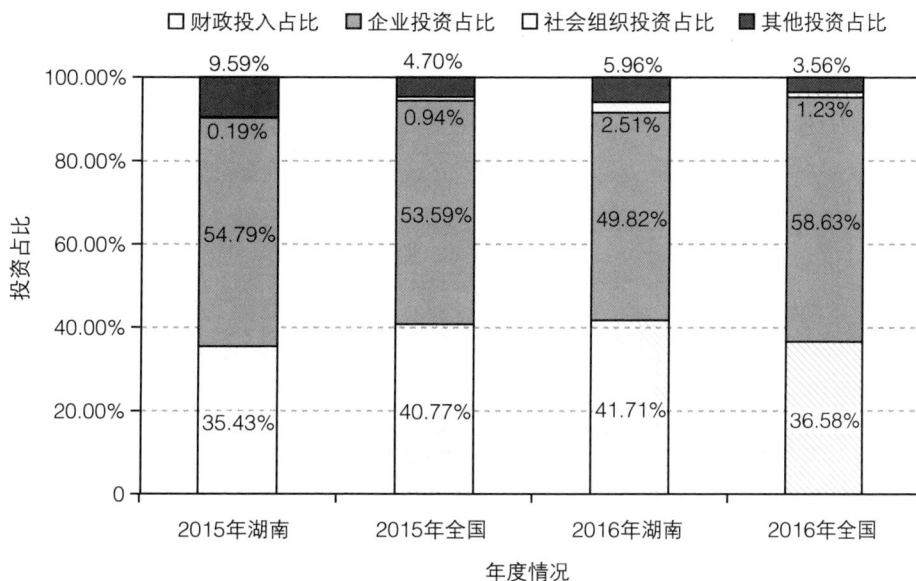

图 4 – 156　孵化器投资构成

（2）财税支持情况

2016 年，湖南省孵化器获得各级财政资助额为 28 199.4 万元，是 2015 年的 2.9 倍。其中，国家科技计划经费额 420.5 万元，比 2015 年下降 9.5%。

2016 年，湖南省免税金额总计 760.20 万元，比 2015 年增加 47.64%。其中，房产税免税额最多，为 406.70 万元，比 2015 年增加 18.06%，占总免税金额的 53.50%；城镇土地使用税免税额 50.90 万元，不足 2015 年的 1/4。

（3）收支情况

2016 年，湖南省孵化器总收入 66 491.13 万元，是 2015 年的 1.85 倍。其中，综合服务收入最多，为 27 019.03 万元，占比 40.64%；其次是物业收入，占比 26.82%。和 2015 年相比，综合收入、物业收入、投资收入较 2015 年分别上升 57.05%、86.09%、79.9%，综合服务收入依旧为孵化器总收入的重要组成部分（图 4 – 157）。

2016 年，孵化器运行成本中，场地费用所占的比重最大，占比为 28.96%；纳税额、其他费用和管理费用占比次之；人员费用占比仅为 11.99%（图 4 – 158）。

（4）管理人员情况

2016 年，湖南省孵化器管理机构从业人员为 1071 人，较 2015 年增长 51.3%。其中，大专以上

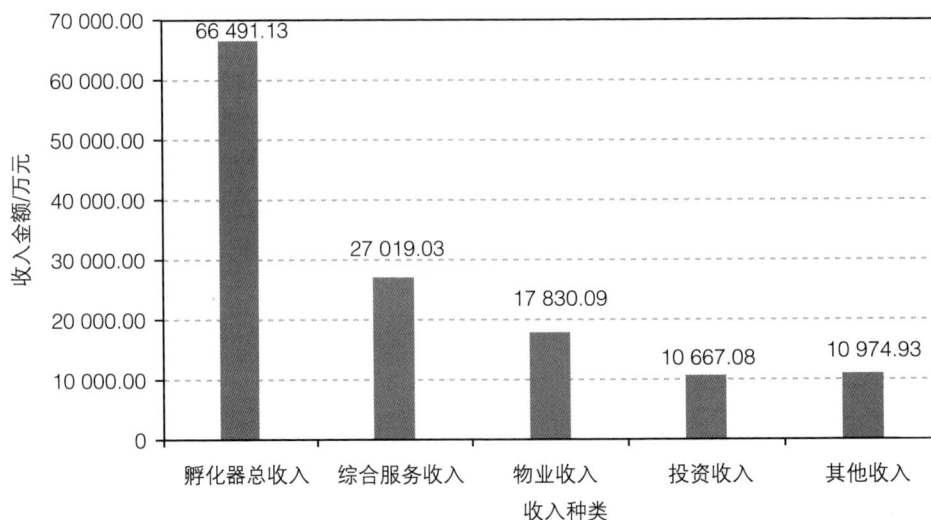

图 4 - 157　2016 年孵化器收入情况

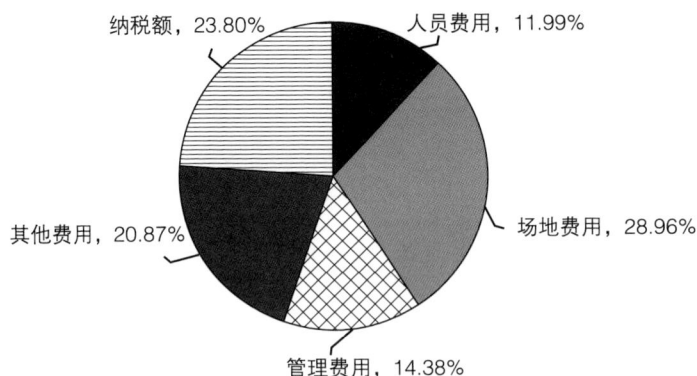

图 4 - 158　2016 年孵化器运营成本

人员 998 人，较 2015 年增长 50.3%，占比达 93.2%；接受专业培训人员 484 人，较 2015 年增长 87.6%，占比 45.2%（表 4 - 160）。

表 4 - 160　管理机构从业人员情况

年份	管理机构从业人员	大专以上人员	接受专业培训人员
2015 年	708	664	258
2016 年	1071	998	484

（5）开展孵化服务情况

2016 年，湖南省孵化器孵化基金总额为 10.5 亿元，是 2015 年的 1.67 倍。

2015 年，湖南省孵化器内共有企业联络员 736 人，企业辅导员 570 人，创业导师 662 人。和 2015 年相比，企业辅导员和创业导师人数的增长速度分别为 98.61%、110.83%；企业联络员人数增长 63.56%。创业导师对接企业数 1568 家，较 2015 年增长 79.82%（图 4-159）。

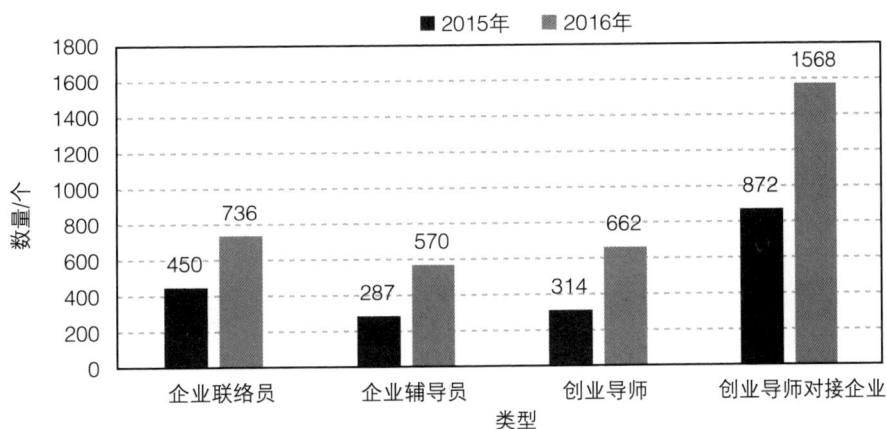

图 4-159　孵化器创业辅导情况

2016 年，湖南省孵化器对在孵企业培训达 53 054 人次，是 2015 年的 1.9 倍；开展创业教育培训活动场次 1078 次，是 2015 年的 2.4 倍。

（二）众创空间建设及运行情况

1. 总体情况

2016 年，湖南省共有众创空间 53 家，当年服务的创业团队数量 1659 家，当年服务的初创企业数量 1749 家，创业团队和企业中共有 29 家企业在当年上市（挂牌）。

2016 年，湖南省众创空间总面积为 248 082.6 m²，共提供了 11 612 个工位。湖南省众创空间场地以租赁为主，租赁面积占比 35.88%。2016 年，湖南省众创空间面积中，常驻团队和企业使用面积与公共服务面积占众创空间的比例达到 89.66%；管理办公使用面积和其他面积占比较少（图 4-160）。

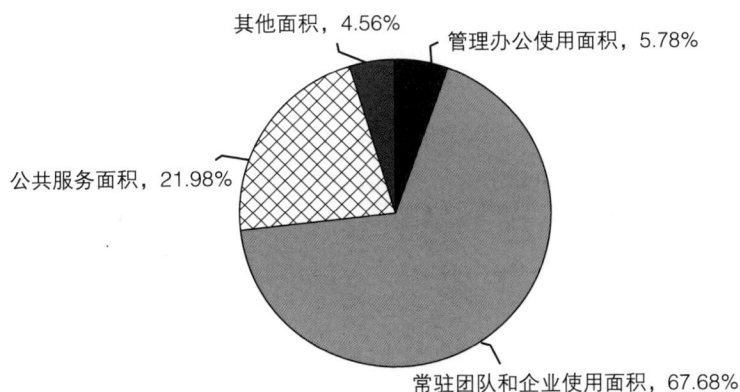

图 4-160　众创空间使用面积

2. 孵化绩效情况

（1）创业企业/团队类型

2016 年，湖南省众创空间内共有创业团队和企业 2102 家。其中，大学生创业占比为 36.68%；科技人员创业接近 24%；大企业高管离职创业和留学生归国创业占比低于 11%，海外项目入驻占比为 0.24%（表 4 – 161）。

表 4 – 161 2016 年众创空间创业团队和企业情况

创业团队和企业情况	数量	占比
总数	2102	100.00%
海外项目入驻	5	0.24%
大学生创业	771	36.68%
留学生归国创业	72	3.43%
科技人员创业	489	23.26%
大企业高管离职创业	160	7.61%
连续创业	605	28.78%

（2）创业企业/团队获投融资情况

2016 年，湖南省当年获得投融资的团队及企业的数量为 267 家，获得投资总额 4.3 亿元。其中，社会投资占比 55.98%。

2016 年，众创空间帮助入驻享受财政政策的团队或企业共 415 家，共享受财政资金支持额 4100.5 万元。

（3）就业及项目入驻情况

2016 年，湖南省众创空间内创业团队和企业共吸纳 26 394 人就业，其中吸纳应届毕业大学生 972 人。

2016 年，众创空间中创业项目平均入驻周期为 7～12 个月的众创空间最多；其次为创业项目平均入驻周期为 13～24 个月和 24 个月以上的众创空间；创业项目平均入驻周期为 1～6 个月的众创空间相对较少（表 4 – 162）。

表 4 – 162 众创空间创业项目平均入驻周期

入驻周期	众创空间数	占比
1～6 个月	7	13.21%
7～12 个月	26	49.06%
13～24 个月	11	20.75%
24 个月以上	9	16.98%
合计	53	100.00%

3. 众创空间运营情况

（1）众创空间类型

2016 年，湖南省众创空间在国家备案的占比 56.6%；位于国家高新区内的占比 34.0%；由孵化器建立的占比 49.1%；由高校或科研院所建立的占比 13.2%；本身是上市或挂牌企业的占比 3.7%。

（2）收支情况

2016 年，湖南省众创空间总收入为 12 428.4 万元。其中，财政补贴和服务收入较多，合计占比 59.66%（图 4 - 161）。

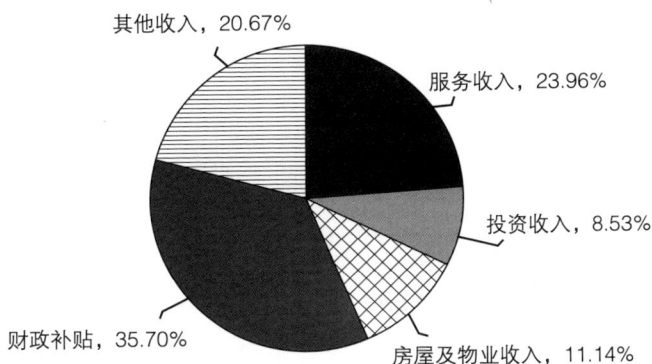

图 4 - 161　众创空间收入分类

2016 年，湖南省众创空间运营成本为 18 622.8 万元。其中，场地费用和管理费用占比较大；人员费用和其他费用占比次之；纳税额占比最小（图 4 - 162）。

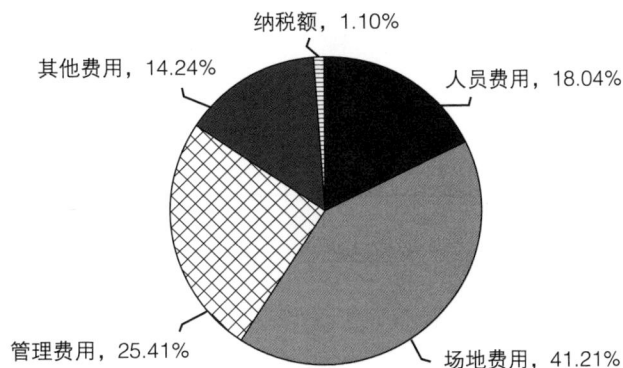

图 4 - 162　众创空间运营成本分类

（3）提供服务情况

2016 年，湖南省众创空间服务人员数量为 1840 人，创业导师数量共 1448 人，创业导师中专职人员占比为 46.20%。

2016 年，湖南省众创空间举办创新创业活动 1859 次，开展创业教育培训 1359 次，当年开展国际合作交流活动 38 次。

十九、广东省创业孵化发展情况

（一）孵化器建设及运行情况

1. 总体情况

2016 年，广东省共有 576 家科技企业孵化器，比 2015 年增长 76.7%，占全国孵化器总数的 1.4%。其中，国家级 83 家，非国家级 493 家（表 4 - 163）。

表 4 - 163　孵化器数量及分类

年份	国家级	非国家级	总数
2015 年	61	265	326
2016 年	83	493	576

2016 年，广东省孵化器使用总面积为 15 385 059.91 m²，较 2015 年增长 63.1%。其中，在孵企业用房面积最多，占比达 60.00%；办公用房和公共服务用房面积较少，占比均不足 15%（图 4 - 163）。

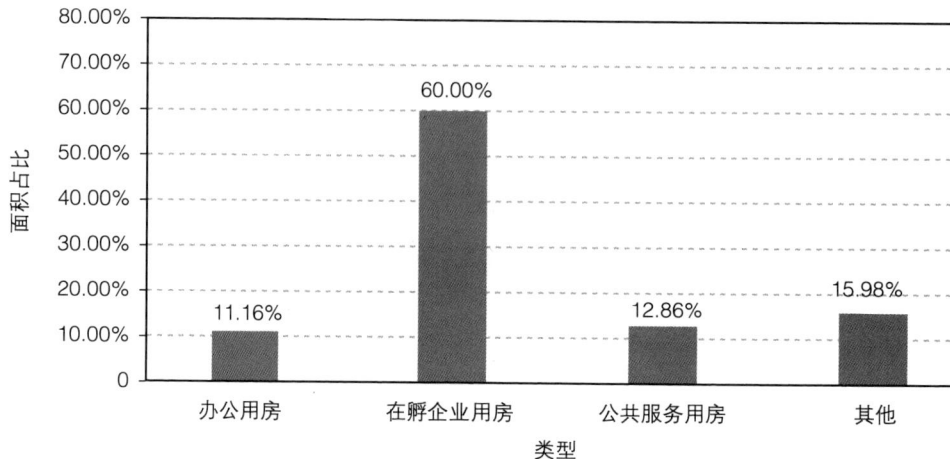

图 4 - 163　2016 年孵化器使用面积

2016 年，广东省在孵企业数量达到 16 535 家，是 2015 年的 1.72 倍。累计毕业企业 10 974 家，比 2015 年增加 38.5%，企业的毕业率为 39.9%，比 2015 年低近 6 个百分点（表 4 - 164）。

表 4 - 164　孵化器在孵和毕业企业情况

年份	在孵企业数	累计毕业企业数	毕业率
2015 年	9596	7925	45.23%
2016 年	16 535	10 974	39.89%

2. 孵化绩效情况

（1）在孵企业类型

2016 年，广东省在孵企业共计 16 535 家。其中，大学生科技企业 1653 家，较 2015 年增加 85.3%，占全部在孵企业的 10.0%；高新技术企业 1145 家，较 2015 年增加 65.7%；留学人员企业 1044 家，较 2015 年增加 41.8%（图 4 – 164）。

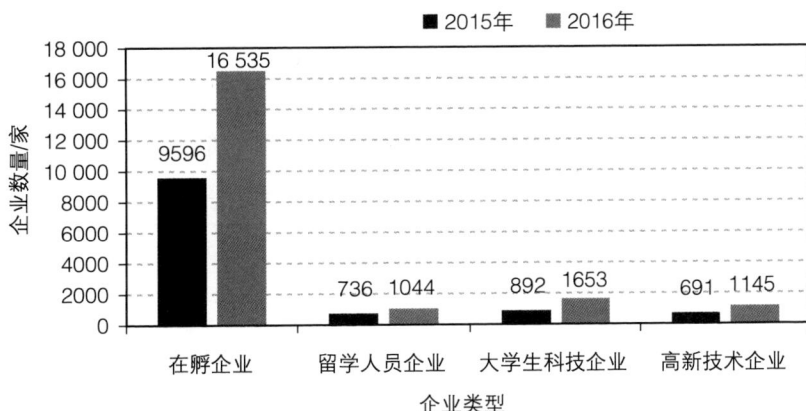

图 4 – 164 孵化器在孵企业类型分类

（2）在孵企业从业人员情况

2016 年，广东省在孵企业从业人员 246 685 人，是 2015 年的 1.58 倍。其中，大专以上人员 195 991 人，是 2015 年的 1.58 倍，占比达 79.4%；留学人员 2359 人，较 2015 年增加 16.1%；"千人计划"人员共 153 人，是 2015 年的近 2 倍；吸纳应届大学毕业生 22 408 人，较 2015 年增加 44.0%，占孵化器全部从业人员的 9.1%（表 4 – 165）。

表 4 –165 孵化器在孵企业从业人员情况

年份	从业人员	其中			
		大专以上人员	留学人员	"千人计划"人员	吸纳应届大学毕业生
2015 年	156 055	124 244	2031	78	15 561
2016 年	246 685	195 991	2359	153	22 408

（3）在孵企业获投融资情况

2016 年，广东省当年获得孵化基金投资的在孵企业数有 1123 家，比 2015 年增加 18.3%；当年获得投融资的企业数为 803 家，是 2015 年的 1.25 倍；在孵企业当年获得风险投资额 69.47 亿元，是 2015 年的近 2 倍（表 4 – 166）。

表 4 -166　2015—2016 年孵化器投融资情况

投融资情况	2015 年	2016 年
当年获得孵化基金投资的在孵企业数	949	1123
当年获得投融资的企业数	644	803
在孵企业当年获得风险投资额/亿元	34.93	69.47

（4）在孵企业技术创新情况

2016 年，广东省当年知识产权申请数 20 331 件，比 2015 年增加 77.1%；拥有有效知识产权数 32 998 件，是 2015 年的 1.8 倍；累计购买国外技术专利 95 件，较 2015 年减少 3 件；当年承担国家级科技计划项目有 199 项，比 2015 年增加 65 项；当年获得省级以上奖励 483 项，是 2015 年的 2.3 倍（表 4 -167）。

表 4 -167　孵化器在孵企业知识产权情况

相关指标	2015 年	2016 年
当年知识产权申请数/件	11 483	20 331
拥有有效知识产权数/件	18 115	32 998
其中：发明专利/件	4169	7367
软件著作权/件	5952	10 648
集成电路布图/个	828	278
植物新品种/个	93	32
累计购买国外技术专利/件	98	95
当年承担国家级科技计划项目/项	134	199
当年获得省级以上奖励/项	213	483

（5）毕业企业情况

2016 年，广东省累计毕业企业 10 974 家，较 2015 年增长 38.5%。其中，毕业企业累计上市（挂牌）企业 325 家，是 2015 年的近 2 倍；当年毕业企业数 2198 家，较 2015 年增长 71.3%；当年上市（挂牌）企业 140 家，是 2015 年的 3.2 倍；当年被兼并和收购企业 103 家，是 2015 年的 2.1 倍；当年营业收入超过 5000 万元企业有 207 家，是 2015 年的 1.3 倍（表 4 -168）。

表 4 -168　孵化器毕业企业情况

相关指标	2015 年	2016 年
累计毕业企业	7925	10 974
其中：毕业企业累计上市（挂牌）企业	164	325
当年毕业企业	1283	2198
当年上市（挂牌）企业	44	140
当年被兼并和收购企业	49	103
当年营业收入超过 5000 万元企业	163	207

3. 孵化器运营情况

（1）投资构成情况

2016 年，广东省孵化器投资中，企业投资最多，占比达 71.18%，比全国平均值高 12.55%；其次是财政投入，占比 25.24%，低于全国平均值 11 个百分点。和 2015 年相比，企业投资的占比下降 5.55 个百分点，财政投入的占比提高了 5.80 个百分点（图 4 - 165）。

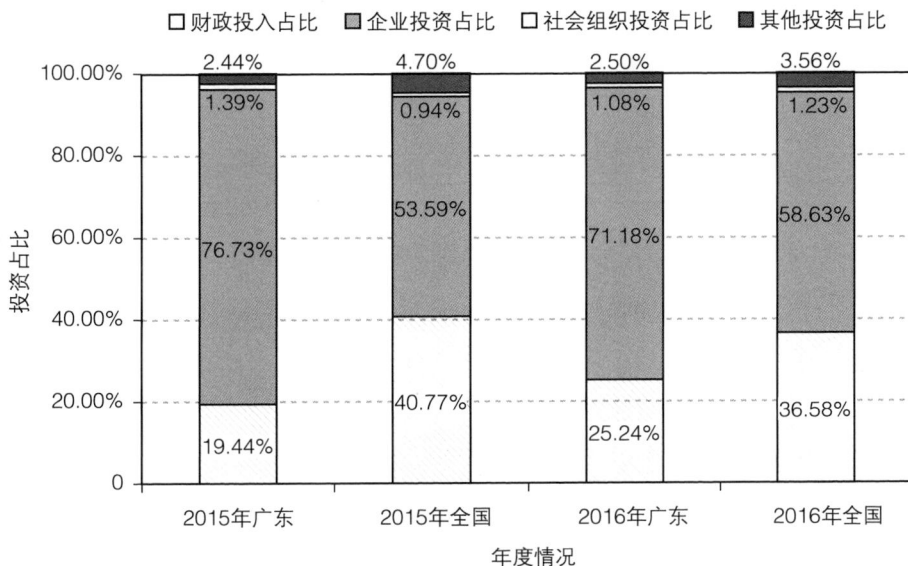

图 4 - 165　孵化器投资构成

（2）财税支持情况

2016 年，广东省孵化器获得各级财政资助额为 140 549.24 万元，是 2015 年的 2.4 倍。其中，国家科技计划经费额 3701.31 万元，比 2015 年增长了 37%。

2016 年，广东省免税金额总计 1342.98 万元，比 2015 年增加 29.8%。其中，房产税免税额最多，为 746.19 万元，比 2015 年增加 26.0%，占比 55.6%。城镇土地使用税免税额 140.43 万元，是 2015 年的 1.69 倍。

（3）收支情况

2016 年，广东省孵化器总收入 589 049.67 万元，是 2015 年的 1.36 倍。其中，物业收入最多，为 298 343.65 万元，占比 50.6%；其次是其他收入，占比 21.4%。和 2015 年相比，物业收入、投资收入、其他收入分别较 2015 年分别增加 53.2%、144.2%、89.4%，物业收入是孵化器总收入的重要组成部分（图 4 - 166）。

2016 年，孵化器运行成本中，场地费用所占的比重最大，占比为 25.45%；管理费用、其他费用和人员费用占比次之；纳税额占比仅为 9.81%（图 4 - 167）。

（4）管理人员情况

2016 年，广东省孵化器管理机构从业人员为 8498 人，较 2015 年增长 62.8%。其中，大专以上

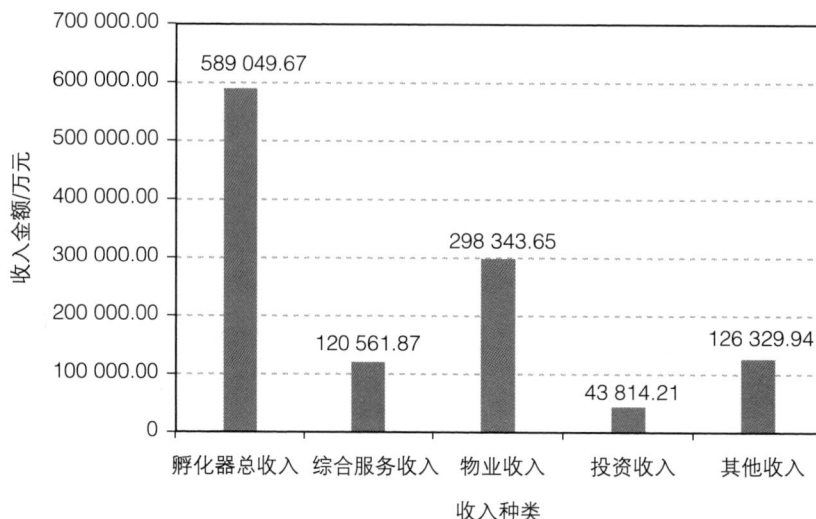

图 4 - 166　2016 年孵化器收入情况

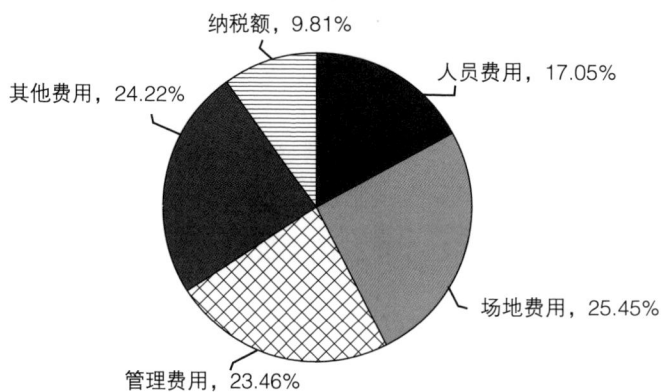

图 4 - 167　2016 年孵化器运营成本

人员 7430 人，较 2015 年增长 56.9%，占比达 87.4%；接受专业培训人员 3077 人，较 2015 年增长 24.2%，占比 36.2%（表 4 - 169）。

表 4 - 169　管理机构从业人员情况

年份	管理机构从业人员	大专以上人员	接受专业培训人员
2015 年	5221	4736	2478
2016 年	8498	7430	3077

（5）开展孵化服务情况

2016 年，广东省孵化器内共有企业联络员 2674 人，企业辅导员 2553 人，创业导师 4928 人。和 2015 年相比，企业辅导员和创业导师人数的增长速度分别为 59.7%、68.6%；企业联络员人数增长 21.1%。创业导师对接企业数 9650 家，较 2015 年增长 58.0%（图 4 - 168）。

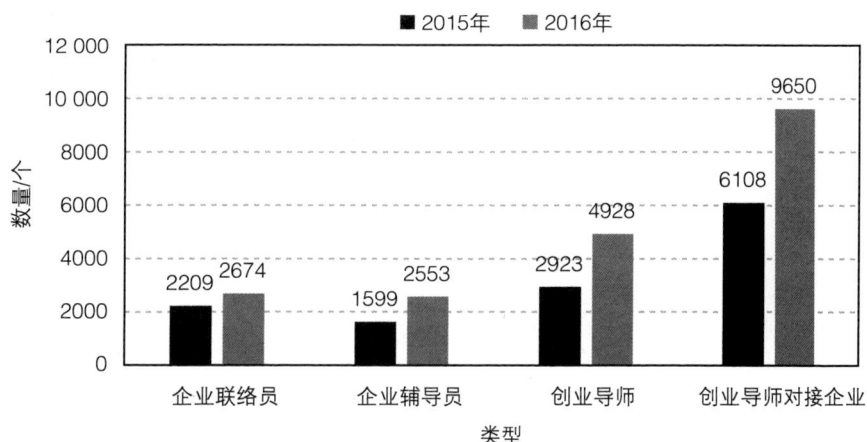

图 4 –168 孵化器创业辅导情况

2016 年，广东省孵化器对在孵企业培训达 382 361 人次，较 2015 年增长 3.54%；开展创业教育培训活动场次 9813 次，是 2015 年的 1.5 倍。

（二）众创空间建设及运行情况

1. 总体情况

2016 年，广东省共有众创空间 508 家，当年服务的创业团队数量 16 531 家，当年服务的初创企业数量 14 278 家，创业团队和企业中共有 82 家企业在当年上市（挂牌）。

2016 年，广东省众创空间总面积为 1 680 967 m^2，共提供了 82 689 个工位。广东省众创空间场地以租赁为主，租赁面积占比 66.41%。2016 年，广东省众创空间面积中，常驻团队和企业使用面积与公共服务面积占众创空间的比例达到 75.71%；管理办公使用面积和其他面积占比较少（图 4 – 169）。

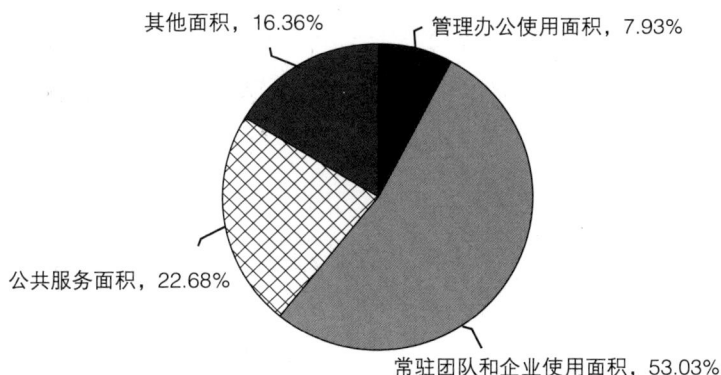

图 4 –169 众创空间使用面积

2. 孵化绩效情况

（1）创业企业/团队类型

2016 年，广东省众创空间内共有创业团队和企业 12 504 家。其中，大学生创业占比为 31.14%；

科技人员创业占比为 31.55%；大企业高管离职创业和留学生归国创业占比低于 16%；海外项目入驻占比为 4.47%（表 4 - 170）。

表 4 - 170　2016 年众创空间创业团队和企业情况

创业团队和企业情况	数量	占比
总数	12 504	100.00%
海外项目入驻	559	4.47%
大学生创业	3894	31.14%
留学生归国创业	651	5.21%
科技人员创业	3945	31.55%
大企业高管离职创业	1242	9.93%
连续创业	2213	17.70%

（2）创业企业/团队获投融资情况

2016 年，广东省当年获得投融资的团队及企业的数量为 1848 家，获得投资总额 59.4 亿元。其中，社会投资占比 83.49%，众创空间自身投资占比 16.51%。

2016 年，众创空间帮助入驻享受财政政策的团队或企业共 1338 家，共享受财政资金支持额 20 329 万元。

（3）就业及项目入驻情况

2016 年，创业团队和企业共吸纳 81 946 人就业，其中吸纳应届毕业大学生 21 595 人。

2016 年，众创空间中创业项目平均入驻周期为 7 ~ 12 个月的众创空间最多；其次为创业项目平均入驻周期为 13 ~ 24 个月和 1 ~ 6 个月的众创空间；创业项目平均入驻周期为 24 个月以上的众创空间相对较少（表 4 - 171）。

表 4 - 171　众创空间创业项目平均入驻周期

入驻周期	众创空间数	占比
1 ~ 6 个月	122	24.01%
7 ~ 12 个月	236	46.46%
13 ~ 24 个月	128	25.20%
24 个月以上	22	4.33%
合计	508	100.00%

3. 众创空间运营情况

（1）众创空间类型

2016 年，广东省众创空间在国家备案的占比 35.30%；位于国家高新区内的占比 29.90%；由孵化器建立的占比 32.08%；由高校或科研院所建立的占比 9.64%；本身是上市或挂牌企业的占比 3.54%。

（2）收支情况

2016 年，广东省众创空间总收入为 99 306 万元。其中，服务收入和财政补贴较多，合计占比 65.43%（图 4 – 170）。

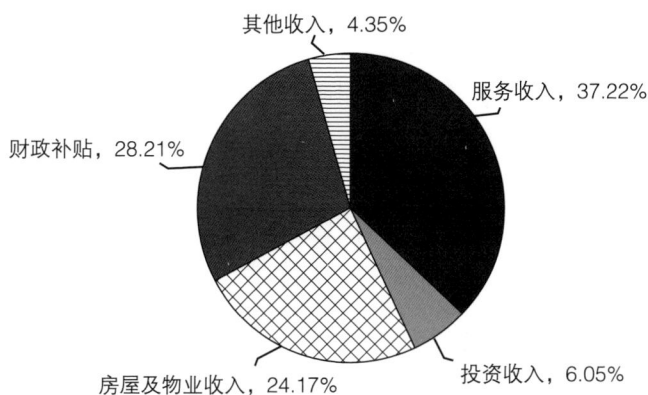

图 4 – 170　众创空间收入分类

2016 年，广东省众创空间运营成本为 122 890.8 万元。其中，场地费用和人员费用占比较大；管理费用和其他费用占比次之；纳税额占比最小（图 4 – 171）。

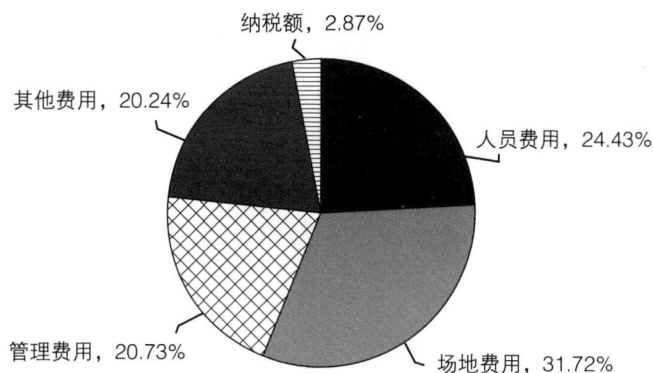

图 4 – 171　众创空间运营成本分类

（3）提供服务情况

2016 年，广东省众创空间服务人员数量为 12 217 人，创业导师数量共 8255 人，创业导师中专职人员占比为 21.85%。

2016 年，广东省众创空间共举办创新创业活动 12 492 次，开展创业教育培训 7588 次，当年开展国际合作交流活动 1207 次。

二十、广西壮族自治区创业孵化发展情况

（一）孵化器建设及运行情况

1. 总体情况

2016 年，广西共有 45 家科技企业孵化器，比 2015 年增加了 3 家，占全国的 1.38%。其中，国家级有 8 家、非国家级有 37 家（表 4 - 172）。

表 4 - 172 孵化器数量及分类

年份	国家级	非国家级	总数
2015 年	8	34	42
2016 年	8	37	45

2016 年，广西壮族自治区孵化器使用面积为 1 419 013.43 m^2，较 2015 年增加了 17.63%。孵化器办公用房面积同比下降 72.98%，其他用地面积同比上升 308.60%（图 4 - 172）。

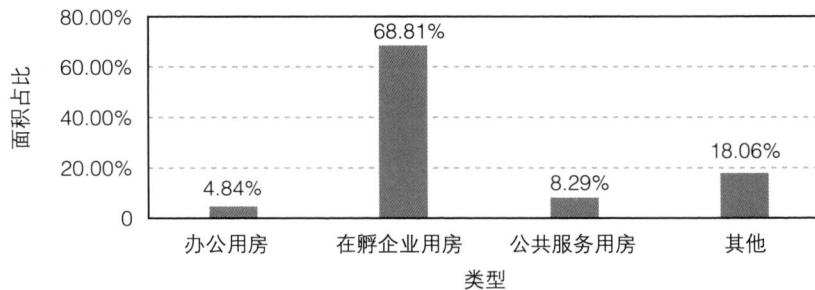

图 4 - 172 2016 年孵化器使用面积

2016 年，在孵企业数达到 1665 家，较 2015 年增加 431 家。累计毕业企业数 1041 家，较 2015 年减少 181 家。2016 年，企业的毕业率为 38.47%，比 2015 年下降 11.29 个百分点（表 4 - 173）。

表 4 - 173 孵化器在孵和毕业企业情况

年份	在孵企业数	累计毕业企业数	毕业率
2015 年	1234	1222	49.76%
2016 年	1665	1041	38.47%

2. 孵化绩效情况

（1）在孵企业类型

2016 年，在孵企业总数同比上升 34.93%。大学生科技企业数达 250 家，较 2015 年增长了 32.28%。留学人员企业数 96 家，较 2015 年减少了 12 家。高新技术企业数 84 家，较 2015 年减少了

4 家（图 4 - 173）。

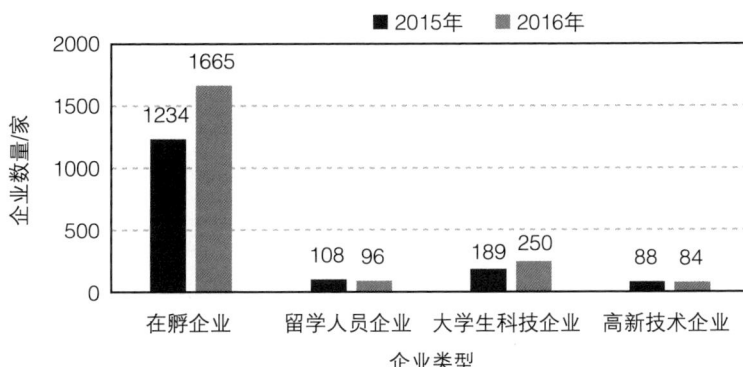

图 4 - 173　孵化器在孵企业类型分类

（2）在孵企业从业人员情况

2016 年，大专以上的从业人员进一步上升，其占比接近 69.14%，较 2015 年增长了 20.33%。"千人计划"人员上升为 28 人，比 2015 年增加了 27 人。吸纳应届大学毕业生占比下降为 8.20%（表 4 - 174）。

表 4 - 174　孵化器在孵企业从业人员情况

年份	从业人员	其中			
		大专以上人员	留学人员	"千人计划"人员	吸纳应届大学毕业生
2015 年	21 911	15 099	193	1	2256
2016 年	26 276	18 168	160	28	2154

（3）在孵企业获投融资情况

2016 年，当年获得孵化基金投资的在孵企业数为 96 家，较 2015 年增加了 1 家。2016 年，当年获得投融资的企业数为 41 家，较 2015 年增加了 1 家（表 4 - 175）。

表 4 - 175　2015—2016 年孵化器投融资情况

投融资情况	2015 年	2016 年
当年获得孵化基金投资的在孵企业数	95	96
当年获得投融资的企业数	40	41
当年获得风险投资额/亿元	0.66	1.03

（4）在孵企业技术创新情况

2016 年，广西壮族自治区当年知识产权申请数、拥有有效知识产权数分别同比上升 53.23%、29.32%。累计购买国外技术专利同比上升 200.00%。当年承担国家级科技计划项目和当年获得省级以上奖励，分别下降 42.86%、28.99%（表 4 - 176）。

表 4 - 176　孵化器在孵企业知识产权情况

相关指标	2015 年	2016 年
当年知识产权申请数/件	1255	1923
拥有有效知识产权数/件	1627	2104
其中：发明专利/件	633	647
软件著作权/件	340	474
集成电路布图/个	21	5
植物新品种/个	81	32
累计购买国外技术专利/件	3	9
当年承担国家级科技计划项目/项	21	12
当年获得省级以上奖励/项	69	49

（5）毕业企业情况

2016 年，累计毕业企业中毕业企业累计上市（挂牌）企业为 25 家，比 2015 年增加 9 家。当年毕业企业数 97 家，较 2015 年下滑 23.02%。当年上市（挂牌）企业数 18 家，是 2015 年的 3 倍；当年被兼并和收购企业较 2015 年增加 4 家；当年营业收入超过 5000 万元企业增加了 6 家（表 4 - 177）。

表 4 - 177　孵化器毕业企业情况

分类指标	2015 年	2016 年
累计毕业企业	1222	1041
其中：毕业企业累计上市（挂牌）企业	16	25
当年毕业企业	126	97
当年上市（挂牌）企业	6	18
当年被兼并和收购企业	14	18
当年营业收入超过 5000 万元企业	15	21

3. 孵化器运营情况

（1）投资构成情况

2016 年，广西壮族自治区对孵化器的总投入有所下降，其总投资为 13.3 亿元，相对于 2015 年，下降了 1.5 亿元，全国总体对孵化器的投资却上升了约 157 亿元。与 2015 年相比，财政对孵化器投资占比上升了 4.74 个百分点，社会组织投资占比上升为 0.29%，这两种投资占比的变化趋势与全国大体一致。但企业投资占比在全国企业投资占比水平上升的情况下，较 2015 年有所下降，下降了 5.04 个百分点（图 4 - 174）。

（2）财税支持情况

2016 年，免税金额为 22.82 万元，仅占 2015 年的 48.40%。房产税和城镇土地使用税的免税金

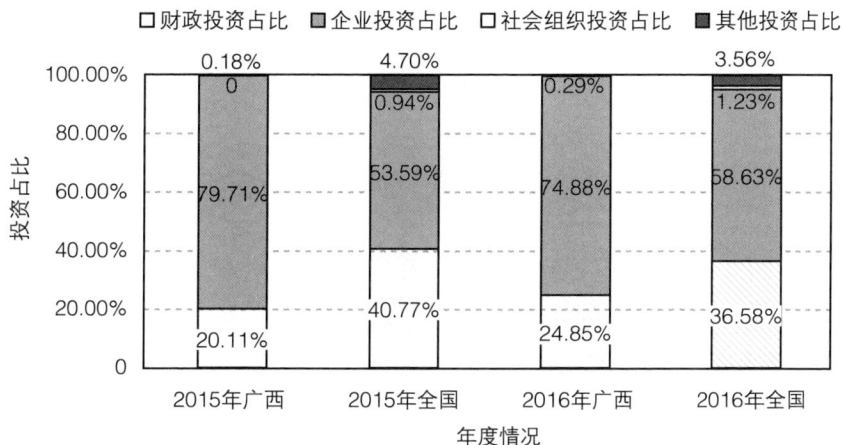

图4-174 孵化器投资构成

额均有所上升。

（3）收支情况

2016年，广西壮族自治区孵化器的总收入较2015年增加1833万元，综合服务收入和物业收入同比分别上升了26.63%、29.18%。投资收入和其他收入同比上升分别为186.28%和148.76%，这两种收入来源虽然依旧占总收入的比例较小，但上升速度很快（图4-175）。

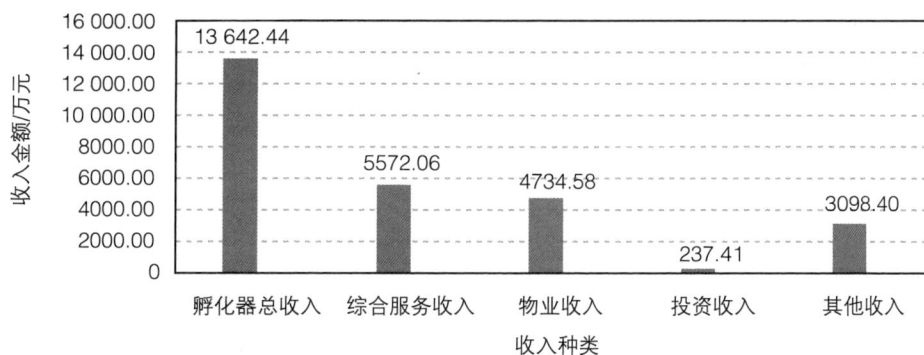

图4-175 2016年孵化器收入情况

2016年，孵化器获得各级财政资助额为0.89亿元，较2015年增加0.16亿元。其中，国家科技计划经费占比6.98%，较2015年下降了1.28个百分点。

2016年，孵化器运营成本中，场地费用和其他费用占比合计76.25%。人员费用和管理费用次之，占比分别为10.42%、9.47%（图4-176）。

（4）管理人员情况

2016年，孵化器管理机构从业人员为541人，较2015年减少了7人。其中，大专以上人员占比95.01%，与2015年相比有所下降。从业人员中接受专业培训的人员占比52.87%，较2015年有所上升（表4-178）。

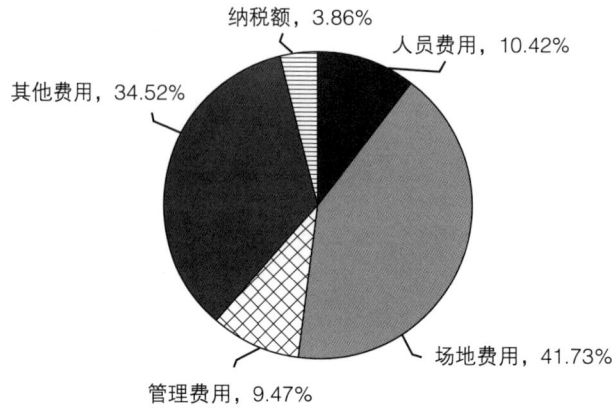

图 4 - 176　2016 年孵化器运营成本

表 4 - 178　管理机构从业人员情况

年份	管理机构从业人员	大专以上人员	接受专业培训人员
2015 年	548	517	285
2016 年	541	514	286

（5）开展孵化服务情况

2016 年，在创业导师开展情况中，企业联络员、创业辅导员和创业导师人员分别为 470 人、231 人、327 人，较 2015 年均有所增加。企业联络员人数排名居于第 1 位；创业导师对接企业 963 家，较 2015 年增长 30.49%（图 4 - 177）。

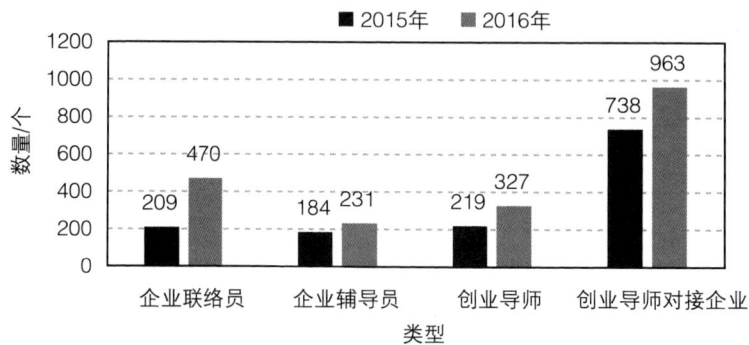

图 4 - 177　孵化器创业辅导情况

2016 年，广西壮族自治区孵化器对在孵企业培训达 28 484 人次，较 2015 年增长了 9.76%。开展创业教育培训活动场次 1147 次，是 2015 年的 2.29 倍。

2016 年，孵化器孵化基金总额为 0.79 亿元，较 2015 年减少了 0.55 亿元，仅为 2015 年的 58.96%。

（二）众创空间建设及运行情况

1. 总体情况

2016 年，广西壮族自治区有 211 家众创空间。当年服务的创业团队数为 639 家，当年服务的初创企业的数为 597 家。

2016 年，众创空间总面积为 105 171 m^2，共提供了 3984 个工位。众创空间场地自有面积为 63 010 m^2，占比 59.91%；租赁面积占比 40.09%。在众创空间面积中，常驻团队和企业使用面积最大，达到 61 578 m^2；公共服务面积次之，占总面积的 25.56%，两者占众创空间的比例达到 84.11%（图 4 - 178）。

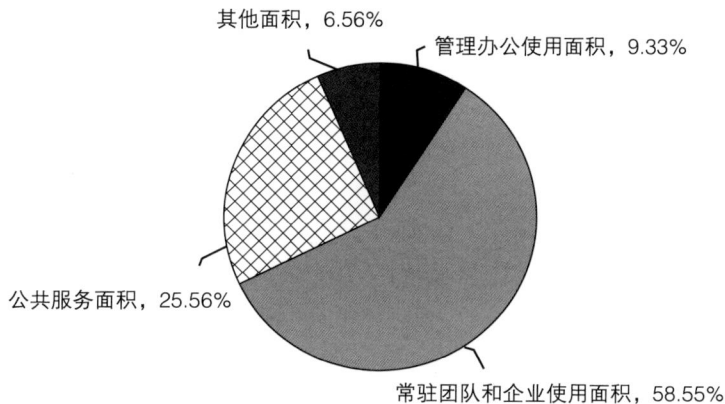

图 4 - 178 众创空间使用面积

2. 孵化绩效情况

（1）创业企业/团队类型

2016 年，创业团队和企业总数为 863 家。其中，大学生创业占比超过一半，连续创业占比 23.29%，科技人员创业居于第 3 位，留学生归国创业数为 15 家，海外项目入驻仅 4 家（表 4 - 179）。

表 4 - 179 2016 年众创空间创业团队和企业情况

创业团队和企业情况	数量	占比
总数	863	100.00%
海外项目入驻	4	0.46%
大学生创业	472	54.69%
留学生归国创业	15	1.74%
科技人员创业	123	14.25%
大企业高管离职创业	48	5.56%
连续创业	201	23.29%

（2）创业企业/团队获投融资情况

2016 年，广西壮族自治区当年获得投融资的团队及企业的数量为 39 家，获得投资总额为 6562.7 万元。其中，社会投资占比达 91.68%，众创空间自身投资仅占 8.32%。

当年众创空间帮助入驻享受财政政策的团队或企业共 89 家，共享受财政资金支持额为 514.4 万元。

（3）就业及项目入驻情况

2016 年，创业团队和企业共吸纳 3277 人就业。其中，吸纳应届毕业大学生 1196 人。

2016 年，广西壮族自治区众创空间总计 24 家。其中，创业项目平均入驻周期小于 24 个月的 3 类占比差距不达；创业项项目平均入驻周期为 24 个月以上的仅有 1 家（表 4-180）。

表 4-180　众创空间创业项目平均入驻周期

入驻周期	众创空间数	占比
1~6 个月	8	33.33%
7~12 个月	8	33.33%
13~24 个月	7	29.17%
24 个月以上	1	4.17%
合计	24	100.00%

3. 众创空间运营情况

（1）众创空间类型

2016 年，在国家备案、位于国家高新区内、由孵化器建立、由高校或科研院所建立的众创空间分别占比 6.64%、22.75%、30.33%、19.43%。

（2）收支情况

2016 年，广西壮族自治区众创空间总收入为 1518.39 万元。其中，财政补贴占比为 72.62%；其次是服务收入，占比为 20.03%（图 4-179）。

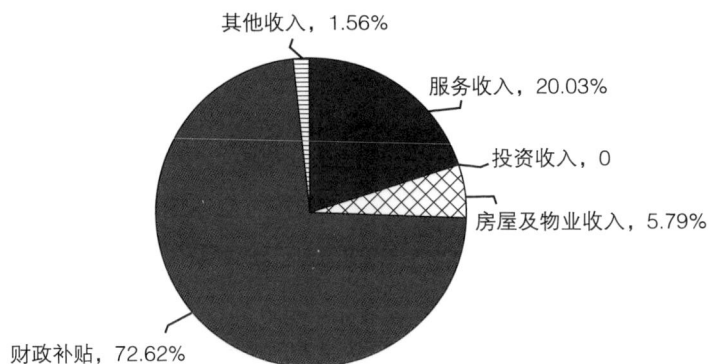

图 4-179　众创空间收入分类

2016 年，广西壮族自治区众创空间运营成本为 3535.65 万元。其中，场地费用占比最大；人员费用次之；纳税额占比最小（图 4 - 180）。

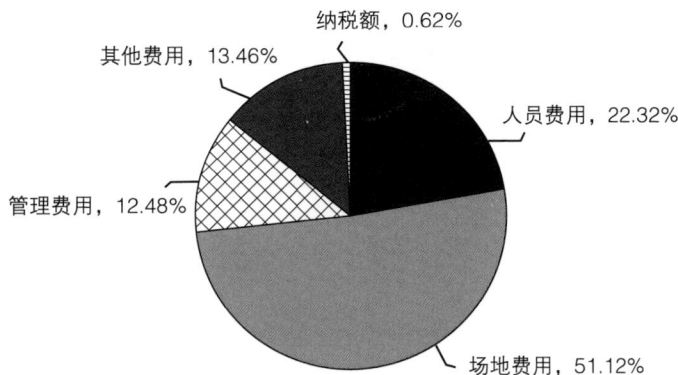

图 4 - 180　众创空间运营成本分类

（3）提供服务情况

2016 年，广西壮族自治区众创空间服务人员数为 341 人，创业导师数为 398 人。创业导师中，兼职人员数占比最多，高达 79.40% 。

2016 年，举办创新创业活动 533 次，开展创业教育培训 317 次，当年开展国际合作交流活动 21 次。

二十一、海南省创业孵化发展情况

（一）孵化器建设及运行情况

2016 年，海南省共有 4 家科技企业孵化器，1 家国家级科技企业孵化器。孵化器面积为 70 300 m²，其中 84.94% 为在孵企业用房。在孵企业总数为 414 家，累计毕业企业数为 115 家，当年毕业企业数为 34 家，毕业率为 21.74% （表 4 - 181）。

表 4 - 181　孵化器在孵和毕业企业情况

年份	国家级	非国家级	总数
2015 年	220	90	29.03%
2016 年	414	115	21.74%

2016 年，在孵企业从业人员数为 5694 人，其中大专以上的从业人员数占比为 91.86% 。在孵企业总收入为 100 708.68 万元，在孵企业研究与试验发展（R&D）经费支出为 6825.6 万元，在孵企业累计获得财政资助额为 8000 万元，在孵企业累计获得风险投资额为 22 310 万元。

2016 年，在孵企业知识产权申请数为 511 件，拥有有效知识产权数 576 件，其中发明专利数为 48 件。

2016 年，孵化器总收入为 953.7 万元，其中 47.57% 为综合服务收入；孵化器运营成本为

1580.9 万元，其中人员费用和管理费用占比为 77.23%。孵化器获得各级财政资助额为 396 万元，其中国家科技计划经费为 101 万元。孵化器孵化基金总额为 31 500 万元，当年获得孵化基金的在孵企业数为 7 家。

2016 年，孵化器管理机构从业人员为 119 人。其中，大专以上人员占比 91.60%。创业导师人数为 60 人，创业导师对接企业达到 245 家。对在孵企业培训共 4866 人次，开展创业教育培训活动场次 161 次。

（二）众创空间建设及运行情况

2016 年，众创空间共有 7 家。众创空间总面积为 17 188.07 m²，其中常驻团队和企业使用面积最大（图 4 - 181）。

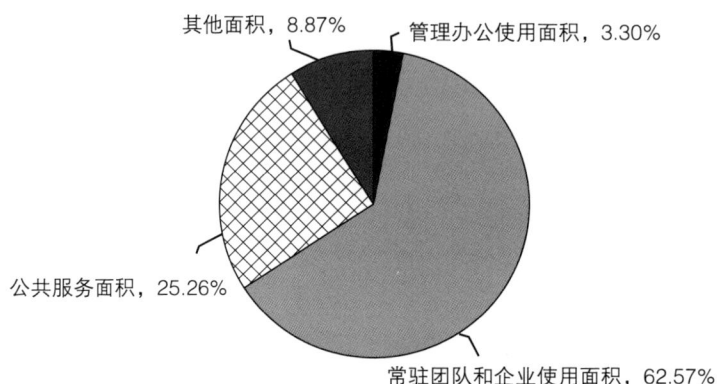

图 4 - 181 众创空间使用面积

2016 年，创业团队和企业总数为 244 家，其中大学生创业占比为 46.72%。此外，众创空间的创业团队和企业共吸纳就业 1836 人，其中吸纳应届毕业大学生就业 350 人。众创空间的创业团队和企业中共有 16 家企业在当年上市（挂牌）。

2016 年，众创空间服务人员数量为 94 人；创业导师数量共 187 人，专职人员约占 1/4。

2016 年，众创空间总收入为 697.57 万元，其中服务收入占比最高，占总收入的 50.31%，其次是财政补贴。海南众创空间共享受财政资金支持额 809.50 万元。2016 年，众创空间运营成本为 3152.33 万元。

二十二、重庆市创业孵化发展情况

（一）孵化器建设及运行情况

1. 总体情况

2016 年，重庆市共有 51 家科技企业孵化器，较 2015 年增长了 54.55%，占全国的 1.57%。其中，国家级 14 家，较 2015 年增加了 2 家；非国家级 37 家，较 2015 年增加了 16 家（表 4 – 182）。

表 4 – 182　孵化器数量及分类

年份	国家级	非国家级	总数
2015 年	12	21	33
2016 年	14	37	51

2016 年，重庆市孵化器使用面积为 796 254.54 m²，增加将近 20 万 m²。在孵企业用房、公共服务用房占比分别上升 1.86%、1.81%；办公用房面积下降 4.19%（图 4 – 182）。

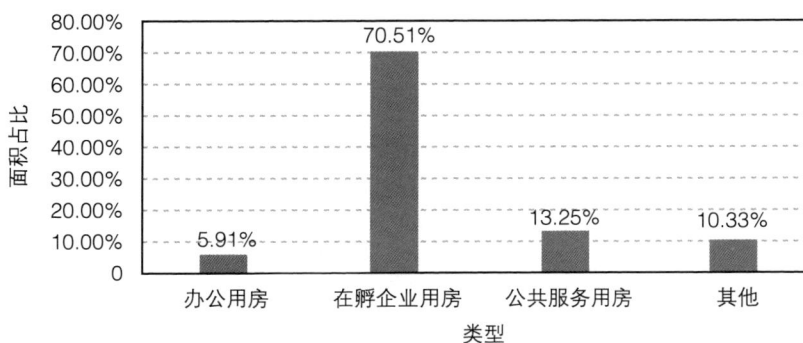

图 4 – 182　2016 年孵化器使用面积

2015 年，在孵企业的数为 1491 家，累计毕业企业数为 1388 家，毕业率为 48.21%。

2016 年，重庆市在孵企业数量达到 1834 家，较 2015 年增长 23%，累计毕业企业为 1509 家，较 2015 年增长 8.72%。2016 年企业的毕业率为 45.14%，比 2015 年降低了 3 个百分点（表 4 – 183）。

表 4 – 183　孵化器在孵和毕业企业情况

年份	在孵企业数	累计毕业企业数	毕业率
2015 年	1491	1388	48.21%
2016 年	1834	1509	45.14%

2. 孵化绩效情况

（1）在孵企业类型

2015 年，重庆市大学生科技企业占比较高，是留学人员企业的 14.25 倍、高新技术企业的 10.23 倍。

2016 年，留学人员企业为 63 家，是 2015 年的 2.25 倍；大学生科技企业数较 2015 年增长 54.39%；高新技术企业较 2015 年增长 269.23%，增加速度相对较快（图 4 – 183）。

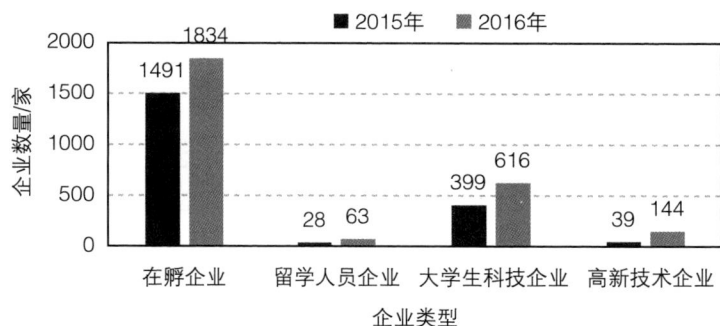

图 4-183 孵化器在孵企业类型分类

（2）在孵企业从业人员情况

2016 年，孵化器在孵企业人员为 26 485 人。留学人员是 2015 年的 1.99 倍；"千人计划"人员突破 0，增加为 36 人，大专以上从业人员有所上升。吸纳应届大学毕业生有所下降（表 4-184）。

表 4-184　孵化器在孵企业从业人员情况

年份	从业人员	其中			
		大专以上人员	留学人员	"千人计划"人员	吸纳应届大学毕业生
2015 年	24 277	19 494	93	0	2946
2016 年	26 485	20 573	185	36	2864

（3）在孵企业获投融资情况

2016 年，当年获得孵化基金投资的在孵企业数量为 149 家；当年获得投融资的企业为 130 家，较 2015 年增加了 66 家（表 4-185）。

表 4-185　2015—2016 年重庆市孵化器投融资情况

投融资情况	2015 年	2016 年
当年获得孵化基金投资的在孵企业数	129	149
当年获得投融资的企业数	64	130
当年获得风险投资额/亿元	1.23	2.68

（4）在孵企业技术创新情况

2016 年，重庆市当年知识产权申请数为 1889 件，较 2015 年增长 2.11%。拥有有效知识产权数上升速度较快，是 2015 年的 1.88 倍。当年承担国家级科技计划项目和当年获得省级以上奖励较 2015 年分别下降 36.36%、29.03%（表 4-186）。

表4－186　孵化器在孵企业知识产权情况

相关指标	2015 年	2016 年
当年知识产权申请数/件	1850	1889
拥有有效知识产权数/件	1388	2606
其中：发明专利/件	251	535
软件著作权/件	314	617
集成电路布图/个	34	10
植物新品种/个	6	3
累计购买国外技术专利/件	1	0
当年承担国家级科技计划项目/项	11	7
当年获得省级以上奖励/项	62	44

（5）毕业企业情况

2016 年，重庆市累计毕业企业中毕业企业累计上市（挂牌）企业同比增长93.33%。当年毕业企业为 276 家，较 2015 年增加 67 家。当年被兼并和收购企业下降60%。当年上市（挂牌）企业和当年营业收入超过 5000 万元企业均增加 2 家（表4－187）。

表4－187　孵化器毕业企业情况

相关指标	2015 年	2016 年
累计毕业企业	1388	1509
其中：毕业企业累计上市（挂牌）企业	15	29
当年毕业企业	209	276
当年上市（挂牌）企业	3	5
当年被兼并和收购企业	25	10
当年营业收入超过 5000 万元企业	16	18

3. 孵化器运营情况

（1）投资构成情况

2016 年，重庆市的财政投资占比为 32.86%，较 2015 年提高了 9.32 个百分点，企业投资占比为 58.12%，较 2015 年下降 17.02 个百分点。值得提出的是，重庆市其他投资占比和社会投资占比远超全国（图4－184）。

（2）收支情况

2016 年，重庆市孵化器的总收入为 22 676.71 万元，较 2015 年增长 24.45%。投资收入较 2015 年增长 278.46%。物业收入大幅下降，收入仅为 2015 年的 45.45%（图4－185）。

2016 年，重庆市孵化器获得各级财政资助额为 8999.89 万元，较 2015 年增长了 74.5%。其中，国家科技计划经费额 278 万元，增加了 78 万元。

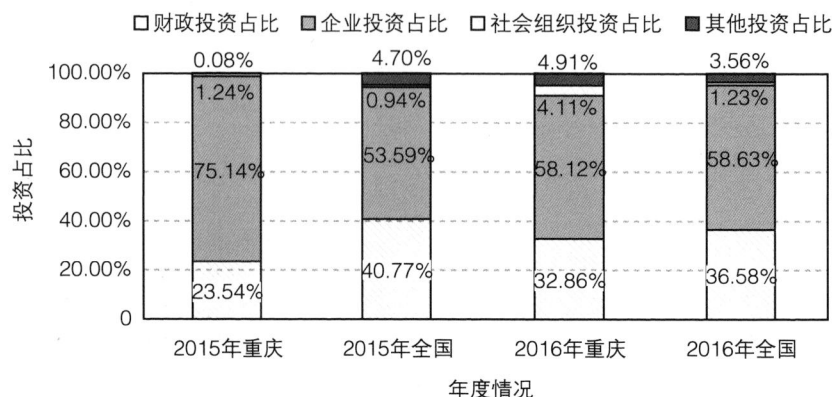

图 4 -184　孵化器投资构成

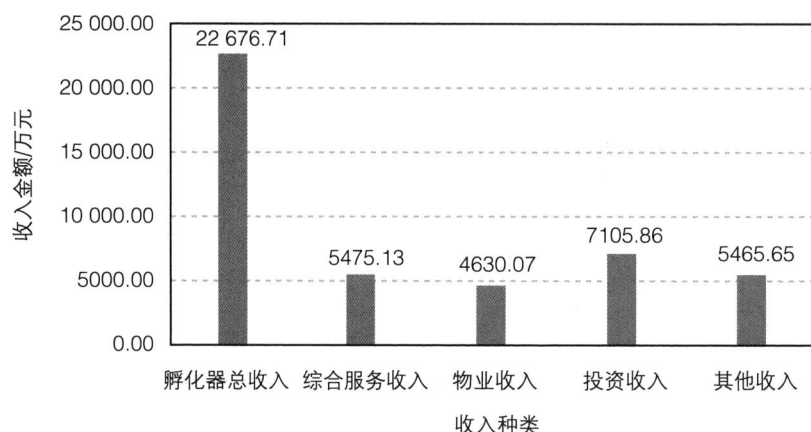

图 4 -185　2016 年孵化器收入情况

（3）管理人员情况

2015 年，孵化器管理机构从业人员为 517 人。其中，大专以上人员占比 92.46%；从业人员中接受专业培训的人员占比 71.18%。2016 年，孵化器管理机构从业人员为 753 人，较 2015 年增长 45.65%。其中，大专以上人员占比 92.70%；从业人员中接受专业培训的人员占比 41.17%（表 4 -188）。

表 4 -188　管理机构从业人员情况

年份	管理机构从业人员	大专以上人员	接受专业培训人员
2015 年	517	478	368
2016 年	753	698	310

（4）开展孵化服务情况

2016 年，创业导师人数为 1014 人，较 2015 年增长 98.05%。企业辅导员为 269 人，较 2015 年增长 11.47%。企业联络员有所减少，较 2015 年减少了 26 人。创业导师对接企业为 1765 家，是

2015 年的 1.94 倍（图 4 – 186）。

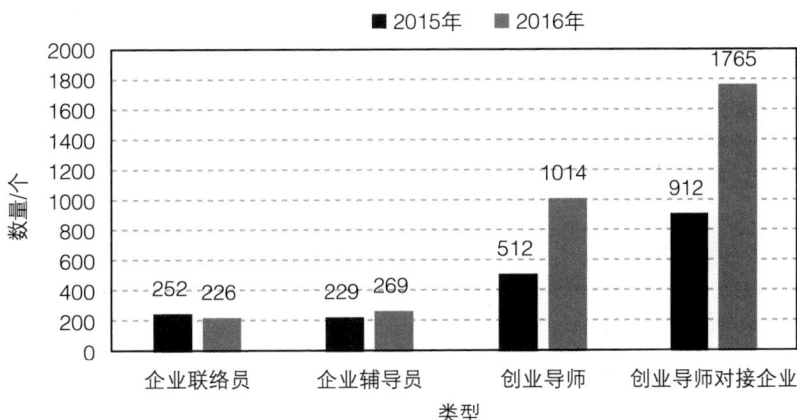

图 4 – 186　孵化器创业辅导情况

2015 年，重庆市孵化器对在孵企业培训达 49 818 人次，开展创业教育培训活动场次 760 次。
2016 年，孵化器对在孵企业培训达 68 192 人次，开展创业教育培训活动场次 1586 次。

2016 年，重庆市孵化器孵化基金总额为 42.46 亿元，较 2015 年增加 40.22 亿元。

（二）众创空间建设及运行情况

1. 总体情况

2016 年，重庆市共有众创空间 257 家，当年服务的创业团队数量有 6258 家，当年服务的初创企业的数量有 5170 家，众创空间的创业团队和企业中共有 47 家企业在当年上市（挂牌）。

2016 年，重庆市众创空间总面积为 1 168 212.13 m²，共提供了 43 666 个工位。重庆市众创空间场自有面积为 565 806.04 m²，占比 48.43%。在众创空间面积中，常驻团队和企业使用面积达到10 755.1 m²；其他面积和公共服务面积次之，分别占总面积的 23.10%、18.07%（图 4 – 187）。

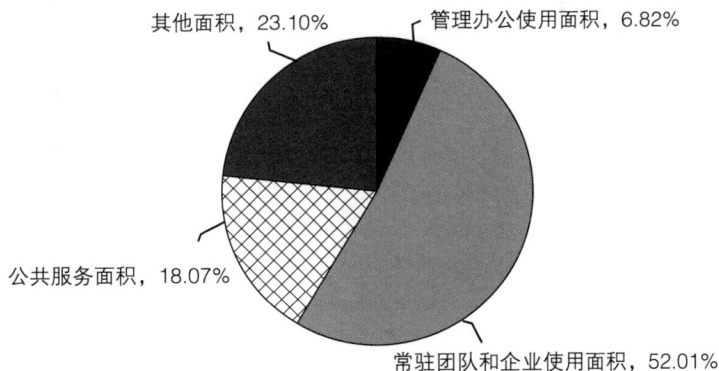

图 4 – 187　众创空间使用面积

2. 孵化绩效情况

（1）创业企业/团队类型

2016 年，创业团队和企业中大学生创业占比过半；科技人员创业占比为 25.39%；留学归国创业、海外项目入驻占比较低，占比分别为 2.25%、0.92%（表 4 – 189）。

表 4 – 189　2016 年众创空间创业团队和企业情况

创业团队和企业情况	数量	占比
总数	6874	100.00%
海外项目入驻	63	0.92%
大学生创业	3702	53.85%
留学生归国创业	155	2.25%
科技人员创业	1745	25.39%
大企业高管离职创业	495	7.20%
连续创业	714	10.39%

（2）创业企业/团队获投融资情况

2016 年，重庆市当年获得投融资的团队及企业的数量为 658 家，获得投资总额 17.40 亿元。其中，社会投资占比 85.24%，众创空间自身投资占 14.76%。

当年众创空间帮助入驻享受财政政策的团队或企业共 1412 家，共享受财政资金支持额 13 578.66 万元。

（3）就业及项目入驻情况

2016 年，重庆市众创空间的创业团队和企业共吸纳就业 51 171 人。其中，吸纳应届毕业大学生就业 17 566 人。

2016 年，重庆市众创空间总计 257 家。其中，创业项目平均入驻周期为 7～12 个月和 13～24 个月的众创空间所占比重较大，占比分别为 38.98%、35.83%（表 4 – 190）。

表 4 – 190　众创空间创业项目平均入驻周期

入驻周期	众创空间数	占比
1～6 个月	53	19.69%
7～12 个月	99	38.98%
13～24 个月	91	35.83%
24 个月以上	14	5.51%
合计	257	100.00%

3. 众创空间运营情况

（1）众创空间类型

2016 年，众创空间在国家备案的占比为 12.5%；位于国家高新区内的占比为 7.4%；由孵化器建立的占比为 21.4%；由高校或科研院所建立的占比为 27.6%；本身是上市或挂牌企业的有 9 家。

（2）收支情况

2016 年，重庆市众创空间总收入为 52 334.60 万元。其中，服务收入占比最高，占总收入的 42.97%（图 4 - 188）。

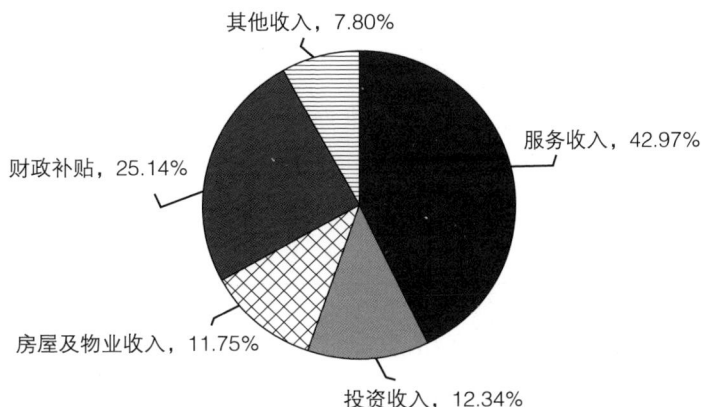

图 4 - 188　众创空间收入分类

2016 年，重庆市众创空间运营成本为 4.87 亿元。其中，人员费用占比最大，为 34.41%；场地费用次之，为 25.91%（图 4 - 189）。

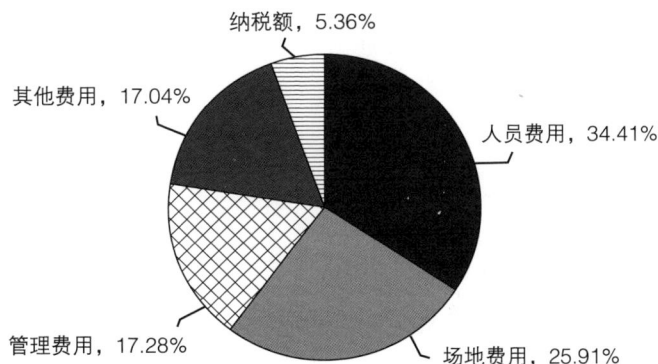

图 4 - 189　众创空间运营成本分类

（3）提供服务情况

2016 年，重庆市众创空间服务人员数量为 4650 人，创业导师数量共 4742 人。创业导师中，专职人员占比为 32.35%。

2016 年，举办创新创业活动 4391 次，开展创业教育培训 2942 次，当年开展国际合作交流活动 201 次。

二十三、四川省创业孵化发展情况

(一) 孵化器建设及运行情况

1. 总体情况

2016 年，四川省共有 108 家科技企业孵化器，占全国的 3.32%，较 2015 年增长了 18 家。其中，国家级 26 家，较 2015 年同比增长 116.67%；非国家级 82 家，较 2015 年增长了 5.13%（表 4 – 191）。

表 4 – 191　孵化器数量及分类

年份	国家级	非国家级	总数
2015 年	12	78	90
2016 年	26	82	108

2016 年，四川省孵化器使用面积为 3 266 390.79 m²，较 2015 年增长 20.81%。在孵企业用房的占比超过 70%；办公用房面积占比下降 2.56 个百分点；公共服务用房和其他占比变动不明显（图 4 – 190）。

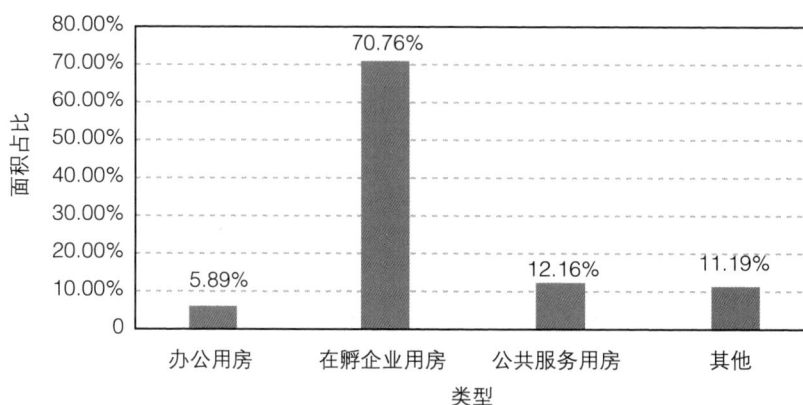

图 4 – 190　2016 年孵化器使用面积

2016 年，在孵企业数为 5423 家，较 2015 年增长 19.34%。累计毕业企业数为 3272 家，较 2015 年增长 20.52%。当年毕业率为 37.63%，变化不明显（表 4 – 192）。

表 4 – 192　孵化器在孵和毕业企业情况

年份	在孵企业数	累计毕业企业数	毕业率
2015 年	4544	2715	37.40%
2016 年	5423	3272	37.63%

2. 孵化绩效情况

（1）在孵企业类型

2016 年，在孵企业总数为 5423 家，较 2015 年增长 19.34%。大学生科技企业数同比上升 40.27%。留学人员企业数同比上升 55.14%（图 4 - 191）。

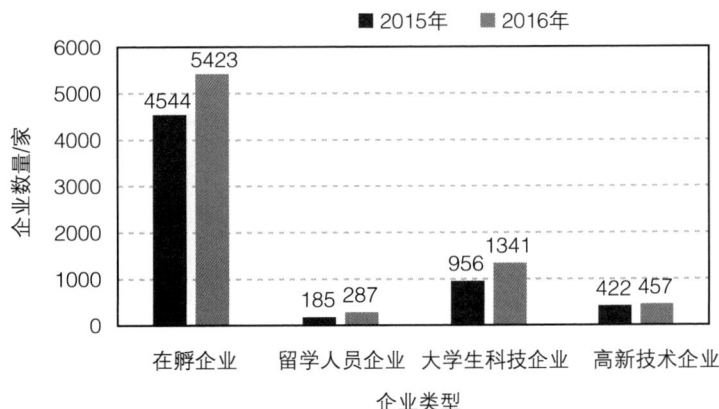

图 4 - 191　孵化器在孵企业类型分类

（2）在孵企业从业人员情况

2016 年，在孵企业从业人员为 78 789 人。大专以上的从业人员数占比为 75.92%，较 2015 年上升 1.65 个百分点；吸纳应届大学毕业生占比为 9.80%（表 4 - 193）。

表 4 - 193　孵化器在孵企业从业人员情况

年份	从业人员	其中			
		大专以上人员	留学人员	"千人计划" 人员	吸纳应届大学毕业生
2015 年	70 906	52 663	760	39	7435
2016 年	78 789	59 814	737	58	7724

（3）在孵企业获投融资情况

2016 年当年获得孵化基金投资的在孵企业数为 674 家；当年获得投融资的企业数为 224 家（表 4 - 194）。

表 4 - 194　2015—2016 年孵化器投融资情况

投融资情况	2015 年	2016 年
当年获得孵化基金投资的在孵企业数	521	674
当年获得投融资的企业数	254	224
当年获得风险投资额/亿元	9.31	10.29

（4）在孵企业技术创新情况

2016 年，四川省当年知识产权申请数增加 4371 件。拥有有效知识产权数同比增加 33.34%；累计购买国外技术专利数 9 件，为 2015 年的 47.37%。当年承担国家级科技计划项目较 2015 年上升 90%。当年获得省级以上奖励较 2015 年增加 55 项（表 4－195）。

表 4－195　孵化器在孵企业知识产权情况

相关指标	2015 年	2016 年
当年知识产权申请数/件	4072	4371
拥有有效知识产权数/件	5147	6863
其中：发明专利/件	1558	1202
软件著作权/件	1670	2298
集成电路布图/个	92	145
植物新品种/个	37	24
累计购买国外技术专利/件	19	9
当年承担国家级科技计划项目/项	30	57
当年获得省级以上奖励/项	118	173

（5）毕业企业情况

2016 年，四川省累计毕业企业中毕业企业累计上市（挂牌）企业数量为 69 家，增长 27.78%。当年毕业企业为 591 家，较 2015 年增长 52.32%。当年上市（挂牌）企业数量增加 7 家。当年被兼并和收购企业较 2015 年增加 4 家。当年营业收入超过 5000 万元企业同比增长 41.33%（表 4－196）。

表 4－196　孵化器毕业企业情况

相关指标	2015 年	2016 年
累计毕业企业	2715	3272
其中：毕业企业累计上市（挂牌）企业	54	69
当年毕业企业	388	591
当年上市（挂牌）企业	17	24
当年被兼并和收购企业	24	28
当年营业收入超过 5000 万元企业	75	106

3. 孵化器运营情况

（1）投资构成情况

2016 年，四川省财政投资占比和企业投资占比与全国平均水平相差不超过 3 个百分点，但财政投资占比较 2015 年上升 8.51 个百分点，企业投资占比较 2015 年下降 10.5 个百分点。社会组织投资占比较 2015 年上升 1.92 个百分点，其他投资占比较 2015 年相对平稳，占比变化不超过 1 个百分点（图 4 - 192）。

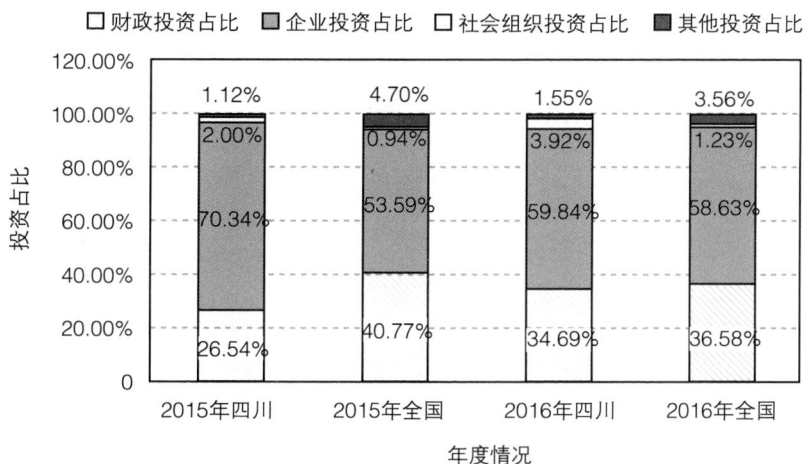

图 4 - 192　孵化器投资构成

（2）财税支持情况

2016 年，四川省免税金额为 319.3 万元，较 2015 年增长 370.8%。免收的增值税为 190.4 万元，房产税免税金额为 46.3 万元，较 2015 年增长 203.0%。

（3）收支情况

2016 年，四川省孵化器的总收入为 87 331.20 万元，较 2015 年增加 31 159.07 万元，综合服务收入和物业服务收入仍然为主要来源（图 4 - 193）。

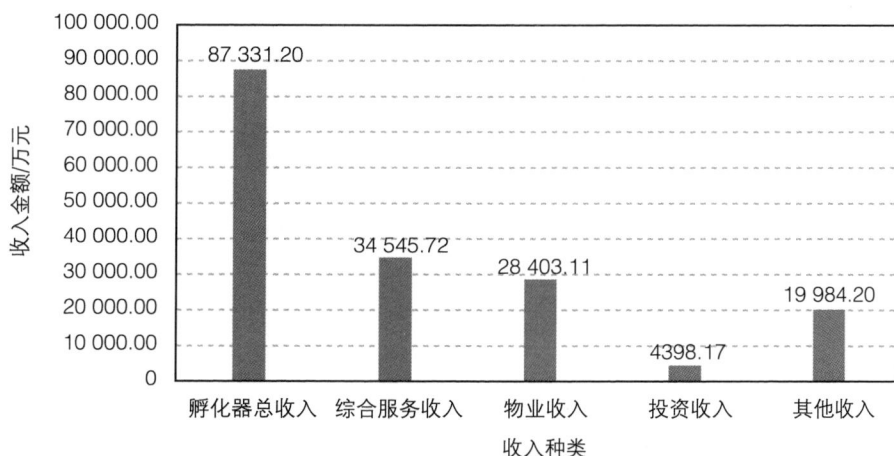

图 4 - 193　2016 年孵化器收入情况

2016 年，孵化器获得各级财政资助额为 2.81 亿元，较 2015 年增长 48.68%。其中，国家科技计划经费占比 6.95%，较 2015 年该占比下降 6.48 个百分点。

2016 年，四川省场地费用占比接近 50.00%；人员费用、管理费用、其他费用、纳税额，占比分别为 13.45%、16.36%、13.57%、6.76%（图 4 – 194）。

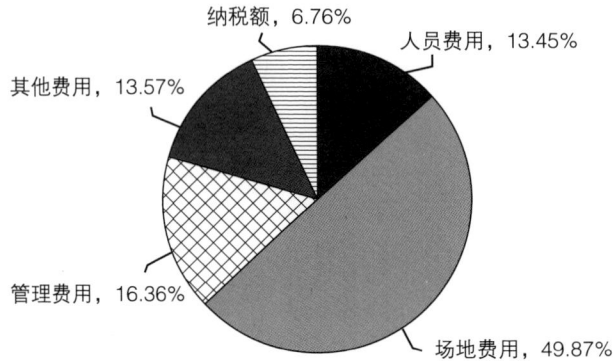

图 4 – 194　2016 年孵化器运营成本

（4）管理人员情况

2016 年，孵化器管理机构从业人员为 1671 人，比 2015 年多 61 人。其中，大专以上人员占比 91.92%，比 2015 年增加 1.92 个百分点；从业人员中接受专业培训的人员占比 41.95%，比 2015 年增加 2.14 个百分点（表 4 – 197）。

表 4 – 197　管理机构从业人员情况

年份	管理机构从业人员	大专以上人员	接受专业培训人员
2015 年	1610	1449	641
2016 年	1671	1536	701

（5）开展孵化服务情况

2016 年，创业导师人数为 1470 人，较 2015 年增长 52.65%。企业辅导员人数较 2015 年增长 34.07%。企业联络员人数相对平稳，较 2015 年减少 103 人。创业导师对接企业增长 163.70%（图 4 – 195）。

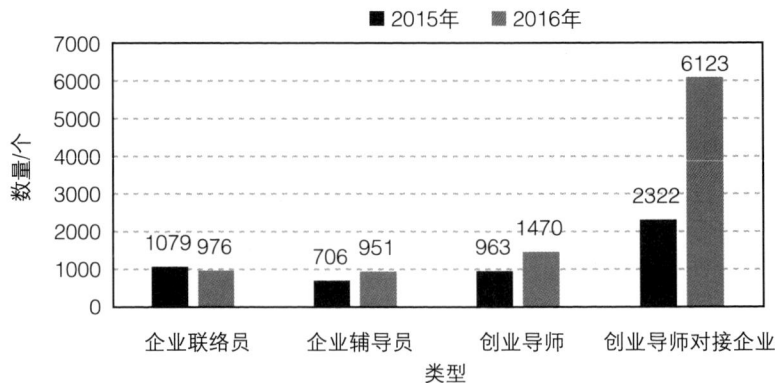

图 4 – 195　孵化器创业辅导情况

2016 年, 四川省孵化器对在孵企业培训达 129 759 人次, 是 2015 年的 2.05 倍。开展创业教育培训活动场次 3365 次, 是 2015 年的 1.61 倍。

2016 年, 孵化基金总额为 9.01 亿元, 较 2015 年增加了 2.53 亿元, 增长了 39.04%。

(二) 众创空间建设及运行情况

1. 总体情况

2016 年, 四川省共有众创空间 103 家。当年服务的创业团队数量有 5685 家, 当年服务的初创企业的数量有 4320 家。

2016 年, 四川省众创空间总面积为 543 283.15 m², 共提供了 21 621 个工位。四川省众创空间场地自有面积占比 50.81%, 租赁面积占比为 49.19%。

2016 年, 四川省众创空间面积中, 常驻团队和企业使用面积、公共服务面积占众创空间的比例超过 80% (图 4 - 196)。

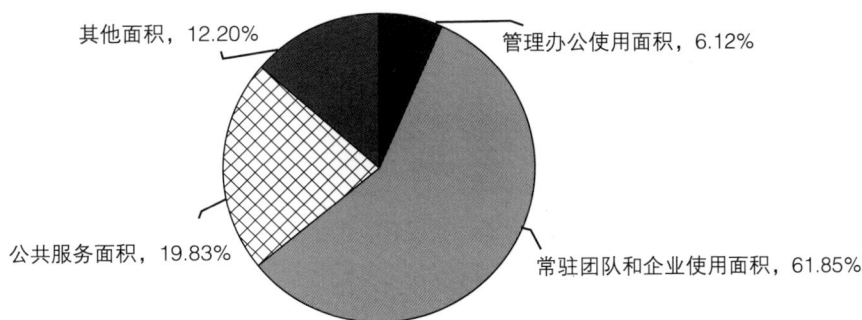

图 4 - 196 众创空间使用面积

2. 孵化绩效情况

(1) 创业企业/团队类型

2016 年, 创业团队和企业总数为 5749 家。其中, 大学生创业占比为 42.56%, 科技人员创业为 24.87%, 连续创业居于第 3 位, 留学生归国创业数量为 189 家, 海外项目入驻仅有 54 个 (表 4 - 198)。

表 4 - 198 2016 年众创空间创业团队和企业情况

创业团队和企业情况	数量	占比
总数	5749	100.00%
海外项目入驻	54	0.94%
大学生创业	2447	42.56%
留学生归国创业	189	3.29%
科技人员创业	1430	24.87%
大企业高管离职创业	654	11.38%
连续创业	975	16.96%

（2）创业企业/团队获投融资情况

2016 年，四川省当年获得投融资的团队及企业的数量为 275 家，获得投资总额为 7.53 亿元。其中，社会投资占比 89.55%，众创空间自身投资占比 10.45%。

当年众创空间帮助入驻享受财政政策的团队或企业共 1412 家，共享受财政资金支持额 13 578.66 万元。

（3）就业及项目入驻情况

2016 年，四川省众创空间总计 103 家。其中，创业项目平均入驻周期为 7 ~ 12 个月的众创空间占比为 49.51%；24 个月以上的众创空间较少，仅有 8 家（表 4 - 199）。

表 4 - 199　众创空间创业项目平均入驻周期

入驻周期	众创空间数	占比
1 ~ 6 个月	19	18.45%
7 ~ 12 个月	51	49.51%
13 ~ 24 个月	25	24.27%
24 个月以上	8	7.77%
合计	103	100.00%

3. 众创空间运营情况

（1）众创空间类型

2016 年，在国家备案的众创空间占比 52.4%；位于国家高新区内的占比 23.3%；由孵化器建立的占比 48.5%；由高校或科研院所建立的占比 13.6%；本身是上市或挂牌企业的有 2 家。

（2）收支情况

2016 年，四川省众创空间总收入为 2.4 亿元。其中，财政补贴和服务收入占比最大，分别为 35.48%、32.75%（图 4 - 197）。

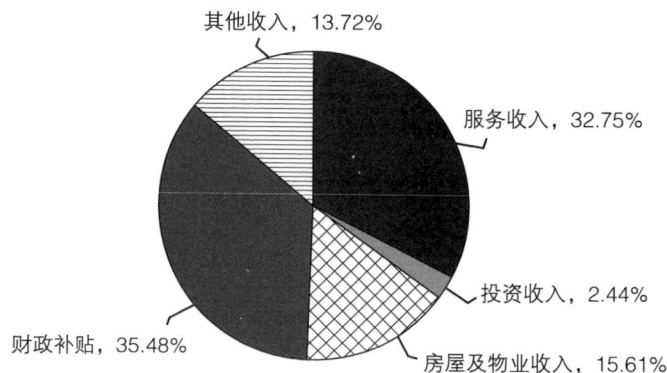

图 4 - 197　众创空间收入分类

2016 年，四川省众创空间运营成本为 2.01 亿元。其中，人员费用、场地费用、管理费用、其他费用、纳税额，占比分别为 21.54%、26.03%、26.60%、20.34%、5.49%（图4－198）。

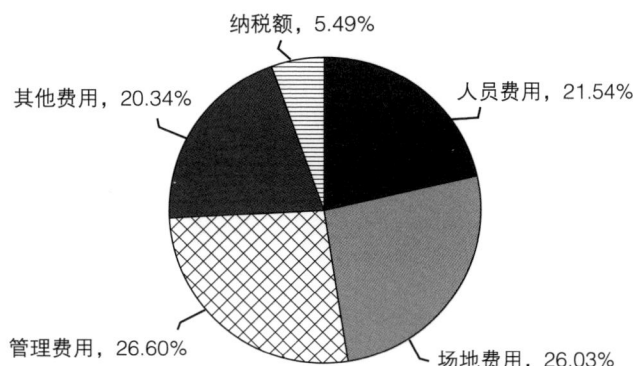

图4－198　众创空间运营成本分类

（3）提供服务情况

2016年，四川省众创空间服务人员数为2469人，创业导师数量共2867人。创业导师中，兼职人员占比最多，高达83.75%。

2016年，举办创新创业活动3900次，开展创业教育培训2451次，当年开展国际合作交流活动211次。

二十四、贵州省创业孵化发展情况

（一）孵化器建设及运行情况

1. 总体情况

2016年，贵州省共有28家科技企业孵化器，占全国的0.86%，较2015年增加6家。其中，国家级4家，较2015年增加1家；非国家级24家，较2015年增加5家（表4－200）。

表4－200　孵化器数量及分类

年份	国家级	非国家级	总数
2015 年	3	19	22
2016 年	4	24	28

2016年贵州省孵化器使用面积为3 980 321.32 m²，较2015年增加28 011.32 m²。办公用房面积占比下降3.15个百分点，其他各类用房面积占比变化不大（图4－199）。

2015年，在孵企业的数量为816家，累计毕业企业数为284家，毕业率为25.82%。

2016年，在孵企业数量达到905家，较2015增加89家。累计毕业企业373家，较2015年增加89家。企业的毕业率为29.19%，较2015年增加了3.37个百分点（表4－201）。

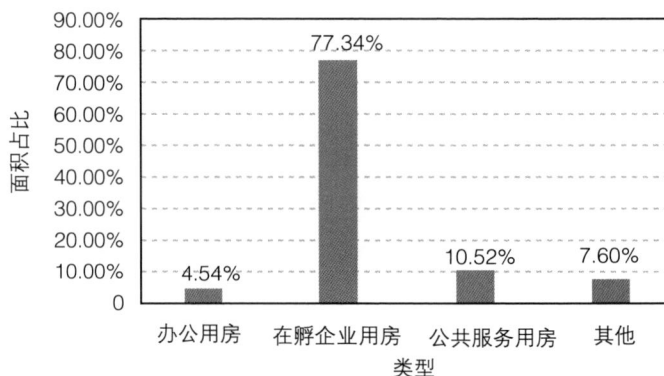

图 4－199　2016 年孵化器使用面积

表 4－201　孵化器在孵和毕业企业情况

年份	在孵企业数	累计毕业企业数	毕业率
2015 年	816	284	25.82%
2016 年	905	373	29.19%

2. 孵化绩效情况

（1）在孵企业类型

2015 年，贵州省在孵企业数量为 816 家，留学人员企业、大学生科技企业、高新技术企业分别为 58 家、181 家、49 家。

2016 年，贵州省在孵企业数量升为 905 家，较 2015 年增长 10.91%。留学人员企业为 55 家，较 2015 年减少了 3 家，大学生科技企业、高新技术企业分别增长 30.94%、36.73%（图 4－200）。

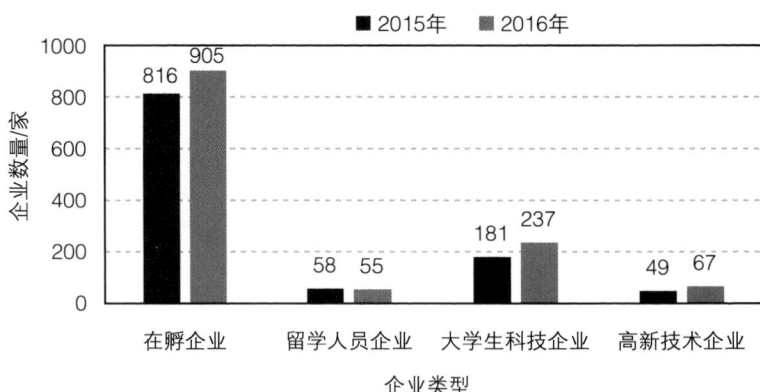

图 4－200　孵化器在孵企业类型分类

（2）在孵企业从业人员情况

2016 年，在孵企业从业人员数为 21 212 人。其中，大专以上的从业人员数占比上升明显，其占比接近 57.80%，较 2015 年增长 30.09%。但吸纳应届大学毕业生占比为 7.80%，人数较 2015 年

30.06%。"千人计划"人员减少1人（表4-202）。

表4-202　孵化器在孵企业从业人员情况

年份	从业人员	其中			
		大专以上人员	留学人员	"千人计划"人员	吸纳应届大学毕业生
2015年	19 121	9425	158	10	2425
2016年	21 212	12 261	134	9	1696

（3）在孵企业获投融资情况

2016年，当年获得孵化基金投资的在孵企业为72家，较2015年增长71.43%。当年获得风险投资总额为0.55亿元，较2015年减少0.19亿元。当年获得投融资的企业为24家，较2015年增加了3家（表4-203）。

表4-203　2015—2016年贵州省孵化器投融资情况

投融资情况	2015年	2016年
当年获得孵化基金投资的在孵企业数	42	72
当年获得投融资的企业数	21	24
当年获得风险投资额/亿元	0.74	0.55

（4）在孵企业技术创新情况

2016年，贵州省当年知识产权申请数为858件，较2015年增加45件。拥有有效知识产权数为1089件，减少99件。累计购买国外技术专利数量实现0突破，新增4件。当年承担国家级科技计划项目仅占2015年的11.76%。当年获得省级以上奖励的项目也大幅下降，降为46项（表4-204）。

表4-204　孵化器在孵企业知识产权情况

相关指标	2015年	2016年
当年知识产权申请数/件	813	858
拥有有效知识产权数/件	1188	1089
其中：发明专利/件	326	266
软件著作权/件	326	465
集成电路布图/个	5	3
植物新品种/个	5	2
累计购买国外技术专利/件	0	4
当年承担国家级科技计划项目/项	17	2
当年获得省级以上奖励/项	107	46

（5）毕业企业情况

2016 年，累计毕业企业中毕业企业累计上市（挂牌）企业为 17 家，较 2015 年减少 1 家。当年毕业企业为 124 家，较 2015 年增长 63.16%。当年上市（挂牌）企业同比下降 66.67%。当年被兼并和收购企业减少为 0。当年营业收入超过 5000 万元企业为 41 家，较 2015 年增加 8 家（表 4 – 205）。

表 4 – 205　孵化器毕业企业概况

相关指标	2015 年	2016 年
累计毕业企业	284	373
其中：毕业企业累计上市（挂牌）企业	18	17
当年毕业企业	76	124
当年上市（挂牌）企业	12	4
当年被兼并和收购企业	2	0
当年营业收入超过 5000 万元企业	33	41

3. 孵化器运营情况

（1）投资构成情况

2016 年，贵州省对孵化器的总投资下降 10.47%。企业投资占比为 40.83%，低于全国平均水平 17.8 个百分点；与 2015 年相比，该占比下降了 14.7 个百分点。财政投资占比为 37.66%，上升了 6.05 个百分点；该占比与全国平均水平相当。其他投资占比为 21.39%，比全国平均水平占比高出 17.83 个百分点，与 2015 年相比，增加了 8.63 个百分点（图 4 – 201）。

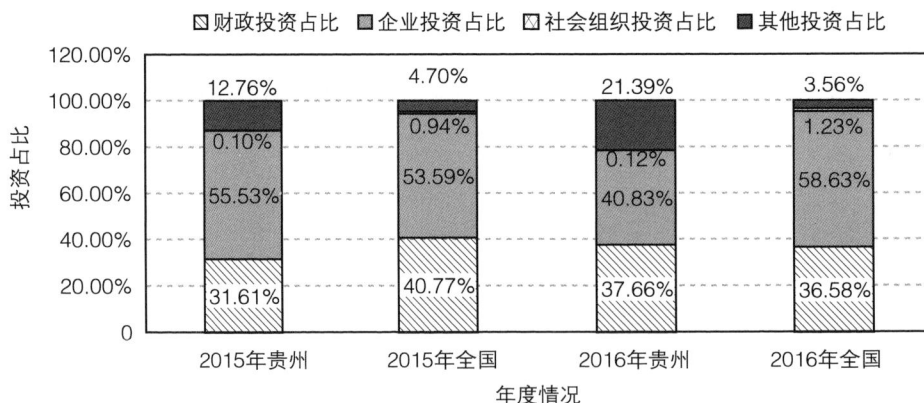

图 4 – 201　孵化器投资构成

（2）财税支持情况

2016 年，免税金额为 504.8 万元，是 2015 年的 3.86 倍。其中，免去的所得税成为免税金额最高的税种，占比为 79.41%。房产税和城镇土地使用税的免税金额较 2015 年变化不明显。

（3）收支情况

2016 年，贵州省孵化器的总收入为 129 872.27 万元，比 2015 年增长 79.69%。综合服务收入相对于其他收入增长较多，较 2015 年增长 178.16%。投资收入为 38 145.60 万元，较 2015 年增长 47.74%（图 4 - 202）。

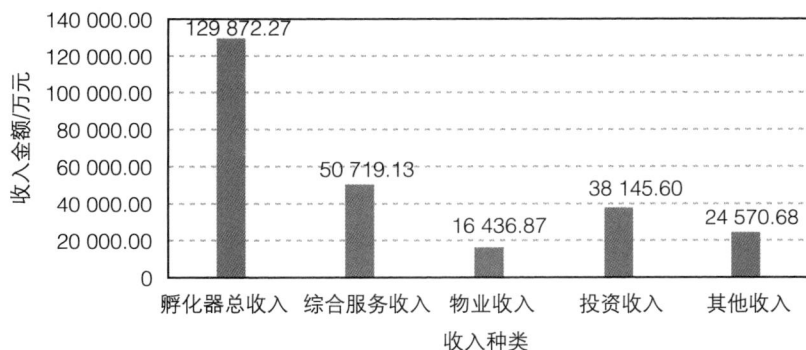

图 4 - 202　2016 年孵化器收入情况

2016 年，贵州省孵化器获得各级财政资助额为 4115.9 万元，较 2015 年增加了 166.83 万元。其中，国家科技计划经费额为 330 万元，占比 8.02%，较 2015 年减少了 441 万元。

2016 年，孵化器运营成本中，场地费用占比超过 50%；管理费用次之，占比 38.81%；其他费用、人员费用和纳税额，占比分别为 0.13%、9.39%、0.21%（图 4 - 203）。

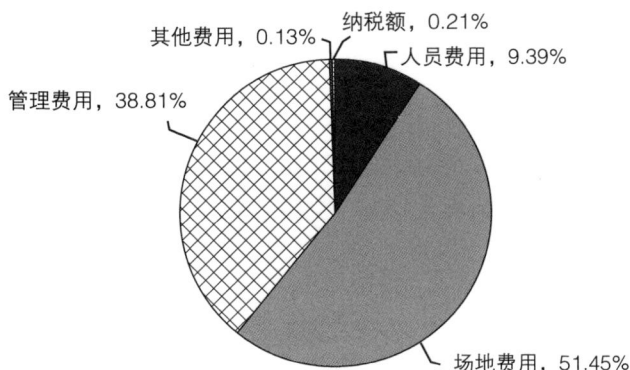

图 4 - 203　2016 年孵化器运营成本

（4）管理人员情况

2016 年，孵化器管理机构从业人员为 941 人，较 2015 年增长 24.14%。其中，大专以上人员为 643 人，占比 68.33%，较 2015 年增长 18.85%；从业人员中接受专业培训的人员为 332 人，占比 35.28%，较 2015 年增加 9 人（表 4 - 206）。

表4-206 管理机构从业人员情况

年份	管理机构从业人员	大专以上人员	接受专业培训人员
2015年	758	541	323
2016年	941	643	332

（5）开展孵化服务情况

2016年，企业联络员人数较多，为248人，较2015年增长37.02%。创业导师为150人，较2015年增长28.21%。企业辅导员为169人，较2015年降低14.65%。创业导师对接企业为533家，较2015年增长17.66%（图4-204）。

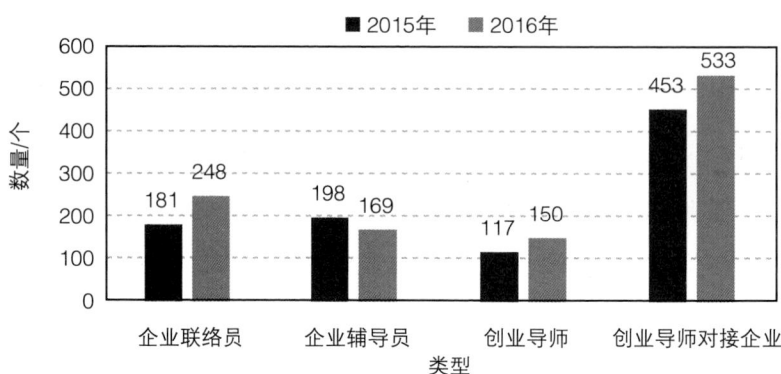

图4-204 孵化器创业辅导情况

2016年的贵州省孵化器孵化基金总额为5.44亿元，比2015年增加2.46亿元，增幅为82.55%。

（二）众创空间建设及运行情况

1. 总体情况

2016年，贵州省共有众创空间40家，当年服务的创业团队数量有1488家，当年服务的初创企业的数量为777家。

2016年，贵州省众创空间总面积为215 875 m^2。场地以租赁面积为主，租赁面积为151 106.18 m^2，占比70%。自有面积占比30%。众创空间面积中，常驻团队和企业使用面积占比最大，和公共服务面积共占众创空间面积的78.68%（图4-205）。

2. 孵化绩效情况

（1）创业企业/团队类型

2016年，创业团队和企业总数为889家，大学生创业占比58.94%。海外项目入驻数量、留学归国创业、大企业高管离职创业占比分别为1.02%、2.47%、3.04%（表4-207）。

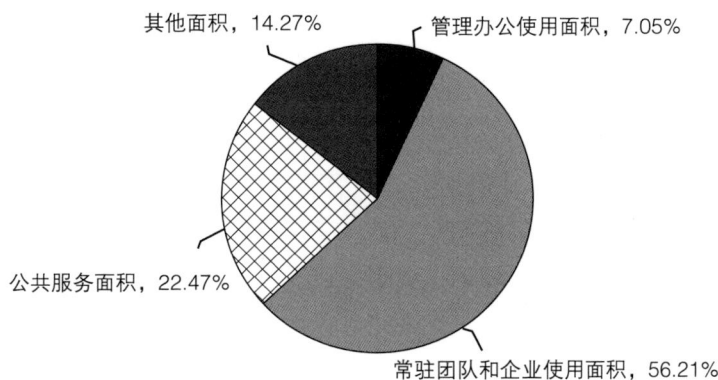

图 4 - 205　众创空间使用面积

表 4 - 207　2016 年众创空间创业团队和企业情况

创业团队和企业情况	数量	占比
总数	889	100.00%
海外项目入驻	9	1.02%
大学生创业	524	58.94%
留学生归国创业	22	2.47%
科技人员创业	174	19.57%
大企业高管离职创业	27	3.04%
连续创业	133	14.96%

（2）创业企业/团队获投融资情况

2016 年，当年获得投融资的团队及企业的数量为 82 家，总共获得投资总额为 7339.9 万元。其中，社会投资占比 94.96%，众创空间自身投资仅占 5.04%。

2016 年，当年众创空间帮助入驻享受财政政策的团队或企业共 334 家，享受财政资金支持额 8430.8 万元。

（3）就业及项目入驻情况

2016 年，贵州省众创空间的创业团队和企业共吸纳就业 10 119 人。其中，吸纳应届毕业大学生就业 2682 人。

2016 年，贵州省有众创空间 40 家。其中，平均入驻周期为 7 ~ 12 个月的众创空间最多，其占比达到 42.50%，平均入驻周期为 24 个月以上的创业项目最少（表 4 - 208）。

表 4 - 208　众创空间创业项目平均入驻周期

入驻周期	众创空间数	占比
1 ~ 6 个月	7	17.50%
7 ~ 12 个月	17	42.50%

入驻周期	众创空间数	占比
13～24 个月	11	27.50%
24 个月以上	5	12.50%
合计	40	100.00%

3. 众创空间运营情况

（1）众创空间类型

2016 年，在国家备案的众创空间有 20 家；位于国家高新区内的有 11 家；由孵化器建立的有 10 家；由高校或科研院所建立的有 7 家。

（2）收支情况

2016 年，贵州省众创空间总收入为 5616.53 万元。其中，财政补贴和服务收入占总收入的 77.17%（图 4 - 206）。

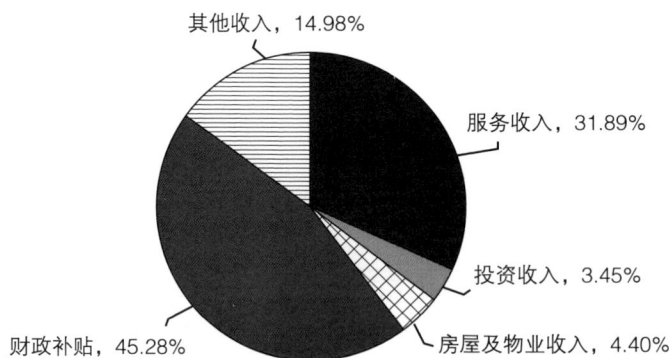

图 4 - 206 众创空间收入分类

2016 年，贵州省众创空间运营成本为 5774.40 万元。其中，人员费用、场地费用、管理费用、其他费用、纳税额，占比分别为 27.31%、21.20%、26.71%、22.59%、2.20%（图 4 - 207）。

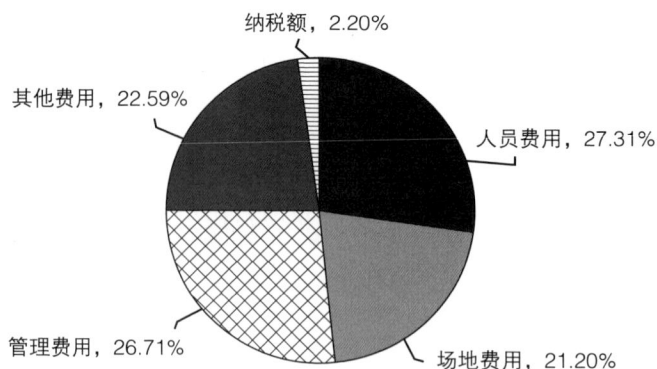

图 4 - 207 众创空间运营成本分类

（3）提供服务情况

2016年，贵州省众创空间服务人员数量为690人，创业导师数量共694人。创业导师中，专职人员占37.03%。

2016年，举办创新创业活动991次，开展创业教育培训966次，当年开展国际合作交流活动25次。

二十五、云南省创业孵化发展情况

（一）孵化器建设及运行情况

1. 总体情况

2016年，云南省共有20家科技企业孵化器，较2015年增加了6家。其中，国家级11家；非国家级7家，较2015年增加了4家（表4-209）。

表4-209　孵化器数量及分类

年份	国家级	非国家级	总数
2015年	11	3	14
2016年	11	7	20

2016年，云南省孵化器使用面积为537 104.08 m²，较2015年增长14.09%。除在孵企业用房外，各类用房面积变化不超过2%（图4-208）。

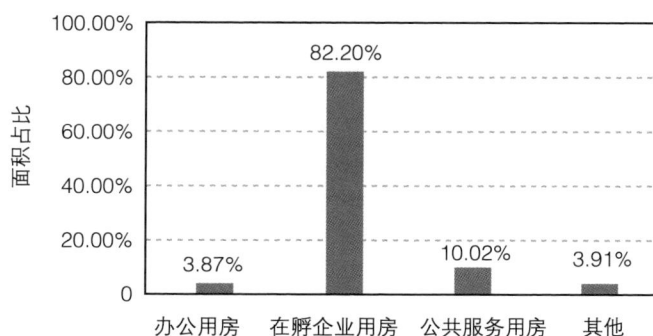

图4-208　2016年孵化器使用面积

2016年，云南省在孵企业数为1196家，较2015年少1家。累计毕业企业数为830家，毕业率为40.97%，较2015年毕业率下降1.37个百分点（表4-210）。

表4-210　孵化器在孵和毕业企业情况

年份	在孵企业数	累计毕业企业数	毕业率
2015年	1197	879	42.34%
2016年	1196	830	40.97%

2. 孵化绩效情况

（1）在孵企业类型

2016年，在孵企业减少1家。留学人员企业、大学生科技企业较2015年分别减少26家、1家；高新技术企业增加18家（图4-209）。

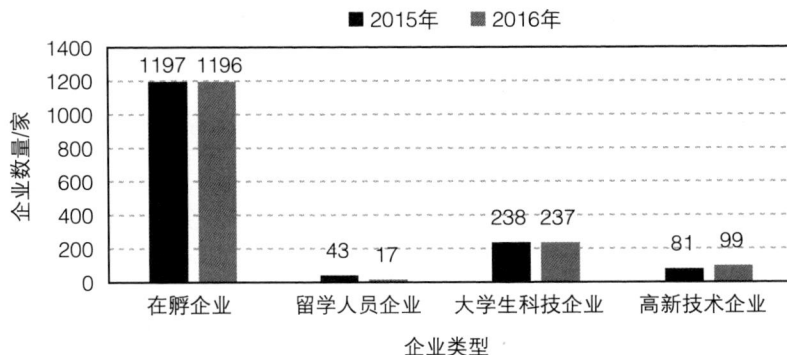

图4-209　孵化器在孵企业类型分类

（2）在孵企业从业人员情况

2016年，在孵企业从业人员为15 662人，较2015年增长9.01%。其中，吸纳应届大学毕业生1743人，较2015年同比增长15.66%。"千人计划"人员增加1人，留学人员为40人，比2015年减少50人。大专以上人员变化并不明显（表4-211）。

表4-211　孵化器在孵企业从业人员情况

年份	从业人员	其中			
		大专以上人员	留学人员	"千人计划"人员	吸纳应届大学毕业生
2015年	14 367	10 609	90	0	1507
2016年	15 662	11 604	40	1	1743

（3）在孵企业获投融资情况

2016年，当年获得孵化基金投资的在孵企业数量为127家，较2015年增加12家。当年获得投融资的企业数量为28家，较2015年减少12家。当年获得风险投资总额为0.41亿元（表4-212）。

表4-212　2015—2016年孵化器投融资情况

投融资情况	2015年	2016年
当年获得孵化基金投资的在孵企业数	115	127
当年获得投融资的企业数	40	28
当年获得风险投资额/亿元	0.20	0.41

（4）在孵企业技术创新情况

2016 年，当年知识产权申请数为 843 件，较 2015 年增长 18.23%。拥有有效知识产权和当年获得省级以上奖励均是 2015 年的 2 倍。当年承担国家级科技计划项目减少 3 项，累计购买国外技术专利数依旧为 0（表 4 - 213）。

表 4 - 213　孵化器在孵企业知识产权情况

相关指标	2015 年	2016 年
当年知识产权申请数/件	713	843
拥有有效知识产权数/件	693	1384
其中：发明专利/件	186	221
软件著作权/件	263	579
集成电路布图/个	1	6
植物新品种/个	2	4
累计购买国外技术专利/件	0	0
当年承担国家级科技计划项目/项	21	18
当年获得省级以上奖励/项	30	60

（5）毕业企业情况

2016 年，云南省累计毕业企业中毕业企业累计上市（挂牌）企业数增加了 4 家。当年毕业企业为 132 家，较 2015 年同比下降了 22.35%。当年上市（挂牌）企业为 2 家，较 2015 年增加了 1 家。当年被兼并和收购企业下降趋势明显，同比下降 72.73%。当年营业收入超过 5000 万元企业减少 1 家（表 4 - 214）。

表 4 - 214　孵化器毕业企业情况

相关指标	2015 年	2016 年
累计毕业企业	879	830
其中：毕业企业累计上市（挂牌）企业	7	11
当年毕业企业	170	132
当年上市（挂牌）企业	1	2
当年被兼并和收购企业	11	3
当年营业收入超过 5000 万元企业	10	9

3. 孵化器运营情况

（1）投资构成情况

2016 年，云南省企业孵化器的投资主要为企业投资，企业投资占比达到 96.75%，该占比较

2015年增加了2.26个百分点。财政投资占比进一步下降，占比仅为1.66%，较2015年减少3.22个百分点。其他投资占比为0.42%，较2015年有所下降，且远低于全国平均水平（图4-210）。

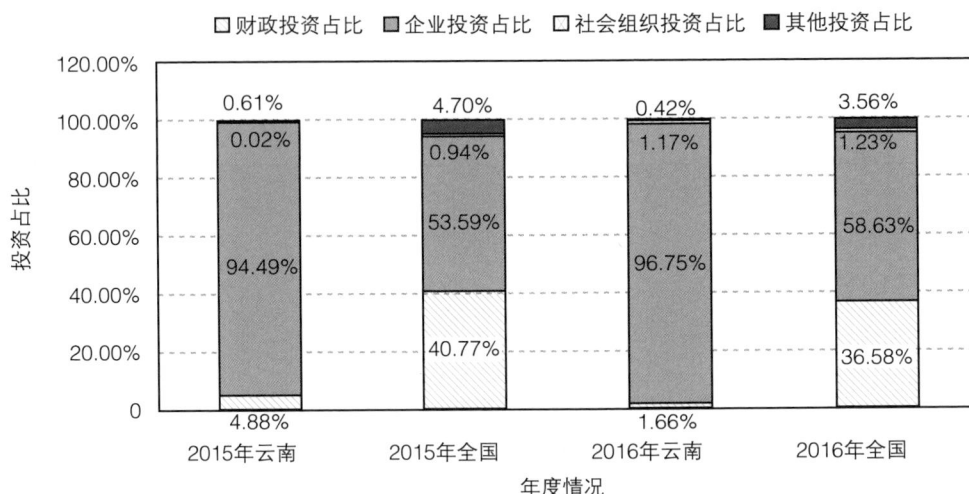

图4-210 孵化器投资构成

（2）财税支持情况

2016年，云南省免税金额为15.29万元。其中，房产税减免7.29万元。云南省2015年，税收的减免额均为0。

（3）收支情况

2016年，云南省孵化器的总收入为1.12亿元，较2015年减少了0.32亿元。综合服务收入为8243.45万元，较2015年增长66.17%。其他收入为807.48万元，较2015年增长272.40%。物业收入下降十分明显，2016年物业收入仅为2015年的24.74%（图4-211）。

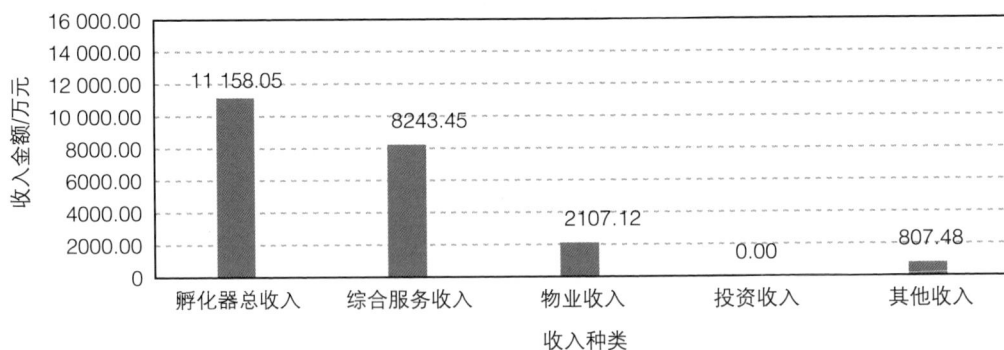

图4-211 2016年孵化器收入情况

2016年，云南省孵化器获得各级财政资助额为6690.88万元，较2015年增长327.54%。其中，国家科技计划经费额下降为0元。

2016年，孵化器运营成本中，场地费用占比较高，占总运营成本的51.48%，人员费用、管理费用、纳税额和其他费用，占比分别为12.88%、16.14%、6.99%、12.50%（图4-212）。

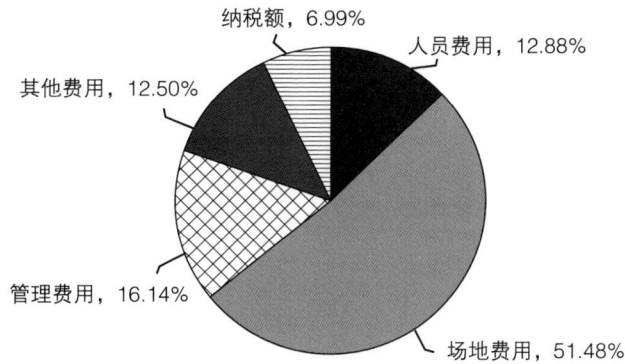

图 4 - 212　2016 年孵化器运营成本

（4）管理人员情况

2016 年，孵化器管理机构从业人员为 343 人，较 2015 年增长 18.69%。其中，大专以上人员为 317 人，较 2015 年增加 15.69%，占当年从业人员的比重为 92.42%。从业人员中接受专业培训的人数为 221 人，占比为 64.43%，较 2015 年增加 64 人（表 4 - 215）。

表 4 - 215　管理机构从业人员情况

年份	管理机构从业人员	大专以上人员	接受专业培训人员
2015 年	289	274	157
2016 年	343	317	221

（5）开展孵化服务情况

2016 年，创业导师增加人数虽排名最低，但人数依旧居于第 1 位。创业导师对接企业明显上升，是 2015 年的 2.82 倍（图 4 - 213）。

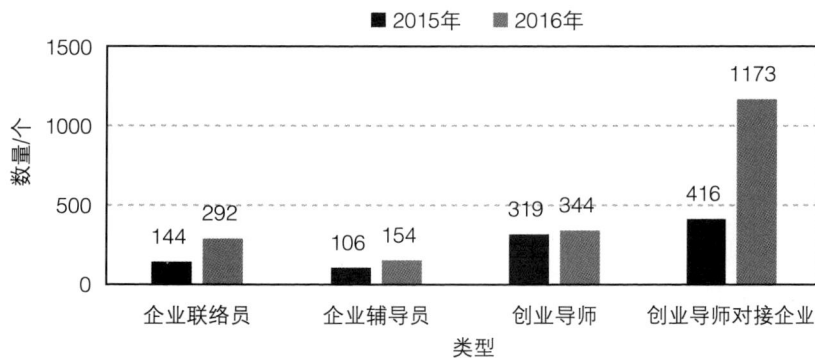

图 4 - 213　孵化器创业辅导情况

2016 年，对在孵企业培训 9906 人次，较 2015 年降低 26%。开展创业教育培训活动 275 次，较 2015 年增加 64.67%。

2016 年，云南省孵化器孵化基金总额为 0.35 亿元，比 2015 年增加 0.05 亿元，增长 16.67%。

（二）众创空间建设及运行情况

1. 总体情况

2016年，云南省共有众创空间58家。当年服务的创业团队数量有1553家。当年服务的初创企业的数量有1317家。创业团队和企业中共有2家企业在当年上市（挂牌）。

2016年，云南省众创空间总面积为341 431.24 m²。自有面积为141 330.72 m²，占比30%；租赁面积占比70%。在众创空间面积中，常驻团队和企业使用面积达到176 604.63 m²；公共服务面积和其他面积次之；管理办公使用面积占比最少（图4-214）。

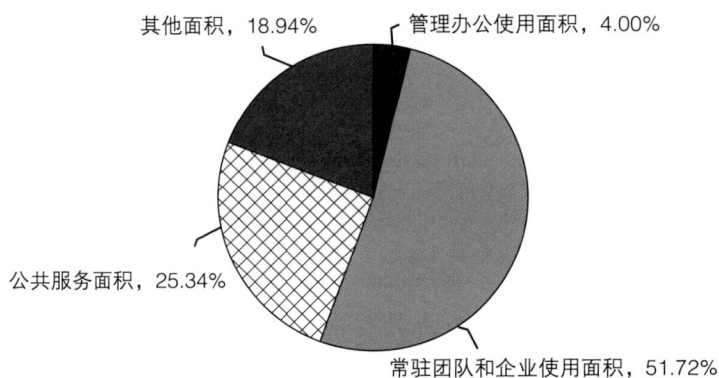

其他面积，18.94%
管理办公使用面积，4.00%
公共服务面积，25.34%
常驻团队和企业使用面积，51.72%

图4-214　众创空间使用面积

2. 孵化绩效情况

（1）创业企业/团队类型

2016年，创业团队和企业总数为6874家。其中，大学生创业占比接近80%。留学生归国创业和大企业高管离职创业占比分别为1.23%、2.72%，海外项目入驻数量占比仅为0.31%（表4-216）。

表4-216　2016年众创空间创业团队和企业情况

创业团队和企业情况	数量	占比
总数	6874	100.00%
海外项目入驻	8	0.31%
大学生创业	1986	76.21%
留学生归国创业	32	1.23%
科技人员创业	225	8.63%
大企业高管离职创业	71	2.72%
连续创业	284	10.90%

（2）创业企业/团队获投融资情况

2016年，云南省当年获得投融资的团队及企业的数量为173家，总共获得投资总额2.06亿元。

其中社会投资，占比达85.24%。

2016年，当年众创空间帮助入驻享受财政政策的团队或企业共437家，共享受财政资金支持额4099.61万元。

（3）就业及项目入驻情况

2016年，云南省众创空间的创业团队和企业共吸纳就业9044人。其中，吸纳应届毕业大学生就业2974人。

2016年，云南省众创空间总计58家。其中，平均入驻周期为7～12个月和13～24个月的众创空间所占比重较大（表4-217）。

表4-217 众创空间创业项目平均入驻周期

入驻周期	众创空间数	占比
1~6个月	10	17.24%
7~12个月	24	41.38%
13~24个月	17	29.31%
24个月以上	7	12.07%
合计	58	100.00%

3. 众创空间运营情况

（1）众创空间类型

2016年，在国家备案的众创空间占比46.55%；位于国家高新区内的占比15.52%；由孵化器建立的占比39.66%；由高校或科研院所建立的占比17.24%；本身是上市或挂牌企业的有1家。

（2）收支情况

2016年，云南省众创空间总收入为5102.66万元。其中，财政补贴占比最高，占总收入的61.77%，其次是服务收入和房租及物业收入（图4-215）。

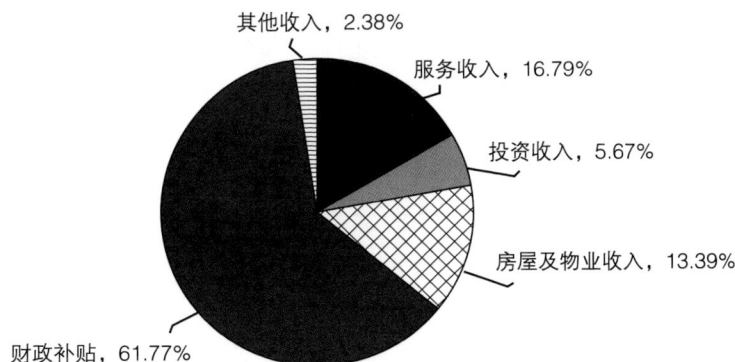

图4-215 众创空间收入分类

2016年，云南省众创空间运营成本为1.02亿元。其中，场地费用和其他费用占比最大，分别为35.51%、28.25%；其次是人员费用和管理费用（图4-216）。

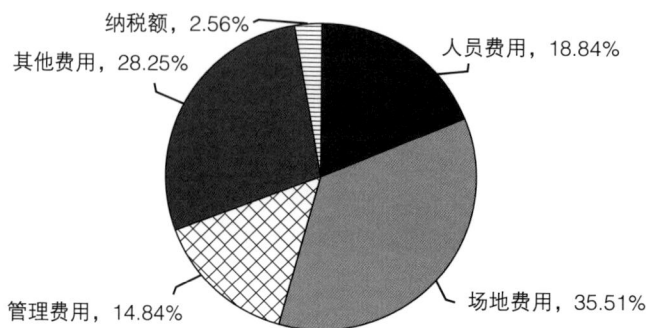

图 4-216 众创空间运营成本分类

（3）提供服务情况

2016 年，云南省众创空间服务人员数量为 2418 人，创业导师数量共 1310 人。创业导师中，专职人员占比为 30.08%。

2016 年，举办创新创业活动 1067 次，开展创业教育培训 1855 次，当年开展国际合作交流活动 71 次。

二十六、西藏自治区创业孵化发展情况

2016 年，西藏自治区仅有 1 家科技企业孵化器，且为国家级。孵化面积为 2394.86 m²，其中 1600 m² 为在孵企业用房。2016 年，在孵企业总数为 12 家，相比 2015 年的 20 家，减少了 8 家。当年毕业企业数为 12 家，累计毕业企业数为 49 家，毕业率为 80.33%。毕业企业累计上市（挂牌）数为 1 家。

2016 年，西藏自治区孵化器获得各级财政资助额为 1000 万元，孵化器孵化基金总额为 1000 万元，当年获得孵化基金投资的在孵企业数为 11 家。

2016 年，在孵企业总收入为 2065.2 万元，在孵企业从业人员共有 221 人，在孵企业研究与试验发展（R&D）经费支出 1070.3 万元。

2016 年，孵化器管理机构从业人员为 8 人，对在孵企业培训共 50 人次。

2016 年，西藏自治区当年知识产权申请数为 15 件，拥有有效知识产权数为 40 件，其中发明专利达到 16 件（表 4-218）。

表 4-218 孵化器在孵企业知识产权情况

相关指标	2015 年	2016 年
当年知识产权申请数/件	47	15
拥有有效知识产权数/件	75	40
其中：发明专利/件	50	16
软件著作权/件	3	0
植物新品种/个	2	2
当年承担国家级科技计划项目/项	1	1

二十七、陕西省创业孵化发展情况

（一）孵化器建设及运行情况

1. 总体情况

2016 年，陕西省地区共有 66 家科技企业孵化器，较 2015 年增长 73.68%。其中，国家级 27 家，较 2015 年增长 3 家，非国家级 39 家，较 2015 年增长 25 家（表 4 -219）。

表 4 -219　孵化器数量及分类

年份	国家级	非国家级	总数
2015 年	24	14	38
2016 年	27	39	66

2016 年陕西省孵化器使用面积为 2 844 207.1 m²，是 2015 年的 2 倍。办公用房和在孵企业用房面积均有上升，但所占比例有所下降。其中，在孵企业用房面积占比下降明显，较 2015 年下降 16.67 个百分点，其他占比为 17.57%，占比上升 10.88 个百分点（图 4 -217）。

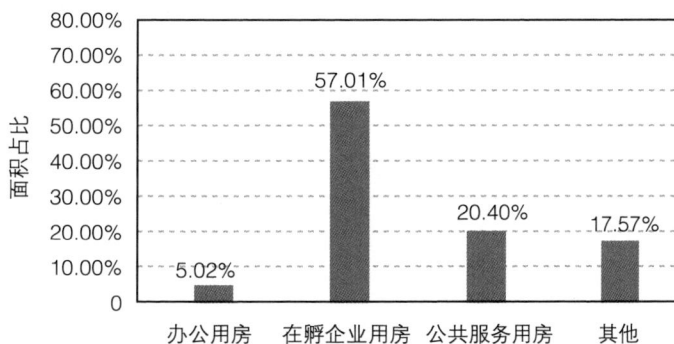

图 4 -217　2016 年孵化器使用面积

2016 年，在孵企业数量达到 3037 家，较 2015 年增长 42.25%。累计毕业企业为 2474 家，较 2015 年增长 26.03%。2016 年企业的毕业率为 44.89%，比 2015 年减少 3.01%（表 4 -220）。

表 4 -220　孵化器在孵和毕业企业情况

年份	在孵企业数	累计毕业企业数	毕业率
2015 年	2135	1963	47.90%
2016 年	3037	2474	44.89%

2. 孵化绩效情况

（1）在孵企业类型

2016 年，在孵企业为 3037 家，较 2015 年增长 42.25%。留学人员企业、大学生科技企业、高新技术企业 3 类企业中，大学生科技企业数量相对较多，为 517 家，较 2015 年增长 126.75%。高新技术企业为 318 家，较 2015 年增长 10.80%。留学人员企业为 218 家，较 2015 年减少 20.44%（图 4 -218）。

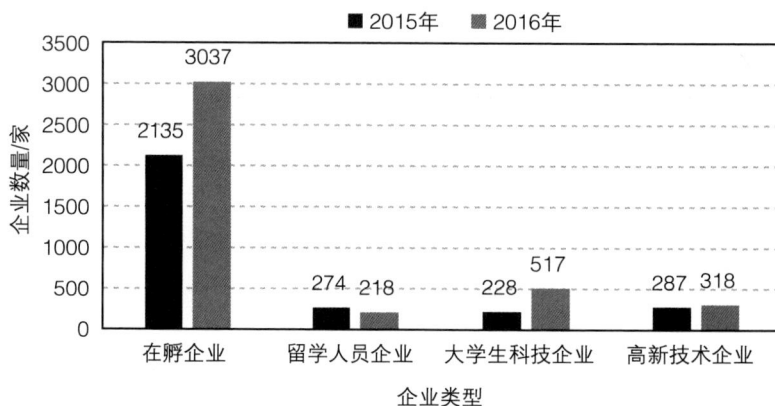

图 4 -218　孵化器在孵企业类型分类

（2）在孵企业从业人员情况

2016 年，从业人员较 2015 年增长了 23.67%，各类从业人员占比波动不大。大专以上人员较 2015 年增长 28.88%。吸纳应届大学毕业生较 2015 年增长 49.74%。"千人计划"人员较 2015 年增加 43 人。留学人员为 454 人，较 2015 年下降 38.06%（表 4 -221）。

表 4 -221　孵化器在孵企业从业人员情况

年份	从业人员	其中			
		大专以上人员	留学人员	"千人计划"人员	吸纳应届大学毕业生
2015 年	52 645	38 579	733	23	3987
2016 年	65 107	49 719	454	66	5970

（3）在孵企业获投融资情况

2016 年的陕西省孵化器孵化基金总额是 2015 年的 4.25 倍；当年获得孵化基金投资的在孵企业数量为 344 家（表 4 -222）。

表 4 -222　2015—2016 年孵化器投融资情况

投融资情况	2015 年	2016 年
当年获得孵化基金投资的在孵企业数	221	344
当年获得投融资的企业数量及占比	134	267
当年获得风险投资额/亿元	4.77	10.84

（4）在孵企业技术创新情况

2016 年，陕西省当年知识产权申请数为 2669 件，拥有有效知识产权数同比增长 80.78%。在拥有有效知识产权数中，发明专利同比增长 54.90%，软件著作权件数是 2015 年的 2.03 倍，集成电路布图增加了 12 个。但植物新品种仅为 2015 年的 10.76%，累计购买国外技术专利数量仅为 2015 年的 23.53%，当年承担国家级科技计划项目为 2015 年的 43.33%，当年获得省级以上奖励的项目也降为 117 项（表 4 - 223）。

表 4 -223　孵化器在孵企业知识产权情况

相关指标	2015 年	2016 年
当年知识产权申请数/件	2219	2669
拥有有效知识产权数/件	3637	6575
其中：发明专利/件	1286	1992
软件著作权/件	812	1648
集成电路布图/个	60	72
植物新品种/个	381	41
累计购买国外技术专利/件	17	4
当年承担国家级科技计划项目/项	30	13
当年获得省级以上奖励/项	139	117

（5）毕业企业情况

2016 年，累计毕业企业增加了 511 家。其中，毕业企业累计上市（挂牌）企业数量增加了 24 家；当年毕业企业为 258 家，增加了 35 家；毕业企业平均孵化时限是 2015 年的 2.08 倍。当年上市（挂牌）企业、当年被兼并和收购企业均有所下降，当年上市（挂牌）企业减少了 3 家，当年被兼并和收购企业仅为 2015 年的 37.14%。当年营业收入超过 5000 万元企业数量没有发生变化（表 4 -224）。

表 4 -224　孵化器毕业企业情况

相关指标	2015 年	2016 年
累计毕业企业	1963	2474
其中：毕业企业累计上市（挂牌）企业	69	93
当年毕业企业	223	258
当年上市（挂牌）企业	27	24
当年被兼并和收购企业	35	13
当年营业收入超过 5000 万元企业	78	78

3. 孵化器运营情况

（1）投资构成情况

2016 年，陕西省对孵化器的总投资上升 41.4%。其中，财政投资下降了约 20 个百分点，但企业投资占比上升了约 15 个百分点，这两种投资占比的变化趋势与全国一致。陕西省社会组织投资占比下降 3.04 个百分点；其他投资占比上升 8.15 个百分点，与全国呈现相反的趋势。全国社会投资占比上升 0.29 个百分点，其他投资占比下降 1.14 个百分点（图 4 – 219）。

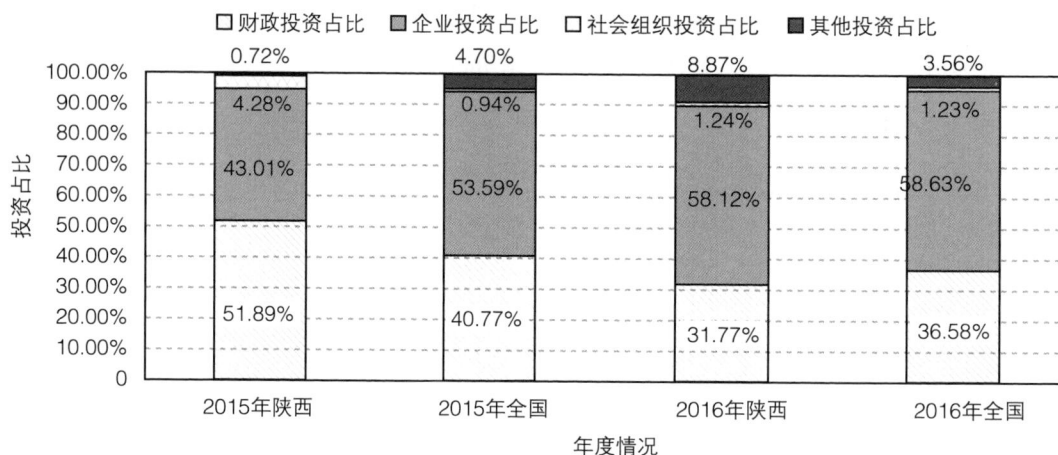

图 4 – 219　孵化器投资构成

（2）财税支持情况

2016 年，陕西省免税金额为 2319.67 万元，是 2015 年的 2.43 倍。所得税为 408.26 万元，较 2015 年增长了 410.33%；城镇土地使用税较 2015 年增长 62.80%；房产税较 2015 年减少 56.00%。

（3）收支情况

2016 年，陕西省孵化器的总收入为 92 073.34 万元，较 2015 年增长 74.76%。综合收入相对于其他收入增长十分明显，同比增速达到 531.41%。物业收入和投资收入分别增加 5511.28 万元、3213.72 万元；其他收入同比下降 53.66%（图 4 – 220）。

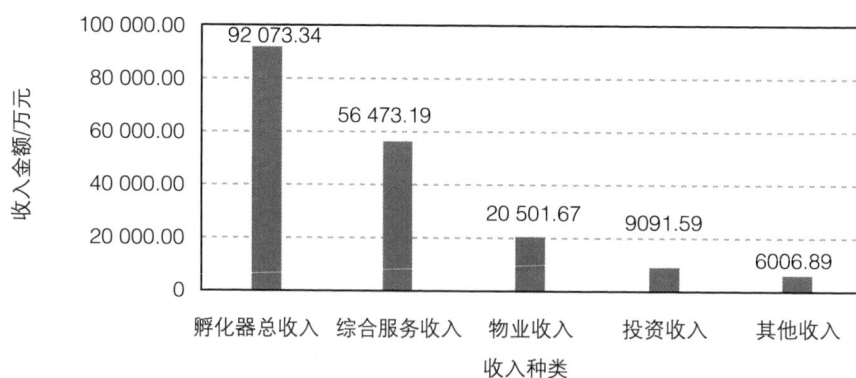

图 4 – 220　2016 年孵化器收入情况

2016 年，陕西省孵化器获得各级财政资助额为 10 193.57 万元，较 2015 年下降 53.19%。其中，国家科技计划经费额占比为 0.29%，该占比下降了 53.48 个百分点。

2016 年，孵化器的运营成本中，人员费用和管理费用占比分别为 26.30%、26.26%（图 4 – 221）。

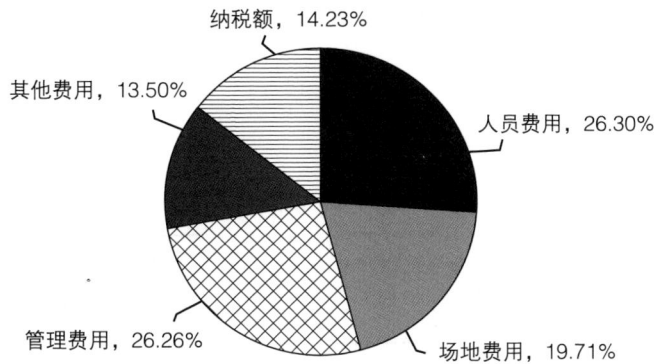

图 4 – 221　2016 年孵化器运营成本

（4）管理人员情况

2016 年，陕西省地区共有 66 家科技企业孵化器，增长了 42.42%，占全国的 2.03%。孵化器管理机构从业人员为 1481 人。其中，大专以上人员为 1328 人，占比 89.67%，占比下降 5.59 个百分点；从业人员中接受专业培训的人数为 837 人，占比 56.52%，较 2015 年下降 12.11 个百分点（表 4 – 225）。

表 4 – 225　管理机构从业人员情况

年份	管理机构从业人员	大专以上人员	接受专业培训人员
2015 年	781	744	536
2016 年	1481	1328	837

（5）开展孵化服务情况

2016 年，企业联络员、企业辅导员和创业导师人数分别增加了 12 人、154 人、242 人。创业导师对接企业同比增长 48.49%（图 4 – 222）。

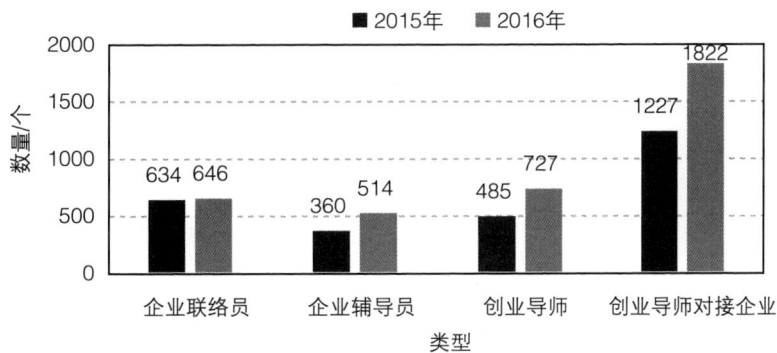

图 4 – 222　孵化器创业辅导情况

2016 年，陕西省孵化器对在孵企业培训达 77 301 人次，较 2015 年增长 49.48%。开展创业教育培训活动场次 1590 次，较 2015 年增长 61.75%。

2016 年的陕西省孵化器孵化基金总额为 32.14 亿元，增加了 24.57 亿元，是 2015 年的 4.25 倍。

（二）众创空间建设及运行情况

1. 总体情况

2016 年，陕西省共有众创空间 161 家，当年服务的创业团队数量有 3874 家，当年服务的初创企业的数量有 2676 家。

2016 年，陕西省众创空间总面积为 1 001 231.94 m²。其中，自有面积占比 61.70%，租赁面积占比 38.30%。常驻团队和企业使用面积，以及公共服务面积占众创空间的比例达到 84.37%（图 4-223）。

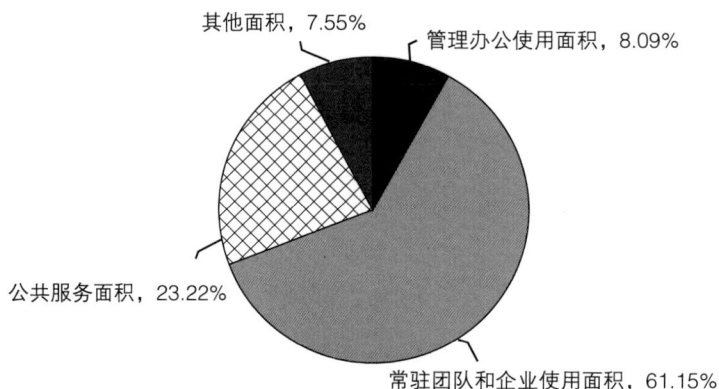

图 4-223　众创空间使用面积

2. 孵化绩效情况

（1）创业企业/团队类型

2016 年，创业团队和企业总数为 4949 家。其中，大学生创业占比 58.76%，居于首位；其次为连续创业和科技人员创业，占比分别为 16.02%、15.94%（表 4-226）。

表 4-226　2016 年众创空间创业团队和企业情况

创业团队和企业情况	数量	占比
总数	4949	100.00%
海外项目入驻	18	0.37%
大学生创业	2908	58.76%
留学生归国创业	159	3.21%
科技人员创业	789	15.94%
大企业高管离职创业	282	5.70%
连续创业	793	16.02%

（2）创业企业/团队获投融资情况

2016 年，陕西省当年获得投融资的团队及企业的数量为 449 家，总共获得投资总额 8.4 亿元。其中，社会投资占比为 64.88%。

当年众创空间帮助入驻享受财政政策的团队或企业共 530 家，共获得财政资金支持额 3518.51 万元。

（3）就业及项目入驻情况

2016 年，陕西省众创空间的创业团队和企业共吸纳就业 32 213 人。其中，吸纳应届毕业大学生就业 11 064 人。

2016 年，陕西省众创空间总计 161 家。其中，平均入驻周期为 7 ~ 12 个月的众创空间占比最高，其占比达到 39.13%；平均入驻周期为 1 ~ 6 个月和 13 ~ 24 个月的众创空间占比分别为24.22%、26.71%（表 4 - 227）。

表 4 -227　众创空间创业项目平均入驻周期

入驻周期	众创空间数	占比
1 ~ 6 个月	39	24.22%
7 ~ 12 个月	63	39.13%
13 ~ 24 个月	43	26.71%
24 个月以上	16	9.94%
合计	161	100.00%

3. 众创空间运营情况

（1）众创空间类型

2016 年，众创空间在国家备案的有 42 家；位于国家高新区内有 43 家；由孵化器建立的有 39家；由高校或科研院所建立的有 38 家。

（2）收支情况

2016 年，陕西省众创空间总收入为 22 026.13 万元。其中，服务收入和财政补贴最高，两者分别占总收入的 27.96%、25.49%（图 4 - 224）。

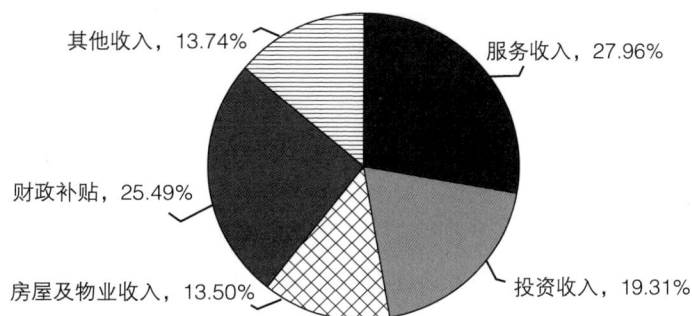

图 4 -224　众创空间收入分类

2016 年，陕西省众创空间运营成本为 3.23 亿元。其中，场地费用最高，占比为 30.68%（图 4 - 225）。

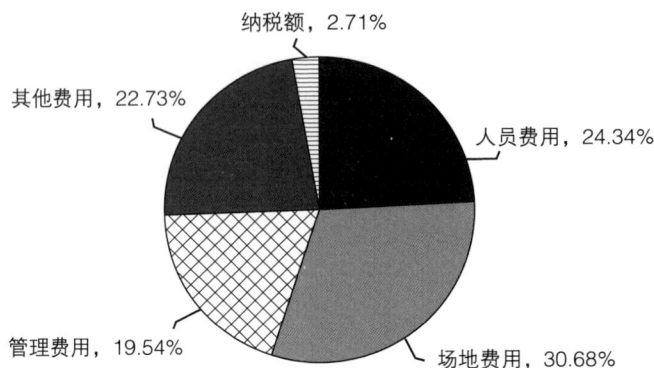

图 4 - 225　众创空间运营成本分类

（3）提供服务情况

2016 年，陕西省众创空间服务人员数量为 11 582 人，创业导师数量共 3795 人。创业导师中，专职人员占 27.62%。

2016 年，举办创新创业活动 4377 次，开展创业教育培训 2917 次，当年开展国际合作交流活动 145 次。

二十八、甘肃省创业孵化发展情况

（一）孵化器建设及运行情况

1. 总体情况

2016 年，甘肃省共有 66 家科技企业孵化器，占全国的 2.03%，较 2015 年增加了 32 家。其中，国家级 7 家，较 2015 年增加了 2 家；非国家级 59 家，较 2015 年增加了 30 家（表 4 - 228）。

表 4 - 228　孵化器数量及分类

年份	国家级	非国家级	总数
2015 年	5	29	34
2016 年	7	59	66

2016 年，甘肃省孵化器使用面积为 3 154 962.98 m²，是 2015 年的 2.13 倍。在孵企业用房占比为 44.27%，较 2015 年下降 20 个百分点，其他占比上升了约 20 个百分点；办公用房和公共服务用房占比变化均不明显（图 4 - 226）。

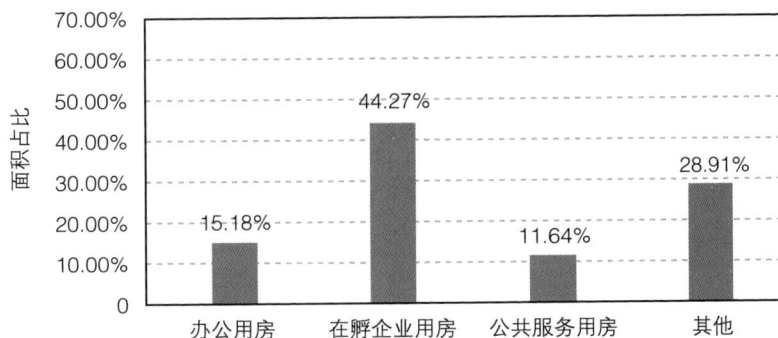

图 4 -226　2016 年孵化器使用面积

2016 年，在孵企业数量为 1992 家，是 2015 年的 3.39 倍。累计毕业企业为 745 家，是 2015 年的 1.81 倍。毕业率为 27.22%，占比下降了 13.98 个百分点（表 4 -229）。

表 4 -229　孵化器在孵和毕业企业情况

年份	在孵企业数	累计毕业企业数	毕业率
2015 年	588	412	41.20%
2016 年	1992	745	27.22%

2. 孵化绩效情况

（1）在孵企业类型

2016 年，在孵企业数量为 1992 家。留学人员企业、大学生科技企业、高新技术企业分别为 57 家、459 家、84 家，三者均有所上升。其中，大学生科技企业最多，增长的数量也最多（图 4 -227）。

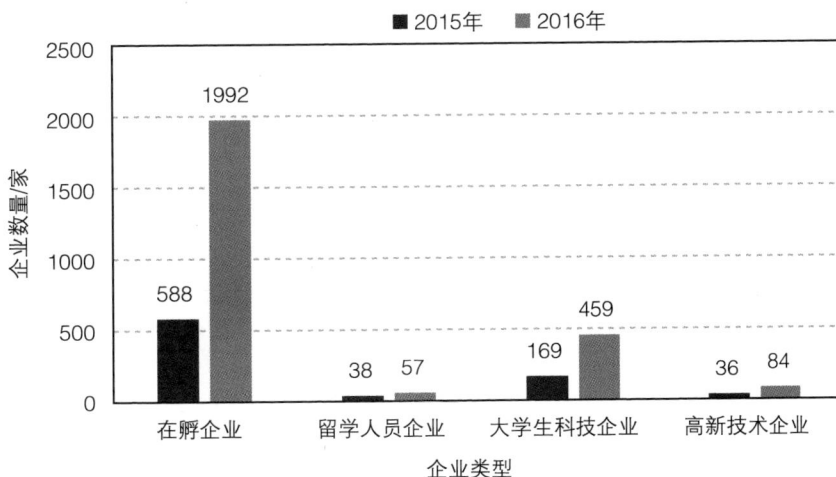

图 4 -227　孵化器在孵企业类型分类

（2）在孵企业从业人员情况

2016 年，在孵企业从业人员为 27 844 人。其中，大专以上人员为 20 523 人，占比为 73.71%；

留学人员 127 人；吸纳的应届大学毕业生为 5777 人。"千人计划"人员 7 人，较 2015 年减少 1 人；各类人员占比变动不超过 3%（表 4-230）。

表 4-230　孵化器在孵企业从业人员情况

年份	从业人员	其中			
		大专以上人员	留学人员	"千人计划"人员	吸纳应届大学毕业生
2015 年	8825	6901	130	6	1689
2016 年	27 844	20 523	127	7	5777

（3）在孵企业获投融资情况

2016 年，当年获得孵化基金投资的在孵企业数量有 241 家，较 2015 年增加了 100 家。当年获得投融资的企业数量虽然较 2015 年增长了 85.19%。当年获得风险投资额为 1.54 亿元，较 2015 年增长了 275.61%（表 4-231）。

表 4-231　2015—2016 年孵化器投融资情况

投融资情况	2015 年	2016 年
当年获得孵化基金投资的在孵企业数	141	241
当年获得投融资的企业数	27	50
当年获得风险投资额/亿元	0.41	1.54

（4）在孵企业技术创新情况

2016 年，甘肃省当年知识产权申请数为 790 件，较 2015 年增长 104.66%。拥有有效知识产权数为 1016 件，较 2015 年增长 50.30%。累计购买国外技术专利为 12 件，较 2015 年增加了 11 件。当年承担国家级科技计划项目同比下降了 42.86%；当年获得省级以上奖励减少了 22 项（表 4-232）。

表 4-232　孵化器在孵企业知识产权情况

相关指标	2015 年	2016 年
当年知识产权申请数/件	386	790
拥有有效知识产权数/件	676	1016
其中：发明专利/件	265	300
软件著作权/件	161	178
集成电路布图/个	6	6
植物新品种/个	13	24
累计购买国外技术专利/件	1	12
当年承担国家级科技计划项目/项	28	16
当年获得省级以上奖励/项	82	60

（5）毕业企业情况

2016 年，甘肃省累计毕业企业中毕业企业累计上市（挂牌）企业数量为 19 家，较 2015 年增加了 11 家；当年毕业企业为 253 家。当年上市（挂牌）企业数量实现 0 突破，增加为 14 家。当年营业收入超过 5000 万元企业均减少 1 家（表 4-233）。

表 4-233　孵化器毕业企业情况

相关指标	2015 年	2016 年
累计毕业企业	412	745
其中：毕业企业累计上市（挂牌）企业	8	19
当年毕业企业	74	253
当年上市（挂牌）企业	0	14
当年被兼并和收购企业	1	5
当年营业收入超过 5000 万元企业	15	14

3. 孵化器运营情况

（1）投资构成情况

2016 年，甘肃省所有投资占比的变化趋势均与全国基本一致。企业投资占比较 2015 年上升明显，占比为 85.29%，远高于全国 58.68% 的企业投资占比。但财政投资却下降为 13.47%，仅为全国占比的 36.82%。社会组织投资占比虽上升比例不大，占比却是 2015 年的 4.52 倍；其他投资占比下降为 0.20%，后两种投资均低于全国平均水平（图 4-228）。

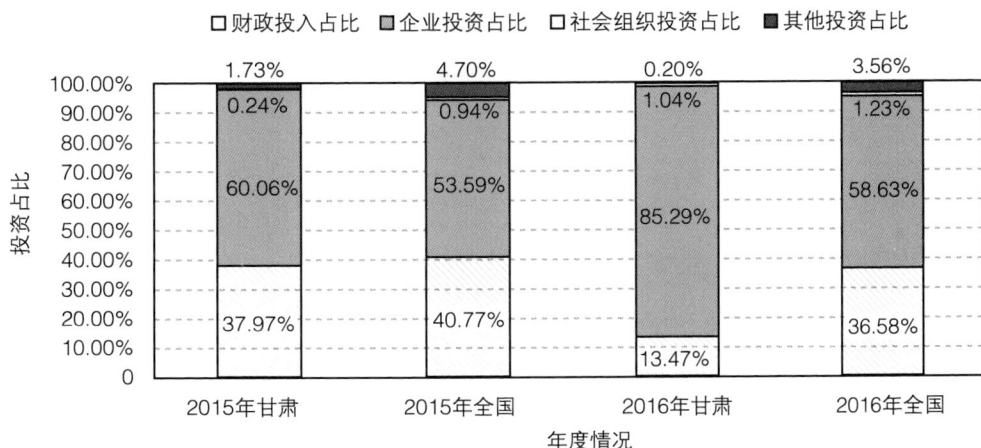

图 4-228　孵化器投资构成

（2）财税支持情况

2016 年，当年免税金额为 166.71 万元，较 2015 年下降 41.16%。房产税、城镇土地使用税的免税金额均有所下降。其中，房产税占比高达 72.01%，免税金额较 2015 年上升了 0.27 个百分点；所得税减免额上升为 1.86 万元。

（3）收支情况

2016 年，甘肃省孵化器的总收入为 4.66 亿元，较 2015 年减少 6205.41 万元。其他收入为 25 667.25 万元，较 2015 年增加了 19 011.15 万元，增幅相对较大（图 4-229）。

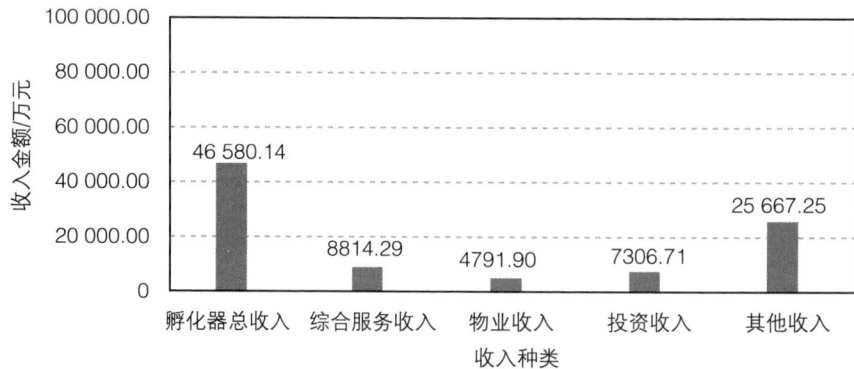

图 4-229 2016 年孵化器收入情况

2016 年，甘肃省孵化器获得各级财政资助额为 20 389.24 万元，较 2015 年增长 5.05%。其中，国家科技计划经费额下降为 157.1 万元，较 2015 年减少了 257.9 万元。

2016 年，甘肃省孵化器运营成本中，场地费用占总运营成本的 41.73%，人员费用、管理费用和其他费用占比分别为 10.42%、9.47%、34.52%（图 4-230）。

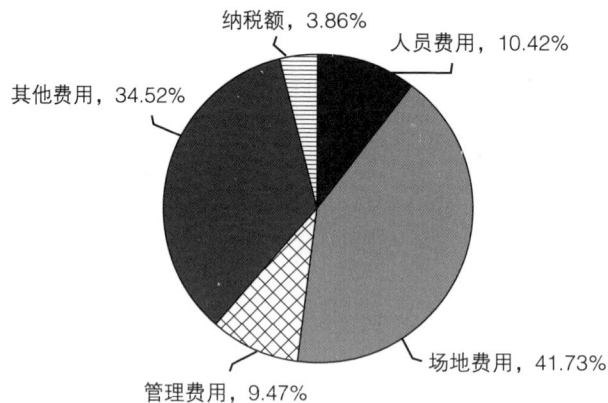

图 4-230 2016 年孵化器运营成本

（4）管理人员情况

2016 年，孵化器管理机构从业人员为 1481 人，是 2015 年的 2.59 倍。其中，大专以上人员占 89.67%；从业人员中接受专业培训的人员占 56.52%（表 4-234）。

表4-234　管理机构从业人员情况

年份	管理机构从业人员	大专以上人员	接受专业培训人员
2015 年	571	480	251
2016 年	1481	1328	837

（5）开展孵化服务情况

2016 年，企业联络员、企业辅导员、创业导师人数均超过 250 人，且企业辅导员人数最多，三者较 2015 年均有增加。创业导师对接企业上升为 738 家，较 2015 年增长 12.50%（图 4-231）。

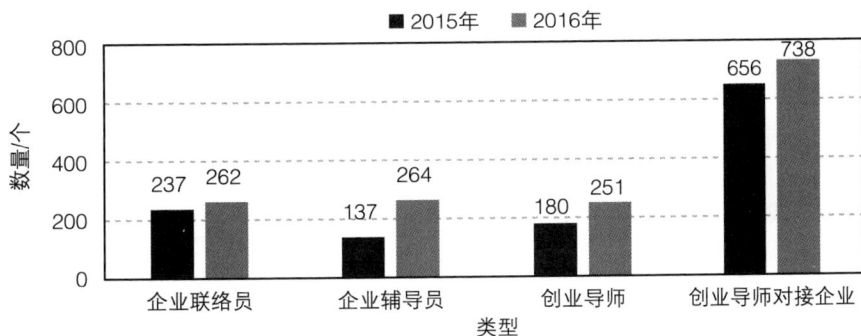

图4-231　孵化器创业辅导情况

2016 年，甘肃省孵化器对在孵企业培训达 54 854 人次，是 2015 年的 3.22 倍；开展创业教育培训活动场次 4129 次，是 2015 年的 10.59 倍。

2016 年，孵化器孵化基金总额为 8.84 亿元，比 2015 年增加了 4.44 亿元，约为 2015 年的 2 倍。

（二）众创空间建设及运行情况

1. 总体情况

2016 年，甘肃省共有众创空间 211 家，当年服务的创业团队数量为 6697 家，当年服务的初创企业的数量为 4088 家。

2016 年，甘肃省众创空间总面积为 1 871 044.07 m²。其中，自有面积占比 60.65%，租赁面积占比 39.35%。众创空间面积中，常驻团队和企业使用面积，以及其他面积合计占比达到 75.81%；管理办公使用的面积最少，占众创空间总面积的 6.59%（图 4-232）。

2. 孵化绩效情况

（1）创业企业/团队类型

2016 年，创业团队和企业总数为 4700 家。其中，大学生创业占比接近 60%；科技人员创业和连续创业占比分别为 21.02%、15.85%；留学生归国创业和大企业高管离职创业占比分别为 1.77%、4.70%；海外项目入驻数量占比仅为 0.17%（表 4-235）。

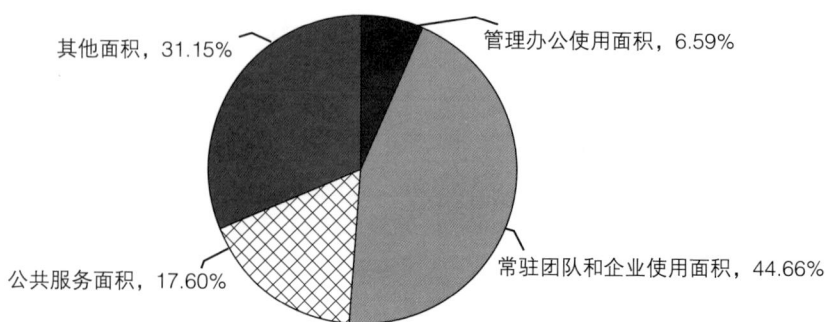

图 4-232 众创空间使用面积

表 4-235 2016 年众创空间创业团队和企业情况

创业团队和企业情况	数量	占比
总数	4700	100.00%
海外项目入驻	8	0.17%
大学生创业	2655	56.49%
留学生归国创业	83	1.77%
科技人员创业	988	21.02%
大企业高管离职创业	221	4.70%
连续创业	745	15.85%

（2）创业企业/团队获投融资情况

2016 年，甘肃省当年获得投融资的团队及企业的数量为 838 家，获得投资总额 19.19 亿元。其中，众创空间自身投资占比达 66.80%。

2016 年，当年众创空间帮助入驻享受财政政策的团队或企业共 518 家，共享受财政资金支持额 7428.30 万元。

（3）就业及项目入驻情况

2016 年，众创空间的创业团队和企业共吸纳就业 35 111 人，吸纳应届毕业大学生 12 080 人。

2016 年，甘肃省众创空间总计 211 家。其中，平均入驻周期为 7～12 个月的众创空间所占比重较大，占比为 39.81%；入驻周期为 24 个月以上的众创空间占比最小，为 12.80%（表 4-236）。

表 4-236 众创空间创业项目平均入驻周期

入驻周期	众创空间数	占比
1～6 个月	43	20.38%
7～12 个月	84	39.81%
13～24 个月	57	27.01%
24 个月以上	27	12.80%
合计	211	100.00%

3. 众创空间运营情况

（1）众创空间类型

2016 年，在国家备案的众创空间共有 14 家；位于国家高新区内的共有 48 家；由孵化器建立的有 64 家；由高校或科研院所建立的有 41 家；本身是上市或挂牌企业的有 9 家。

（2）收支情况

2016 年，甘肃省众创空间总收入为 53 500.59 万元。其中，服务收入占比最高，占总收入的 35.89%（图 4－233）。

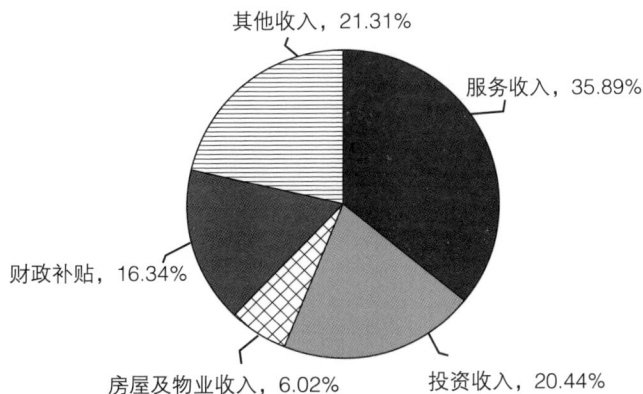

图 4－233　众创空间收入分类

2016 年，甘肃省众创空间运营成本为 5.41 亿元。其中，人员费用、场地费用和其他费用占比较高，分别为 25.24%、27.64%、31.01%（图 4－234）。

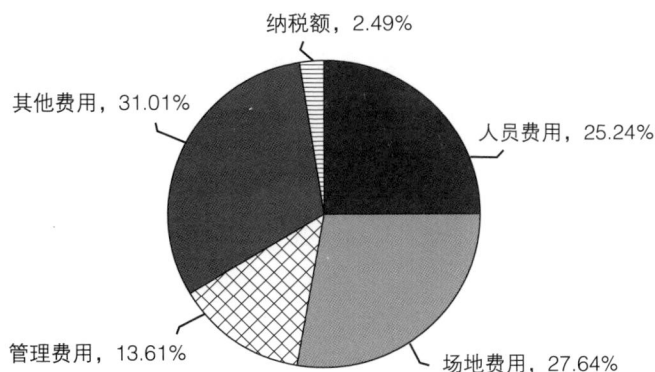

图 4－234　众创空间运营成本分类

（3）提供服务情况

2016 年，甘肃省众创空间服务人员数量为 6076 人，创业导师数量共 2684 人。创业导师中，专职人员占比为 34.91%。

2016 年，举办创新创业活动 3203 次，开展创业教育培训 3311 次，当年开展国际合作交流活动 149 次。

二十九、青海省创业孵化发展情况

（一）孵化器建设及运行情况

2016 年，青海省共有 5 家科技企业孵化器，均为国家级。孵化器使用总面积为 404 083.27 m²，较 2015 年增长 16.49%。其中，76.77% 为在孵企业用房。在孵企业总数为 318 家，累计毕业企业数增加到 240 家，企业的毕业率为 43.01%（表 4 – 237）。

表 4 – 237　孵化器在孵和毕业企业情况

年份	在孵企业数	累计毕业企业数	毕业率
2015 年	266	73	21.53%
2016 年	318	240	43.01%

2016 年，在孵企业从业人员数为 6219 人。其中，大专以上的从业人员数占比为 73.20%。在孵企业总收入为 181 014.15 万元，在孵企业研究与试验发展（R&D）经费支出为 4397.50 万元，在孵企业累计获得财政资助额为 8263.57 万元，在孵企业累计获得风险投资额为 12 674 万元。当年享受国家级孵化器税收优惠政策免税金额总计 296.50 万元，其中，以房产税为主。

2016 年，在孵企业知识产权申请数为 65 件，拥有有效知识产权数 241 件。其中，发明专利为 70 件。

2016 年，孵化器总收入为 4858.30 万元，同比增长 17.19%。其中，73.02% 为综合服务收入。孵化器运营成本为 32 636.13 万元，其中，场地费占比接近 90%。孵化器获得各级财政资助额为 2174 万元，其中，国家科技计划经费为 113 万元。孵化器孵化基金总额为 14 859 万元，当年获得孵化基金的在孵企业数为 28 家。

2016 年，孵化器管理机构从业人员为 167 人。其中，大专以上人员占比为 56.29%。创业导师人数为 311 人，创业导师对接企业达到 151 家。对在孵企业培训共 8951 人次，开展创业教育培训活动场次 210 次。

（二）众创空间建设及运行情况

2016 年，青海省共有众创空间 4 家，均在国家备案，众创空间总面积为 8780 m²，租赁面积为主，租赁面积占比为 86.33%，自有面积占比为 13.67%。青海省众创空间面积中，常驻团队和企业使用面积最大，占孵化器总面积的 76.48%。创业团队和企业总数为 147 家，大学生创业占比高达 76.19%；共吸纳 2492 人就业。2016 年，当年众创空间帮助入驻享受财政政策的团队或企业共 37 家，共享受财政资金支持额 5251.44 万元。青海省当年获得投融资的团队及企业的数量为 9 家，总共获得投资总额1680万元。

2016年，青海省众创空间总收入为282.8万元。其中，财政补贴占比超过总收入的50%；运营成本为244.66万元。青海省众创空间服务人员数量为30人，创业导师数量共227人。创业导师中，专职人员占10.13%。

三十、宁夏回族自治区创业孵化发展情况

（一）孵化器建设及运行情况

1. 总体情况

2016年，宁夏共有14家科技企业孵化器，较2016年增加2家。其中，国家级2家，较2015年减少1家；非国家级12家，较2015年增长3家（表4-238）。

表4-238 孵化器数量及分类

年份	国家级	非国家级	总数
2015年	3	9	12
2016年	2	12	14

2016年，孵化器使用面积为388 417 m²，比2015年增加3万 m²；在孵企业用房占比65.55%。

2016年，在孵企业数量为376家，较2015年增加180家。累计毕业企业为191家，较2015年增加63家。企业的毕业率为33.69%，低于2015年的33.69%（表4-239）。

表4-239 孵化器在孵和毕业企业情况

年份	在孵企业数	累计毕业企业数	毕业率
2015年	196	128	39.51%
2016年	376	191	33.69%

2. 孵化绩效情况

（1）在孵企业类型

2016年，在孵企业数量为376家，是2015年的1.92倍。留学人员企业、大学生科技企业、高新技术企业分别增加5家、82家、34家（图4-235）。

（2）在孵企业从业人员情况

2016年，大专以上的从业人员数为4288人，较2015年占比下降6.50个百分点。吸纳应届大学毕业生占比较2015年减少0.27个百分点。留学人员占比降为0.12%，"千人计划"人员增加到107人，占比为1.86%（表4-240）。

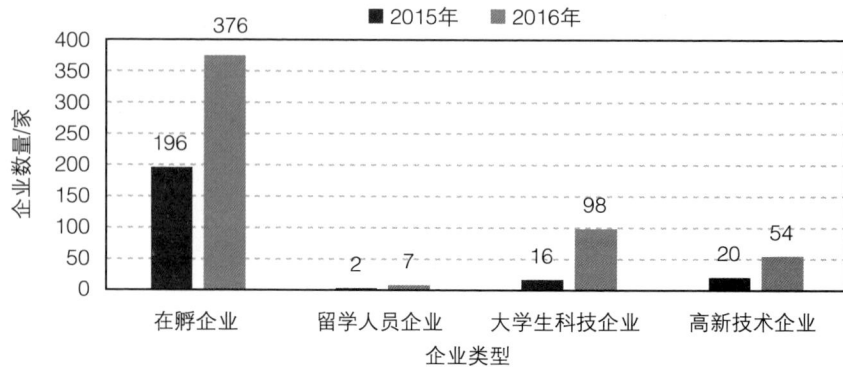

图 4-235　孵化器在孵企业类型分类

表 4-240　孵化器在孵企业从业人员情况

年份	从业人员	其中			
		大专以上人员	留学人员	"千人计划"人员	吸纳应届大学毕业生
2015 年	3284	2231	7	0	283
2016 年	5761	4288	7	107	512

（3）在孵企业获投融资情况

2016 年，宁夏当年获得孵化基金投资的在孵企业数量有 37 家；当年获得投融资的企业数量有 27 家，比上年增加了 13 家。当年获得风险投资总额为 3400 万元（表 4-241）。

表 4-241　2015—2016 年孵化器投融资情况

投融资情况	2015 年	2016 年
当年获得孵化基金投资的在孵企业数	42	37
当年获得投融资的企业数	14	27
当年获得风险投资额/亿元	0.02	0.34

（4）在孵企业技术创新情况

2016 年，当年知识产权申请数为 459 件，较 2015 年增加 95.32%。拥有有效知识产权数为 749 件，较 2015 年增加 69.46%。当年获得省级以上奖励较 2015 年增加 5 项；当年承担国家级科技计划项目减少 1 项（表 4-242）。

表 4-242　孵化器在孵企业知识产权情况

相关指标	2015 年	2016 年
当年知识产权申请数/件	235	459
拥有有效知识产权数/件	442	749
其中：发明专利/件	68	147

相关指标	2015 年	2016 年
软件著作权/件	224	363
集成电路布图/个	9	13
植物新品种/个	4	1
累计购买国外技术专利/件	1	0
当年承担国家级科技计划项目/项	2	1
当年获得省级以上奖励/项	9	14

（5）毕业企业情况

2016 年，宁夏累计毕业企业中毕业企业累计上市（挂牌）企业数量为 6 家，增加了 1 家。当年毕业企业为 38 家，是 2015 年的 2 倍。当年上市（挂牌）企业、当年被兼并和收购企业均增加 1 家，当年营业收入超过 5000 万元减少 1 家（表 4 - 243）。

表 4 - 243 孵化器毕业企业情况

相关指标	2015 年	2016 年
累计毕业企业	128	191
其中：毕业企业累计上市（挂牌）企业	5	6
当年毕业企业	19	38
当年上市（挂牌）企业	1	2
当年被兼并和收购企业	1	2
当年营业收入超过 5000 万元企业	5	4

3. 孵化器运营情况

（1）投资构成情况

2016 年，宁夏地区财政投资占比和企业投资占比与全国变化趋势一致，财政投资占比下降为 51.91%，依旧高于全国 36.58% 的平均水平。宁夏企业投资占比较 2015 年增加约 10 个百分点，全国较 2015 年上升约 5 个百分点。宁夏其他投资占比突破 0，占比为 0.25%，低于全国的 3.56%；宁夏社会组织投资依旧为 0（图 4 - 236）。

（2）财税支持情况

2016 年当年免税金额为 45.01 万元，较 2015 年减少了 3.77 万元。所得税减少 1700 万元；房产税增加了 1.24 万元。

（3）收支情况

2016 年，宁夏孵化器的总收入为 1.09 亿元，是 2015 年的 6.83 倍。其中，综合服务收入增加最多，增长额度超过 6000 万元，是 2015 年的 15.46 倍；物业收入、投资收入、其他收入分别增加

954.22 万元、1106.44 万元、1479.95 万元（图 4 – 237）。

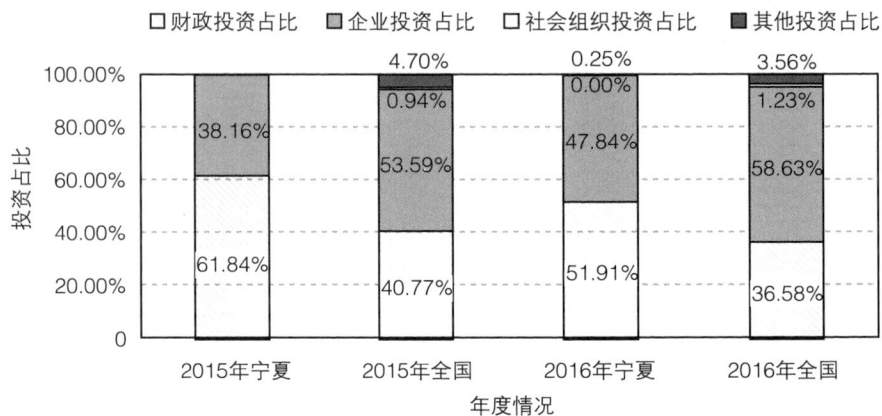

图 4 –236　孵化器投资构成

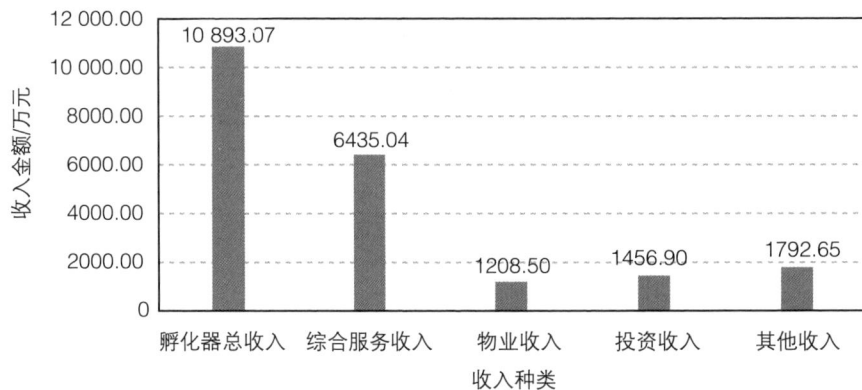

图 4 –237　孵化器收入情况

2016 年，宁夏孵化器获得各级财政资助额为 1577.56 万元，较 2015 年下降 30.72%。其中，国家科技计划经费额依旧为 0。

2016 年，宁夏的各种运营成本中，管理费用占总运营成本的 32.09%，人员费用、其他费用、场地费用占比分别为 19.36%、19.02%、16.34%（图 4 –238）。

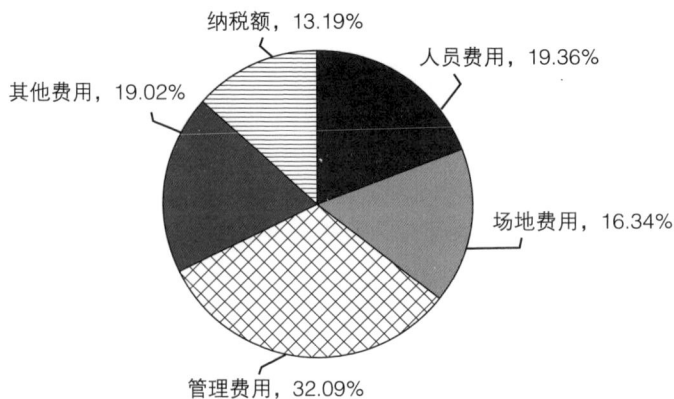

图 4 –238　2016 年孵化器运营成本

（4）管理人员情况

2016 年，孵化器管理机构从业人员为 247 人，较 2015 年增长 55.35%。其中，大专以上人员为 186 人，较 2015 年增长 30.99%；接受专业培训的人数为 152 人，较 2015 年增长 123.53%（表 4 - 244）。

表 4 - 244　管理机构从业人员情况

年份	管理机构从业人员	大专以上人员	接受专业培训人员
2015 年	159	142	68
2016 年	247	186	152

（5）开展孵化服务情况

2016 年，企业联络员、企业辅导员、创业导师人数均有所增加。其中，创业导师人数达 171 人，较 2015 年增长 235.29%；企业辅导员人数为 136 人，较 2015 年增长 209.09%；创业导师对接企业增加为 312 家，较 2015 年增长 145.67%（图 4 - 239）。

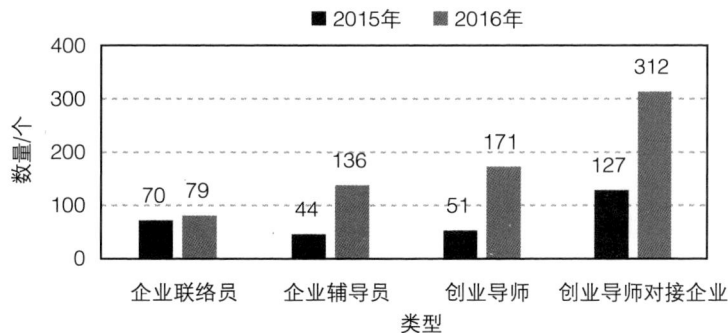

图 4 - 239　孵化器创业辅导情况

2016 年，宁夏孵化器对在孵企业培训达 11 140 人次，较 2015 年增长 188.15%。开展创业教育培训活动场次 215 次，较 2015 年增长 82.20%。

2016 年，宁夏孵化器孵化基金总额为 1700 万元，比 2015 年增加 800 万，是 2015 年的 1.89 倍。

（二）众创空间建设及运行情况

1. 总体情况

2016 年，宁夏共有众创空间 12 家，当年服务的创业团队数量为 192 家，当年服务的初创企业的数量为 118 家。

2016 年，众创空间总面积为 69 787 m²，共提供了 1121 个工位。其中，租赁面积为 59 506.25 m²，占比 72.03%；自有面积占比 27.97%。宁夏众创空间面积中，公共服务面积、常驻团队和企业使用面积较大，占比分别为 37.03%、27.78%（图 4 - 240）。

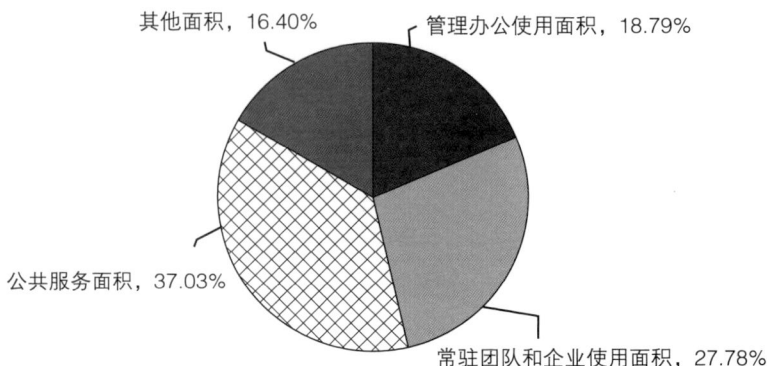

图 4 -240　众创空间使用面积

2. 孵化绩效情况

（1）创业企业/团队类型

2016 年，创业团队和企业总数为 4700 家。其中，大学生创业占比接近 60%，科技人员创业和连续创业占比分别为 21.02%、15.85%。留学生归国创业和大企业高管离职创业占比分别为 1.77%、4.70%，海外项目入驻数量占比仅为 0.17%（表 4 -245）。

表 4 -245　2016 年众创空间创业团队和企业情况

创业团队和企业情况	数量	占比
总数	4700	100.00%
海外项目入驻	8	0.17%
大学生创业	2655	56.49%
留学生归国创业	83	1.77%
科技人员创业	988	21.02%
大企业高管离职创业	221	4.70%
连续创业	745	15.85%

（2）创业企业/团队获投融资情况

2016 年，宁夏当年获得投融资的团队及企业的数量为 42 家，总共获得投资总额 7212.1 万元。其中，社会投资占比达 89.82%。

当年众创空间帮助入驻享受财政政策的团队或企业共 37 家，共享受财政资金支持额 5251.44 万元。

（3）就业及项目入驻情况

2016 年，宁夏众创空间的创业团队和企业共吸纳就业 1853 人。其中，吸纳应届毕业大学生就业 525 人。

2016 年，宁夏众创空间总计 12 家，创业项目平均入驻周期为 7 ~ 12 月的众创空间占比为 41.67%，创业项目平均入住周期为 13 ~ 24 个月的众创空间占比为 25%（表 4 -246）。

表 4 -246　众创空间创业项目平均入驻周期

入驻周期	众创空间数	占比
1~6 个月	2	16.67%
7~12 个月	5	41.67%
13~24 个月	3	25.00%
24 个月以上	2	16.67%
合计	12	100.00%

3. 众创空间运营情况

（1）众创空间类型

2016 年，位于国家高新区内的共有 3 家，占比 25%；由孵化器建立的有 4 家，占比 33.33%。

（2）收支情况

2016 年，宁夏众创空间总收入为 282.8 万元。其中，财政补贴占比最高，占总收入的 47.57%；其次是投资收入，占总收入的 21.19%（图 4 -241）。

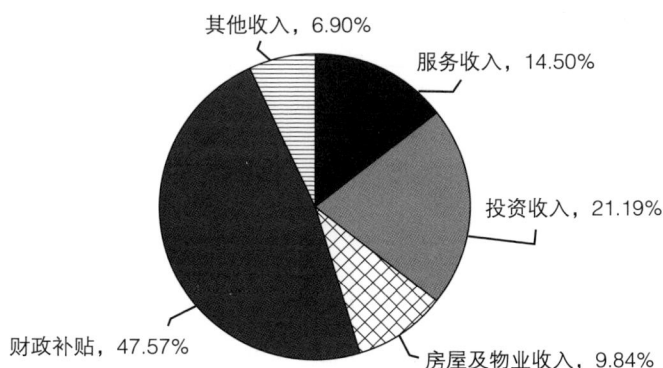

图 4 -241　众创空间收入分类

2016 年，宁夏众创空间运营成本为 2815.27 万元，其他费用占比最高，占比达到 44.88%（图 4 -242）。

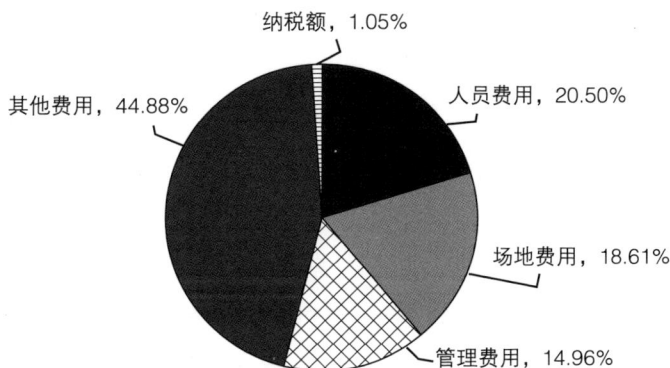

图 4 -242　众创空间运营成本分类

（3）提供服务情况

2016 年，宁夏众创空间服务人员数量为 511 人，创业导师数量共 211 人。创业导师中，专职人员占比为 32.23%。

2016 年，举办创新创业活动 46 次，开展创业教育培训 31 次。

三十一、新疆维吾尔自治区创业孵化发展情况

（一）孵化器建设及运行情况

1. 总体情况

2016 年，新疆地区共有 17 家科技企业孵化器，是 2015 年的 1.89 倍。其中，国家级 8 家，较 2015 年增加 1 家；非国家级 9 家，较 2015 年增加 7 家（表 4 - 247）。

表 4 - 247　孵化器数量及分类

年份	国家级	非国家级	总数
2015 年	7	2	9
2016 年	8	9	17

2016 年，孵化器使用面积为 596 109.86 m²，较 2015 年增加 23.93 万 m²。

2016 年，在孵企业数量达到 1046 家，较 2015 年增长 94.06%。累计毕业企业为 440 家，较 2015 年增长 106.57%。企业的毕业率为 29.61%，高于 2015 年的 28.32%（表 4 - 248）。

表 4 - 248　孵化器在孵和毕业企业情况

年份	在孵企业数	累计毕业企业数	毕业率
2015 年	539	213	28.32%
2016 年	1046	440	29.61%

2. 孵化绩效情况

（1）在孵企业类型

2016 年，在孵企业为 1046 家，是 2015 年的 1.94 倍。留学人员企业、大学生科技企业、高新技术企业数量分别为 53 人、193 人、63 家，三者均有所增加。其中，大学生科技企业和高新技术企业较 2015 年分别增长 179.71%、231.58%（图 4 - 243）。

（2）在孵企业从业人员情况

2016 年，在孵企业从业人员为 10 439 人，较 2015 年增长 79.80%。大专以上的从业人员为 8766 人，人数进一步上升。吸纳应届大学毕业生人数增加 466 人，占比下降为 14.94%；"千人计划"人员减少到 0（表 4 - 249）。

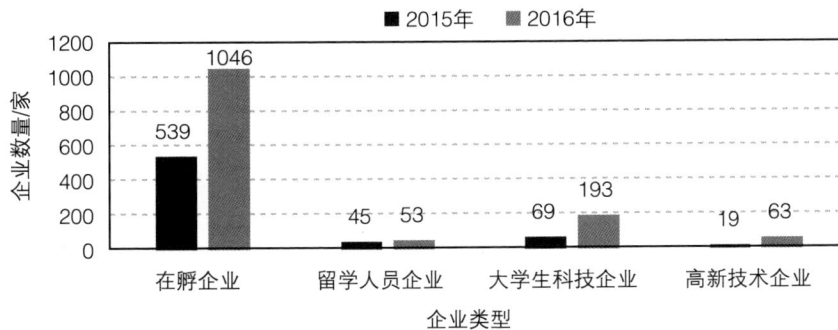

图 4-243　孵化器在孵企业类型分类

表 4-249　孵化器在孵企业从业人员情况

年份	从业人员	其中			
		大专以上人员	留学人员	"千人计划"人员	吸纳应届大学毕业生
2015 年	5806	4314	77	1	1098
2016 年	10 439	8766	136	0	1564

（3）在孵企业获投融资情况

2016 年，当年获得孵化基金投资的在孵企业数量有 103 家，较 2015 年增加 46 家。当年获得投融资的企业数量有 55 家，较 2015 年增加 51 家。当年获得风险投资总额为 1.28 亿元，较 2015 年增加 1.11 亿元（表 4-250）。

表 4-250　2015—2016 年孵化器投融资情况

投融资情况	2015 年	2016 年
当年获得孵化基金投资的在孵企业数	57	103
当年获得投融资的企业数	4	55
当年获得风险投资额/亿元	0.17	1.28

（4）在孵企业技术创新情况

2016 年，新疆地区当年知识产权申请数、拥有有效知识产权数分别同比上升 84.04%、107.10%。在拥有有效知识产权数中，发明专利和软件著作权分别增加 133 件、162 件。集成电路布图增加为 2 个；植物新品种新增 22 个，是 2015 年的 12 倍。当年承担国家级科技计划项目、当年获得省级以上奖励分别增长 90.00%、52.94%（表 4-251）。

表 4-251　孵化器在孵企业知识产权情况

相关指标	2015 年	2016 年
当年知识产权申请数/件	539	992
拥有有效知识产权数/件	831	1721

续表

相关指标	2015 年	2016 年
其中：发明专利/件	106	239
软件著作权/件	352	514
集成电路布图/个	0	2
植物新品种/个	2	24
累计购买国外技术专利/件	1	0
当年承担国家级科技计划项目/项	10	19
当年获得省级以上奖励/项	17	26

（5）毕业企业情况

2016 年，累计毕业企业中毕业企业累计上市（挂牌）企业数量为 11 家，较 2015 年增加 7 家。当年毕业企业为 123 家，较 2015 年增加 104 家。当年上市（挂牌）企业数量 5 家；当年被兼并和收购企业较 2015 年增加 2 家；当年营业收入超过 5000 万元企业为 27 家，较 2015 年增加了 24 家（表 4 - 252）。

表 4 - 252　孵化器毕业企业情况

相关指标	2015 年	2016 年
累计毕业企业	213	440
其中：毕业企业累计上市（挂牌）企业	4	11
当年毕业企业	19	123
当年上市（挂牌）企业	0	5
当年被兼并和收购企业	0	2
当年营业收入超过 5000 万元企业	3	27

3. 孵化器运营情况

（1）投资构成情况

2016 年，新疆地区对孵化器的总投入增加 6.7 亿元，全国总体对孵化器的投资增加了约 157 亿元。财政投资占比仅为 2015 年的 44.23%，占比降为 43.20%。企业投资占比上升为 42.85%，增加了 40.53 个百分点，但依旧低于全国平均水平。社会投资占比为 3.88%，高出全国平均水平 2.65 个百分点；其他投资占比也高出全国 6.51 个百分点（图 4 - 244）。

（2）财税支持情况

2016 年，免税金额为 522.56 万元。其中，房产税免税金额为 469.32 万元，占当年免税金额的 89.81%；城镇土地使用税和增值税减免额占比分别为 7.68%、2.51%。2015 年，新疆免税金额为 0。

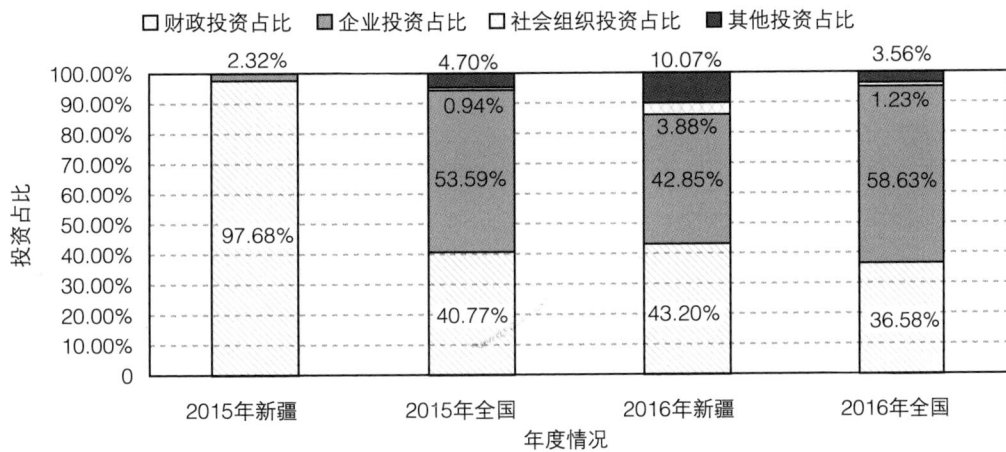

图 4 - 244 孵化器投资构成

（3）收支情况

2016 年，新疆地区孵化器的总收入相对于 2015 年增加了 1.48 亿元，4 类收入上升幅度均比较明显。其他收入增加 8382.28 万元，是 2015 年的 12.37 倍；物业收入增加了 4764.98 万元，是 2015 年的 5.88 倍；综合服务收入增加了 2256.57 万元，是 2015 年的 4.84 倍；投资收入为 297.76 万元（图 4 - 245）。

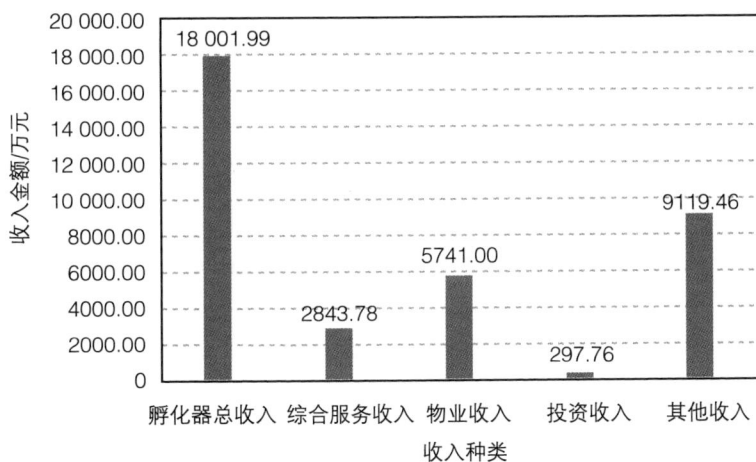

图 4 - 245 2016 年孵化器收入情况

2016 年，孵化器获得各级财政资助额为 1941.3 万元，较 2015 年降低了 23.13%。其中，国家科技计划经费额 175 万元，较 2015 年增加了 15 万元。

2016 年新疆孵化器的各种运营成本中，管理费用最多，占孵化器运营成本的 44.36%，之后依次为人员费用、其他费用、场地费用、纳税额，占比分别为 19.83%、13.82%、11.77%、10.22%（图 4 - 246）。

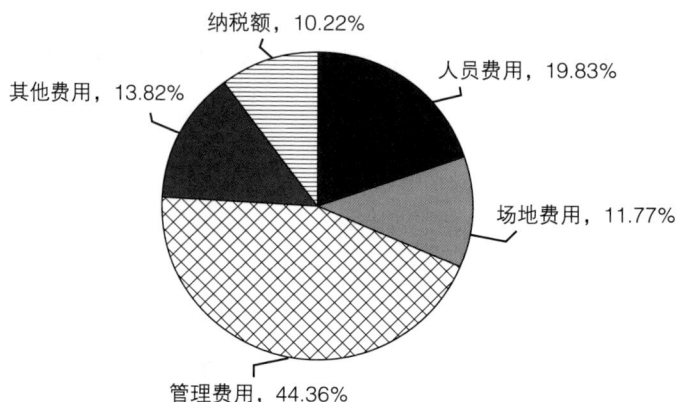

图 4 - 246　2016 年孵化器运营成本

（4）管理人员情况

2016 年，孵化器管理机构从业人员为 386 人，是 2015 年的 2.17 倍。其中，大专以上人员为 351 人，占比为 90.93%，较 2015 年增加 179 人；从业人员中接受专业培训的人员为 103 人，较 2015 年增加 52 人，占比为 26.68%（表 4 - 253）。

表 4 - 253　管理机构从业人员情况

年份	管理机构从业人员	大专以上人员	接受专业培训人员
2015 年	178	172	51
2016 年	386	351	103

（5）开展孵化服务情况

2016 年，创业导师为 268 人，较 2015 年增加 135 人，三者中居于第 1 位。企业辅导员较 2015 年增加 85 人，数量超过企业联络员，三者中居于第 2 位。企业联络员人数较 2015 年增加 49 人，人数增加较少。创业导师对接企业是 2015 年的 1.83 倍（图 4 - 247）。

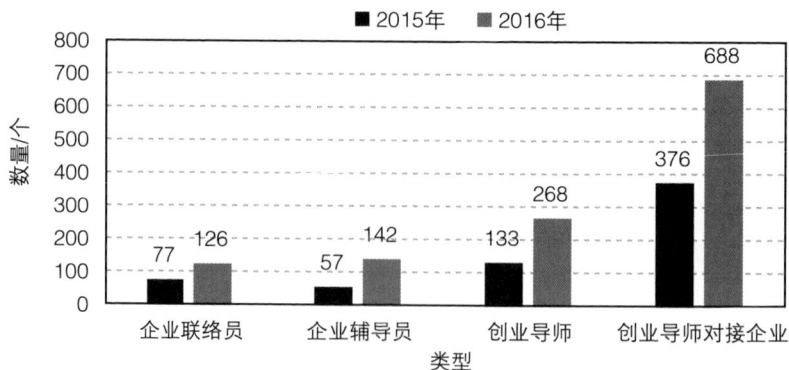

图 4 - 247　孵化器创业辅导情况

2016 年，新疆孵化器对在孵企业培训达 43 529 人次，是 2015 年的 4.83 倍。开展创业教育培训活动场次 422 次，是 2015 年的 2.83 倍。

2016 年的新疆地区孵化器孵化基金总额为 0.74 亿元，较 2015 年增加 0.43 亿元，增幅为 138.71%。

（二）众创空间建设及运行情况

1. 总体情况

2016 年，新疆共有众创空间 29 家，当年服务的创业团队数量有 1075 家，当年服务的初创企业的数量有 921 家。

2016 年，新疆地区众创空间总面积为 96 925.26 m²。自有面积占比 61.39%；租赁面积占比 38.61%。众创空间面积中，常驻团队和企业使用面积、公共服务面积合计占众创空间的总面积的 88.67%（图 4 – 248）。

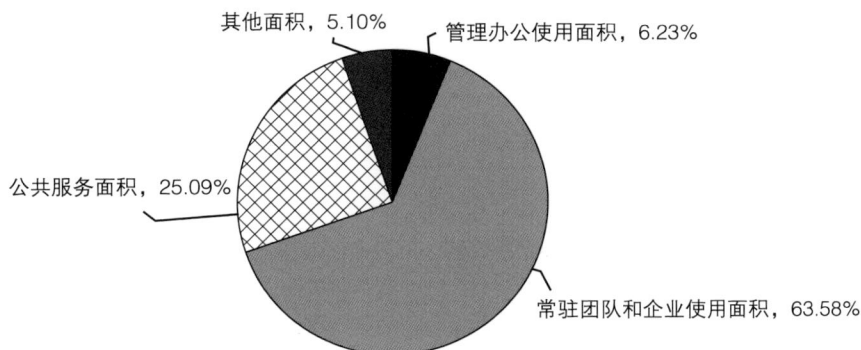

图 4 –248　众创空间使用面积

2. 孵化绩效情况

（1）创业企业/团队类型

创业团队和企业总数为 912 家。其中，大学生创业占比超过一半；科技人员创业和连续创业占比均为 18.64%；大企业高管离职创业占比为 6.91%，留学生归国创业和海外项目入驻占比相对较低，分别为 1.64%、0.33%（表 4 – 254）。

表 4 –254　2016 年众创空间创业团队和企业情况

创业团队和企业情况	数量	占比
总数	912	100.00%
海外项目入驻	3	0.33%
大学生创业	491	53.84%
留学生归国创业	15	1.64%
科技人员创业	170	18.64%
大企业高管离职创业	63	6.91%
连续创业	170	18.64%

（2）创业企业/团队获投融资情况

2016 年，新疆当年获得投融资的团队及企业的数量为 87 家，获得投资总额 1.04 亿元。其中，社会投资占比 94.2%；众创空间自身投资占比 5.80%。

当年众创空间帮助入驻享受财政政策的团队或企业共 137 家，共享受财政资金支持额 16 047.3 万元。

（3）就业及项目入驻情况

2016 年，创业团队和企业共吸纳就业 3277 人。其中，吸纳应届毕业大学生 1196 人。

2016 年，新疆众创空间中创业项目平均入驻周期为 7~12 个月的众创空间占比为 55.17%；平均入驻周期为 13~24 个月的众创空间占比为 27.59%（表 4-255）。

表 4-255　众创空间创业项目平均入驻周期

入驻周期	众创空间数	占比
1~6 个月	1	3.45%
7~12 个月	16	55.17%
13~24 个月	8	27.59%
24 个月以上	4	13.79%
合计	29	100.00%

3. 众创空间运营情况

（1）众创空间类型

2016 年，众创空间在国家备案的共有 14 家；位于国家高新区内的共有 4 家；由孵化器建立的有 10 家；由高校或科研院所建立的有 3 家；本身是上市或挂牌企业有 1 家。

（2）收支情况

2016 年，新疆众创空间总收入为 4740.68 万元。其中，财政补贴占比最大，为 43.27%；其次是服务收入，占比为 25.44%（图 4-249）。

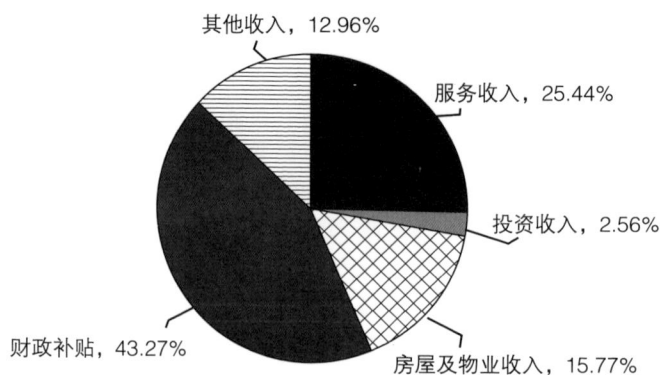

图 4-249　众创空间收入分类

2016 年，新疆众创空间运营成本为 4959. 01 万元。其中，其他费用占比最大，为 29. 71%；其次是人员费用，占比为 25. 95%；场地费用和管理费用占比分别为 20. 89%、20. 58%（图 4 - 250）。

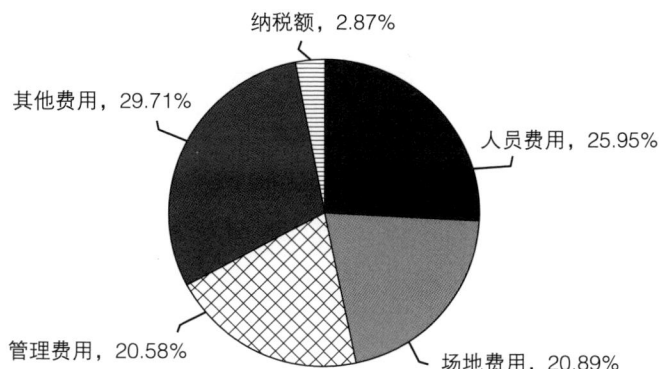

图 4 - 250　众创空间运营成本分类

（3）提供服务情况

2016 年，新疆众创空间服务人员数量为 349 人，创业导师数量为 508 人。创业导师中，专职人员占比为 28. 74%。

2016 年，举办创新创业活动 839 次，开展创业教育培训 554 次，当年开展国际合作交流活动 5 次。

三十二、新疆生产建设兵团创业孵化发展情况

（一）孵化器建设及运行情况

1. 总体情况

2016 年，新疆生产建设兵团共有 10 家科技企业孵化器，较 2015 年增加 8 家。其中，国家级 4 家，较 2015 年增加 2 家，非国家级 6 家（表 4 - 256）。

表 4 - 256　孵化器数量及分类

年份	国家级	非国家级	总数
2015 年	2	0	2
2016 年	4	6	10

2016 年，新疆生产建设兵团孵化面积为 3 992 957 m^2，较 2015 年增加 3 932 549 m^2。在孵企业用房占比增加为 85. 74%，较 2015 年增加 9. 05%。

2016 年，在孵企业数量达到 376 家，较 2015 年增加 278 家。累计毕业企业为 128 家，较 2015 年增加 85 家，企业的毕业率为 25. 4%，低于 2015 年其企业毕业率 30. 5%（表 4 - 257）。

表 4 – 257　孵化器在孵和毕业企业情况

年份	在孵企业数	累计毕业企业数	毕业率
2015 年	98	43	30.5%
2016 年	376	128	25.4%

2. 孵化绩效情况

（1）在孵企业类型

2016 年，新疆生产建设兵团在孵企业总数迅速上升为 376 家，留学人员企业、大学生科技企业、高新技术企业分别为 1 家、141 家、2 家。其中，大学生科技企业增长迅速，比 2015 年增加 133 家，留学人员企业增加 1 家，高新技术企业减少 1 家（图 4 – 251）。

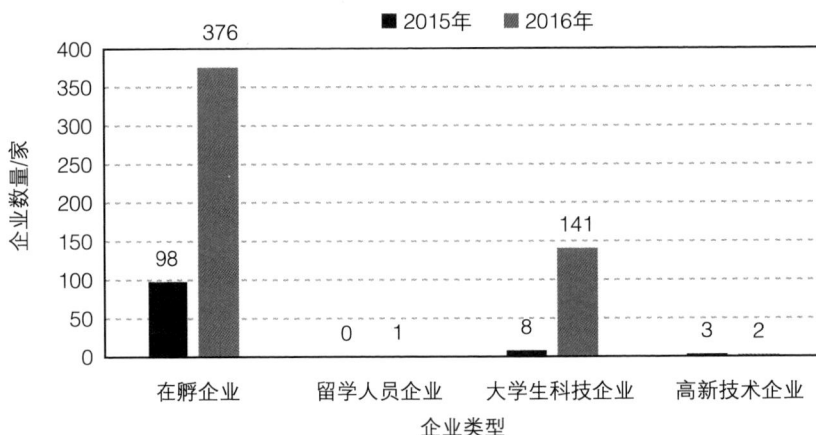

图 4 – 251　孵化器在孵企业类型分类

（2）在孵企业从业人员情况

2016 年，新疆生产建设兵团在孵企业从业人员 6306 人，较 2015 年增加 5317 人。其中，大专以上人员占比为 46.19%，吸纳应届大学毕业生占比上升为 19.65%，留学人员占比为 0.15%，"千人计划"人员增加 2 人（表 4 – 258）。

表 4 – 258　孵化器在孵企业从业人员情况

年份	从业人员	其中			
		大专以上人员	留学人员	"千人计划"人员	吸纳应届大学毕业生
2015 年	989	474	0	0	180
2016 年	6306	2913	10	2	1239

（3）在孵企业获投融资情况

2016 年，新疆生产建设兵团当年获得孵化基金投资的在孵企业数有 14 家，比 2015 年增加 11 家，当年获得投融资的企业数有 2 家，当年获得风险投资总额为 0.01 亿元（表 4 – 259）。

表 4 -259　2015—2016 年孵化器投融资情况

投融资情况	2015 年	2016 年
当年获得孵化基金投资的在孵企业数	3	14
当年获得投融资的企业数	0	2
在孵企业当年获得风险投资额/亿元	0	0.01

（4）在孵企业技术创新情况

2016 年，新疆生产建设兵团当年知识产权申请数、拥有有效知识产权数分别增加了 24 件、9 件。在拥有有效知识产权数中，发明专利是 2015 年的 3.08 倍。而植物新品种则减少为 2 个。累计购买国外技术专利数依旧为 0 件。当年承担国家级科技计划项目增加 1 项（表 4 -260）。

表 4 -260　孵化器在孵企业知识产权情况

相关指标	2015 年	2016 年
当年知识产权申请数/件	12	36
拥有有效知识产权数/件	54	63
其中：发明专利/件	13	40
软件著作权/件	0	9
集成电路布图/个	0	0
植物新品种/个	16	2
累计购买国外技术专利/件	0	0
当年承担国家级科技计划项目/项	2	3
当年获得省级以上奖励/项	1	1

（5）毕业企业情况

2016 年，新疆生产建设兵团累计毕业企业中毕业企业累计上市（挂牌）企业和当年上市（挂牌）企业数量依旧为 0 家；当年毕业企业为 71 家，较 2015 年增加 50 家；当年被兼并和收购企业和当年营业收入超过 5000 万元企业均为 9 家（表 4 -261）。

表 4 -261　孵化器毕业企业情况

相关指标	2015 年	2016 年
累计毕业企业	43	128
其中：毕业企业累计上市（挂牌）企业	0	0
当年毕业企业	21	71
当年上市（挂牌）企业	0	0
当年被兼并和收购企业	0	9
当年营业收入超过 5000 万元企业	0	9

3. 孵化器运营情况

（1）投资构成情况

2016 年，新疆生产建设兵团对孵化器的总投资增加了 10.06 亿元，但财政投资下降十分明显，占比仅为 1.25%；企业投资占比迅速上升为 98.75%，全国这一占比仅为 58.63%；占比超过一半的其他投资在 2016 年降为 0，新疆生产建设兵团并无其他投资（图 4 – 252）。

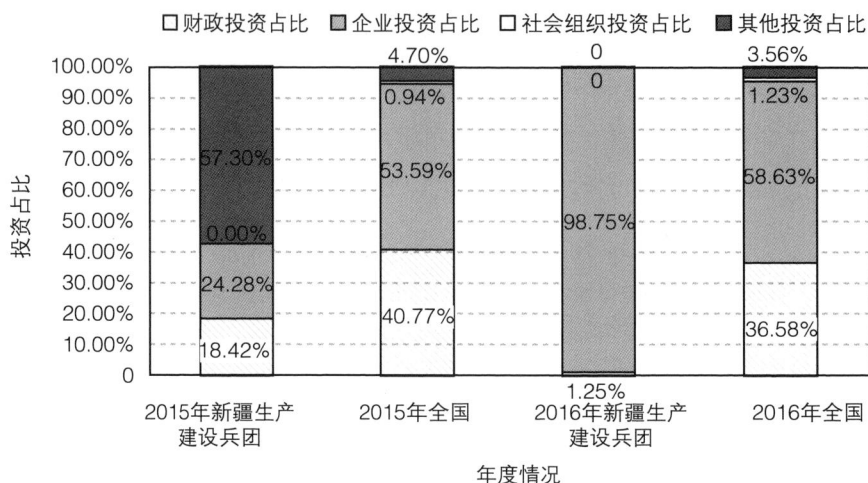

图 4 –252 孵化器投资构成

（2）财税支持情况

2015 年，免税金额为 0 元；2016 年，免税金额为 12 万元，免去的税种只有房产税。

（3）收支情况

2016 年，新疆生产建设兵团孵化器的总收入为 4231.52 万元，较 2015 年增加了 3922.22 万元。综合服务收入、物业收入、投资收入、其他收入分别为 502.51 万元、480.5 万元、214.81 万元、3033.7 万元。总收入的增加主要由于其他收入的迅速增长，其他收入与 2015 年相比增加了 3002.2 万元。

2016 年，新疆生产建设兵团孵化器获得各级财政资助额为 1622 万元，2015 年仅为 19 万元。其中，国家科技计划经费额占比 24.66%。

2016 年新疆生产建设兵团的各种运营成本中，其他费用为运行成本的主要组成部分，占比为 45.32%；其次为人员费用和管理费用，占比分别为 20.76%、15.81%（图 4 – 253）。

（4）管理人员情况

2015 年，孵化器管理机构从业人员为 27 人，全部为大专以上人员；从业人员中接受专业培训的人数为 11 人，占比 40.74%。

2016 年，孵化器管理机构从业人员为 151 人。其中，大专以上人员占比为 97.35%，2015 年该占比为 100%；从业人员中接受专业培训人员为 70 人，占比 46.36%，该占比高于 2015 年 5.62 个百分点（表 4 – 262）。

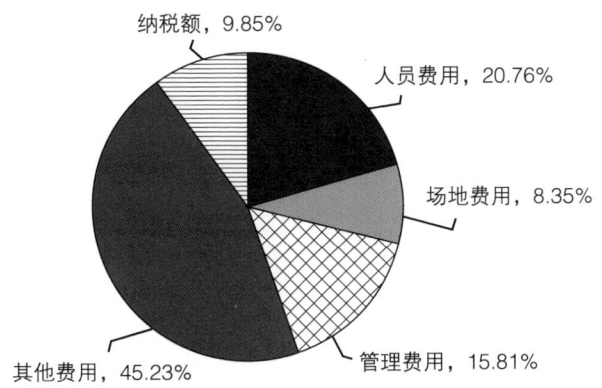

图 4 - 253　2016 年孵化器运营成本

表 4 - 262　管理机构从业人员情况

年份	管理机构从业人员	大专以上人员	接受专业培训人员
2015 年	27	27	11
2016 年	151	147	70

（5）开展孵化服务情况

2016 年，创业导师人数为 64 人，是 2015 年的 3.37 倍；企业辅导员 56 人，是 2015 年的 4 倍；企业联络员 63 人，是 2015 年的 1.47 倍。创业导师对接项目 406 个，较 2015 年增加了 374 个（图 4 - 254）。

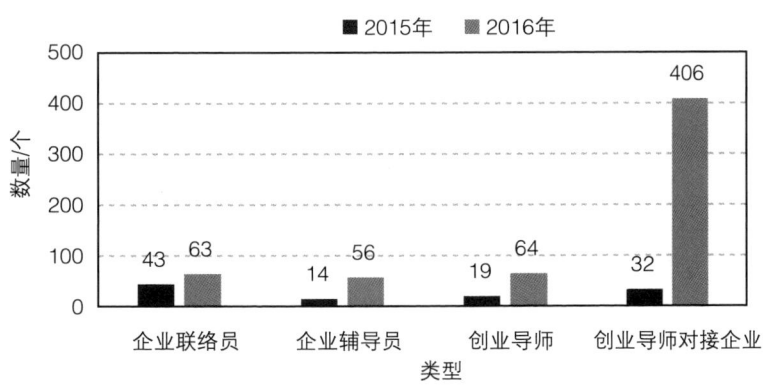

图 4 - 254　孵化器创业辅导情况

2016 年，新疆生产建设兵团孵化器对在孵企业培训达 9999 人次，是 2015 年的 1.75 倍，开展创业教育培训活动场次 162 次，是 2015 年的 7.04 倍。

2016 年的新疆生产建设兵团孵化器孵化基金总额为 0.25 亿元，较 2015 年增长 0.13 亿元，增幅为 108.33%。

（二）众创空间建设及运行情况

1. 总体情况

2016 年，新疆生产建设兵团共有众创空间 38 家，当年服务的创业团队数量有 461 家，当年服务的初创企业的数量有 419 家。

2016 年，新疆生产建设兵团众创空间总面积为 32 362.37 m^2，众创空间场地自有面积为 17 025.90 m^2，占比为 52.61%，租赁面积占比为 47.39%。众创空间面积中，常驻团队和企业使用面积最大，为 14 844 m^2，公共服务面积占总面积的 28.85%，两者占众创空间面积达 74.72%（图 4 –255）。

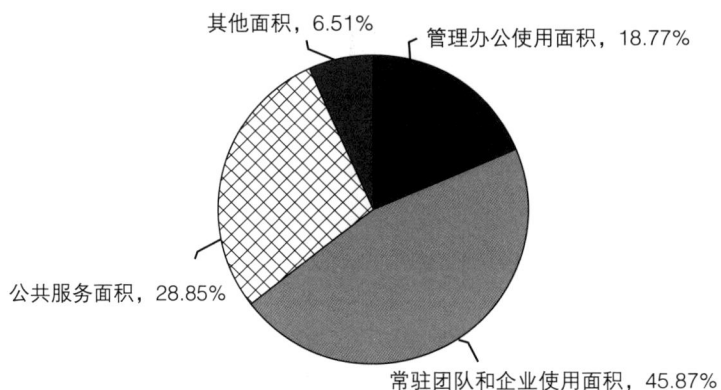

图 4 –255　众创空间使用面积

2. 孵化绩效情况

（1）创业企业/团队类型

2016 年，创业团队和企业总数为 601 家。其中，大学生创业占比为 50.58%，科技人员创业、连续创业占比分别为 14.98%、25.79%（表 4 –263）。

表 4 –263　2016 年众创空间创业团队和企业情况

创业团队和企业情况	数量	占比
总数	601	100.00%
海外项目入驻	1	0.17%
大学生创业	304	50.58%
留学生归国创业	10	1.66%
科技人员创业	90	14.98%
大企业高管离职创业	41	6.82%
连续创业	155	25.79%

（2）创业企业/团队获投融资情况

2016 年，新疆生产建设兵团当年获得投融资的团队及企业的数量 56 家，总共获得投资总额

7710.1 万元。社会投资和众创空间自身投资分别为 55.4%、44.6%。

2016 年，当年众创空间帮助入驻享受财政政策的团队或企业共 96 家，共享受财政资金支持额 6670.6 万元。

（3）就业及项目入驻情况

2016 年，新疆生产建设兵团众创空间的创业团队和企业共吸纳就业 2577 人。其中，吸纳应届毕业大学生就业 717 人。

2016 年，新疆生产建设兵团众创空间合计 38 家。其中，平均入驻周期为 1~6 个月、7~12 个月、13~24 个月的创业项目的众创空间占比分别为 31.58%、39.47%、26.23%（表 4-264）。

表 4-264　众创空间创业项目平均入驻周期

入驻周期	众创空间数	占比
1~6 个月	12	31.58%
7~12 个月	15	39.47%
13~24 个月	10	26.32%
24 个月以上	1	2.63%
合计	38	100.00%

3. 众创空间运营情况

（1）众创空间类型

2016 年，众创空间在国家备案的有 7 家；位于国家高新区内的有 5 家；由孵化器建立的有 6 家；由高校或科研院所建立的有 1 家。

（2）收支情况

2016 年，新疆生产建设兵团众创空间总收入为 1218.32 万元。其中，财政补贴占比最大，占总收入的 42.93%，其次是服务收入和其他收入，占比分别为 21.06%、16.29%（图 4-256）。

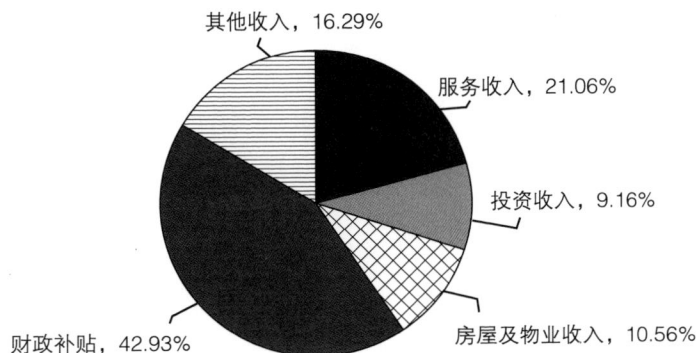

图 4-256　众创空间收入分类

2016 年，新疆生产建设兵团众创空间运营成本为 1923.53 万元。其中，人员费用和其他费用的占比均超过30%，合计占比66.89%（图4－257）。

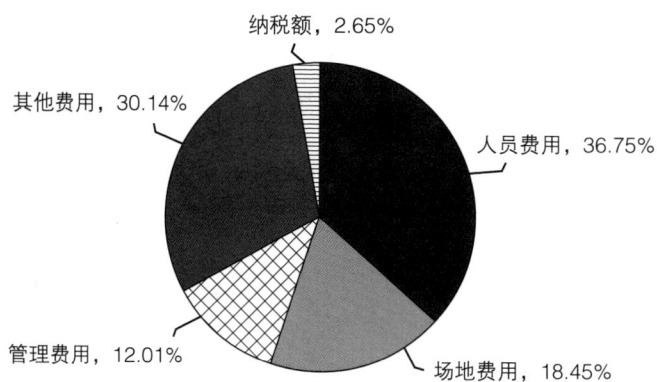

图4－257　众创空间运营成本分类

（3）提供服务情况

2016年，新疆生产建设兵团众创空间服务人员数量为325人，创业导师数量共344人。创业导师中专职人员约占38.66%。

2016年，举办创新创业活动292次，开展创业教育培训341次，当年开展国际合作交流活动43次。

附录1 创业孵化行业大事记（2016 年）

1. 2016 年 2 月 22 日，科技部召开加快众创空间发展服务实体经济转型升级视频会议，贯彻落实国务院《关于加快众创空间发展服务实体经济转型升级的指导意见》的精神。

2. 2016 年 3 月 27 日，"创业中国·大连行动"在大连高新区正式启动。

3. 2016 年 4 月，科学技术部火炬高技术产业开发中心（以下简称"火炬中心"）收集整理 2015 年度各省、自治区、直辖市、计划单列市及新疆生产建设兵团的"双创"工作总结并汇编成册，形成了上报科技部领导和中央领导的专报。

4. 2016 年 5 月 31 日，"十二五"科技创新成就展"大众创业、万众创新"展区，集中展示了 18 家典型众创空间和 15 家中国创新创业大赛企业的近 200 项优秀成果。李克强总理等党和国家领导人到展馆视察，并与创业者亲切交流。

5. 2016 年 6 月 29 日，火炬中心发布科技企业孵化器"十二五"成果报告——《走进创时代——中国科技企业孵化器发展报告（2011—2015）》。

6. 2016 年 7 月，科技部公布首批 17 家专业化众创空间名单。

7. 2016 年 7 月，火炬中心在上海召开孵化器国际化工作座谈会，探讨孵化器积极对接全球创新链。目前，中国已在美国、加拿大、欧洲、澳大利亚、以色列、韩国等国家和地区创建海外孵化基地，开展研发合作、企业孵化、技术转移、人才培训等业务，提升中国孵化器的国际地位和影响，并吸引多家海外著名孵化器到中国合作共建孵化器。

8. 2016 年 8 月，财政部、国家税务总局下发《关于科技企业孵化器税收政策的通知》（财税〔2016〕89 号），符合条件的科技企业孵化器和众创空间可享受免征房产税、城镇土地使用税、增值税、所得税的优惠政策。

9. 2016 年 9 月，"创业中国·蓝色智谷（潍坊）示范引领工程"纳入"创业中国创新创业示范工程"。

10. 2016 年 9 月 24 日，浦江论坛之"创·未来"亚洲创新创业合作论坛在上海举行。同时，举办亚洲企业孵化协会（AABI）年度颁奖盛典，上海浦东软件园孵化器获得由亚洲企业孵化协会颁发的"2016 年度最佳孵化器奖"。

11. 2016 年 10 月，全国"双创周"期间，集中展示了多项创客的创新产品，火炬中心与北京市共同主办 2016 年中关村创新创业季——全球创新峰会 2016。

12. 2016 年 10 月，为推动 41 家"创业苗圃—孵化器—加速器"建设示范工作，打造创新创业服务体系，火炬中心在西安召开"国家科技企业孵化器链条试点工作交流会"，形成了试点工作总结报告和试点单位的经验交流汇编。

13. 2016 年 11 月，火炬中心修订科技企业孵化器统计指标，新增众创空间统计指标，开发网络申报系统，召开全国孵化器、众创空间统计工作培训会。

14. 2016 年 12 月，贯彻落实李克强总理指示精神，火炬中心开展《众创空间标准》的研究工作，初步形成了《众创空间入库标准》《众创空间示范标准》《众创空间服务标准》等标准体系和指标。

15. 2016 年 12 月，火炬中心组织编制完成《国家科技企业孵化器"十三五"发展规划》，上报科技部。

16. 2016 年 12 月，众创空间工作推动顺利，整体发展势头良好。截至 2016 年年底，全国纳入火炬中心统计的众创空间 4298 家，经备案的国家众创空间达 1337 家，当年服务的创业团队和创业企业 27.4 万个，吸纳就业人员 99.4 万人，其中应届大学生 30.4 万人。

附录 2　国家主要创新创业政策（2015—2016 年）

2015—2016 年是中国创新创业蓬勃发展的 2 年，各地孵化器、众创空间如雨后春笋般迅速发芽、成长，为推动全国步入创新驱动新时期提供了巨大动力。从制度层面看，这与近年来不断出台的各类国家支持政策是分不开的。2015 年，国家对《中华人民共和国促进科技成果转化法》进行了修订，为科技成果转化提供了更准确的法律依据；2016 年，《中华人民共和国国民经济和社会发展第十三个五年规划纲要》发布，将"实施创新驱动发展战略"作为整部《规划》的第二篇，从 5 个方面对中国今后 5 年的创新工作做出了战略部署；同年，中共中央办公厅、国务院办公厅发布了《关于实行以增加知识价值为导向分配政策的若干意见》，对于激发科研人员创新创业积极性、在全社会营造尊重创造的氛围产生了重要影响。

据不完全统计，2015—2016 年，国务院、各部委先后发布的创新创业重要政策近百项，涉及示范基地建设、科技体制改革、政府简政放权、创新人才驱动、空间资金支持、税收减免优惠等诸多方面，对中国打造创新型国家起到了实际支撑作用，成为中国创新活动迅猛发展的强力催化剂。

序号	政策名称	发文字号
1	关于深化体制机制改革加快实施创新驱动发展战略的若干意见	中发〔2015〕8 号
2	中共中央印发《关于深化人才发展体制机制改革的意见》	中发〔2016〕9 号
3	关于印发《深化科技体制改革实施方案》的通知	中办发〔2015〕46 号
4	关于取消和调整一批行政审批项目等事项的决定	国发〔2015〕11 号
5	关于进一步做好新形势下就业创业工作的意见	国发〔2015〕23 号
6	关于大力推进大众创业万众创新若干政策措施的意见	国发〔2015〕32 号
7	关于取消一批职业资格许可和认定事项的决定	国发〔2015〕41 号
8	关于促进融资担保行业加快发展的意见	国发〔2015〕43 号
9	关于加快构建大众创业万众创新支撑平台的指导意见	国发〔2015〕53 号
10	关于"先照后证"改革后加强事中事后监管的意见	国发〔2015〕62 号
11	关于印发推进普惠金融发展规划（2016—2020 年）的通知	国发〔2015〕74 号
12	关于取消一批职业资格许可和认定事项的决定	国发〔2016〕5 号
13	关于第二批取消 152 项中央指定地方实施行政审批事项的决定	国发〔2016〕9 号
14	关于取消 13 项国务院部门行政许可事项的决定	国发〔2016〕10 号

序号	政策名称	发文字号
15	关于印发实施《中华人民共和国促进科技成果转化法》若干规定的通知	国发〔2016〕16 号
16	关于取消一批职业资格许可和认定事项的决定	国发〔2016〕35 号
17	关于印发"十三五"国家科技创新规划的通知	国发〔2016〕43 号
18	关于促进创业投资持续健康发展的若干意见	国发〔2016〕53 号
19	关于取消一批职业资格许可和认定事项的决定	国发〔2016〕68 号
20	关于印发中国落实 2030 年可持续发展议程创新示范区建设方案的通知	国发〔2016〕69 号
21	关于发展众创空间推进大众创新创业的指导意见	国办发〔2015〕9 号
22	关于创新投资管理方式建立协同监管机制的若干意见	国办发〔2015〕12 号
23	关于深化高等学校创新创业教育改革的实施意见	国办发〔2015〕36 号
24	关于支持农民工等人员返乡创业的意见	国办发〔2015〕47 号
25	关于加快推进"三证合一"登记制度改革的意见	国办发〔2015〕50 号
26	关于加快融资租赁业发展的指导意见	国办发〔2015〕68 号
27	关于促进金融租赁行业健康发展的指导意见	国办发〔2015〕69 号
28	关于推进线上线下互动加快商贸流通创新发展转型升级的意见	国办发〔2015〕72 号
29	关于加快众创空间发展服务实体经济转型升级的指导意见	国办发〔2016〕7 号
30	关于印发促进科技成果转移转化行动方案的通知	国办发〔2016〕28 号
31	关于深入推行科技特派员制度的若干意见	国办发〔2016〕32 号
32	关于建设大众创业万众创新示范基地的实施意见	国办发〔2016〕35 号
33	关于支持返乡下乡人员创业创新促进农村一二三产业融合发展的意见	国办发〔2016〕84 号
34	关于印发进一步做好新形势下就业创业工作重点任务分工方案的通知	国办函〔2015〕47 号
35	关于同意建立推进大众创业万众创新部际联席会议制度的函	国办函〔2015〕90 号
36	国家企业技术中心认定管理办法	国家发展和改革委员会 2016 年第 34 号
37	关于印发双创孵化专项债券发行指引的通知	发改办财金〔2015〕2894 号
38	关于做好国家新兴产业创业投资引导基金参股基金推荐工作的通知	发改办高技〔2016〕1509 号
39	关于建立大众创业万众创新示范基地联系协调机制的通知	发改办高技〔2016〕2019 号
40	关于印发《科技部落实国家科技计划管理监督主体责任实施方案》的通知	国科办政〔2016〕49 号
41	关于进一步推动科技型中小企业创新发展的若干意见	国科发高〔2015〕3 号
42	关于印发《发展众创空间工作指引》的通知	国科发火〔2015〕297 号
43	关于修订印发《高新技术企业认定管理办法》的通知	国科发火〔2016〕32 号
44	关于修订印发《高新技术企业认定管理工作指引》的通知	国科发火〔2016〕195 号
45	关于印发《科技监督和评估体系建设工作方案》的通知	国科发政〔2016〕79 号
46	关于印发《科技评估工作规定（试行）》的通知	国科发政〔2016〕382 号

续表

序号	政策名称	发文字号
47	关于印发《国家科技成果转化引导基金贷款风险补偿管理暂行办法》的通知	国科发资〔2015〕417 号
48	关于在国家科技计划专项实施中加强技术标准研制工作的指导意见	国科发资〔2016〕301 号
49	关于开展《技术合同认定规则》修订工作的通知	国科火函〔2016〕28 号
50	国家高新区互联网跨界融合创新中关村示范工程	国科火字〔2015〕50 号
51	"创业中国"中关村引领工程	国科火字〔2015〕51 号
52	关于印发《国家火炬特色产业基地建设管理办法》的通知	国科火字〔2015〕163 号
53	关于加强国家技术转移人才培养基地建设的通知	国科火字〔2015〕316 号
54	关于印发《国家技术转移示范机构评价指标体系（修订稿）》的通知	国科火字〔2016〕12 号
55	关于深入推进国家高技能人才振兴计划的通知	人社部发〔2016〕74 号
56	关于实施高校毕业生就业创业促进计划的通知	人社部发〔2016〕100 号
57	关于做好 2015 年全国高校毕业生就业创业工作的通知	人社部函〔2015〕21 号
58	关于做好 2016 年全国高校毕业生就业创业工作的通知	人社部函〔2016〕18 号
59	关于进一步推进创业培训工作的指导意见	人社厅发〔2015〕197 号
60	关于实施农民工等人员返乡创业培训五年行动计划（2016—2020 年）的通知	人社厅发〔2016〕90 号
61	关于做好留学回国人员自主创业工作有关问题的通知	人社厅函〔2015〕19 号
62	关于"十三五"期间支持科技创新进口税收政策的通知	财关税〔2016〕70 号
63	关于公布进口科学研究、科技开发和教学用品免税清单的通知	财关税〔2016〕72 号
64	关于支持开展小微企业创业创新基地城市示范工作的通知	财建〔2015〕114 号
65	关于印发《中小企业发展专项资金管理暂行办法》的通知	财建〔2015〕458 号
66	关于支持和促进重点群体创业就业税收政策有关问题的补充通知	财税〔2015〕18 号
67	关于小型微利企业所得税优惠政策的通知	财税〔2015〕34 号
68	关于推广中关村国家自主创新示范区税收试点政策有关问题的通知	财税〔2015〕62 号
69	关于高新技术企业职工教育经费税前扣除政策的通知	财税〔2015〕63 号
70	关于扩大企业吸纳就业税收优惠适用人员范围的通知	财税〔2015〕77 号
71	关于进一步扩大小型微利企业所得税优惠政策范围的通知	财税〔2015〕99 号
72	关于将国家自主创新示范区有关税收试点政策推广到全国范围实施的通知	财税〔2015〕116 号
73	关于完善研究开发费用税前加计扣除政策的通知	财税〔2015〕119 号
74	关于科技企业孵化器税收政策的通知	财税〔2016〕89 号
75	关于国家大学科技园税收政策的通知	财税〔2016〕98 号
76	关于完善股权激励和技术入股有关所得税政策的通知	财税〔2016〕101 号
77	关于印发《国有科技型企业股权和分红激励暂行办法》的通知	财资〔2016〕4 号
78	关于印发《高等学校"十三五"科学和技术发展规划》的通知	教技〔2016〕5 号
79	关于做好 2016 届全国普通高等学校毕业生就业创业工作的通知	教学〔2015〕12 号

序号	政策名称	发文字号
80	关于支持和促进重点群体创业就业有关税收政策具体实施问题的补充公告	国家税务总局　财政部　人力资源社会保障部　教育部　民政部公告　2015 年第 12 号
81	关于支持新产业新业态发展促进大众创业万众创新用地的意见	国土资规〔2015〕5 号